통록촬요

通錄撮要

동국대학교 불교기록문화유산아카이브사업단(ABC)
본서는 문화체육관광부 지원으로 동국대학교 불교학술원에서 간행하였습니다.

한글본 한국불교전서 조선 52

통록촬요

2020년 2월 28일 초판 1쇄 인쇄
2020년 3월 10일 초판 1쇄 발행

엮은이 미상
옮긴이 성재헌
펴낸이 윤성이
펴낸곳 동국대학교출판부

주소 04620 서울시 중구 필동로 1길 30
전화 02-2260-3483~4
팩스 02-2268-7851
Homepage http://dgpress.dongguk.edu
E-mail book@dongguk.edu
출판등록 제2-163(1973. 6. 28)
편집디자인 나라연
인쇄처 네오프린텍(주)

ISBN 978-89-7801-974-3 93220

값 26,000원

한글본 한국불교전서 조선 52

통록촬요
通錄撮要

엮은이 미상
성재헌 옮김

동국대학교출판부

통록촬요通錄撮要 해제

황 금 연
동국대학교 불교학술원 일반연구원

1. 개요

『통록촬요通錄撮要』는 『한국불교전서』 제7책에 실린 총 4권으로 된 선종禪宗의 전등사서傳燈史書다. 전등사서란 불법이 대대로 이어져 내려온 계보와 과정을 기록한 책이나 문서를 말한다. 따라서 선종의 전등계보사傳燈繼譜史 혹은 법맥사法脈史 또는 전등사傳燈史라 할 것이다. 이 책은 1529년(중종 24) 전라도 광양현光陽縣 백운산白雲山 만수암萬壽庵에서 개판改版되었다. 중국 송대宋代에 촬요된 것을 우리나라에 가져와 새롭게 간행한 것으로 보고 있다. 즉 이 문헌은 송대 호주湖州 서여산西余山의 석공신釋拱辰이 찬술한 『조원통록祖源通錄』 24권(11세기 말경 완성)을 촬요한 것으로, 인도와 중국 그리고 한국의 선종을 총망라한 전등사서다. 촬요撮要란 서책의 요긴한 부분만을 골라 요약한 것으로, 저본인 『조원통록』에서 요점이라 할 수 있는 내용을 뽑아 간결하게 정리한 전등사서가 『통록촬요』이다.

이 책은 전등사서로서 매우 중요한 서적이지만 발견된 시점이 그리 오래되지 않았고, 관심을 가지고 연구한 학자도 두세 사람[1] 정도에 불과하다. 또한 연구자 간에 몇몇 부분에서는 다소의 견해차가 있어 그 진위에 관한 것은 좀 더 깊은 연구가 필요한 서책이라 할 것이다. 가장 큰 차이가 드러나는 부분은 편찬자와 관련된 것이다. 이 문헌에 대해 제일 먼저 논문을 쓴 고익진에 의하면 찬술자는 '숭묵崇默'이라는 스님이다. 그 뒤에 논문과 책을 쓴 김호귀는 그의 논문과 책[2]을 통해 이 책의 찬술자를 남송 말기 13세기 중반 『대장일람大藏一覽』의 편찬자인 복건성 영덕寧德의 우바새優婆塞 '진실陳實'로 보고 있다. 그는 책을 통해 당시에 이 책의 명칭이 『통록촬요』였는지, 아니면 다른 명칭이었는지는 분명하지 않다고 하며, 해동에 들어와 그 구조와 내용 등 몇 가지 부분에 나름의 변형이 더해져 『통록촬요』라는 명칭으로 새롭게 간행되었다고 한다. 나아가 조선 초기에 간행한 사람은 「후기後記」를 쓴 '숭묵'으로 보고 있다. 즉 고익진이 주장한 찬술자를 간행자로 보는 것이다. 또한 김호귀는 『통록촬요』가 고려 말 내지 조선 초에 나타나지 않으면 안 되었던 큰 이유를 정법안장正法眼藏의 수호에 대한 강렬한 의지의 표출에 있었다고 파악한다. 나아가 그러한 의지가 불법의 영원한 번영을 기원하기 위한 전등사서의 출판으로 드러났다고 보는 것이다. 그러나 더 중요한 점은 이 책이야말로 정법안장의 전승과 불법의 존숭 및 불법 수호의 강렬한 의지가 보제존자 나옹 혜근懶翁惠勤(1320~1376)에게로 이어진다는 점을 크게 부각시킨 전등사서라 할 것이다.

1 고익진과 김호귀, 그리고 2015년 불교기록문화유산아카이브사업단이 편찬한 『한국불교전서편람』을 통해 『통록촬요』에 관해 개괄적 소개를 한 이정희를 들 수 있다. 김호귀는 선행 논문인 고익진의 글을 참조로 하여 자신의 논지를 폈는데, 서로 약간의 시각차가 있다.

2 김호귀, 「傳燈史書로서 『通錄撮要』의 구조와 그 의의 고찰」, 『대각사상』 22집, 대각사상연구원, 2014; 『通錄撮要』, 하얀연꽃, 2014.

2. 촬요자에 관한 이설

우선『통록촬요』의 원본이라고 할 수 있는『조원통록』24권은 중국에서 일찍부터 그 자취를 감추었던 것 같으며, 그 찬술자에 대해서도 다소 오해가 있었던 것 같다.『조원통록』의 저자는 공신拱辰으로, 명의 원극 거정圓極居頂이 찬한『속전등록續傳燈錄』에 그와 같이 기재되어 있다. 다만 권수를 24권이 아닌 30권으로 기재한 점에서 차이가 난다. 한편『경덕전등록』의 저자를 도원道原이 아닌 공신으로 보는 견해가 원元 연우延祐 3년(1316)에 간행된『경덕전등록』의 말미에 붙은 정앙鄭昻의 발문(1132)에 등장하므로, 이에 대한 검토 역시 필요하다.

다음으로『통록촬요』에는 촬요자에 관한 뚜렷한 언급이 없다. 그러므로 촬요자에 대해서는『통록촬요』의 내용을 통해 나옹 이후 조선 중종조中宗朝 전후에 생존했던 조선 승려일 것으로 추정해 볼 수 있다. 이는 신라 승려에 대한 언급이나 고려 나옹 혜근에 대해 지나쳐 보일 만큼 많은 지면을 할애하여 소개하는 것으로 미루어 짐작할 수 있다. 이에 따라서 거론된 사람이 조선 전기의 스님 '숭묵'이다.『통록촬요』권4「후기」의 기록에 따르면, "다행히『조원통록』등을 만나게 되었으나 문자가 너무 광대하고 이치가 너무 질펀하여 설령 능력이 있는 자라 해도 짊어지고 다니는 것을 감당할 수 없을 정도였다. 그래서 핵심을 뽑아내 4권으로 요약하였으니, 처음 발심한 이들이 쉽게 볼 수 있도록 하려는 것일 따름이다.(幸遇祖源通錄等。以文字浩博。理致翰漫。假使力能者。不堪爲負行。撮出略錄四卷。欲令初機易見耳。)"라고 하였다.

이에 따르면 촬요자는「후기」의 필자임에 틀림없다. 후기의 뒤에는 "嘉靖八年(1529)。己丑月日。全羅道。光陽縣地。白雲山萬壽庵開板。藏置於成佛寺。"라는 간기와 시주질施主秩이 나오며, 그 시주질이 끝나는 맨 끝줄 상단에 '불사를 주관한 사람은 산인山人 숭묵崇默'이라는 말이 있다. 또 본서에 합간된 「여산 우담 화상 권수정업어록廬山優曇和尙勸修淨業語錄」에서도 주상 전하와 파원부원군坡原府院君의 수명장수를 비는 간기 다음에 곧 이어 '불사를 주관한 사람은 노납老衲 숭묵崇默'이라 하였다. 이는 촬요와 개판의 두 가지 일을 총괄한 인물에 어울린다고 할 것이다. 따라서 이에 의거하여 『통록촬요』와 『석가여래행적송』의 촬요자를 '숭묵'으로 보는 것이다.[3] 그리고 두 번째로 거론되는 인물이 발문跋文의 끝에 기록되어 있는 '지리산 노인 벽송당碧松堂'이다. 벽송 지엄碧松智嚴(1464~1534)이 발문을 썼다는 것만으로도 『통록촬요』의 자료적 가치가 충분하게 입증됨은 물론이다.

한편 김호귀는 『석씨통감釋氏通鑑』의 편집 연대 및 『대장일람』 제10권과 비교 고찰하여 『통록촬요』의 촬요자를 『대장일람』의 편찬자인 영덕의 우바새 진실로 보고 있다. 나아가 그것을 수용하여 해동에서 구조와 내용 등 몇 가지에 변형을 가하여 새롭게 간행한 사람이 바로 『통록촬요』의 후기를 쓴 숭묵이라고 보았다.

3. 서책의 구성과 인용

1) 이 책의 구성

이 책의 권두에는 책의 구성과 관련하여 다음과 같이 기록하고 있다.

3 완벽하게 분명하지는 않지만 새로운 자료의 뒷받침이 없는 한 이렇게 볼 수밖에 없다는 것이 고익진의 견해다. 이에 대하여 김호귀는 "고익진 교수가 논의한 것과 마찬가지로 「후기」의 필자는 간행자로서 곧 숭묵일 가능성이 높다. 이에 『통록촬요』의 간행자를 숭묵으로 비정한다. 그러나 「후기」의 필자 숭묵을 『통록촬요』의 촬요자와 동일시하는 점에 대해서는 의견을 달리한다."고 하고 있다. 김호귀, 「傳燈史書로서 『통록촬요』의 구조와 그 의의 고찰」, 『대각사상』 22집, 2014, p.371.

> 『통록촬요』 4권은 5품으로 구성되어 있으며, 호주湖州 서여산西余山에 주석하는 석공신釋拱辰이 편찬하고 교정한 것이다. 제1권은 「종안품」【4칙】과 「정전품」【33칙】, 제2권은 「호현품」【「호현품」은 모두 100여 칙으로 제4권 중반까지이다.】, 제3권【12칙】, 제4권【70여 칙】은 「산성품」【6칙】과 「유통품」【2칙】이다.

실제로 『한국불교전서』에 실린 총 구성을 살펴보면, 목차 순서에 따라 품별로는 제1 「종안품宗眼品」· 제2 「정전품正傳品」· 제3 「호현품互顯品」이 83칙, 제4 「산성품散聖品」이 6칙, 제5 「유통품流通品」이 2칙으로 되어 있고, 그 뒤를 이어 「후기」와 「여산 우담 화상 권수정업어록」·「용서보권수지문龍舒普勸修持文」으로 되어 있다. 이를 다시 권별과 칙수별로 분류하면, 제1권에는 제1 「종안품」 4칙과 제2 「정전품」 33칙(인도 27칙, 중화 6칙)이 있고, 제2권에는 제3 「호현품」 36칙, 3권은 「호현품」 10칙, 4권은 「호현품」 38칙 등 「호현품」은 총 84칙이 된다. 이를 이어 제4 「산성품」은 6칙, 제5 「유통품」은 2칙이 있다. 이를 통해 전체적으로 살펴보면, 위 인용문에서 '제3권은 12칙, 제4권은 70여 칙'이라 한 것과는 칙수의 차이가 분명히 드러난다. 이를 도표로 보면 다음과 같다.

<table>
<tr><th>권</th><th>품 명</th><th>칙수</th><th>비 고</th></tr>
<tr><td rowspan="2">권1</td><td>종안품宗眼品</td><td>4칙</td><td></td></tr>
<tr><td>정전품正傳品</td><td>33칙</td><td></td></tr>
<tr><td>권2</td><td>호현품互顯品</td><td>36칙</td><td rowspan="3">칙수의 이견이 심한 부분이 이 「호현품」이다. 위 인용문에 따르면, 「호현품」을 100여 칙이라 하였으니 거의 가깝지만, 고익진은 이를 무려 200칙(권2~권4)이라 하였다.</td></tr>
<tr><td>권3</td><td>호현품互顯品</td><td>10칙</td></tr>
<tr><td rowspan="3">권4</td><td>호현품互顯品</td><td>38칙</td></tr>
<tr><td>산성품散聖品</td><td>6칙</td><td></td></tr>
<tr><td>유통품流通品</td><td>2칙</td><td></td></tr>
</table>

이에 있어 고익진은 제3 「호현품」에는 53여 선사를 중심으로 200여 칙

이 소개되고 있다고 하고, 「호현품」 200여 칙에 대한 근거에 대해 말하기를, “본서에 ‘第二卷互顯品。【旁直互顯一百餘則。至四卷中。】第三卷。【十二則】第四卷。【七十餘則】散聖品。【六則】流通品。【二則】’이라고 하고 있어 호현품은 총 100여 칙으로 된 것 같은 인상을 준다. 하지만 권2에 26사, 권3에 10사, 권4에 17사(신라의 제사諸師를 1사로 친다.)가 실려 있음을 감안하면 그렇게 보기 어렵다. 권2에 100여 칙이 실려 있고, 제3「호현품」은 200여 칙(100+12+70)이 된다는 뜻으로 보아야 할 것 같다.”고 하였다. 하지만 해제자가 보기에는 “第二卷互顯品。【旁直互顯一百餘則。至四卷中。】”에 대한 해석을 그대로 「호현품」 전체가 100여 칙이며, 그것이 2권에서 4권에 걸쳐 있는 것으로 보는 것이 타당하다고 생각된다. 권2에 36칙, 권3에 10칙, 권4에 38칙이 있어 도합 84칙임을 감안할 때 다소 숫자의 출입이 있더라도 100여 칙이라고 보는 것이 200여 칙(100+12+70)이라고 보는 것보다 훨씬 더 설득력이 있다. 또 만약 고익진의 말대로 200여 칙이라면, 본서에도 비슷하게 언급하는 것이 타당할 것으로 생각되며 ‘一百餘則’이라 하지 않았을 것으로 생각된다. 제4「산성품」에는 유마거사·포대 화상·한산·습득·균제 동자·부대사 등의 6칙이 실려 있고, 제5「유통품」에는 『종경록』에서 전법의 중요성을 강조하는 2칙이 인용되어 있다.

전체적으로는 석가세존과 인도 28조, 중국 6조, 이어서 오가종파의 여러 고승을 소개한 뒤, 신라의 여러 선사와 고려 말의 나옹에 이르고, 그 뒤에 산성散聖과 전법傳法의 중요성을 강조하는 「유통품」을 두었다.

2) 이 책의 인용 문헌

『통록촬요』의 저본은 『조원통록』이다. 그러나 본서에서 인용하고 있는 문헌을 조사해 보면, 단지 『조원통록』 한 권을 촬요한 것이 아니라는 것을 알 수 있다. 그 예로 제1「종안품」은 『통요統要』라는 문헌에서 4칙을 인용하고 있다. 저본인 공신의 『조원통록』이 아닌 『통요』에서 인용하고 있는 것은 주목할 만하다. 또 제2 「정전품」의 경우, 서천 초조에서 27조 반야다라까지는 저본인 『조원통록』이 아닌 『경덕전등록』에서 인용하고 있다. 공신의 『조원통록』이 본격적으로 인용되는 것은 제28조 보리달마에서부터다. 이처럼 앞부분이 『통요』나 『경덕전등록』에서 인용된 이유에 대해 고익진은 공신의 『조원통록』에는 본래부터 그에 해당하는 부분이 없었을 것이라고 추정하였다. 나아가 이런 추측을 가능하게 하는 근거로 혜홍慧洪(1071~1128)의 『선림승보전禪林僧寶傳』 권두에 실린 장사후長沙侯 연경延慶의 인용문(1124)을 든다. 즉 거기에는 "가우嘉祐(1056~1064) 연간에 달관 담영達觀曇穎(공신의 스승)이 오가종파의 전傳을 만들어 기연어구機緣語句는 싣고, 그 시종행사始終行事의 술述은 생략하였다."[4]라고 쓰고 있다. 또한 이에 곁들여 "이 아래는 대부분 『조원통록』에서 뽑은 것이다.(此下多出。祖源通錄。)"라고 명시하였다.

이 내용을 통해 보면, 담영의 저술에는 과거칠불이나 서천이십팔조에 대한 소개는 없고, 오직 오가종파만을 한정해 그 기연어구를 중점으로 소개한 것으로 생각된다. 혜홍의 『선림승보전』 30권은 그러한 담영의 저술이 지닌 결함을 보완한 것이라 한다. 그럼에도 그 시작이 조산 본적曹山本寂(840~901)으로부터 출발하고 있는 것을 볼 때, 공신의 『조원통록』 역시 그와 비슷한 편찬 방침을 취해 과거칠불과 서천27조는 생략하고, 동토 초조東土初祖인 보리달마에서부터 시작했을 가능성이 짙다고 본 것이다.

이런 관점에서 보면, 『통록촬요』가 저본에도 없는 석가세존과 서천27조를 『통요』와 『전등록』에서 가져와 수록한 것은 전등의 역사를 새롭게 보완하여 편찬한 것으로서 단순한 촬요서가 아닌 『조원통록』을 중심으로 한 새로운 한국적 전등사의 편찬을 목표로 하고 있는 것으로 생각된다.

---

4 고익진, 「조원통록촬요의 출현과 그 사료 가치」, 『불교학보』 제21호, 1984, p.162.

3. 서지 사항

『통록촬요』의 저본은 고려대학교 도서관 소장『석가여래행적송釋迦如來行迹頌 부附 통록촬요通錄撮要』이다. 이 책은 5권 1책 89장, 사주단변四周單邊, 반곽半郭 22cm×16cm, 무계無界(간혹 有界), 반엽半葉 13행 23자, 백구白口 내향흑어미內向黑魚尾로 된 목판본으로, 끝에 다음과 같은 간기가 붙어 있다.

> 가정 8년(1529) 전라도 광양현 백운산 만수암에서 개판하여 성불사에 장치藏置하였다.(嘉靖八年。己丑月日。全羅道。光陽縣地。白雲山。萬壽庵。改版。藏置於成佛寺。)

또한 이 문헌은 일본 천리대학天理大學 도서관에도 1부가 소장되어 있는 듯하다.(今西博士蒐集 朝鮮關係文獻目錄, p.165) 다만 권말에 첨부된「어록語錄」과「보권수지문普勸修持文」및「벽송당 발문碧松堂跋文」이 결락되어 있다. 이 책의 제목과 목차는『한국불교전서』편찬자가 보충해 넣은 것이다.

이를 통해 보면, 이 책은 조선조 제11대 중종 24년(1529)에 간행된 것을 알 수 있다. 그 안에는 다음과 같은 5종의 글이 수록되어 있다.

① 『석가여래행적송병서釋迦如來行迹頌幷序』 부암 무기浮菴無寄(고려) 찬, 17장(2권을 1권으로 촬요함)

② 『통록촬요通錄撮要』 4권, 호주湖州 서여산西余山 공신拱辰(송) 편, 67장(24권을 4권으로 촬요함) 후기, 간기, 시주질(권3의 끝에도 시주질의 일부가 있음)(1장)

③ 「여산 우담 화상 권수정업어록廬山優曇和尙勸修淨業語錄」(무상가풍無相家風 · 염불수진念佛修進)(1장 반) 간기, 시주질(반장)

④「용서보권수지문龍舒普勸修持文」(1장)

⑤「벽송당 발문碧松堂跋文」(1장)

위에서 ③, ④는 앞의 ①, ②와 판형이 다를 뿐 아니라, 그 둘 사이에도 차이가 있다. ①과 ②가 반엽 무계 13행 23자로 되어 있는 데 비해, ③은 유계 12행 22자, ④는 무계 11행 17자(혹 16자)로 되어 있는 것이다. 그 밖에 ③에는 독자적 간기와 시주질이 붙어 있어 ③과 ④가 원래 따로 개판되었다가 뒤에 ①, ②에 합철되었거나 합간되기에 이른 것으로 생각된다. 이 문헌의 근간이 되는 부분은 『석가여래행적송』 1권과 『통록촬요』 4권이다. 다만 권말의 「벽송당 발문」에는 다음과 같은 협주가 있다. "集者。世尊行迹·通錄·原人論·寒山詩·齋戒文·孝順文·殺戒文·念佛作法·發願文·彌陀十相讚·投師禮·十六觀頌·決疑集等。十三秩也。" 위의 13질의 간행서 중 『세존행적世尊行迹』과 『통록通錄』이 1책으로 간행되었는데, "『통록촬요』 4권 석공신 편정"이라고 한 이 문헌은 중국 선종의 전등사 연구와 조선 전기의 불교사상 연구에 중요한 자료가 될 수 있는 새로운 내용을 담고 있다.

4. 내용과 성격

『통록촬요』는 전등사서다. 따라서 총 5품에 걸쳐 실린 인도, 중국 그리고 한국을 망라한 선사 132명의 불법 전등에 관한 내용을 기록하고 있는 책이다. 물론 그 내용의 서술 형식들이 일정한 규칙에 입각하여 쓰인 것은 아니며, 선사들 각각의 특징을 중심으로 기록한 것으로 보인다. 따라서 어떤 경우는 처음부터 선문답으로 시작하기도 하고, 마조 도일馬祖道一(709~788)과 같이 성씨와 용모, 수행 일상의 선문답을 차례로 서술하기도 한다. 석두 희천石頭希遷(700~790)과 같은 경우는 〈참동계參同契〉와 〈초암가草庵歌〉 등 그의 작품이 고스란히 실려 있기도 하다.

그 구성적인 측면에서 보면, 근거가 되었던 『대장일람』 10권과는 구조와 내용의 차이가 10여 가지에 이른다. 우선 권수와 품수, 인물의 숫자, 칙명의 숫자가 그렇고, 〈귀경게歸敬偈〉와 〈귀결게歸結偈〉, 또 『대장일람』에만 수록되었거나 『통록촬요』에만 수록된 인물들의 차이가 그렇다. 근거가 된 『대장일람』은 10권으로 되어 있는 책으로, 『가흥대장경嘉興大藏經』 제21책에 실려 있다. 이 책은 13세기 중반 송대에 영덕의 우바새 진실이 편찬하였고, 후대에 수수秀水 거사 요순어姚舜漁가 중간重刊하면서 요등용姚登用이 교정한 것이 유통되었는데, 그것이 『가흥대장경』 제21책에 수록되어 전하는 것이다. 이는 『대장일람』 중간본重刊本에 해당하는 것으로 만력萬曆 갑인甲寅(1614) 맹동孟冬에 한림원翰林院 시독학사侍讀學士 수수秀水 진의전陳懿典이 학포헌學圃軒에서 쓴 서문이 있다. 따라서 중간본은 13세기에 진실이 편찬한 것보다는 약 300년 뒤의 것이고, 조선에서 개판된 『통록촬요』(1529)보다 늦다.

『통록촬요』 자체의 목차와 내용을 살펴보면, 내용에는 수록되어 있으나 목차에 누락되어 있는 인물로 북종 신수 대사·중읍 홍은中邑洪恩·총인總印·담주 용산潭州龍山·양 좌주亮座主·수로水老·위산 영우潙山靈祐 등 7인이 있다. 하지만 이 책에서 가장 눈에 띄는 것은 〈귀경게〉와 〈귀결게〉라 할 것이다. 수록된 〈귀경게〉와 〈귀결게〉는 모두 『대장일람』의 것과 같지만, 그 가운데 「호현품」의 〈귀경게〉는 『대장일람』의 「방출품」의 것과 동일하다.

〈귀경게〉의 내용만을 엮어서 정리해 보면 이 책을 쓴 의도를 충분히 읽을 수 있다. 각각의 품마다 서두에 쓰고 있으나, 다섯 품의 것을 하나로 연결해 보면 그 의미가 하나의 게송으로 다가온다. 5품 전체를 하나로 연결해 보자.

석가모니 대자비에 공손히 머리 조아리니 稽首釋迦大慈悲
문자를 쓰지 않고 바로 가리키셨네. 不立文字直指示

제1「종안품」

스물여덟 인도의 저 조사들로부터 爰自西天四七祖
중국 여섯 조사에 바로 이르렀으니 直至唐土二三師

제2「정전품」

곧게 내려가 단전한 조사뿐 아니라 不唯直下秖單傳
방계의 조사들이 모두 다 그러하네. 爭奈旁人皆皆有分

제3「호현품」

흩어진 성인들 자비로 세상에 오셨으나 散聖慈悲來世上
법어는 쇠퇴해 방랑하여 인간을 속이니 語言流落滿人間

제4「산성품」

정법을 전하여 중생제도를 아니하면 若不傳法度衆生
마침내 불조 은혜 갚을 수가 없으리. 畢竟無能報恩者

제5「유통품」

전체를 통해 보면 『통록촬요』는 구조와 형식에 있어서는 『대장일람』과 그 궤를 같이하고 있다. 그러나 세세한 부분에서는 상당한 차이를 보이는데, 특히 신라와 고려 인물들을 새롭게 추가 편성한 점으로 보면 편찬자가 우리나라 사람이었을 가능성이 있고, 또 나옹 혜근에 대해 과도하게 지면을 배려한 것을 고려해 보면 그와 가까운 문중이거나 그를 흠모하는 문인이 아니었을까 하는 추측을 가능하게 한다.

5. 사료적 가치

전등사에 관한 자료로서의 『통록촬요』가 지닌 사료적 가치는 크게 다음의 세 가지로 논할 수 있다. 첫째는 지금까지 한·중·일 삼국에서 일실본逸失本으로 여겨져 왔던 문헌의 새로운 발굴이라는 점이다. 둘째는 '한국적 전등사'의 새로운 시도가 이루어졌다는 의미이다. 고익진은 이 책의 가치와 관련해 그의 논문에서 신라인 34명이 수록되어 있는 것은 기존 전등사서의 단순한 답습이 아니라는 것과 나옹 혜근에 대해 지나칠 만큼 자세한 기록을 하고 있는 점 등을 들어 이 책이 단순한 촬요에 그치지 않고 저본인 『조원통록』을 중심으로 새로운 한국적 전등사를 쓰고자 한 의도가 강하게 느껴진다고 하였다.[5] 셋째는 『동국승니록東國僧尼錄』의 원류가 아닌가 하는 점이다. 그 내용을 자세히 쓰면 다음과 같다.

1) 한 · 중 · 일 삼국에서 일실본으로 여겼던 문헌의 발굴

『통록촬요』의 첫머리에 "『통록촬요』 4권을 나누어 5품으로 만들었으니 호주 서여산 석공신이 편성하여 바로잡았다.(通錄撮要四卷。分作五品。住湖州。西余山。釋拱辰編正。)"라는 말이 있다. 이것을 보면 『통록촬요』 4권은 석공신이 편찬한 것으로 생각할 수 있다. 하지만 그 아래에 다시 "이 아래는 대부분 『조원통록』에서 뽑은 것이다.【『조원통록』은 호주 서여산 석공신이 편찬하고 교정한 것이다. 24권으로 글자도 많고 권수도 많아서 짊어지고 다닐 수가 없다. 이를 요약 발췌하여 후학들이 가지고 다닐 수 있게 하려고 한다.】(此下多出。祖源通錄。【湖州。西余山。釋拱辰編正。二十四卷。字多卷重。不堪負行。撮出略錄。欲令後進。堪負爲行。】)"라고 되어 있어, 공신이 『조원통록』 24권을 엮었다고 한다. 또 앞에서 인용

5 고익진, 「조원통록촬요의 출현과 그 사료 가치」, 『불교학보』 제21호, 1984.

한『통록촬요』 권4「후기」의 기록에 의하면, “다행히『조원통록』 등을 만나게 되었으나 문자가 너무 광대하고 이치가 너무 질펀하여 설령 능력이 있는 자라 해도 짊어지고 다니는 것을 감당할 수 없을 정도였다. 그래서 핵심을 뽑아내 4권으로 요약하였으니, 처음 발심한 이들이 쉽게 볼 수 있도록 하려는 것일 따름이다.(幸遇祖源通錄等。以文字浩博。理致翰漫。假使力能者。不堪爲負行。撮出略錄四卷。欲令初機易見耳。)”라고 하였다.

이 글들을 통해 볼 때, 공신이 엮은 것은『조원통록』 24권이고, 이것을 누군가가 촬요한 것이『통록촬요』 4권임을 알 수 있다. 먼저 공신의 전기는 송의 유백惟白이 엮은『건중정국속등록建中靖國續燈錄』(1101) 권8「윤주潤州 금산金山 달관 담영 선사의 법사法嗣【남악 회양 선사의 12세】」에 보이는 것이 최초인 것 같다. 하지만 간단한 선문답을 소개한 것에 그쳐 생몰 연대나 저술에 대한 언급이 없다. 공신의 저술에 관한 언급이 최초로 나오는 것은 원 연우 3년(1316)에 간행된『경덕전등록』의 권말에 붙은 정앙의「발문」(1132)에서이다. 거기에 다음과 같은 흥미로운 내용이 있다.

> 『경덕전등록』은 호주 철관음원의 스님 공신이 엮은 것이다. 책이 이루어지자, 그는 낙양에 유행코자 길을 나섰는데, 도중에 어떤 스님과 배를 함께 타게 되어 그것을 보여 주었다. 그러자 어느 날 저녁 그 스님이 그것을 지고 가 버렸다. 도성에 이르러 보니, ‘도원’이란 자가 이미 그것을 나라에 바치고 상을 탄 뒤였다. 이 일은 마치 곽상郭象이 상수向秀의『장자주莊子註』를 훔친 예와 같다. 공신이 말하기를, “나의 뜻은 오로지 불조의 뜻을 밝힘에 있다. 그것이 이미 실행되고 있으니 저에게 있거나 나에게 있거나 같은 것인데 어찌 피차를 가려 명리를 위하겠는가?” 하고는 결코 언급하지 않았다. 공신의 마음 씀씀이가 이와 같았다.[6]

6『景德傳燈錄』卷30(T51).

위의 내용에 따르면, 『경덕전등록』의 저자는 우리가 알고 있는 도원이 아닌 공신이며, 도원은 이 책을 훔쳐서 자기의 것으로 한 것이 된다. 이에 맞추기라도 하는 듯 공교롭게도 『전등록』의 송본宋本, 적사본磧沙本, 원본元本, 신수대장경본新修大藏經本 등에 '사문 도원 찬沙門道原纂'이라는 찬자명이 기록되어 있지 않은 것은 이것을 뒷받침하는 내용 같기도 하다. 그러나 이 문제에 관하여 일본의 모치즈키 신코(望月信亨)는 그의 연구에서, 비록 공신의 생몰 연대가 미상이기는 하지만, 그의 스승 담영 선사의 생몰 연대 및 『경덕전등록』이 이루어진 경덕 연간(1004~1007)과 비교해 보면, 당시 담영의 나이가 16~19세에 불과하여 공신의 저작이 되기에는 무리라고 밝혔다. 따라서 『경덕전등록』은 공신의 찬술이라고 볼 수는 없으며 그 권두에 실린 것처럼 도원의 찬술이라고 보는 것이 타당하다고 판단하였다. 또한 『경덕전등록』이 국가에 봉진되었을 때 왕의 조서에 의해 쓰인 한림학사翰林學士 양억楊億의 서序는 확고한 권위를 갖고 있는 것이다.

공신의 스승 담영에 대해서는 가우嘉祐 연간(1056~1063)에 선문오가종파의 전傳을 지어 기연機緣의 어구를 실었으나 시종행사의 자취는 생략하였다는 말이 보이는데, 공신은 그런 담영의 법을 이은 제자이다. 그러므로 스승의 저술을 보완하여 좀 더 완벽한 저술을 시도했을 가능성이 있고, 이 책을 바로 『조원통록』 24권으로 보는 것이 타당할 것이다.

정앙의 발문이 쓰일 당시에 공신의 저술은 이미 자취를 감췄다고 볼 수 있다. 그럼에도 불구하고 『경덕전등록』이 공신의 저술이라는 착각 내지 혼동이 일어난 것은 아마도 당시 그에게 『경덕전등록』과 같은 성격의 저술이 있었다는 사실이 알려져 있었다고 볼 수 있다. 이를 뒷받침하듯 실제로 원말元末 원극 거정圓極居頂(?~1404)이 엮은 『속전등록續傳燈錄』 권9 '공신' 관련 부분(T51, 521c)에는 공신의 상당 법문과 함께 『조원통록』 30권이 있어 세상에 행해지고 있다고 언급되어 있다. 그러나 그 후 오늘에 이르기까지 아무 언급이 없었다.

그러므로 『통록촬요』 4권의 등장은 그 자체만으로도 중요한 자료로서의 가치를 지니지만, 이 책이 나타남으로써 공신의 저술을 둘러싼 아래와 같은 몇 가지 문제가 정리된다는 점에서도 그 의의가 있다고 할 것이다. 첫째, 『경덕전등록』의 편찬자는 공신이 아니라 도원이라는 점이다. 둘째, 『속전등록』의 "祖源通要三十卷行于世"란 말은 전문傳聞을 채록한 것으로 보아야 하고, 여기서의 『조원통요』 30권은 『조원통록』 24권으로 수정해야 한다는 점이다. 셋째, 『조원통록』 24권은 중국에서는 일찍 자취를 감추었으나 15~16세기경 우리나라에 전해졌으며, 조선 중종 24년(1529)에 그것이 『통록촬요』 4권으로 이루어져 개판되었다는 것이다. 이상의 세 가지 관점에서 이 『통록촬요』의 출현 가치를 평가할 수 있다.

2) '한국적 전등사'의 새로운 시도

이 책 『통록촬요』는 성종·연산·중종에 이어진 숭유억불책崇儒抑佛策이 강화된 시기인 중종 24년(1529)에 개판되었다. 중종은 즉위하자 선종의 본사였던 흥천사興天寺를 공해公廨(관가의 건물)로 만들고, 즉위 2년에는 양종승과兩宗僧科를 폐지하였다. 7년에는 원각사圓覺寺를 헐었고, 11년에는 왕실의 기신제忌辰祭를 금했으며, 13년에는 성남城南의 비구니 사찰을 철거하고 훼손할 정도로 불교를 탄압하였다. 이때 중종의 계비 장경왕후章敬王后의 부친인 파원부원군坡原府院君 윤여필尹汝弼(1466~1555)의 후원을 입어 숭묵을 중심으로 전남 광양현 백운산 만수암에서 불교의 정맥을 보존하려는 일종의 불교 운동이 일어났다. 여기에 벽송 지엄이 관계하여 『통록촬요』의 발문을 썼다. 벽송이 쓴 발문을 통해 『석가여래행적송』과 『통록촬요』를 포함한 총 13질의 문헌[7]이 개판되었음을 알 수 있다. 그 13질의 내용과 조직을 볼 때, 전체적으로 전법도생傳法度生과 유불교섭儒佛交涉,

선정겸수禪淨兼修 등을 권하고 있다. 당시의 법난을 깊이 인식하고 새로운 불교의 나아갈 방향을 모색하는 강한 의지, 즉 말법 의식과 함께 전법의 사명감을 고취하고 있는 것이다.

이러한 경향은 『통록촬요』에 보제존자 나옹 혜근을 소개한 끝에 곧 이어서 『치성광명경熾盛光明經』과 『변정경辨正經』을 인용해 그들의 말법설末法說을 소개하고 있는 것을 보면 알 수 있다. 여기서 나옹을 말세에 불법을 부흥시킬 석가의 후신이라고 설하고 있으며, 그런 석가의 후신은 그 뒤에도 거듭 재삼 다시 와서 불법을 크게 떨치리라는 희망적인 소신을 피력하고 있는 것이다. 또 『통록촬요』의 맨 끝에 있는 제5 「유통품」에서 촬요자는 "만약 법을 전해 중생을 제도하지 않는다면, 끝내 은혜에 보답하는 자라 할 수 없으리라."는 점을 강조하고, "비록 부처님의 진정한 뜻에 합치하지 않더라도 각자의 뜻이 바른 이치에 따른다면, 성인의 가르침을 감당할 만하다."고 하였다.

무엇보다 제3 「호현품」에서 마지막 선사로 나옹 혜근을 거론한 것은 조선의 선의 법계 문제에 있어 새로운 자료의 추가라고 말할 수 있다. 고려말 임제선을 대표하는 태고 보우太古普愚(1301~1382)·나옹 혜근·백운 경한白雲景閑(1299~1374)의 3사 가운데 태고 보우가 가장 초조로 추앙되고 있었다. 하지만 『통록촬요』의 「호현품」에 오직 나옹 혜근만이 여러 면에 걸쳐 자세히 피력되어 있는 것은 그를 임제선의 대표적 종장으로 보고 있는 것이며, 그가 고려 공민왕 19년(1370) 광명사廣明寺에서 공부선功夫選을 행한 것을 두고 석가의 후신이 다시 와서 말세의 외도를 파한 것으로 설하고 있는 것을 보면, 전등사의 귀결을 나옹 혜근에게로 잇고자 하는 강한 찬술 의도를 파악할 수 있다.

---

7 ① 『原人論』(唐 奎峰宗密 撰), ② 寒山詩(唐 寒山 著), ③ 齋戒文, ④ 孝順文, ⑤ 殺戒文, ⑥ 念佛作法, ⑦ 發願文, ⑧ 彌陀十相讚, ⑨ 投師禮(新羅 義湘 撰), ⑩ 十六觀頌, ⑪ 決疑集(元 智徹 述).

이처럼 『통록촬요』의 찬술자가 나옹 혜근을 높이 평가하고 싶은 것은 두 가지 관점에서 생각해 볼 수 있다. 첫째, 촬요자가 나옹 계통에 속하지 않을까 하는 추정이 가능하다. 즉 나옹 혜근→무학 자초無學自超(1327~1403)→기화 득통己和得通(1376~1433)으로 이어지는 법계의 계승자라고 볼 수 있는 것이다. 둘째, 고려 말 조선 초에 절대적 영향을 끼친 것은 태고보다는 나옹 혜근 계통의 선풍이 아니었을까라고 추측할 수도 있다. 그런데 왜 청허 휴정 이후에는 태고를 조선 선법계의 최초의 선사로 보는 것일까? 이런 의문은 이미 학계에서 상당히 논란이 되고 있는 점인 만큼 다각도의 검토가 요청되는 부분이다. 이런 점에서 『통록촬요』와 벽송 지엄의 「발문」은 새로 추가된 중요한 자료라고 할 것이다.

3) 『동국승니록』의 원류

『대일본속장경』 제150책에 『동국승니록』이라고 하는 한 권의 책이 수록되어 있다. 이것은 신라 본여本如 선사로부터 시작하여 명승名僧 46인, 니고尼姑 1인, 시승詩僧 19인, 역승逆僧 1인, 간승奸僧 1인 등 모두 승려 68명의 약록을 출전과 함께 소개한 문헌이다. 그런데 저자 미상의 이 『동국승니록』의 원류가 본서가 아닐까 추정된다. 그것을 가능하게 하는 것이 최초의 명승 46인 가운데 다소 자구의 출입이 있기는 하지만 신라 본여에서 고려 혜거惠居에 이르는 16사가 『통록촬요』 제3 「호현품」의 내용과 일치하기 때문이다. 이는 『통록촬요』가 당시에 상당한 기간 유통되어 영향을 끼치고 있었던 것을 의미한다고 할 것이다.

6. 참고 문헌

고익진, 「조원통록촬요의 출현과 그 사료 가치」, 『불교학보』 제21호, 1984.

김호귀, 『通錄撮要』, 하얀연꽃, 2014.

______, 「傳燈史書로서 『통록촬요』의 구조와 그 의의 고찰」, 『大覺思想』 22집, 2014.

차례

* 목차의 원문에는 '83칙'으로 되어 있지만, 제2권의 본문에 '북종 신수 대사'가 독립된 한 칙으로 나오므로, 목차에서 이를 추가하였다. 그러므로 실제로는 총 84칙이 된다.

통록촬요 제3권 通錄撮要 卷第三

통록촬요 제4권 通錄撮要 卷之第四

일러두기

1 '한글본 한국불교전서'는 문화체육관광부의 지원을 받아 동국대학교 불교학술원에서 수행하고 있는 '불교기록문화유산아카이브(ABC)사업'의 결과물을 출간한 것이다.

2 이 책은 『한국불교전서』(동국대학교출판부 간행) 제7책에 수록된 『통록촬요通錄撮要』를 저본으로 번역하였다.

3 번역문에 이어 원문을 병기하고 간단한 표점 부호를 삽입하였다.

4 원문의 교감 사항은 번역문의 각주와 별도로 원문 아래 부분에 제시하였다.
㉯은 『한국불교전서』 편찬자가 교감한 내용이다.
㉮은 번역자가 교감한 내용이다.

5 약물은 다음과 같다.
『 』: 서명
「 」: 편명, 산문 작품
T : 『대정신수대장경』
X : 『만속장경』
H : 『한국불교전서』

통록촬요 제1권

| 通錄撮要* 第一卷 |

* ㉑ 가정嘉靖 8년(1529) 전라도 광양현光陽縣 백운산白雲山 만수암萬壽庵에서 개판하여 성불사成佛寺에 장치藏置했던 고려대학교 소장본을 저본으로 삼았다. 고려대학교 소장본은 『釋迦如來行蹟頌』과 합간한 것이다. 같은 본本이 일본 천리대학天理大學 도서관에도 소장되어 있는데, 단 권말에 첨부된 「語錄」, 「普勸修持文」, 「碧松堂跋文」이 결락되었다. 제목과 목차는 『韓國佛教全書』 편자가 보입하였다.

『통록촬요』 4권은 5품으로 구성되어 있으며, 호주湖州 서여산西余山에 주석하는 석공신釋拱辰이 편찬하고 교정한 것이다. 제1권은 「종안품」【4칙】과 「정전품」【33칙】, 제2권은 「호현품」【「호현품」은 모두 100여 칙으로 제4권 중반까지이다.】, 제3권【12칙】, 제4권【70여 칙】은 「산성품」【6칙】과 「유통품」【2칙】이다.[1]

通錄撮要四卷。分作五品。住湖州西余山。釋拱辰編正。第一卷宗眼品。【四則】正傳品。【三十三則】第二卷互顯品。【旁直互顯一百餘則。至四卷中。】第三卷。【十二則】第四卷。【七十餘則】散聖品。【六則】流通品。【二則】

1 이 문단 전체에 대해 몇 가지 설명이 필요하다. 첫째, 서여산西余山 공신拱辰 선사가 편찬 교정한 것은『通錄撮要』의 저본인『祖源通要錄』이다. 후기後記와 발문跋文에 따르면『祖源通要錄』24권 혹은 30권을『通錄撮要』4권으로 편집한 이는 밀계密契이다.『通錄撮要』를 공신 선사가 편찬한 것이라 표기한 것은 착오인 듯하다. 둘째, 제3권에는 12칙이 아니라 실제로는 10칙이 실려 있다. 셋째, 제4권의 '70여 칙'은 내용이 분명하지 않다. 앞의 목차에 따르면, 「호현품」은 제2권에 36칙, 제3권에 10칙, 제4권에 38칙이 실려 있다. 그러므로 '70여 칙'이란, 이미 언급한 제3권의 10칙을 제외한 제2권의 36칙과 제4권의 38칙을 합한 74칙을 가리키는 것이 아닌가 추정해 본다.

제1 종안품【4칙】

宗[1)]眼品 第一【四則】

1) ㉢ 이 앞에 있는 '卷第一'은 편자가 삭제하였다.

대자대비하신 석가모니께 머리 조아립니다.

문자를 세우지 않고 바로 가리켜 보이셨네.

稽首釋迦大慈悲。不立文字直指示。

『통요統要』[2]에서 말하였다.

統要云。

○ 세존께서는 태어나시자마자 한 손으로 하늘을 가리키고 한 손으로 땅을 가리키며 두루 일곱 걸음 걸으시고 사방을 둘러보면서 "하늘 위 하늘 아래에 나만이 홀로 존귀하다."고 하셨다.

이에 대해 운문雲門[3]이 말하였다.

"내가 당시 보았더라면 한 방에 때려죽여 개에게 먹잇감으로 줘 버렸

2 『통요統要』: 『祖源通要』의 약칭이다. 『祖源通要錄』 또는 『祖源通錄』으로 칭하기도 한다. 『五燈會元』 권12(X80, 254c)에서 "안길주安吉州 서여산西余山 공신拱辰 선사가 편찬 교정한 것으로 총 30권이다."라고 하였다.

3 운문雲門(864~949): 당말唐末 오대五代 스님으로 법명은 문언文偃이며, 운문은 주석 산명이다. 가흥 공왕사空王寺 지징志澄 선사에게 수학하고 17세에 출가하여 목주 도명睦州道明에게 참구하고, 다시 설봉 의존雪峰義存의 법을 이었다. 영수 여민靈樹如敏 회하에 있다가 운문산雲門山으로 들어가 30여 년을 주석하며 종풍을 선양하였다.

을 것이다. 중요한 건 천하태평이다."

이에 대해 낭야 각琅耶覺[4]이 말하였다.

"'이 깊은 마음으로 티끌처럼 많은 세계를 받드는 것, 이것을 부처님의 은혜를 갚는 것이라 한다.'[5] 하였으니, 운문 스님이 그런 분이라 하겠다."

世尊纔下生。乃一手指天一手指地。周行七步。目顧四方云。天上天下。唯我爲獨尊。雲門云。我當時若見一棒打殺。與狗子喫却。貴要天下大平。琅耶覺云。雲門可謂將此深心奉塵刹是則名爲報佛恩。

○ 또 외도가 "있다는 주장도 묻지 않고, 없다는 주장도 묻지 않습니다." 하고 묻자 세존께서 자리에 앉으셨다. 그러자 외도가 "세존께서 대자대비로 저의 미혹의 구름을 헤치고 저를 들어가게 하셨습니다." 하고 찬탄하고는 예배하고 떠났다.

아난이 부처님께 여쭈었다.

"외도가 어떤 도리를 얻었기에 칭찬하고 떠난 것입니까?"

세존께서 말씀하셨다.

"세상의 좋은 말은 채찍 그림자만 보아도 달리는 것과 같다."

又因外道問。不問有言。不問無言。世尊據坐。外道讃歎云。世尊大慈大悲。開我迷雲。令我得入。乃作禮而去。阿難白佛言。外道得何道理。稱讃而去。世尊云。如世良馬。見鞭影而行。

---

4 낭야 각琅耶覺 : 송나라 스님으로 법명은 혜각慧覺이며, 낭야는 주석 산명이다. 분양 선소汾陽善昭(947~1024)의 법을 이었고, 저주滁州 낭야산瑯琊山에서 종풍을 선양하였다. 당시 운문종의 설두 중현雪竇重顯과 함께 세인들에게 두 감로문(二甘露門)으로 불렸다.

5 『首楞嚴經』 권3(T19, 119b).

○ 또 어느 날 법좌에 오르시자 문수文殊가 추椎[6]를 쳐 대중에게 알리면서 말하였다.

"법왕의 법을 자세히 관찰해 보니, 법왕의 법은 이와 같습니다."

그러자 세존께서 곧바로 자리에서 내려오셨다.

又一日陞痤。[1] 文殊白椎云。諦觀法王法。法王法如是。世尊便下坐。

1) ㉠ '痤'는 '座'와 통용된다.

○ 또 하루는 색깔이 변하는 마니주摩尼珠를 보여 주면서 다섯 방위의 천왕들에게 물으셨다.

"이 구슬이 무슨 색이냐?"

이때 다섯 천왕이 서로 다른 색깔을 말씀드렸다. 그러자 세존께서 구슬을 소매에 넣어 버리고 빈손을 들고서 말씀하셨다.

"이 구슬은 무슨 색이냐?"

천왕들이 대답하였다.

"손에 구슬이 없는데 어디에 색깔이 있겠습니까?"

그러자 세존께서 탄식하셨다.

"그대들은 어쩌자고 미혹과 전도가 이리도 심한가. 내가 이 구슬을 보여 주었을 때는 곧바로 파랗다 노랗다 빨갛다 하얗다고 대답하더니, 내가 진짜 구슬을 보여 주자 아무도 모르는구나."

이때 다섯 천왕이 그 말씀에 도를 깨달았다.

6 추椎 : 건추犍椎의 줄임말이다. Ⓢ ghaṇṭā의 음역으로 건치犍稚·건추犍槌·건추犍推·건지犍地·건지犍遲로 음역하기도 하며 경磬·종鐘·타목打木·성명聲鳴으로 의역하기도 한다. 대중의 집합과 해산, 법회의 개시와 종료, 중요 사항의 고지와 통보 등 승단의 주요 소통 수단으로 사용되었다.

又一日。示隨色摩尼珠。問五方天王。此珠作何色。時五天王。互說異色。世尊藏珠入袖。却擡手云。此珠何色。王答手中無珠。何處有色。世尊嘆云。汝何迷倒之甚。吾將此珠示之。便說青黃赤白。吾將眞珠示之。便捴不知。時五天王。言下悟道。

제2 정전품【33칙】

正傳品 第二【三十三則】

저 서천의 28조를 비롯해
곧바로 지시하신 당나라의 6조

爰自西天四七祖。直指唐土二三師。

『전등록』에서 다음과 같이 말하였다.

傳燈云。

◯ 초조 가섭 존자

영산회상의 백만 대중 앞에서 세존께서 꽃을 드시자 가섭 홀로 환하게 미소 지었다. 그러자 세존께서 말씀하셨다.

"나의 바른 법안의 창고와 열반의 오묘한 마음을 그대에게 맡기노라. 그대는 널리 유포하여 단절되는 일이 없도록 하라. 더불어 금실로 짠 승가리僧伽梨[7]를 주니 계족산으로 들어가 미래에 올 부처님인 자씨慈氏를 기다렸다가 그가 하생하거든 전하라."

初祖迦葉尊者。於靈山會上百萬衆前。因世尊拈花。獨迦葉破顏微笑。世尊

7 승가리僧伽梨 : Ⓢ sanghāri의 음역이다. 대의大衣로 의역한다. 승려들이 소지하는 세 종류의 가사 가운데 가장 큰 것이다. 설법하거나 걸식을 할 때 착용한다.

云。吾正法眼藏涅槃妙心。分付於汝。汝可流布。無令斷絶。仍授金縷僧伽梨衣。入雞足山。俟當來佛慈氏下生傳付也。

○ 제2조 아난 존자

사형師兄인 가섭에게 물었다.

"세존께서 금란 옷 외에 따로 무엇을 전하셨습니까?"

가섭이 불렀다.

"아난아."

아난이 대답했다.

"예."

가섭이 말하였다.

"문 앞의 찰간刹竿을 쓰러뜨려 버려라."

二祖阿難尊者。問迦葉師兄。世尊傳金襴袈裟外。別傳箇什麽。迦葉召云。阿難。阿難應喏。迦葉云。倒却門前刹竿著。

○ 제3조 상나화수 존자

존자가 우바국다를 얻어 시자로 삼으면서 여러 가지를 물었다.

"그대는 나이가 몇인가?"

"제 나이는 열일곱입니다."

스님이 말했다.

"그대의 몸이 열일곱 살인가, 성품이 열일곱 살인가?"

"스님께서는 머리카락이 하얗게 세셨는데 머리카락이 하얀 것입니까, 마음이 하얀 것입니까?"

"나는 머리털이 하얄 뿐이지, 마음이 하얀 것은 아니다."

"저도 몸이 열일곱 살일 뿐, 성품이 열일곱 살인 건 아닙니다."

三祖商那和脩尊者。得優波毱多。爲給侍因多問。汝年幾耶。曰我年十七。師曰汝身十七。性十七耶。答師髮已白。爲髮白耶心白耶。師曰我但髮白非心白。曰我身十七。非性十七。

○ 제4조 우바국다 존자

제도하는 사람이 매우 많자 파순이 두려워 정법을 해치려 하였다. 존자가 선정에 들었을 때, 파순이 몰래 영락을 가져와 목에 걸어 두었다. 존자가 선정에서 나와서는 사람·개·뱀 세 가지 시체를 가져다 꽃 족두리로 변화시키고는 부드러운 말로 파순을 위로하였다.

"내가 가진 꽃 족두리를 보답으로 올리겠습니다."

파순이 목으로 끌어당겨 그것을 받자 곧 악취가 진동하는 세 가지 시체로 변하였다. 파순이 혐오하여 자기의 신력을 모두 쏟아 부었지만 벗을 수가 없었다. 그래서 제석천과 범천으로 올라가 벗어나게 해 달라고 부탁했지만 그들도 각각 이렇게 말했다.

"십력을 가진 제자가 부린 신통변화를 우리 같은 범속한 무리가 어떻게 없앨 수 있겠는가?"

범천이 게송을 설하였다.

땅으로 인해 넘어졌으면
다시 땅을 인해 일어서야 한다
땅을 벗어나서 일어나길 바란다면
그런 도리는 끝내 없느니라

가르침을 받은 파순은 존자께 몸을 던져 예배하고 슬피 자백하면서 참회하였다. 우바국다의 권유로 그가 삼보에 귀의하고 나자 시체 족두리가 단박에 벗겨졌다. 그러자 파순이 절을 올리며 감사를 표하고 떠났다.

四祖優波毱多尊者。化度甚衆。波旬恐怖。將害正法。尊者入定。波旬密持瓔珞。縻之于頸。及尊者出定。及取人狗蛇三尸。化爲花鬘。輭言慰諭。吾有花鬘奉酬。波旬引頸受之。即變三種臭尸。波旬厭惡。盡已神力。不能得脫。升釋梵天。求其解免。彼各告言。十力第[1]子神變。我輩凡陋。何能去之。梵天說偈。若因地倒。還因地起。離地求起。終無此理。波旬受敎。投禮尊者。哀露懺悔。毱多令其歸三寶竟。尸鬘頓脫。禮謝而去。

1) ㉯ '第'는 '弟'인 듯하다.

○ 제5조 제다가 존자

존자가 출가하기를 원하자 우바국다가 물었다.

"그대는 몸이 출가하려는가, 마음이 출가하려는가?"

"제가 하려는 출가는 몸이나 마음이 하는 게 아닙니다."

우바국다가 말하였다.

"몸이나 마음이 하지 않는다면 또 누가 출가하겠다는 것인가?"

"출가란 나도 나의 연고도 없는 것입니다. 즉 마음이 일어나거나 소멸하지 않는 것입니다. 마음이 일어나거나 소멸하지 않는다면 곧 이것이 영원한 길입니다. 모든 부처님 역시 영원하여 마음에 형상이 없고 그 본체도 역시 마찬가지입니다."

五祖提多迦尊者。因求出家。毱多問曰。汝身出家心出家。答我來出家。非爲身心。毱多曰。不爲身心。復誰出家。答夫出家者。無我我故。即心不生滅。心不生滅。即是常道。諸佛亦常。心無形相。其體亦然。

○ 제6조 미차가 존자

그는 8천 명의 큰 선인들을 무리로 거느리고 있었다. 그는 제다가가 자기 나라로 들어왔다는 소식을 듣고 대중을 이끌고 환영해 받들면서 제다가에게 말하였다.

"옛날에 스님과 함께 범천에 태어났을 때, 저는 아사타阿私陀 선인을 만나 선법仙法을 배우고, 스님은 십력을 가진 제자를 만나 선나禪那[8]를 닦아 익혔지요. 이때부터 과보가 나뉘어 길을 달리했던 게 벌써 여섯 겁이나 흘렀군요."

존자가 말하였다.

"여러 겁 동안 헤어졌다는 말씀이 참으로 거짓이 아닙니다. 미차가여, 이제 삿된 길을 버리고 바른 길로 돌아와 조사의 지위를 이으십시오."

六祖彌遮迦尊者。領八千大僊爲徒。聞提多迦入國。率衆迎奉。謂提多迦曰。昔與師同生梵天。我遇阿私陁仙。授我仙法。師逢十力弟子。修習禪那。自此報分殊道。已經六劫。尊者曰。支離累劫。誠哉不虛。彌遮迦。乃捨邪歸正以嗣祖位。

○ 제7조 바수밀 존자

항상 깨끗한 옷을 입고 손에는 술병을 든 채 거닐면서 읊조리거나 휘파람을 불었기 때문에 사람들이 그를 미치광이라 불렀다. 그러다 미차가를 만나 물었다.

"스님은 어디서 오셨고, 어디로 가시려고 합니까?"

미차가가 말하였다.

"자기 마음으로부터 와서 없는 곳으로 가려고 합니다."

"제 손에 들린 물건이 뭔지 아시겠습니까?"

미차가가 말하였다.

8 선나禪那 : Ⓢ dhyāna의 음역이다. 선禪으로 약칭하고, 정려靜慮·사유수思惟修·정定으로 의역하기도 한다.

"그것은 공격하는 무기이고 청정함을 등지게 하는 것입니다."

"그럼, 저(我)도 아시겠습니까?"

미차가가 말하였다.

"'나(我)'라는 것은 알 수 없는 것입니다. 알 수 있다면 '나'가 아닙니다."

또 이름을 묻자 그가 바수밀婆須密이라 답했다.

미차가가 말하였다.

"저의 스승이신 제다가께서 '세존께서 아난에게 말씀하시기를, 내가 멸도하고 300년 후에 바수밀이라는 한 성인이 있어 선맥의 일곱 번째 조사가 될 것이라 하셨다.'고 말씀하셨습니다."

바수밀이 이에 귀의하고는 출가하여 해탈하고 도를 완성하였다.

七祖婆須密尊者。常服淨衣。執酒器行或吟或嘯。人謂之狂。遇彌遮迦問。師何方來。欲往何所。遮迦曰。從自心來欲往無處。曰識我手中物否。迦曰此是觸器而負淨者。曰還識我否。迦曰我即不識識即非我。又問名氏答名婆須密。迦曰我師提多迦說。佛告阿難。吾滅後三百年。有一聖人。名婆須密。而於禪祖。當獲苐[1]七。密乃投出家。度脫成道。

1) ㉔ '苐'는 '第'와 통용된다.

○ 제8조 불타난제 존자

그는 바수밀 존자를 만나자마자 말로 논의論義하려고 하였다.

그러자 바수밀이 말하였다.

"논한다면(論) 바른 이치(義)가 아닙니다. 바른 이치라면 논하지 못합니다. 만일 이리저리 헤아려 이치를 논한다면 끝내 바른 이치를 논하는 것이 아닙니다."

불타난제는 바수밀의 뜻이 더 수승함을 알고는 제도하여 주기를 청하고 법을 이었다.

八祖佛陁難提尊者。遇婆須密。即言與師論義。密曰論即不義。義即不論。若擬論義。終非義論。師知義勝。求度爲嗣。

○ 제9조 복타밀다 존자

그는 옛날에 부처님을 만나 광대한 자비의 서원을 세웠지만 부모님을 생각하는 애정을 버리기 어려웠다. 따라서 나이 50이 되도록 입으로 말을 한 적이 없고 발로 걸은 적이 없었다. 그러다 불타난제가 여러 곳을 다니며 교화하다가 그 집에 이르러 광명이 치솟는 것을 보고는 그의 제자들에게 말하였다.

"이 집에 분명 성인이 계신다. 입으로 말을 하지 않으니 참다운 대승의 그릇이요, 사방으로 쏘다니지 않으니 더러움과 접촉하는 것일 뿐임을 안다."

그의 아버지가 나와 인사를 드리며 물었다.

"필요한 게 무엇입니까?"

불타난제가 대답하였다.

"저는 시자를 구합니다."

아버지가 말하였다.

"저에게 복타伏馱라는 아들이 있기는 하지만 나이 이미 50에 말도 못하고 걷지도 못합니다."

그러나 그는 불타난제를 보자마자 벌떡 일어나 예를 올리고 게송을 설하였다.

부모님도 나와 가까운 분이 아니니
누가 가장 가까운 분일까
모든 부처님도 나의 길이 아니니
누가 최고의 길을 걷는 분일까

불타난제가 게송으로 대답하였다.

그대의 말이 마음과 가까우니
부모님과도 비교할 수 없네
그대의 행이 성스러운 도와 합한다면
그게 바로 모든 부처님의 마음

밖으로 형상이 있는 부처를 구한다면
그대와는 비슷하지도 않지
그대의 본래 마음을 알고 싶은가
합하는 것도 아니고 여의는 것도 아니라네

복타밀다는 이 게송을 듣고 곧바로 일곱 걸음을 걸었으며, 출가하여 성스러운 길로 들어섰다.

九祖伏馱密多尊者。昔曾値佛。悲願廣大。慮父母情愛難捨故。年已五十。口未嘗言。足未嘗履。佛陁行化至家。見有光騰。謂其徒曰。此家當有聖人。口無言說。眞大乘器。不行四衢。知觸穢耳。父出致禮。問何所須。陁答我求侍者。父曰我子伏馱。年已五十。不言不行。才見佛陁。遽禮說偈。父母非我親。誰是最親者。諸佛非我道。誰爲最道者。佛陁答偈。汝言與心親。父母非可比。汝行與道合。諸佛心即是。外求有相佛。與汝不相似。欲識汝本心。非合亦非離。伏馱聞。便行七步。出家入道。

○ 제10조 협 존자

태어날 무렵 그의 아버지가 꿈을 꾸었는데, 등에 보배 좌석이 있고 그 좌석 위에는 밝은 구슬 하나가 안치되어 있는 흰 코끼리 한 마리가 문으로 들어왔다. 아버지가 꿈에서 깨자 그가 태어났다. 나중에 복타밀다의 시자가 되었는데 잠을 자는 법이 없어 옆구리를 바닥에 대지 않았다. 이 때문에 협 존자라 불리게 되었다.

十祖脅尊者。將誕。父夢一白象。背有寶痤。[1] 痤上安一明珠。從門而入。旣覺乃生。後爲伏馱執侍。未嘗睡眠。脇不至席。遂號脇尊者。

1) ㉠ '痤'는 '座'와 통용된다. 아래에서도 마찬가지다.

○ 제11조 부나야사 존자

그가 협 존자를 찾아뵙자 존자가 물었다.

"그대는 어디서 왔는가?"

"제 마음은 가는 것이 아닙니다."

협 존자가 말하였다.

"그대는 어디에 사는가?"

"제 마음은 머무는 것이 아닙니다."

협 존자가 말하였다.

"그대를 딱히 뭐라고 단정할 수 없다는 것인가?"

"모든 부처님 역시 마찬가지입니다."

협 존자가 말하였다.

"그대는 모든 부처님이 아니다."

"모든 부처님 역시 아닙니다."

협 존자가 인가하고 그를 출가시켰다.

十一祖富那夜奢尊者。謁脇尊者。問汝從何來。曰我心非往。脇曰汝何處住。曰我心非止。脇曰汝不定耶。曰諸佛亦然。脇曰汝非諸佛。曰諸佛亦非。脇尊者。印可度之。

○ 제12조 마명 대사

그가 부나야사를 만나 물었다.

"저는 부처님을 알고 싶습니다. 어떤 분이 그분이십니까?"

부나야사가 말하였다.

"그대가 부처님을 알고 싶습니까? 알지 못하는 그것이 바로 그분입니다."

"부처님을 이미 알지 못하는데, 이것이 바로 그분이란 걸 어떻게 알겠습니까?"

부나야사가 말하였다.

"이미 부처님을 알지 못하는데, 이것이 그분이 아니라는 건 어떻게 압니까?"

"이것이 톱의 이치이군요."

"그것은 나무의 이치랍니다."

그러고는 다시 물었다.

"톱의 이치란 무엇입니까?"

"스님과 함께 평등하게 벗어나는 것입니다."

그러고는 다시 물었다.

"나무의 이치란 무엇입니까?"

부나야사가 말하였다.

"그대가 나에 의해 해체된 것입니다."

마명이 드디어 활연히 깨달았다.

十二祖馬鳴大士。見富那。問曰我欲識佛。何者即是。富曰汝欲識佛。不識者是。曰佛既不識。焉知是乎。富曰既不識佛。焉知不是。曰此是鋸義。富曰彼是木義。又問鋸義者何。曰與師平出。又問木義者何。富曰汝被我解。馬乃豁悟。

○ 제13조 가비마라 존자

그는 마명에게서 법을 얻었다. 대중을 거느리고 산으로 들어갔다가 큰 구렁이 한 마리를 만났는데, 그 뱀이 존자의 몸을 칭칭 감았다가 삼귀의계를 주자 떠나갔다. 이어서 한 노인이 존자께 문안을 올리기에 어디에 사는지 물었다.

그러자 그가 대답하였다.

"옛날에 비구였는데, 고요함을 즐기고 있을 때 막 배우기 시작한 어떤 비구가 자주 찾아와 가르침을 청하기에 대답하기가 귀찮아 성내는 생각을 일으켰습니다. 그래서 생명이 끝나고는 구렁이가 되어 지금까지 벌써 천 년이 흘렀습니다. 그러다 마침 존자를 만나 계법戒法을 듣게 되었습니다. 그래서 찾아와 감사를 드리는 것입니다."

그가 바로 용수龍樹였다.

十三祖迦毗摩羅尊者。得法於馬鳴。領徒入山。逢一大蟒盤繞師身。與受三歸而去。繼有一老。問訊師。問所止。荅昔爲比丘樂靜時。有初學。數來請益。煩於應荅。起嗔恚想。命終爲蟒。今已千載。適遇尊者。獲聞戒法。故來謝耳。樹是也。

○ 제14조 용수 존자

그는 가비마라를 만나 법을 얻고는 법좌에서 자재한 몸을 나타내었는데 그 모습이 보름달 같았으며, 대중들은 오직 법문하는 음성만 들을 뿐 존자의 모습은 볼 수 없었다. 존자가 게송을 설하였다.

몸으로 둥근 달과 같은 모습을 나타내
이로써 모든 부처님의 본체를 표현하고
법을 설해도 그 형상이 없으니

이로써 소리와 빛깔이 아님을 변론하노라

十四祖龍樹尊者。遇迦毗得法。乃於座上。現自在身。如滿月輪。大衆唯聞法音。不覩師相而說偈。身現圓月相。以表諸佛體。說法無其形。用辨非聲色。

○ 제15조 가나제바 존자

용수를 찾아뵈자 그가 지혜로운 사람임을 용수가 알고 시자를 시켜 발우에 물을 가득 담아 법좌 앞에 놓게 하였다. 이에 그는 바늘을 던짐으로써 용수의 뜻에 계합하여 곧 법을 이었다.

十五祖迦那提婆尊者。因謁龍樹。知是智人。令侍者以滿鉢水。置於座前。提婆覩之。乃以針投。契於龍樹。即爲法嗣。

○ 제16조 라후라다 존자

그는 부처님으로부터 "두 번째 오백 년에 위대한 교주가 되리라."는 수기를 받은 적이 있었으니, 제바를 만난 것도 전생의 인연에 부합되는 것이었다. 출가한 후에 법을 전할 자를 찾다가 선정에 든 승가난제를 보았는데, 21일을 지나서야 비로소 선정에서 깨어났다.

존자가 물었다.

"그대는 몸이 선정에 드는가, 마음이 선정에 드는가?"

"몸과 마음이 함께 선정에 듭니다."

라후라다가 말했다.

"몸과 마음이 함께 선정에 든다면 어찌 들어가고 나감이 있겠는가?"

"비록 들어가고 나감이 있기는 하지만 선정의 모습을 잃지는 않습니다."

十六祖羅睺羅多尊者。曾蒙佛記。第二五百年。爲大敎主。遇於提婆。蓋符夙因。得度之後。因求法嗣。見僧迦難提入乞。經三七日。方從定起。問曰汝身乞耶。心乞耶。曰身心具[1]定。羅多曰身心俱定。何有出入。曰雖有出入。不失定相。

1) ㉥ '具'는 '俱'와 통용된다.

○ 제17조 승가난제 존자

그는 장엄왕莊嚴王의 아들이다. 태어나면서부터 말을 하였으며, 항상 불사를 찬양하고 세속의 즐거움을 싫어하였다. 일곱 살이 되자 게송으로 그의 부모님에게 아뢰었다.

너무도 자비로우신 아버지께 경례하옵고
뼈와 살을 낳아 주신 어머니께 예배합니다
제가 이제 출가하고자 하오니
부디 가엾게 여겨 저의 소원을 들어주소서

부모가 한결같이 말렸지만, 결국 종일토록 음식을 먹지 않았기에 출가를 허락하였고, 이름을 승가난제라 하였다. 그런 다음 라후라다를 찾아뵙고 성스러운 길로 들어섰다.

十七祖僧伽難提尊者。莊嚴王之子。生而能言。常讚佛事。厭於世樂。七歲能偈。告其父母。稽首大慈父。和南骨肉母。我今欲出家。幸願哀愍故。父母固止之。遂終日不食。乃許出家。號僧伽難提。次謁羅多入道。

○ 제18조 가야사다 존자

부는 바람에 전각 모서리의 풍경이 울리자 승가난제가 시험하려고 물었다.

"풍경이 우는 것인가, 바람이 우는 것인가?"

가야사다가 대답하였다.

"바람도 아니고 풍경도 아닙니다. 제 마음이 우는 것일 뿐입니다."

승가난제가 말하였다.

"마음이라니, 그건 또 누구인가?"

가야사다가 말하였다.

"모든 것이 고요하기 때문입니다."

승가난제가 말하였다.

"훌륭하구나, 나의 도를 이을 자가 그대가 아니라면 누구이겠는가?"

十八祖伽邪[1]舍多尊者。因風吹殿角鈴聲。難提試問。鈴鳴耶。風鳴耶。多荅非風非鈴。我心鳴耳。提曰心復誰乎。多曰俱寂靜故。提曰善哉。繼吾道者。非子而誰。

1) ㉾ '邪'는 '耶'인 듯하다. 아래에서도 마찬가지다.

○ 제19조 구마라다 존자

가야사다가 이리저리 다니며 교화하다가 그의 집에 이르러 문을 두드리자 이렇게 말하였다.

"이 집에는 사람이 없습니다."

가야사다가 말하였다.

"없다고 대답하는 사람은 누구입니까?"

이 말을 들은 구마라다는 그가 기이한 사람임을 알고 문을 열어 맞이하였고, 이를 계기로 조사의 등불을 이었다.

十九祖鳩摩羅多尊者。因伽邪行化。至扣其門。曰此舍無人。邪曰荅無者誰。鳩摩聞。知是異人。開門延接。以續祖燈。

○ 제20조 사야다 존자

자기 나라로 들어온 구마라다를 만나 물었다.

"우리 부모님은 평소 삼보를 믿고 섬겼지만 병에 걸린 적이 있었고, 하는 일마다 뜻대로 되지를 않았습니다. 하지만 우리 이웃집은 오랫동안 전다라旃陀羅처럼 비천한 짓을 했는데도 몸이 항상 건강하고 하는 일마다 이루어집니다. 그들은 왜 행복하고, 우리는 왜 불행한 것입니까?"

구마라다가 말하였다.

"선과 악의 과보는 삼세에 나타나는 것입니다. 보통 사람은 어진 자가 요절하고 포악한 자가 장수하며 어긋난 자가 복을 누리고 의로운 자가 망하는 것만 보고는 곧바로 인과도 없고 죄와 복도 허망하다고들 말합니다. 하지만 그림자와 메아리가 따르듯이 만겁의 세월이 흐른다 해도 마멸되지 않는 것은 전혀 모릅니다."

이때 사야다의 의심이 단박에 풀렸다.

구마라다가 말하였다.

"그대가 비록 삼업을 믿게 되었지만, 업이 미혹에서 생기고, 미혹이 식으로 인해 존재하고, 식이 깨닫지 못함(不覺)을 의지하고, 깨닫지 못함이 마음을 의지함을 아직 밝히지 못했습니다. 마음은 본래 청정하여 생멸도 없고 조작도 없고 보응도 없고 승부도 없어서 너무도 고요하고 너무도 신령합니다. 그대가 만약 이 문으로 들어온다면 모든 부처님과 같아질 수 있을 것입니다. 온갖 선악과 유위와 무위는 모두 꿈과 같고 허깨비와 같은 것입니다."

사야다가 이 말을 듣고 전생의 지혜가 단박에 드러났다.

二十祖闍夜多尊者。遇鳩摩入國。問曰我家父母。素信三寶而嘗縈疾。凡所營作。皆不如意。而我鄰家。久爲旃陁羅行。而身常勇健。所作和合。彼何幸而我何不幸。鳩摩曰。善惡之報。有三世焉。凡人但[1]見仁夭暴壽逆吉義凶。便謂亡因果虛罪福。殊不知影響相隨。縱經萬劫。亦不磨滅。時夜多頓釋所疑鳩摩曰。汝雖已信三業。而未明業從惑生。惑因識有。識依不覺。不覺依心。心本淸淨。無生滅。無造作。無報應。無勝負。寂寂然靈靈然。汝若入此門。可與諸佛同矣。一切善惡。有爲無爲。皆如夢幻。夜多聞之。夙慧頓發。

1) ㉥ '但'이 저본에는 '伹'로 쓰인 경우가 많다. 이제 '但'으로 고치니 아래에서도 이에 준하며, 재차 주를 붙이지 않는다.

○ 제21조 바수반두 존자

아버지 이름은 광개光蓋, 어머니 이름은 엄일嚴一이다. 존자가 어머니 태胎에 있을 때, 현중賢衆이라는 아라한이 그의 집에 찾아왔다. 광개가 절을 드리자 현중이 단정히 앉아 그 절을 받았는데, 엄일이 나와 절을 올리자 현중이 자리를 피하면서 말하였다.

"도리어 제가 법신法身 대사께 예배합니다."

광개가 그 까닭을 알 길이 없어 물었다.

"장부인 제가 절을 올릴 때는 돌아보지도 않으셨습니다. 제 아내에게 어떤 덕이 있기에 스님께서는 도리어 그를 피하십니까?"

현중이 말하였다.

"당신 아내는 앞으로 세상의 등불이 될 성자를 잉태하였습니다. 내가 그래서 피하는 것이지 여인을 중히 여겨서가 아닙니다."

이윽고 바수반두가 세상에 나오니, 지혜가 매우 깊었지만 오직 변론만을 숭상하면서 대중의 우두머리가 되었다. 하루에 한 끼니만 먹고 눕지 않으면서 하루 여섯 차례씩 예불하며 청정하고 욕심 없이 살았기에 대중들이 귀의하였다.

사야다가 그를 제도하려고 우선 그의 제자들에게 물었다.

"이 바수반두가 범행梵行이야 닦을 수 있지만 불도를 얻을 수야 있겠습니까?"

그의 제자가 말하였다.

"우리 스승님이 이와 같이 정진하시는데 그러지 못할 까닭이 뭐가 있겠습니까?"

사야다가 말하였다.

"그대들의 스승은 도와 거리가 멉니다. 설사 티끌 수만큼 오랜 겁 동안 고행한다 해도 그것은 모두 허망의 근본입니다."

제자가 말하였다.

"존자께서는 어떤 덕행을 쌓았기에 우리 스승을 비난하는 것입니까?"

사야다가 말하였다.

"저는 도를 구하지도 않고 전도되지도 않습니다. 저는 부처님께 예배하지도 않고 업신여기지도 않습니다. 저는 오랜 시간 앉아 있지도 않고 게으름 떨지도 않습니다. 저는 하루 한 끼니만 먹지도 않고 마구잡이로 먹지도 않습니다. 저는 만족할 줄도 모르고 탐욕을 부리지도 않습니다. 이렇게 마음에 바라는 것이 없는 것을 도道라 합니다."

바수반두가 이 말을 듣고 그를 스승으로 삼았다.

二十一祖婆修盤頭尊者。父名光盖母名嚴一。尊者在母胎日。有羅漢。名賢衆。至其家。光盖設禮。賢衆端坐受之。嚴一出拜。賢衆避席曰。回禮法身大士。光盖莫測其由。問曰我是丈夫。致禮不顧。我妻何德。師却避之。衆曰汝婦懷於聖子。當爲世燈。吾故避之。非重女人也。及盤頭出世。智慧淵冲。唯尙辯論。爲衆之首。一食不臥。六時禮佛。清淨無欲。爲衆所歸。闍夜多將欲度之先問其徒曰。此盤頭能脩梵行。可得佛道乎。徒曰我師精勤如此。何故不可。夜多曰汝師與道遠矣。設苦行歷於塵劫。皆虛妄之本也。徒曰尊者蘊何德行而譏我師。夜多曰。我不求道。亦不顚倒。我不禮佛。亦不輕慢。我不長坐。亦不懈怠。我不一食。亦不雜食。我不知足。亦不貪欲。心無所希。名之曰道。盤頭聞之爲師。

○ 제22조 마나라 존자

과거에 부처님께서 그에게 '두 번째 오백 년에 출가하여 성인의 뒤를 이으리라.'는 수기를 주셨다. 나제국那提國의 상자재왕常自在王 집안에서 태어났고, 과연 바수반두를 만나 제도되었다.

二十二祖摩拏羅尊者。曩授佛記。第[1]二五百年。出家繼聖後。於那提國常自在王家託生。果遇盤頭得度。

1) ㉯ '弟'는 '第'와 통용된다. 아래에서도 마찬가지다.

○ 제23조 학륵나 존자

일곱 살에 마을을 돌아다니다가 사람들이 굿(淫祀)을 하는 것을 보고는 곧 당집(廟)으로 들어가 꾸짖었다.

"너는 거짓으로 재앙과 복을 일으켜 사람들을 현혹하고, 해마다 짐승을 희생시키며 이리도 심하게 살생을 저지르는구나."

말이 끝나자마자 당집의 신상이 홀연히 파괴되었다. 이로 인해 마을 사람들이 그를 성자聖子라 불렀다. 출가하여 도를 이루었다.

二十三祖鶴勒那尊者。七歲遊行聚落。覩民淫祀。乃入廟叱之曰。汝妄興禍福。幻惑於人。歲費牲牢。傷害斯甚。言訖廟貌忽壤。[1] 由是鄉黨謂之聖子。出家成道。

1) ㉮ '壤'은 '壞'인 듯하다.

○ 제24조 사자 존자

학륵나를 보고 물었다.

"제가 도를 구하고자 합니다. 어떻게 마음을 써야 합니까?"

"사용할 마음이 없습니다."

"사용할 마음이 없다면 누가 불사佛事를 짓습니까?"

"당신이 만약 사용함(用)이 있다면 그건 공덕이 아닙니다. 당신이 만약 지음(作)이 없다면 그것이 불사입니다. 경에서 '내가 지은 공덕이지만 나의 것(我所)은 없다.'고 하였기 때문입니다."

학륵나가 미리 예언하였다.

"내가 입멸하고 50년 후에 재난이 일어나 너에게도 미칠 것이다."

그때가 되자 계빈국의 왕이 사자 존자에게 물었다.

"스님은 오온이 공함을 깨달았습니까?"

존자가 대답하였다.

"오온이 공함을 이미 깨달았습니다."

"생사를 벗어났습니까?"

"생사를 이미 벗어났습니다."

"이미 생사를 벗어났다면 저에게 머리를 줄 수 있겠습니까?"

"몸도 내 것이 아닌데 어찌 머리를 아까워하겠습니까?"

왕이 즉시 칼을 휘둘러 존자의 머리를 잘라 버렸다. 그러자 하얀 젖(白乳)이 몇 척이나 치솟았다. 왕은 팔이 저절로 떨어졌고 7일 만에 죽었다.

二十四祖師子尊者。見鶴勒那而問曰。我欲求道。當何用心。曰無所用心。曰旣無用心。誰作佛事。曰汝若有用。即非功德。汝若無作。即是佛事。經云我所作功德。而無我所故。勒那預有讖曰。吾滅五十年後。當有難起。嬰在汝身。至時罽賓國王。問曰師得蘊空否。尊者曰。已得蘊空。曰離生死否。曰已離生死。曰旣離生死。可施我頭否。曰身非我有。何恡於頭。王即揮刃。

斷尊者頭。白乳涌高數尺。王臂自落。七日而終。

○ 제25조 바사사다 존자

태어날 때부터 왼손을 꽉 쥐고 있었는데, 어떻게 해도 펼 수가 없었다. 그의 아버지가 사자 존자께 데려와 그의 숙세 인연을 묻자 사자 존자가 손으로 어루만지면서 말하였다.

"내 구슬을 돌려주겠니?"

그러자 동자가 곧바로 손을 펴고 구슬을 올렸다.

존자가 말하였다.

"내가 전생에 스님이었을 때, 서해의 재齋에 참석했다가 구슬을 보시받아 동자에게 맡긴 적이 있었다. 바사사다가 이제 내 구슬을 돌려준 것은 당연한 이치이다."

바사사다는 즉시 출가하기를 원하였다. 은밀히 심인을 받은 후에 남천축에서 숨어 지냈다.

왕이 물었다.

"전하려는 것이 어떤 종입니까?"

조사가 대답하였다.

"저는 사자 존자로부터 얻었습니다."

왕이 말하였다.

"제가 듣기로 사자 비구는 형벌을 면치 못했는데, 어떻게 뒷사람에게 법을 전할 수 있습니까?"

조사가 말하였다.

"저의 스승께서는 재난이 일어나기 전에 은밀히 신표로 옷을 주심으로써 스승과 제자의 전승을 드러내셨습니다."

왕이 말하였다.

"그 옷이 어디에 있습니까?"

조사가 곧 바랑에서 옷을 꺼내 보여 주자, 왕이 그것을 태워 버리라 명하였다. 하지만 다섯 가지 색상이 선명한 그 옷은 땔감이 다 탄 뒤에도 예전 그대로였기에 왕이 참회하고 절을 올렸다.

二十五祖婆舍斯多尊者。生時便擧[1]左手。終未能叙。父領投於師子尊者。問其宿因。尊者以手接曰。可還我珠。童子遽開拳奉珠。尊者曰。吾曩爲僧。赴西海齋。嚫珠以付童子。婆舍今還吾珠。理固然矣。婆舍即求出家。密受心印。後隱南天。王問所傳何宗。祖曰我從師子尊者而得。王曰予聞師子不能免於形[2]戮。何能傳法後人。祖曰我師難未起時。密授信衣。以顯師承。王曰其衣何在。祖即於囊中出衣示。王命焚之。五色相鮮。薪盡如故。王悔致禮。

1) ㉠ '擧'는 '拳'인 듯하다. 『景德傳燈錄』(T51, 214c)에는 '拳'으로 되어 있다. 2) ㉠ '形'은 '刑'인 듯하다. 『景德傳燈錄』(T51, 215a)에는 '刑'으로 되어 있다.

○ 제26조 불여밀다 존자

동인도에 이르렀을 때, 존자가 국경으로 들어섰다는 것을 그 나라의 범지가 알고는 무리를 모두 규합해 말하였다.

"누가 그를 꺾을 수 있겠는가?"

제자가 말하였다.

"저희들이 각자 주술을 가지고 있어 천지를 움직이고 물과 불에도 들어갈 수 있는데, 무슨 걱정이십니까?"

존자는 곧바로 왕의 처소로 찾아갔다. 그러자 범지가 이를 노여워하여 곧 환술로 존자의 정수리에다 큰 산을 만들었다. 그러나 존자가 그 산을 손가락으로 한 번 가리키자 홀연히 그들의 머리 위로 옮겨 갔다. 범지가 귀의하며 투신하자 존자가 그들의 어리석음을 가엾이 여겨 그 화현한 산을 한 번 더 가리키자 화현한 산이 따라서 사라졌다. 이에 범지 대중이 모두 진승眞乘으로 나아갔다.

二十六祖不如密多尊者。往東印度時。梵志旣知尊者入境。即鳩諸徒曰。誰能挫之。第[1]子曰。我等各有呪術。可以動天地入水火。何患哉。尊者直詣王所。梵志怒之。即以幻法。化大山於尊者頂。尊者一指其山。忽移彼衆頭上。梵志歸投。尊者愍其愚。再指化山。化山遂滅。梵衆咸趣眞乘。

1) ㉯ '第'는 '弟'인 듯하다.

○ 제27조 반야다라 존자

그는 대세지보살의 화신이다. 어려서 부모님을 잃고 마을을 떠돌면서 걸식으로 나날을 보냈는데, 사람들이 "너는 걸음이 왜 이리 급하냐?"고 물으면 "당신은 걸음이 왜 이리 느리냐?"고 대답하고, 혹 "성이 무엇이냐?"고 물으면 "당신과 같은 성이다."라고 대답해 그 까닭을 알 수 없었다.

二十七祖般若多羅尊者。乃大勢至菩薩之化身。幼失父母。遊行閭里。乞求度日。人問汝行何急。荅曰汝行何慢。或問何姓。乃云與汝同姓。莫知其故。

이 아래는 대부분 『조원통록』에서 뽑은 것이다.【『조원통록』은 호주 서여산 석공신이 편찬하고 교정한 것이다. 24권[9]으로 글자도 많고 권수도 많아서 짊어지고 다닐 수가 없다. 이를 요약 발췌하여 후학들이 가지고 다닐 수 있게 하려고 한다.】

此下多出。祖源通錄【湖州西余山釋拱辰編正。二十四卷。字多卷重。不堪負行。撮出略錄。欲令後進。堪負爲行。】

9 『五燈會元』 권12(X80, 254c)에서 "안길주安吉州 서여산西余山 공신拱辰 선사가 편찬 교정한 것으로 총 30권이다."라고 하였다.

중화中華의 조사

中華祖師

○ 서천 제28조 보리달마

동쪽 이 땅으로 찾아와 초조가 되었다. 본래 남천축국南天竺國 향지왕香至王의 셋째 아들이었다. 반야다라 존자가 부왕의 공양을 받고는, 보시받은 값을 매길 수 없는 구슬을 보이면서 여러 왕자들에게 물었다.

"이 구슬이 둥글고 밝은데, 이것에 미칠 만한 것이 있는가?"

첫째 아들 월정다라月淨多羅와 둘째 아들 공덕다라功德多羅는 모두 이렇게 대답하였다.

"이 구슬은 칠보 중에서도 존귀한 것이니 이보다 더한 것은 절대로 없습니다."

그러나 셋째 아들 보리다라菩提多羅는 이렇게 대답하였다.

"이것은 세간의 보배라 최상이라 하기에는 부족하니, 모든 보배 가운데 법의 보배가 으뜸입니다. 이것은 세간의 빛이라 최상이라 하기에는 부족하니, 모든 빛 가운데 지혜의 빛이 으뜸입니다. 이것은 세간의 밝음이라 최상이라 하기에는 부족하니, 모든 밝음 가운데 마음의 밝음이 으뜸입니다. 이 구슬의 광명은 스스로 비출 수 없으니, 반드시 지혜의 광명을 빌려 그 광명이 이것을 분별해야만 합니다. 이것을 분별하고 나서야 이것이 구슬인 줄 알게 되고, 구슬인 줄 알고 나서야 그것이 보배임을 밝히게 됩니다. 만약 그것이 보배라고 밝힌 것이라면 보배는 스스로 보배가 되지 못하고, 만약 그것이 구슬이라고 분별한 것이라면 구슬은 스스로 구슬이 되지 못합니다. 구슬이 스스로 구슬이 되지 못한다는 것은 반드시 지혜의 구슬을 빌려야 세간의 구슬을 분별할 수 있다는 것이고, 보배가 스스로 보배가 되지 못한다는 것은 반드시 지혜의 보배를 빌려야 법의 보배를 밝힐 수 있다는 것입니다. 그렇다면 스님께 그런 도道가 있으면 그 보배가 즉시 나타나고, 중생에게 그런 도가 있으면 마음의 보배가 역시 나타나게 됩니다."

존자가 그의 논변하는 지혜에 탄복하고서 다시 물었다.

"모든 물건 가운데 어떤 물건이 모습이 없는가?"

"모든 물건 가운데서 모습이 없다는 생각을 일으키지 않습니다."

또 물었다.

"모든 물건 가운데서 어떤 물건이 가장 높은가?"

"모든 물건 가운데서 남(人)과 나(我)라는 생각이 가장 높습니다."

또 물었다.

"모든 물건 가운데서 어떤 물건이 가장 큰가?"

"법성法性이 가장 큽니다."

존자가 말하였다.

"그대는 모든 법을 이미 통달하였으니, 보리달마라고 불러야 마땅하다."

달마가 이에 존자에게 아뢰었다.

"제가 이미 법을 얻었으니, 어느 나라로 가서 불사를 지어야 합니까?"

존자가 말하였다.

"그대가 비록 법을 얻기는 했지만 아직 멀리 유행해서는 안 된다. 일단 남천축국에 머물다가 내가 입멸하고 67년 뒤에 진단震旦으로 가서 큰 법약法藥을 마련해 놓고 곧바로 상근기들을 맞이하라. 행여 서둘러 떠났다가 햇볕에 시드는 일이 없도록 조심하라. 그대가 교화하는 지방에서 보리를 얻는 자가 헤아릴 수 없이 많으리라."

조사는 마음으로 '진단과의 인연이 성숙하고 교화를 떠날 때가 다가왔다.' 생각하고는 먼저 조사의 탑에 하직 인사를 올리고, 그런 다음 왕의 처소로 찾아가 위로하고 격려하였다.

"선한 업을 부지런히 닦고 삼보를 잘 보호하십시오. 제가 가더라도 오래 있지는 않을 것이니, 9년이면 돌아올 것입니다."

왕이 스님의 말씀을 듣고는 눈물 콧물이 범벅이 되어 말하였다.

"이 나라에 무슨 죄가 있고 저 나라에 무슨 복이 있답니까? 숙부께서 이미 인연이 있으시다니 제가 말릴 수 없지만 부디 부모의 나라를 잊지 마시고 일을 마치거든 곧바로 돌아와 주십시오."

왕은 곧 큰 배를 마련해 많은 보배를 싣게 하고는 몸소 신하들을 인솔해 바닷가까지 전송하였다. 스님은 아득한 대양을 항해하며 세 차례의 한서를 겪고서야 남해南海에 도착했으니, 이때가 양梁나라 보통普通 8년(527) 정미년 9월 21일이었다.

광주 자사廣州刺史가 무제武帝에게 표表를 올려 보고하자, 이에 조칙을 내려 10월 1일에 궁으로 맞이해 자리를 마련하고 물었다.

"짐이 왕위에 오른 이후 절을 짓고, 경전을 쓰고, 스님들을 출가시킨 것이 다 적을 수도 없을 정도입니다. 어떤 공덕이 있겠습니까?"

조사가 대답하였다.

"공덕이 조금도 없습니다."

무제가 물었다.

"왜 공덕이 없습니까?"

조사가 대답하였다.

"그것은 단지 인간과 하늘의 작은 과보를 받는 유루有漏의 원인일 뿐입니다. 형상을 따르는 그림자처럼 비록 있기는 하지만 진실한 것은 아닙니다."

"무엇이 진실한 공덕입니까?"

"청정한 지혜는 오묘하고 원만하여 본체가 스스로 공적합니다. 이러한 공덕은 세상 법으로는 구하지 못합니다."

무제가 다시 물었다.

"무엇이 성제聖諦의 제일가는 뜻입니까?"

"확연廓然하여 거룩함(聖)마저 없습니다."

"짐과 마주한 자는 누구입니까?"

"모르겠습니다."

무제는 알아듣지 못하였다. 조사는 갈대 하나로 강을 건너 숭산嵩山의 소림사少林寺에 이르렀고, 벽을 마주해 좌선하면서 종일토록 침묵하였다. 사람들이 아무도 그를 알지 못해 그냥 벽을 보는 바라문(壁觀婆羅門)이라 불렀다.

당시 신광神光이라는 스님이 있었다. 그는 해박한 지식을 갖춘 선비로서 오랫동안 이락伊洛에 살면서 온갖 서적을 널리 읽고 현묘한 이치를 잘 이야기하던 자였다. 그는 늘 이렇게 탄식하였다.

"공자와 노자의 가르침은 예절(禮)·술수(術)·풍류(風)·법규(規)뿐이요, 『장자』와 『주역周易』의 글들은 오묘한 이치를 다하지 못했다. 근래 달마 대사라는 분이 소림사에 머문다는 소문을 들었다. 지인至人께서 멀리 계시지 않으니, 현묘한 세계로 찾아가야 마땅하다."

그리하여 그곳으로 가 아침저녁으로 찾아가 받들었지만 조사는 항상 단정히 앉아 벽만 바라볼 뿐이었다. 아무런 가르침도 듣지 못하자 신광은 스스로 이렇게 생각하였다.

'옛날 사람들은 도를 구할 때 뼈를 깨뜨려 골수를 빼내고, 피를 뽑아 굶주린 자를 구제하고, 머리카락을 펼쳐 진흙땅을 덮고, 벼랑에서 몸을 던져 굶주린 호랑이를 먹였다. 옛날에도 이렇게 했는데, 나는 도대체 뭐 하는 사람인가?'

그해 12월 9일 밤에 하늘에서 큰 눈이 내렸다. 하지만 신광은 우뚝 서서 꼼짝도 하지 않았고, 새벽녘에는 쌓인 눈이 무릎을 넘게 되었다. 조사가 가엾게 여겨 물었다.

"오랫동안 눈밭에 서서 무엇을 구하려고 하는가?"

신광이 슬피 울면서 말하였다.

"바라옵건대 화상께서는 자비로 감로의 문을 열어 중생들을 널리 제도해 주소서."

조사가 대답하였다.

"모든 부처님의 위없이 오묘한 도는 오랜 겁을 부지런히 닦으면서 실천하기 어려운 일을 실천할 수 있고 참기 어려운 일을 참아 낼 수 있어야 한다. 어찌 작은 공덕과 작은 지혜와 경솔한 마음과 교만한 마음으로 진승眞乘을 기대하려고 하는가? 공연한 헛수고일 뿐이다."

조사의 훈계를 들은 신광은 몰래 예리한 칼을 가져와 스스로 왼쪽 팔을 끊어서 조사 앞에 놓았다. 조사는 그가 법기法器란 것을 알고 이렇게 말하였다.

"모든 부처님께서도 처음 도를 구할 때는 법을 위해 몸을 잊으셨다. 네가 이제 내 앞에서 팔을 끊었으니, 너 역시 구하는 마음이 있구나."

곧 그의 이름을 혜가慧可로 바꿔 주었다.

혜가가 말하였다.

"모든 부처님의 법인法印을 말씀해 주실 수 있겠습니까?"

조사가 대답하였다.

"부처님들의 법인은 남에게 얻는 것이 아니다."

"제 마음이 아직 편안치 못합니다. 부디 스님께서 편안케 해 주소서."

조사가 말하였다.

"마음을 가지고 오라. 너를 편안케 해 주리라."

"마음을 찾아보아도 끝내 찾을 수 없습니다."

조사가 말하였다.

"너의 마음을 편안하게 해 주었다."

조사가 하루는 혜가에게 말하였다.

"그대는 그저 밖으로 모든 반연을 쉬고 안으로 마음에 헐떡임이 없게 하라. 마음이 담벼락과 같으면 도에 들어갈 수 있으리라."

혜가가 갖가지로 마음에 대해 말하고 성품에 대해 말했지만 모두 계합하지 못하다가 하루는 홀연히 깨닫고 이렇게 말하였다.

"제가 이미 모든 반연을 쉬었습니다."

조사가 말하였다.

"단멸을 이루어서야 안 되지 않겠는가?"

"그런 일 없습니다."

"그대는 어떤데?"

"밝고 밝아 어둡지 않고 분명하고 분명하게 항상 알지만 말로는 온전히 표현할 수 없습니다."

조사가 말하였다.

"이것이 바로 모든 부처님과 모든 조사께서 전하신 마음의 본체이니, 다시는 의심하지 말라."

9년의 세월이 지나자 조사는 서쪽의 천축으로 돌아가려 하였다. 이에 문인들에게 명하였다.

"때가 되었다. 너희들은 어찌하여 각자 얻은 바를 말하지 않는가?"

도부道副가 말하였다.

"제가 본 바로는 문자에 집착하지도 않고 문자를 여의지도 않는 것이 도의 작용입니다."

"너는 나의 가죽을 얻었다."

비구니 총지摠持가 말하였다.

"제가 지금 이해하는 바로는 아난이 아촉불국阿閦佛國을 보았을 때처럼 한 번 보고는 다시 보지 않는 것입니다."

"너는 나의 살을 얻었다."

도육道育이 말하였다.

"사대는 본래 공하고 오온은 존재하는 것이 아닙니다. 제가 보기에는 한 법도 얻을 것이 없습니다."

"너는 나의 뼈를 얻었다."

마지막으로 혜가가 나와 세 번 절을 올린 뒤에 제자리로 돌아가 서 있자 조사가 말하였다.

"너는 나의 골수를 얻었다."

그러고는 혜가를 돌아보면서 말하였다.

"옛날에 여래께서는 정법안장을 가섭에게 전하셨고, 차례차례 계승하여 나에게까지 이르렀다. 내가 이제 그대에게 맡기니, 그대는 잘 보호하고 지켜야 한다. 아울러 너에게 옷을 전하여 법의 신표로 삼나니, 각기 표시하는 바가 있음을 마땅히 알아야 한다."

혜가가 말하였다.

"스승께서 자세히 설명해 주십시오."

조사가 말하였다.

"안으로 법인法印을 전하여 본래 마음(本心)과 계합하고, 밖으로 옷을 부촉하여 종지宗旨를 드러낸다. 후세 사람들이 얄팍한 의심을 앞다퉈 일으켜서, 나는 서쪽 천축 사람이고 그대는 이곳 사람인데 법을 증득했다는 것을 무엇으로 증명하겠냐고 할 것이다. 그럴 때 그저 이 옷과 내가 법을 전한 게송을 제시해 증명을 삼으면 교화하는 일에 지장이 없을 것이다. 내가 입멸한 후 200년 뒤에는 옷이 더 이상 전해지지 않을 것이며, 법이 항하사 세계에 두루 퍼지지만, 도에 밝은 자(는 많으나 도를 행하는 자)는 적을 것이며, 이치를 설하는 자는 많지만 이치에 통달한 자는 적을 것이다. 하지만 남몰래 부합하고 비밀히 증득하는 자가 천만이 넘을 것이다. 그대는 도를 펼칠 때 깨닫지 못한 이들을 가볍게 여기지 말라. 한 생각 심기를 돌이키면 곧바로 본래 증득한 바(本得)와 같으니라. 나의 게송을 들어라.

내가 지난날 이 땅에 찾아와
법을 전하여 미혹한 유정을 구제했으니
한 송이 꽃에서 다섯 꽃잎이 열리면
자연히 열매가 맺히게 되리라

『능가경楞伽經』 네 권 역시 그대에게 부촉하니, 이것은 여래께서 마음자리(心地)에 관한 핵심적인 법문을 모든 중생들이 깨달아 들어가도록 열어 보이신 것이다…….”

태수 양현지楊衒之가 물었다.

“서천의 다섯 인도에서는 스승의 법을 계승하여 조사가 된다는데, 그 도가 어떤 것입니까?”

조사가 대답하였다.

“불심佛心의 종지宗旨를 밝혀 실천과 이해가 상응하는 자를 조사라 합니다. 또 다른 사람의 마음을 밝혀 그의 고금古今을 알고, 있음과 없음을 싫어하지 않아 법을 취함이 없으며, 현명하지도 않고 어리석지도 않고 미혹도 없고 깨달음도 없으니, 이렇게 이해할 수 있기 때문에 조사라고 칭합니다.”

게송으로 말하였다.

악을 보아도 싫다는 생각을 내지 않고
선을 보아도 부지런히 힘쓰지 않으며
지혜를 버리고 어리석음에 다가가지도 않고
미혹을 버리고 깨달음에 나아가지도 않는다

대도를 통달함이여, 생각의 범위를 뛰어넘고
부처님 마음을 통달함이여, 헤아림을 벗어나

범부와도 성인과도 함께 길을 가지 않나니
초연한 그런 사람을 조사라 부른다

양현지가 말하였다.

"부디 스님께서는 오래 머무시며 중생들을 교화해 주소서."

조사가 대답하였다.

"저는 오래 머물 수 없습니다. 사람들의 근성은 천차만별입니다. 제가 이곳에 오고부터 다섯 차례나 중독되었는데, 제가 스스로 벗어나 그 독을 시험해 보려고 돌에다 부으면 돌이 깨지곤 하였습니다."

"어떤 사람이 해치려 합니까?"

"저는 부처님의 비밀한 가르침을 전해 길을 잃고 헤매는 자들을 이롭게 하는 자입니다. 남을 해침으로써 자신이 편안한 그런 이치는 절대로 없습니다."

스님의 말씀은 비록 당시에는 헤아릴 수 없었지만 나중에는 모두 사실과 부합하였다. 당시 위씨魏氏가 불법을 받들어 고명한 스님들이 숲을 이루었는데, 광통光統 율사律師와 보리류지菩提流支 삼장은 그런 스님들 가운데서도 봉황이고 난새였다. 하지만 스님이 도를 연설하면서 모습을 배척하고 마음을 가리키는 것을 보고는 매번 스님과 토론을 벌여 벌 떼처럼 시비를 일으켰다. 현묘한 교화의 바람을 멀리 떨치고 법의 비를 널리 베풀었지만, 치우치고 옹색한 도량으로 스스로 감당하지 못하자 앞다퉈 해치려는 마음을 일으켜서 여러 차례 독약을 음식에 넣었다. 그 일이 여섯 번째에 이르렀을 때에는 교화의 인연이 이미 끝났고 법을 전할 사람도 만났으므로 더 이상 치료하지 않고 단정히 앉아 열반하였으니, 곧 후위後魏의 문제文帝 대통大統 2년(536) 병진년丙辰年 12월 15일이었다.

웅이산熊耳山에 장사 지내고 정림사定林寺에 탑을 세웠다. 훗날 대종代宗이 원각대사圓覺大師라는 시호를 내리고, 탑명을 공관空觀이라 하였다.

돌아가시고 3년 후에 송운宋雲이라는 이가 서역에 사신으로 갔다가 돌아오는 길에 총령葱嶺에서 스님을 만났는데, 손에 신발 한 짝을 들고 옷깃을 나부끼며 홀로 가면서 "서천으로 간다."고 하였다. 송운이 본국으로 돌아와 낱낱이 보고하자 황제가 무덤을 열게 하였는데, 텅 빈 관에 짚신 한 짝만 있어 온 조정이 깜짝 놀라며 탄복하였다. 황제가 이 소식을 듣고 이렇게 말하였다.[10]

"아, 그를 보고도 보지를 못하고, 그를 만나고도 만나지를 못했으니, 지금도 그렇고 옛날에도 그렇고, 그것이 후회되고 그것이 한스럽네. 짐이 비록 일개 범부이지만 뒤에나마 감히 그를 스승으로 모신다."

제왕이 그를 흠모한 것이 이 정도였다.

西天二十八代祖菩提達磨。東來此土。始爲初祖。本乃南天竺國香至王第三子。因般若多羅尊者。受父王供。施無價珠。乃問諸王子。此珠圓明。有能及此否。第一子月淨多羅。二子功德多羅。皆曰此珠。七寶中尊。固無踰也。第[1]三子菩提多羅曰。此是世寶。未足爲上。於諸寶中。法寶爲上。此是世光。未足爲上。於諸光中。智光爲上。此是世明。未足爲上。於諸明中。心明爲上。此珠光明。不能自照。要假智光。光辨於此。既辨此已。即知是珠。既知是珠。即明其寶。若明其寶。寶不自寶。若辨其珠。珠不自珠。珠不自珠者。要假智珠。而辨世珠。寶不自寶者。要假智寶。以明法寶。然則師有其道。其寶即現。衆生有道。心寶亦然。尊者歎其辨慧。復問曰。於諸物中。何物無相。曰於諸物中。不起無相。又問。於諸物中。何物最高。曰。於諸物中。人我最高。又問。於諸物中。何物最大。曰法性最大。尊者曰。汝於諸法。已得通量。宜名菩提達磨。磨乃告曰。我既得法。當往何國。而作佛事。尊

10 『釋氏通鑑』 권5(X76, 53a)에 따르면, 달마 대사가 천화했다는 소식을 듣고 양梁 무제武帝가 직접 비문을 지어 종산鍾山에 세웠다고 한다. 아래는 그 비문의 마지막 구절이다.

者曰。汝雖得法。未可遠遊。且止南天。待吾滅後六十七年。當往震且。[2] 設大法槳。直接上根。愼勿速行。襄[3]於日下。汝所化之方。得菩提者。不可勝數。祖心念震旦緣熟。行化時至。乃先辭祖塔。後至王所。慰而勉之曰。當勤白業護持三寶。吾去非晩。一九卽廻。王聞師言。涕涙交集曰。此國何罪。彼土何祥。叔旣有緣。非吾所止。唯願不忘。父母之國。事畢早廻。卽具大舟。實以衆寶。躬率臣僚。送至海壖。師汎重溟。凡三周寒暑。達于南海。實梁普通八年。丁未九月二十一日也。廣州刺使。表聞武帝。乃詔十月一日。迎入宮陪坐。乃問朕卽位已來。造寺寫經度僧。不可勝記。有何功德。祖云片無功德。帝問何以無功。祖曰此但人天小果有漏之因。如影隨形。雖有非實。曰如何是眞功德。祖曰淨智妙圓。體自空寂。如是功德。不以世求。帝又問。如何是聖諦第一義。祖云廓然無聖。帝曰對朕者誰。祖曰不識。帝不領悟。祖一葦[4]渡江。至嵩山小林寺。面壁而坐。終日默然。人莫知之。謂之壁觀波羅門。時有僧神光。曠達之士。久居伊洛。愽覽群書。善談玄理。每嘆曰。孔老之敎。禮術風規。莊易之書未盡妙理。近聞達磨大士。住止小林。至人不遙。當造玄境。乃往彼晨夕叅承。祖常端坐面壁。莫聞誨勵。光自思惟曰。昔人求道。敲骨取髓。刺血濟飢。布髮掩泥。投崖飼虎。古尙如此。我又何人。其年十二月九日夜。天大雨雪。光堅立不動。遲明積雪過膝。祖閔而問曰。久立雪中。當求何事。光悲泣曰。惟願和尙。慈悲開甘露門。廣度衆生。祖曰諸佛無上妙道。廣劫勤脩。難行能行。難忍能忍。豈以小德小智。輕心慢心。欲冀眞乘。徒勞勤苦。光聞師誨勵。潛取利刀。自斷左臂。置於師前。師知是法器。乃曰諸佛最初求道。爲法忘形。汝今斷臂吾前。求亦可在。卽與易名曰慧可。曰諸佛法印。可得聞乎。祖曰諸佛法印。匪從人得。曰我心未寧。乞師與安。祖曰將心來。與汝安。曰覓心了不可得。祖曰與汝安心竟。祖一日爲可曰。汝但外息諸緣。內心無喘。心如墻壁。可以入道。慧可種種說心說性。皆不契。一日忽悟。乃曰我已息諸緣。祖曰莫成斷滅不。曰無。祖曰子作麽生。曰明明不昧。了了常知。言之不可及。祖曰此是諸佛諸祖所傳心體。更勿疑矣。祖迄九年已。欲返西竺。乃命門人曰。時將至矣。汝等盍各言所得乎。道副對曰。如我所見。不執文字。亦不離文字。而爲道用。祖曰汝得吾皮。尼捴持曰我今所解。如慶喜見阿閦佛國。一見更不再見。祖曰汝得吾肉。道育曰。四大本空。五陰非有。而我見處。無一法可得。祖曰汝得吾骨。最後慧可。出禮三拜。依位而立。祖曰汝得吾髓。乃顧慧可而告之曰。昔如來以正法眼藏。付迦葉。展轉相承而至於我。我今付汝。汝當護持。并授汝袈裟以爲法信。各有所表。宜可知矣。可曰請師指陳。祖曰內傳心印。以契本心。外付袈裟。將表宗旨。後代澆薄疑慮競生。云吾西天之人言汝此方之人。憑何得法。但出此衣并吾法偈。以用表明。其化無㝵。至吾滅後二百年。衣止不傳。法周沙界。明道者[5)]小。說理者多。通理者小。潛符密證。千萬有餘。汝當闡揚。勿輕未悟。一念廻機。便同本得。聽吾偈曰。吾本來此土。傳法救迷情。一花開五葉。結果自然成。楞伽經四卷。亦用付汝即是如來心地要門。令諸衆生開示悟入云云。太守楊衒之問曰。西天五印。師承爲祖。其道如何。師曰明佛心宗。行解相應。名曰祖。又明他心。知其今古。不厭有無。於法無取。不賢不愚。無迷無悟。若能是解。故稱爲祖。偈曰。亦不覩惡而生嫌。亦不覩善而勤措。亦不捨智而近愚。亦不抛迷而就悟。達大道兮過量。通佛心兮出度。不與凡聖同躔。超然名之曰祖。衒之曰。願師久住化群。師曰吾不可久住。根性萬差。吾自到此。五度中毒。我當自出而試之。置石石裂。問何人爲害。師曰吾以傳佛秘密。利益迷途。害彼自安。必無此理。師之所說。雖當時不測而後皆符驗。時魏氏奉釋。禪雋如林光統律師。流支三藏者。乃僧中鸞鳳也。覩師演道。斥相指心。每師論議。是非蜂起。遐振玄風。普施法雨。而偏局之量。自不堪任。競起害心。數加毒藥。至第六度。化緣既畢。傳法得人。遂不復救。端居而逝。即後魏文帝大統二年丙辰十二月十五日也。葬熊耳山。起塔於乞林寺。代宗謚圓覺大師。塔曰空觀。而後三歲宋雲奉使西域。廻遇師于葱嶺。手携隻履。翩翩獨逝。云西天去。雲至具奏。帝令啓壙。惟空棺一隻履存焉。擧朝驚歎。帝后聞之曰。嗟乎見之不見。逢之不逢。今之古之。悔之恨之。朕雖一介凡夫。敢師之於後。其爲帝王。仰慕之如此也。

1) ㉯ '苐'는 '第'와 통용된다. 아래에서도 마찬가지다. 2) ㉯ '且'는 '旦'인 듯하다. 3) ㉰ '襄'은 '衰'인 듯하다. 4) ㉯ '篳'는 '葦'인 듯하다. 5) ㉰ '者' 다음에 『景德傳燈錄』 권3(T51, 219c)에 따르면, '多。行道者'가 더 들어가 있다. 이를 넣어서 번역하였다.

○ 제2조 혜가 대사

그는 무뢰武牢 사람으로 희姬씨이다. 아버지의 이름은 적寂인데, 아들이 없었다. 항상 스스로 생각하기를 '우리 집안은 선善을 숭상하는데, 어째서 아들이 없는가.'라고 하면서 기도한 것이 오래되었다. 어느 저녁 기이한 광채가 방을 비추는 일로 인해 그의 어머니가 회임하였다. 그가 태어나자 방을 비춘 상서가 있었다 하여 이름을 광光이라 하였는데 어려서부터 뜻과 기상이 남달랐다. 널리 시서詩書를 섭렵하고 특히 의리義理에 정밀하였으며, 가업에는 종사하지 않고 산천에 노닐기를 좋아하였다. 훗날 불서佛書를 보다가 초연히 스스로 증득한 바가 있어 종일토록 조용히 좌선하면서 또 8년을 보냈다. 그러던 어느 날 고요한 침묵 속에서 별안간 신인神人이 나타나 이렇게 말하였다.

"과果를 얻고자 하면서 어찌 이곳에 머물러 있는가?【이 일로 인해 신광神光으로 개명하였다.】"

이튿날 머리가 쑤시는 듯이 아팠는데, 그의 스승이 고치려 하자 공중에서 소리가 들렸다.

"이는 뼈를 바꾸는 것이지 예사 통증이 아니다."

과연 그의 정수리를 살펴보았더니 다섯 봉우리가 솟아난 것 같았다.

"네 상호가 길상吉祥하니, 반드시 증득하는 바가 있을 것이다. 신인이 너를 남쪽으로 가라고 한 것은 필경 소림사의 달마 대사가 네 스승이라는 뜻이다."

신광은 곧 이 일로 말미암아 소실봉少室峰으로 찾아가게 되었는데, 그가 법을 얻은 사적은 달마장達磨章에서 자세히 기술하였다. 법을 얻은 후에 법을 이을 제자를 널리 찾았는데, 동위東魏 천평天平 3년(536)에 이르러 나이 마흔 살이 넘은 거사 하나가 성명도 밝히지 않은 채 불쑥 찾아와 절을 하고 말하였다.

"제자의 몸이 풍병(風恙)에 걸렸습니다. 화상께 저의 죄를 참회하고자 합니다."

스님이 말하였다.

"죄를 가지고 오십시오. 그대를 참회시켜 주겠습니다."

거사가 한참 침묵하다가 말하였다.

"죄의 성품을 찾아보아도 찾을 수가 없습니다."

"그대의 죄를 참회시켜 주었습니다. 마땅히 불·법·승에 의지하도록 하십시오."

"지금 화상을 뵙고 승보僧寶가 무엇인지는 이미 알았습니다. 하지만 아직은 모르겠습니다. 무엇을 불보佛寶·법보法寶라 합니까?"

"이 마음이 부처님이고, 이 마음이 법입니다. 부처님과 법은 다르지 않고, 승보 역시 마찬가지입니다."

거사가 말하였다.

"오늘 비로소 죄의 성품이 안에도 밖에도 중간에도 있지 않음을 알았습니다. 이 마음이 그러하듯이 부처님과 법도 다르지 않습니다."

조사가 깊이 법기法器라고 여겨 곧 머리를 깎아 주고는 말하였다.

"이것이 바로 나의 보배이니, 이름을 승찬僧璨이라 해야 마땅하리라."

그리고 말하였다.

"달마 대사께서 천축에서 오셔서 정법안장과 더불어 신표의 옷을 비밀히 나에게 부촉하셨다. 내가 이제 그대에게 주니, 그대도 잘 전하여 끊어지는 일이 없게 하라. 나의 게송을 들어라.

본래 땅이 있음을 인연한 것이니
땅을 인하여 종자에서 꽃이 핀다
본래 종자가 있는 것은 아니니
꽃도 역시 생겨난 적이 없다

그대는 나의 가르침을 받고 깊은 산에서 지내야 마땅하다. 아직은 교화에 나서서는 안 된다. 머지않아 국난國難이 있으리라. 나 역시 전생의 허물이 있어 금생에 그것을 갚아야 한다. 잘 가고 잘 행하다가 때를 기다렸다가 전해 주어라."

그러고는 곧 업도鄴都로 가서 상황에 따라 법을 설하였다. 이렇게 30년을 지낸 후에 관성현筦城縣 광구사匡救寺에서 위없는 도를 이야기하자, 청중이 숲을 이루었다. 이때 변화 법사辯和法師라는 이가 그 절에서 『열반경』을 강의하였는데, 그의 학도들이 스님이 펼치는 법을 듣고는 차츰차츰 끌려 그를 떠났다. 그러자 변화는 분을 참지 못해 고을의 재상인 적중간翟仲侃에게 비방하였다. 적중간은 그의 삿된 말에 속아 스님에게 잘못된 법을 가하였다. 하지만 스님은 기쁜 마음으로 받아들였으며 이 일로 인해 천화하였으니, 진실을 아는 자들은 옛 빚을 갚은 것이라 하였다. 당시 나이 107세로서 곧 수隋 문제文帝 개황開皇 13년(593) 계축년癸丑年 3월 16일이었다. 후당後唐의 덕종德宗이 대조선사大祖禪師라는 시호를 내렸다.

二祖慧可大師。武牢姬氏。父名寂。無子。常自念言。我家崇善。豈無令子。禱之旣久。一夕感異光照室。其母因此懷妊。及誕。遂以照室。名之曰光。自幼志氣不群。博涉詩書。尤精義理。不事家産。好遊林泉。後覽佛書。超然自得。終日宴坐。又經八載。於寂默中。倏見神人。曰將欲受果。何滯於此。【因此改名神光。】翌日覺頭痛如刺。其師欲治之。空中有聲曰。此乃換骨非常痛也。果見其頂。如五峯秀出。光即因此造于少室。其得法事跡。達磨章具述。自得法後。博求嗣法。至東魏天平三年。有居士。年踰四十。不言名氏。聿來設禮而言。弟子身纒風恙。請和尚懺罪。師曰將罪來。與汝懺。居士良久曰。覔罪性不可得。師曰與汝懺罪竟。宜依佛法僧。曰今見和尚。已知是僧。未審何名佛法。師曰是心是佛。是心是法。佛法無二。僧寶亦然。居士曰今日始知。罪性不在內外中間。如其心然。佛法無二。祖深器之。即爲剃髮。此是吾寶。宜名僧璨。乃曰磨大師自天竺來。以正法眼藏并信衣。密付於吾。吾今授汝。汝當傳付。無令斷絕。聽吾偈曰。

本來緣有地。因地種花生。

本來無有種。花亦不曾生。

汝受吾教。宜處深山。未可行化。當有國難。吾亦有宿累。今要酬之。善去善行。俟時傳付。即往鄴都。隨宜說法。經三十年後。至於筦城縣匡救寺。談無上道。聽者如林。時有辯和法師。於寺中講涅槃經。學徒聞師闡法。稍稍引退。和不勝其憤。興謗于色[1]宰翟仲侃。侃惑其邪說。加以非法。師怡然委順。因此而化。識其眞者。謂之償債。時年一百七歲。即隨[2]文帝開皇十三年癸丑三月十六日也。後唐德宗。謚大祖禪師。

1) ㉮ '色'은 '邑'인 듯하다. 2) ㉮ '隨'는 '隋'인 듯하다.

○ 제3조 승찬 대사

그가 어디 사람인지는 모른다. 혜가 대사를 뵙고 비밀스러운 종지를 받은 뒤 서주舒州의 환공산皖公山에 숨었다. 그러다 후주後周 무제武帝가 불교를 폐하자 스님은 태호현太湖縣의 사공산司空山을 오가며 일정한 거처 없이 10여 년을 살았는데, 당시 사람 중에 아무도 그를 아는 이가 없었다.

나이 겨우 열두 살인 도신道信이라는 자가 홀연히 찾아와 절하면서 말하였다.

"바라건대 화상께서 자비를 베푸시어 해탈의 법문을 일러 주소서."

스님이 대답하였다.

"누가 너를 속박했느냐?"

"아무도 속박하지 않았습니다."

"그런데 왜 다시 벗어나기를 바라는가?"

도신이 그 말끝에 깨달아 9년을 힘껏 모셨다. 스님은 현묘하고 미묘한 법으로 여러 차례 그를 시험해 보고는 그가 인연이 익었음을 알고 이렇게 말하였다.

"달마 대사께서 옷과 법을 전해 나에게 맡겨졌다. 내가 이제 그대에게 맡기니 그대도 잘 전하여 끊어지는 일이 없게 하라. 나의 게송을 들어라.

꽃과 종자가 비록 땅을 인因하고
땅으로부터 종자와 꽃이 생기지만
만약 종자를 뿌리는 이가 없다면
꽃도 땅도 모조리 무생無生이다"

스님이 지은『신심명』에서 말하였다.

지극한 도는 어렵지 않나니
오직 간택을 꺼려할 뿐
사랑하거나 미워하지만 않으면
탁 트여 명백하리라
일승을 가지고 싶다면
육진을 싫어하지 말라
육진을 싫어하지 않으면
도리어 정각과 같으니라
……

三祖璨大師。不知何許人也。謁可大師。受密旨後。隱於舒州皖公山。屬周武廢教。師往來太湖縣司空山。居無常處積十餘載。時人無能知者。有道信。年始十二。忽來禮謁。願和尙慈悲。乞與解脫法門。師曰誰縛汝。曰無人縛。師曰何更求解脫乎。信言下有省。服勞九載。師屢試以玄微。知其緣熟。乃曰磨大師以衣法展轉付我。我今付汝。汝當傳付。無令斷絕。聽吾偈曰。

花種雖因地。從地種花生。

若無人下種。花地盡無生。

師作心銘曰。

至道無難。唯嫌揀擇。但莫憎愛。

洞然明白。欲取一乘。勿惡六塵。

六塵不惡。還同正覺。云云。

○ 제4조 도신 대사

그는 광제현廣濟縣의 마馬씨이다. 날 때부터 특이하였고, 어려서부터 불법(空宗)의 온갖 해탈문을 흠모하였는데 완연히 전생에 익힌 것 같았다. 조사의 가풍을 이어받고 나서는 마음을 거두고 잠을 자지 않았으니, 옆구리를 자리에 붙이지 않은 것이 거의 60년이었다. 소나무를 심는 도인이 찾아와 만나게 되었는데, 이야기를 나누어 보니 서로 뜻이 계합하였다.

조사가 말하였다.

"당신은 이미 늙었습니다. 모습을 바꿔 찾아오면 허락하겠습니다."

도인은 그 말씀을 소중히 간직하고 산을 내려가 탁항濁港에 이르러서 빨래하는 여인을 보고 말하였다.

"제가 당신 집을 빌려 하룻밤 자고 싶군요."

여인이 말하였다.

"부모님이 계십니다."

도인이 말하였다.

"당신은 허락합니까?"

여인이 말하였다.

"가서 부모님께 여쭤보겠습니다."

도인은 가다가 멀지 않은 곳 나무 아래에 앉아 천화하였다. 그 여인은 이 일로 인해 임신을 하고 사내아이를 하나 낳았는데, 부모의 꾸지람을 당하자 곧바로 아기를 가져다 큰 강에 던져 버렸는데 흘러가다가 다시 되돌아왔다. 다음 날 강을 거슬러 오르는 아기를 보고는 차마 어찔 수 없어 다시 거두어 그를 길렀다.

아이는 걸식으로 나날을 보내다가 일곱 살이 되어 황매현黃梅縣으로 갔다가 제4조를 만났다.

조사가 물었다.

"동자는 성姓이 무엇인가?"

대답하였다.

"성姓이 있기는 하나 영원한 성은 아닙니다."

조사가 말하였다.

"그게 무슨 성姓인가?"

"불성佛性입니다."

조사가 말하였다.

"비록 불성이 있기는 하지만 너도 모르는구나."

"저만 모르는 게 아니라 삼세 모든 부처님도 역시 모르십니다."

조사가 말하였다.

"왜 모르시는가?"

"성품이 공하기 때문입니다."

조사는 그가 법기임을 알고 곧 출가하게 하고 이름을 홍인弘忍이라 하였다. 그리고 옷을 전해 법을 부촉하였다고 한다.

태종太宗이 그의 도덕을 흠모하여 그 풍채를 보고 싶어 서울로 오라고 조서를 내렸지만 표를 올려 사양하였다. 이렇게 전후 세 차례나 반복하였지만 끝내 병을 핑계로 사양하였다. 그러자 네 번째에는 사자에게 이렇게 명령하였다.

“이번에도 오지 않겠다면 목을 베어 오라.”

사자가 찾아가 뜻을 전하자 스님은 목을 쭉 뽑아 칼날에 대었는데 얼굴빛이 태연하였다. 사자가 이를 이상히 여겨 그대로 돌아가 장계狀啓를 올리니, 황제는 더욱 감탄하고 흠모하여 진기한 비단을 하사함으로써 그의 뜻대로 하게 하였다.

스님이 어느 날 문인들에게 훈계를 내렸다.

“일체 모든 법이 모조리 다 해탈이다. 너희들은 각자 잘 보호하고 지켜 미래 중생들을 두루 교화하라.”

말씀을 마치고는 편안히 앉아 세상을 떠났으니, 수명은 72세였다. 탑을 세우고 이듬해에 탑의 문이 까닭도 없이 저절로 열렸는데, 위의와 상호가 살아 계실 때 그대로라 이후로는 감히 문을 닫지 못했다. 대종代宗이 대의선사大醫禪師라는 시호를 내리고, 자운의 탑(慈雲之塔)이라 하였다.

四祖信大師。廣濟縣馬氏。生而超異。幼慕空宗。諸解脫門。完如宿習。旣嗣祖風。攝心無寐。脇不至席。僅六十年。因栽松道者來相見。語言相契。祖曰汝年已老。改形而來可也。道者珎重。下山至濁港。見女浣衣云。我欲借汝家一宿。女云有父母在。道者曰。你肯麽。女云去問父母。道者去不遠。於樹下坐化。其女因此有孕。生一男子。被父母訶嘖。便將兒抛於汪中。去復廻。次日見兒逆流而去。不忍復收養之。乞食度日至七歲。往黃梅縣。見四祖。祖問童子何姓。荅姓即有不是常姓。祖曰是什麽姓。曰佛性。祖曰雖有佛性。汝且不會。曰非但我不會。三世諸佛亦不會。祖曰爲甚麽不會。曰性空故。祖識法器即爲出家。號曰弘忍。乃傳衣付法云云。太宗嚮其道德。欲瞻風彩。詔赴京師。上表遜謝。前後三返。竟以疾辭。第四度命使曰。如果不赴。即取首來。使至諭旨。師乃引頸就刃。神色儼然。使異之。廻以狀聞。帝彌加歎慕。就賜來繒。以遂其志。師一日垂誡門人曰。一切諸法。悉皆解脫。汝等各自護持。流化未來。言訖安坐而逝。壽七十二。建塔後明年。塔戶無故自開。儀相如生。後不敢閉。代宗謚大毉禪師慈雲之塔。

○ 제5조 홍인 대사

그는 기주蘄州 황매현黃梅縣의 주周씨이다. 어머니가 처음 잉태했을 때 그 방에서 빛이 뿜어져 나왔고, 항상 기이한 향기가 풍겼다. 달이 차서 태어나자 모습이 단정하였다. 일곱 살에 도신 대사를 만나 출가하였는데, 본래부터 총명하고 민첩해 두 번 묻는 일이 없었다. 법을 얻은 후에는 선禪을 배우려는 무리들이 몰려들었다. 함형咸亨 연간(670~673)에 성이 노盧이고 이름이 혜능慧能인 한 거사가 있었다. 대사가 그를 한번 보고는 기연이 부합하여 옷과 법을 모두 전하였다. 그리고 4년 후 홀연히 대중에게 "나는 가련다."고 하고는 곧 편안히 앉아 세상을 떠났으니, 수명은 74세였다. …… 대종代宗이 대만선사大滿禪師라 시호하고, 법우의 탑(法雨之塔)이라고 하였다.

五祖忍大師。蘄州黃梅周氏。母初孕時其室發光。常聞異香。月滿乃生。形貌端正。七歲遇信大師出家。自然聰敏。事不再問。得法之後。禪侶臻集。咸亨中有盧居士。名慧能。大師一見。機緣符合。衣法齊傳。後經四載。忽告衆曰。吾行矣。即安坐而逝。壽七十有四云云。代宗謚大滿禪師法雨之塔。

○ 제6조 혜능 대사

범양范陽 노盧씨이다. 태어나던 날 날이 밝아올 무렵 신인神人이 나타나 스님의 아버지에게 말하였다.

"간밤에 태어난 아이에게 꼭 이렇게 이름을 지어 줘야 하니, 위 글자는 혜慧라 하고 아래 글자는 능能이라 하라."

아버지가 물었다.

"왜 이름을 혜능이라 한 것입니까?"

신인이 말하였다.

"혜慧란 중생들에게 법의 은혜를 베푼다는 뜻이고, 능能이란 능히 불사를 짓는다는 뜻이다."

말을 마치자 어디로 사라졌는지 알 수 없었다. 아버지는 남해南海로 좌천되어 신주新州의 백성이 되었다. 스님은 세 살에 아버지를 여의었고, 그의 어머니가 수절하며 힘들게 그를 길렀다. 자라서는 가세가 더욱 궁핍해져 땔감을 주워 먹고 살았다. 하루는 나무를 지고 저자에 갔다가 어떤 나그네가 경을 암송하는 소리를 듣고 온몸이 전율하였다. 그래서 그 나그네에게 물었다.

"그건 무슨 법이며, 누구에게 얻으셨습니까?"

나그네가 대답하였다.

"이것은 『금강경金剛經』이라는 것인데, 황매현의 홍인 대사에게서 얻었습니다."

이 말을 들은 혜능은 옷과 양식을 모아 늙으신 어머니를 편안한 곳에 모시고 곧바로 그곳으로 찾아가 예배하였다.

조사가 물었다.

"그대는 어디서 왔는가? 무엇을 바라기에 나에게 절을 하는가?"

혜능이 대답하였다.

"영남嶺南에서 왔습니다. 제자는 오직 부처님이 되기를 바라지 다른 물건은 바라지 않습니다."

조사가 말하였다.

"너는 남해 사람에다가 또 오랑캐인데 감히 부처님이 되겠다고?"

혜능이 말하였다.

"사람이야 남북이 있겠지만 불법은 본래 남쪽 북쪽이 없습니다. 오랑캐인 이 몸이야 화상과 같지 않겠지만 불성이 무슨 차별이 있겠습니까?"

조사가 말하였다.

"이 오랑캐가 근성이 대단히 예리하구나."

더 이야기를 나누고 싶었지만 대중들이 좌우에 모두 모여 있는 것을 보고는 이렇게 말하였다.

"헛간에서 지내게 하라."

혜능은 예배하고 물러났다. 그러고는 방앗간으로 들어가 밤낮으로 쉬지 않고 여덟 달 남짓 방아 찧는 일을 하였다.【법을 얻고 옷을 전해 받은 일은 『법보단경』에 자세히 실려 있다.】 그 회상에 700명의 고승이 있었지만 오직 절구질하던 거사만이 게송 한 수로 옷을 전해 받았다. 그리고 남쪽에서 15년을 은둔하다가 하루는 이렇게 생각하였다.

'스스로 이롭고 남도 이롭게 해야 한다. 법을 설하지 않는다면 자비가 없는 하늘의 마귀이고 외도이다.'

법을 펼칠 시기가 당도했는데 끝까지 숨을 수만은 없었다. 그래서 곧 세상으로 나가 광주廣州 법성사法性寺에 이르렀다. 그때 '바람이 움직이는 것도 깃발이 움직이는 것도 아니다.'라는 말씀으로 인종印宗을 건드려 청정한 안목을 열어 주었고, 구나발타라求那跋陀羅의 예언에 응하였다.[11]

이때부터 37년간 설법하면서 감로로 적셔 주고 행동과 앎이 상응하는 대선지식이 되었으니, 그 등불을 전했다고 이름이 알려진 자만 33명이고 범부를 초월해 성인의 반열에 들어간 자는 그 수를 헤아릴 수 없었다. 후인이 숙명지宿命智로 이 대사의 과거 겁에 있었던 일들을 관찰하고는 머

---

11 법성사法性寺에서 구족계를 받은 사실을 뜻한다. 구나발타라求那跋陀羅 삼장이 법성사에 계단戒壇을 설치하며 "훗날 육신보살이 이 계단에서 계를 받을 것이다."라고 예언하였다.

리 조아리며 이렇게 찬탄하였다.

머리 조아려 제6조께 귀의합니다
팔십 평생을 선지식이 되셨네
세속의 문자를 몰랐다고 말들 하지만
말만 하면 문장이 되어 만권의 책을 이루었네

스님이 어느 날 대중에게 말하였다.

"나는 신주로 돌아가련다. 그대들은 속히 배와 노를 손질하라."

당시 대중들이 슬피 울면서 스님께 좀 더 머무시기를 청하였다.

그러자 스님이 말하였다.

"모든 부처님께서 세상에 나오신 것은 오히려 열반을 보이기 위함이셨다. 온 일이 있으면 반드시 가야 하니, 이는 당연한 이치이다. 나의 이 몸도 반드시 돌아갈 곳이 있다."

물었다.

"지금 가시면 조만간 돌아오실 수 있습니까?"

"잎사귀가 떨어져 뿌리로 돌아가니, 다시 올 날을 말할 수 없다."

곧 신주 국은사國恩寺로 가서 목욕한 뒤에 가부좌를 한 채 천화하였다. 그때 기이한 향기가 방에 가득하고 흰 무지개가 땅에서 뻗쳤다. 이날이 선천先天 2년(713) 8월 3일이었고, 수명은 76세였다. 헌종憲宗이 대감선사大鑑禪師라는 시호를 내리고, 탑을 원화영조元和靈照라 하였다.

六祖能大師。范陽盧氏。生時黎明。神人謂師之父曰。夜來生兒。全爲安名。上字慧下字能也。父曰云何名爲慧能耶。神曰慧者。以法惠施衆生。能者。能作佛事。言畢不知所止。左降南海。作新州百姓。師三歲喪父。其母守志鞠養。及長家尤貧寠。樵採以給。一日負薪至市中。聞客誦經悚然。問其客曰。此何法也。得於何人。客曰此名金剛經。得於黃梅忍大師。能聞此語。脩積衣粮。安置老母。即徃彼禮。祖問汝自何來。欲求何事禮我。能曰嶺南來。弟子唯求作佛。不求餘物。租[1]曰汝是南海人。又是獦獠。若爲堪作佛。能曰人誰有南北。佛法本無南北。獦獠色身。與和尙不同。佛性有何差別。祖曰這獦獠根性大利更欲與語。且見徒衆愡在左右。乃曰著槽廠去。能禮謝退入碓坊。服勞於杵臼之間。晝夜不息。八箇餘月。【得法傳衣之事具載檀經。】會中有高僧七百。唯負舂居士一偈傳衣。南遁一十五載。一日思之曰。自利利他。不說則無慈悲天魔外道。時當洪法。不可終遁。即出至於廣州法性寺。時以非風幡動之幾。觸開印宗淨眼。應跋陁羅懸記。由是說法三十七年。霑甘露味行解相應。爲大善知識。名載傳燈三十三人。超凡入聖者。莫知其數。後人以宿命智。觀此大師曩劫之事。乃稽首讚曰。

稽首歸依第[2]六祖。八十生爲善知識。

雖言不知世文字。出言成章萬卷書。

師一日謂衆曰。吾欲歸新州。汝等速理舟檝。時大衆哀慕。乞師且住。師曰。諸佛出世。猶示涅槃。有來必去。理亦當然。吾形骸。歸必有所。問從此去。早晚可廻。師曰。落葉歸根。來時無口。即徃新州。沐浴跏趺而化。時異香滿室。白虹屬地。時先天二年八月三日也。壽七十六。憲宗謚大鑑禪師。塔曰元和靈照。

1) ㉯ '租'는 '祖'인 듯하다. 2) ㉯ '苐'는 '第'와 통용된다.

『통록촬요』 제1권 끝

通錄撮要 一卷 終。

통록촬요 제2권

| 通錄撮要 第二卷 |

제3 호현품【100여 칙이며, 제4권 중간까지이다.】

互顯品 第[1]三【一百餘則至四卷中。】

1) ㉠ '苐'는 '第'와 통용된다. 아래에서도 마찬가지다.

직계로 한 사람에게만 전했던 것은 아니지
어쩌랴, 방계인 사람도 다들 제 몫이 있었네.

不唯直下秪單傳。爭奈旁人皆有分。

○ 우두산 법융 선사【제4조의 방계】

그는 윤단閏丹 연릉延陵 사람으로 성은 위韋씨이다. 19세에 경사經史를 배워 통달하고, 대부반야大部般若를 열람하다가 자못 취향할 바를 얻고는 이렇게 감탄하였다.

"유도儒道는 세간의 경전이지 궁극의 법이 아니다. 반야의 바른 관(正觀)이야말로 세간을 벗어나는 배로구나."

곧바로 스승에게 귀의하여 머리를 깎았고, 계를 받은 후에는 우두산牛頭山 유서사幽棲寺의 바위굴로 들어갔다. 그곳에서 종일 좌선하면서 벽을 바라보며 마음을 관하였는데, 사람을 보아도 일어나지 않고 합장조차 하지 않았다. 당시 온갖 새들이 꽃을 물어 오는 이적이 있었다.

도신 대사가 멀리서 기상氣象을 관찰하고는 그 산에 분명 기이한 사람이 있음을 알고는 직접 스스로 찾아가 법융을 만났다. 하지만 그는 단정히 앉아 태연자약하였으며 돌아보지도 않았다. 도신이 물었다.

"이곳에서 무엇을 하십니까?"

"마음을 관합니다."

"관하는 자는 어떤 사람이며, 마음이란 어떤 물건입니까?"

법융은 대답하지 못하고 벌떡 일어나 절을 올렸다. 그리고 물었다.

"대덕께서는 어디 계시는 어른이십니까?"

도신이 말하였다.

"빈도는 일정하게 머무는 곳 없이 동으로 서로 다닙니다."

"그렇다면 도신 대사를 아십니까?"

"왜 그를 물으시는 겁니까?"

"그 덕을 흠모한 지 오래입니다. 한번 찾아뵙기를 바라고 있습니다."

도신이 말하였다.

"도신道信을 만나고 싶다면 바로 빈도입니다."

법융이 대사를 인도해 암자에 도착했는데, 암자 주위로 호랑이와 이리 종류들만 보였다. 도신이 손을 들면서 두려워하는 몸짓을 하자 법융이 말하였다.

"아직도 그런 것이 남았습니까?"

도신이 되물었다.

"지금 무엇을 보았습니까?"

법융은 대답하지 못하였다. 도신이 한참 있다가 법융이 좌선하는 돌 위에다 '불佛' 자 하나를 쓰자, 법융이 그것을 보고 두려워하였다.

도신이 말하였다.

"아직도 그런 것이 남았습니까?"

법융은 깨닫지 못하였다. 그래서 머리를 조아리고 참다운 요체를 설해 주기를 청하였다.

도신 대사가 말하였다.

"백천 가지 법문이 똑같이 마음으로 돌아가고, 항하 모래알처럼 수많은 오묘한 공덕들이 몽땅 마음 근원(心源)에 있습니다. 나아가 신통변화에 이르기까지 모두 스스로 구족하여 그대의 마음을 벗어나지 않습니다. 일체의 번뇌와 업장이 본래 공적하고, 일체의 인과가 모두 꿈이나 허깨비 같아 벗어나야 할 삼계도 없고 구해야 할 보리도 없으며, 사람이건 사람이 아닌 것이건 성품과 모양이 평등하니, 대도大道는 허허롭고 넓어 사려가 끊어진 것입니다. 이러한 법을 그대가 지금 이미 가지고 있어 조금도 모자람이 없으니, 부처님과 무엇이 다르겠습니까? 다시 특별한 법이란 없으니, 그대는 그저 마음에 맡겨 자재하십시오. 관행을 짓지도 말고, 마음을 맑히지도 말고, 탐욕과 분노를 일으키지도 말고, 근심과 걱정을 품지도 마십시오. 탕탕하게 걸림 없이 마음대로 종횡하면서 어떤 선도 짓지 말고 어떤 악도 짓지 마십시오. 걷고 서고 앉고 누우면서 눈에 부딪히고 만나는 인연들이 모두 부처님의 오묘한 작용이라 쾌락하여 근심이 없기 때문에 그 이름을 부처님이라 하는 것입니다."

법융이 물었다.

"마음에 이미 구족하다면 어떤 것이 부처님이고, 어떤 것이 마음입니까?"

도신이 말하였다.

"마음이 아니면 부처를 묻지 못하니, 부처를 묻는 것이 마음이 아닐 수 없습니다."

법융이 물었다.

"관행을 짓지 말라고 하셨는데, 경계가 일어날 때에는 어떻게 대치해야 합니까?"

도신이 말하였다.

"경계인 연緣에는 좋고 나쁨이 없으니, 좋고 나쁨은 마음에서 일어나는 것입니다. 마음이 억지로 이름을 짓지 않는다면 망령된 감정이 어디로부터 일어나겠습니까? 망령된 감정이 일어나지 않게 되면 참된 마음(眞心)이 저절로 두루 알게 됩니다. 그대가 그저 마음 따라 자재하면서 더 이상 대치하지 않는다면 그것을 곧 변함없는 상주법신常住法身이라 합니다.

내가 승찬 대사에게서 받은 돈교법문頓敎法門을 이제 그대에게 부촉하니, 미래에 다섯 사람이 법을 통달하여 그대의 현묘한 덕화를 계승할 것입니다…….”

대중들의 양식이 떨어지자 스님이 단양丹陽에서 시주를 받았는데, 쌀 한 섬 여덟 말을 직접 지고서 80리 길을 아침에 갔다가 저녁에 돌아오기를 솔선수범하여 매일같이 하였다.

법융이 교화를 펼치다가 어느 날 상수 제자인 지암智巖에게 법을 부촉하여 대대로 전수하도록 당부하고는, 산을 내려가려 하면서 대중에게 말하였다.

“나는 이곳으로 돌아오지 않을 것이다.”

당시 새와 짐승들의 구슬픈 울음소리가 한 달이 넘도록 그치지 않았고, 암자 앞에 있던 큰 오동나무 네 그루가 한여름인데도 홀연히 스스로 시들었다. 그 이듬해 정월 23일에 돌아가셨으니, 수명은 64세였다. 탑을 세웠다.

牛頭山法融禪師。【四祖旁出。】 閏丹延陵韋氏。年十九。學通經史。尋閱大部般若。頗有所趣。乃歎曰。儒道世典。非究竟法。般若正觀。出世舟航。便投師落髮。受戒而後。入牛頭山。幽棲巖室。終日宴坐。向壁觀心。見人不起。亦不合掌。時有百鳥。嘀花之異。信大師遙觀氣象。知彼山必有異人。躬自訪尋見融。端坐自若。曾無所顧。乃問在此作什麽。曰觀心。信曰觀是何人。心是何物。融無語。便起作禮。乃曰大德高棲何所。信曰貧道不決所止。或東或西。曰還識信大師否。信曰何以問他。曰嚮德滋久。冀一禮謁。信曰若欲道信。貧道是也。融遂引大師至菴所。繞菴唯見虎狼之類。信擧手作怖勢。融曰猶有這箇在。信曰適來見箇什麽。融無語。信良久。於融宴坐石上。書一佛字。融覩之悚然。信曰猶有這箇在。融未曉悟。乃稽首請說眞要。信曰百千法門。同歸方寸。河沙妙德。總在心源。乃至神通變化。悉自具足。

不離汝心。一切煩惱業障。本來空寂。一切因果。皆如夢幻。無三界可出。無菩提可求。人與非人。性相平等。大道虗廣。絕思絕慮。如是之法。汝今已得。更無闕少。與佛何殊。更無別法。汝但任心自在。莫作觀行。亦莫澄心。莫起貪嗔。莫懷愁慮。蕩蕩無礙。任意縱橫。不作諸善。不作諸惡。行住坐臥。觸目遇緣。總是佛之妙用。快樂無憂。故名爲佛。融曰心旣具足。何者是佛。何者是心。信曰非心不問佛。問佛非不心。融曰旣不許作觀行。於境起時。如何對治。信曰境緣無好醜。好醜起於心。心若不强名。妄情從何起。妄情旣不起。眞心任徧知。汝但隨心自在。無復對治。即名常住法身。無有變異。吾受璨大師。頓教法門。今付於汝。向後當有五人。達法紹汝玄化。【云云】師因衆乏粮。乞於丹陽。自負米斛八斗。行八十里。朝去暮歸。率以爲常。隆化一日。付法上首智巖。令以次傳授。將下山謂衆曰。吾不復此矣。時鳥獸哀号。踰月不止。菴前有四大桐樹。仲夏之月。忽自凋落。明年正月二十三日終。壽六十有四。建塔。

○ 북종 신수 대사【제5조의 방계】

그는 개봉開封 이李씨이다. 어려서부터 유가의 업을 가까이해 널리 섭렵하면서 많이 배웠다. 그러다 갑자기 은애의 정을 버리고 출가해 스승을 찾고 도를 묻다가 홍인 대사를 만남으로써 좌선에 힘쓰게 되었다. 스님이 이에 탄복하면서 말하였다.

"이분이 진짜 나의 스승이시다."

고행하며 절개를 지키기로 마음에 맹세하고는 나무하고 물 긷는 험한 일들을 자임하면서 도를 구하였다. 홍인이 묵묵히 이를 알아보고 더욱 소중히 여기면서 말하였다.

"내가 제도한 사람이 많지만 이해와 깨달음(解悟)에 있어서 그대를 따를 자는 없다."

스님은 신장이 8척이었고, 세 황제의 스승[1]이고 양경兩京의 법주로서 그 세력이 하늘에 닿을 지경이었다. 사부대중이 구름처럼 모여 법의 요체를 설해 달라 청하자 스님이 게송으로 말씀하셨다.

> 일체의 불법이
> 자기 마음에 본래 있으니
> 마음을 가지고 밖으로 구하면
> 아버지를 버리고 도망가는 것

스님은 신룡神龍 2년(706)에 입멸하였고, 승랍은 80세였다. 시호는 대통선사大通禪師이다.

北宗秀大師。【五祖旁出。】開封李氏。小親儒業。博綜多聞。俄然捨愛出家。尋師訪道。遇忍大師。以坐禪爲務。師乃歎曰。此眞吾師也。誓心苦節。以樵汲自役。而求其道。忍默而識之。深加器重。謂之曰吾度人多矣。至於解悟。無及汝者。師身長八尺。三帝門師。二京法主。勢力連天。四衆雲集。請說法要。師示偈曰。

一切佛法。自心本有。
將心外求。捨父逃走。

師神龍二年入滅。僧臘八十。謚大通禪師。

○ 숭악 혜안 국사【제5조의 방계】

그는 형주荊州 지강支江 사람으로 성은 위衛씨이다. 양제煬帝가 스님을 불렀지만 나아가지 않고 두타행頭陀行을 실천하였으며, 홍인 대사에게 이르러 드디어 마음의 요체를 얻었다. 나중에 또 고종高宗이 스님을 부른 적

---

1 세 황제의 스승 : 측천무후·중종·예종을 말한다.

이 있지만 조칙을 받들지 않았다. 이름난 유적지들을 편력하다가 숭산嵩山 소림少林에 이르러 이렇게 말하였다.

"여기가 내가 죽을 곳이다."

이때부터 참선하는 이들이 폭주하였고, 탄연坦然과 회양懷讓 두 사람이 찾아와 참여하게 되었다. 그들이 이렇게 물었다.

"무엇이 조사의 뜻입니까?"

스님이 말하였다.

"왜 자기自己의 뜻은 묻지 않는가?"

"어떤 것이 자기의 뜻입니까?"

"비밀스러운 작용을 관찰하도록 하라."

"무엇이 비밀스러운 작용입니까?"

그러자 스님이 눈을 감았다가 다시 눈을 떴다. 탄연은 그 말끝에 돌아갈 곳을 알아 다시는 다른 곳으로 떠돌지 않았고, 회양은 조계曹溪로 돌아갔다.

스님이 어느 날 문도들에게 말하였다.

"내가 죽거든 시체를 가져다 숲에다 두었다가 들불이 일어나거든 태워 버려라."

문을 닫고 누워서 입적하니, 춘추는 128세였다. 문인들이 유언에 따라 시체를 메다 숲속에 두었는데, 과연 들불이 일어나 자연히 화장되었다. 80개의 사리를 얻었고, 궁중에 전해진 것[2]이 남아 있다.

嵩嶽慧安國師。【五祖旁出。】荊州支江衛氏。煬帝徵師不赴。行頭陁行。至忍大師。遂得心要。後又高宗嘗召。師不奉詔。徧歷名迹。至嵩少。乃云是吾

2 궁중에 전해진 것 : 80과의 사리 가운데 붉은빛과 자줏빛을 띠는 5과를 궁중에 유치하였다고 한다. 『景德傳燈錄』 권4(T51, 231c).

終身之地。自爾禪者輻湊。有然讓二人來叅。乃問如何是祖師意。師曰何不問自己意。問如何是自己意。師曰當須[1]密作用。問如何是密作用。師閉目了開目。坦然言下知歸。更不他適。讓歸曹溪。師一日謂徒曰。吾死已。將屍向林中。待野火焚之。閉戶偃身而寂。春秋一百二十八。門人遵旨。舁置林間。果野火自然闍維。得舍利八十粒。留傳宮中。

1) 역 '須'는 '觀'인 듯하다.『景德傳燈錄』·『續傳燈錄』·『聯燈會要』·『五燈會元』등에 모두 "當觀密作用"으로 되어 있다.

○ 몽산 도명 선사【제5조의 방계】

그는 진陳나라 선제宣帝의 후손이다. 7국이 멸망하자 평민이 되었지만 왕손이라는 이유로 직위를 받은 적이 있기 때문에 장군이라는 칭호가 있었다. 어린 나이에 영창사永昌寺에서 출가하였고, 도를 흠모하는 마음이 간절해 홍인 대사의 법회를 찾아가 의지하였다. 그곳에서 온 마음을 다해 연구하였지만 처음에는 이해하거나 깨달은 것이 없었다. 그러다 홍인 대사가 노盧씨 행자에게 비밀히 가사와 법을 전했다는 소식을 듣고는 수십 명을 거느리고 대유령大庾嶺까지 뒤쫓았는데, 도명이 가장 먼저 도착하였다. 행자가 곧 가사와 발우를 돌 위에다 놓으며 말하였다.

"이 옷은 믿음을 표시하는 것인데 힘으로 다퉈서야 되겠습니까? 당신 뜻대로 가져가십시오."

도명이 그것을 들려고 했지만 산처럼 꿈쩍도 하지 않았다. 그러자 이렇게 말하였다.

"내가 온 것은 법을 구하려는 것이지 옷과 발우를 위해서가 아니오. 바라건대 행자께서 나를 위해 법을 열어 보여 주시오."

노 행자가 말하였다.

"선도 생각하지 말고, 악도 생각하지 마십시오."

한참 있다가 말하였다.

"바로 이럴 때, 어떤 것이 도명 상좌의 본래면목本來面目입니까?"

도명은 그 자리에서 깨달은 바가 있어 온몸에 땀을 흘리면서 말하였다.

"옛날부터 거론되었던 비밀스러운 뜻 외에 모든 부처님의 비밀스러운 뜻이 더 있습니까?"

노 행자가 말하였다.

"제가 당신에게 설명해 주는 것은 비밀스러운 뜻이 아닙니다. 당신이 만약 자신을 돌이켜 비춰 본다면 그 비밀스러움이 당신에게 있습니다."

도명이 말하였다.

"제가 황매산에서 지내기는 했지만 자신의 면목은 전혀 살피지 못했습니다. 이제 가르침을 받고 보니, 사람이 물을 마시면 차가운지 따뜻한지 저절로 아는 것과 같습니다. 이제는 행자께서 저의 스승이십니다."

그는 예배한 후 몽산蒙山으로 가서 현묘한 교화를 크게 펼쳤다.

蒙山明禪師。【五祖旁出。】陳宣帝之裔孫。七國喪亡。流落民間。以其王孫。嘗受署。因有將軍之號。少於永昌寺出家。慕道頗切。往依忍大師法會。極意研尋。初無解悟。及聞忍師密付衣法與盧行者。率數十人。逐至大庾嶺。明最先及。行者即衣鉢於石上曰。此衣表信。可力爭乎。任君將去。明遂舉之。如山不動。乃曰我來求法。非爲衣鉢也。願行者爲我開示。盧曰不思善不思惡。良久曰正當恁麼時。那箇是明尙痤[1]本來面目。明當下有省。偏體汙[2]流曰。上來所舉密意外。還更有諸佛密意否。盧曰我與汝說者。即非密意。汝若返照自己。密在汝邊。明曰某甲。雖在黃梅。悉未省自己面目。今蒙指示。如人飮水。冷暖自知。今即行者。某甲師也。作禮而後往蒙山。大昌玄化。

1) ㉯ '痤'는 '座'와 통용된다. 2) ㉯ '汙'는 '汗'이라야 마땅하다.

○ 남악 회양 선사【혜능 대사를 계승하였다.】

그는 경조京兆 두杜씨이다. 15세에 형주荊州 옥천사玉泉寺로 가서 홍경

弘京 율사에게 출가한 후, 비니장毗尼藏을 익히다가 어느 날 탄식하였다.

"무릇 출가자라면 무위법無爲法을 실천해야 하는데……."

이때 동학인 탄연坦然이 스님의 뜻과 기상이 고매한 것을 알고 숭산嵩山의 혜안 국사를 찾아뵙자고 권유하였다. 회양이 찾아가 알현했지만 계합하지 못하자 혜안 국사가 조계로 찾아가도록 지시하였다. 스님이 명을 받들어 조계로 가서 육조를 알현하자 조사가 물었다.

"어디서 왔는가?"

"숭산에서 왔습니다."

"어떤 물건이 이렇게 왔는가?"

스님은 대답하지 못하였다.

그 후 8년이 지나 홀연히 깨달은 바가 있어 황급히 조사에게 말씀드렸다.

"제가 오늘에야 도를 얻었습니다."

조사가 말하였다.

"어떤 것이 도인가?"

"한 물건이라고 해도 맞지 않습니다."

"그렇다면 닦아서 증득해야 하는가?"

"닦고 증득함이 없지는 않지만 오염시켜서는 안 됩니다."

"오염시키지 않는 그것이 바로 모든 부처님께서 호념護念하시는 것이다. 그대가 이미 그러하고 나도 또한 그러하다. 서천의 반야다라般若多羅께서 그대 발아래에서 망아지 한 마리가 나와 천하 사람을 밟아 죽일 것이라 예언하셨으니, 네 마음속에만 간직해 두어야지 서둘러 말할 필요는 없다."

스님이 이때부터 곁에서 15년을 시봉하면서 현묘한 깨달음이 나날이 더하였다.

스님에게 누가 물었다.

"거울이 물상物像을 만들어 낼 때, 물상이 이루어진 뒤 거울의 밝음은 어디로 갑니까?"

"대덕의 어린 시절 모습은 어디에 있습니까?"

다시 물었다.

"물상이 이루어진 뒤에는 왜 비추지 못합니까?"

"비록 비추지 못한다 해도 남을 속이는 부분은 한 점도 찾을 수 없습니다."

스님은 천보天寶 3년(744)에 원적하였고, 칙령으로 대혜선사大慧禪師 최승륜最勝輪의 탑이라는 시호를 내렸다.

南嶽懷讓禪師。【嗣能大師。】 京兆杜氏。年十五往荊州玉泉。弘京律師處。出家之後。習毗尼藏。一日歎曰。夫出家者。爲無爲法。時同學坦然。知師志氣高邁。勸謁嵩山安國師。讓來謁不契。安發旨[1]曹溪。師禀命往謁曹溪。祖曰什麽處來。曰嵩山來。祖曰什麽物恁麽來。師無語。後經八年。忽然有省。遽白祖曰。某甲今日道得也。祖曰作麽生是道。曰說似一物即不中。祖曰還可修證否。曰修證即不無。汙染即不得。祖曰即此不汙染。是諸佛之所護念。汝旣如是。吾亦如是。據西天般若多羅。讖汝足下。出一馬駒。蹋殺天下人。應在汝心。不須速說。師自此執侍左右一十五載。日益玄悟。師因問如鏡鑄像。像成後。明向甚處去。曰大德爲童子時。相貌何在。問秖如像成後。爲什麽不鑒照。曰雖然不鑑照。謾他一點也不得。師天寶三年圓寂。敕大慧禪師最勝輪之塔。

1) ㉧ '旨'는 '指'인 듯하다.

○ 현각 대사【혜능 대사를 계승하였다.】

그는 영가永嘉의 대戴씨이다. 어린 나이에 출가하여 삼장을 두루 탐구하였고, 네 가지 위의 가운데서 항상 깊이 선관禪觀을 닦았다. 현책玄策이 방문하여 궁극의 이치에 대해 이야기를 나누어 보니 하는 말들이 암암리에 조사의 뜻과 합치하였다. 그래서 물었다.

"당신이 법을 얻은 스승은 누구십니까?"

"방등方等의 경론을 배울 때는 각기 스승이 있었습니다. 그런 뒤『유마경』을 보고 불심종佛心宗을 깨달았는데, 아직까지 증명해 준 자가 없었습니다."

현책이 말하였다.

"위음왕불威音王佛 이전이라면 그래도 괜찮지만, 그 이후에 스승 없이 스스로 깨달았다 하는 것은 모조리 천연 외도입니다."

"부디 당신이 저를 증명해 주십시오."

현책이 말하였다.

"저의 말은 가볍습니다. 저의 스승이 계신 조계에는 사방의 학자들이 구름처럼 모여 있습니다."

스님이 드디어 현책과 함께 찾아와 조사의 주위를 세 바퀴 돌고는 석장을 떨치고 섰다.

조사가 말하였다.

"무릇 사문이란 3천 가지 위의와 8만 가지 세밀한 행을 갖추어야 하는데, 대덕은 어디서 왔기에 도도한 아만을 부리는가?"

"생사의 일이 중대하고 무상함이 너무도 빠르기 때문입니다."

조사가 말하였다.

"왜 몸소 무생無生을 취해 본래 빠름이 없다는 것을 깨닫지 못하는가?"

"그 몸이 곧 무생이고, 깨달음에는 본래 빠름이 없습니다."

조사가 말하였다.

"그렇지, 그렇지."

스님은 비로소 위의를 갖추고 절을 올렸다. 그리고 곧바로 하직을 고하자 조사가 말하였다.

"돌아가는 건 아주 빠르군."

"본래 스스로 움직이는 것이 아닌데 어찌 빠름이 있겠습니까?"

"움직임이 아니라는 걸 누가 아는가?"

"당신 스스로 분별을 일으킨 것입니다."

"그대는 무생의 마음을 깊이 터득하였구나."

"무생인데 어찌 마음이 있겠습니까?"

"마음이 없다면 누가 분별하는가?"

"분별 역시 마음이 아닙니다."

조사가 탄복하면서 말하였다.

"훌륭하구나, 하룻밤이라도 잠시 머물다 가라."

그래서 당시 사람들이 일숙각一宿覺이라 하였다. 스님은 선천先天 2년(713) 10월 17일에 편안히 앉아 열반에 드셨다. 시호는 무상대사無相大師이고, 탑명은 정광淨光이다.

玄覺大師。【嗣能。】永嘉戴氏。丱歲出家。偏探三藏。於四威儀中。常冥禪觀。玄策相訪極談。出言暗合諸祖。乃曰仁者得法師誰。曰我聽方等經論各有師。然後看維磨經。悟佛心宗。未有證明者。策云威音已前即得。而後無師自悟。盡是天然外道。曰願仁者爲我證據。策云我語輕。我師曹溪。四方雲集。師遂同策來。繞師三匝。振錫而立。祖曰夫沙門者。具三千威儀八萬細行。大德自何方來。生大我慢。曰生死大事。無常迅速。祖曰何不體取無生。了本無速。曰體即無生。了本無速。祖曰如是如是。師方具威儀叅禮。須臾告辭。祖曰返大速乎。曰本自非動。豈有速耶。祖曰誰知非動。曰仁者自生分別。祖曰汝甚得無生之意。曰無生豈有意耶。祖曰無意誰當分別。曰分別亦非意。祖歎曰善哉。少留一宿。時謂一宿覺。師先天二年。安坐示滅。諡無相大師。塔曰淨光。

○ 청원 행사 선사【혜능 대사를 계승하였다.】

그는 안성安城 유劉씨이고, 어린 나이에 출가하였다. 여러 사람들이 모여 도를 논할 때마다 스님은 오로지 침묵만 지켰다. 이윽고 조계로 찾아가 물었다.

"마땅히 무엇에 힘써야 계급에 떨어지지 않겠습니까?"

조사가 도리어 물었다.

"그대는 무엇을 했었는가?"

"성제聖諦마저도 하지 않았습니다."

"어떤 계급에 떨어졌었는가?"

"성제마저도 하지 않았는데 무슨 계급에 떨어지겠습니까."

조사가 말하였다.

"그렇지, 그렇지. 그대는 잘 보호하고 간직하라."

스님은 곧 절하고 물러났다. 당시 조사 회하에 학도들이 비록 많았지만 스님이 상수上首가 되었으니, 또한 혜가 대사가 말을 하지 않았지만 소림少林에서 그를 '골수를 얻은 자'로 여긴 것과 같았다.

조사가 어느 날 스님에게 말하였다.

"예로부터 옷과 법을 쌍으로 운행하여 스승에게서 제자로 번갈아 전했으니, 옷은 믿음을 표시하고 법은 마음을 인가한 것이다. 내가 지금 사람들을 얻었는데, 어찌 믿지 않을 것을 걱정하겠는가. 나도 옷을 받은 이후로 이렇듯 많은 환난을 당했는데, 하물며 후대이겠는가. 다툼이 분명 많을 것이니, 옷은 이 절에 남겨 두고 그대는 앞으로 한 지방을 나누어 교화하면서 단절되는 일이 없도록 하라."

스님은 예배하고 물러났으며, 나중에 청원산에 머물면서 현묘한 교화를 크게 떨쳤다.

누가 스님에게 물었다.

"어떤 것이 불법의 대의입니까?"

"여릉廬陵의 쌀은 값이 얼만가?"

신회神會가 찾아오자 스님이 물었다.

"어디서 왔는가?"

"조계에서 왔습니다."

"무엇을 가지고 왔는가?"

신회가 몸을 떨치고 우뚝 섰다. 그러자 스님이 말하였다.

"여전히 기왓장과 자갈을 들고 다니는구나."

"화상께서는 사람들에게 나눠 주는 순금을 가지고 계시지 않습니까?"

스님이 말하였다.

"있다 한들 그대는 어느 곳에다 두려는가?"

신회가 곧 예배하였다. 스님은 당나라 개원開元 연중에 대중들에게 알리고 떠나가셨다. 희종僖宗이 홍제선사弘濟禪師라는 시호를 내리고, 귀진歸眞의 탑이라 하였다.

淸源行思禪師。【嗣能。】安城劉氏。幼歲出家。每群居論道。師唯默然。乃往曺谿叅問。當何所務。即不落階級。祖曰汝曾作什麽來。曰聖諦亦不爲。祖曰落何階級。曰聖諦尚不爲落何階級。祖曰如是如是。汝善護持。師即禮謝。時會下學徒雖衆。師爲上首。亦猶可大師不言。少林謂之得髓矣。

祖一日爲師曰。從上衣法雙行。師資遞授。衣以表信。法乃印心。吾今得人。何患不信。吾受衣以來。遭此多難。況乎後代。爭競必多。衣即留鎭山門。汝當分化一方。無令斷絶。師禮而退。後住淸源山。大闡玄化云云。師因問如何是佛法大意。曰廬陵米作麽價。神會來叅。師曰什麽處來。曰曺溪來。師曰將得什麽物來。會振身而立。師曰猶持瓦礫在。曰和尙莫有眞金與人否。師曰設有汝向什麽處著。會即禮拜。師唐開元中告衆而逝。僖宗謚弘濟。號歸眞之塔。

○ 하택 신회 선사【혜능 대사를 계승하였다.】

그는 양양襄陽 고高씨이다. 14세에 사미가 되어 육조께 예배하였다.

조사가 물었다.

"지식知識이 멀리서 찾아오느라 몹시도 고생했는데, 근본도 가지고 왔는가? 만약 근본을 가지고 있다면 곧 당연히 주인도 알 것이니, 시험 삼아 말해 보라."

대사가 대답하였다.

"머무름 없음(無住)이 근본이 되고, 봄(見)이 곧 주인입니다."

조사가 "이런 사미와는 더 이야기할 필요도 없다." 하며 곧바로 때렸다.

스님이 곧 "큰 선지식은 여러 겁을 지나도 만나기 어렵습니다. 지금 이미 만났는데, 어찌 몸과 목숨을 아끼겠습니까?" 하고는 이때부터 시봉하였다.

조사가 어느 날 대중들에게 법문하였다.

"나에게 한 물건이 있는데, 머리도 없고 꼬리도 없으며, 이름도 없고 자字도 없는데, 위로 하늘을 지탱하고 아래로 땅을 지탱하며, 밝기는 태양과 같고 검기는 옻칠과 같으며, 항상 움직이는 작용 가운데 있지만 움직이는 작용 가운데서 거둘 수가 없다. 여러분은 아시겠는가?"

스님이 대중 가운데서 나와 말하였다.

"그것은 모든 부처님의 본래 근원이고, 또한 신회의 불성입니다."

조사가 곧바로 때리고는 말하였다.

"내가 '한 물건'이라고 말한 게 일찌감치 빗나간 것인데, 너는 거기다 다시 '본래 근원'이니 '불성'이니 하는구나. 나중에 설령 머물 곳이 있게 된다 해도 역시나 이런 지해知解를 숭상하는 무리들일 것이다."

스님은 예배하고 물러갔다. 혜능 대사가 입멸하고 20년 사이에 조계曹溪의 돈지頓旨가 형오荊吳 지방에서 침체되고, 숭악嵩嶽의 점문漸門이 진락秦洛 지방에서 성행하였다. 스님이 이에 서울로 들어가 천보天寶 4년

(745)에 비로소 두 종파【남종은 돈교頓敎이고, 북종은 점교漸敎이다.】를 확정하였다.

어느 날 고향에서 양친이 사망하셨다는 소식이 왔다. 스님은 대중을 소집하고 법당에 들어가 종을 치면서 대중에게 공지하였다.

"아버지 어머니께서 함께 돌아가셨습니다. 마하반야바라밀摩訶般若波羅密을 염해 주시기를 대중께 청합니다."

대중들이 막 염하려고 하던 차에 스님이 다시 종을 치면서 말하였다.

"애쓰신 대중들께서는 이제 각자 돌아가십시오."

스님은 상원上元 원년(760) 5월 13일에 엄숙히 천화하였으니, 수명은 75세였다. 반야대사般若大師의 탑塔이라는 시호를 하사하였다.

荷澤神會禪師。【嗣能。】襄陽高氏。年十四爲沙彌。禮六祖。祖曰知識遠來艱辛。還將得本來否。若有本。即合識主。試道看。曰以無住爲本。見即是主。祖曰這沙彌。爭合取次語。便打。師即曰。大善知識。歷劫難逢。今旣得遇。豈惜身命。自此侍奉。祖一日示衆曰。吾有一物無頭無尾。無名無字。上柱天下柱地。明如日黑似漆。常在動用中。動用中收不得。諸人還知否。師出衆曰。是諸佛之本源。亦是神會之佛性。祖便打。乃曰我喚作一物。早是不中也。汝更喚作本源佛性。已後設有箇住處。也秖是箇知解宗徒。師禮拜而退。能大師滅後二十年中。曺溪頓旨。沉廢於荊吳。嵩嶽漸門。盛行於秦洛。師乃入京。天寶四年。方定兩宗。【南頓北漸。】師一日鄉信至。報二親亡。師集衆入堂白槌曰。父母俱喪。請大衆念摩訶般若波羅密。衆擬念次。師却白槌曰。勞煩大衆即散去。師上元元年五月十三日。奄然而化。壽七十五。賜般若大師之塔。

○ 서경 광택사 혜충 국사【혜능 대사를 계승하였다.】

그는 월주越州 염冉씨이다. 조계의 심인心印을 받은 후 백애산白崖山에 살며 40년을 산에서 내려오지 않았지만 도행이 세상에 널리 알려졌다. 당나라 숙종肅宗이 조칙을 내려 서울로 올라가자 스승의 예로써 대접하면서 이렇게 물었다.

"성품을 보고 나서도 다시 보시하며 복을 지어야 합니까?"

스님이 말하였다.

"여러 부처님과 보살님 같은 분들도 모두들 복과 지혜라는 두 가지 장엄을 구족하셨는데 어찌 인과因果를 부정할 수 있겠습니까? 지금 만약 성품을 보았다면 일체 선한 인因들을 두루 지어야 합니다. 보시하고, 계율을 지키고, 불상을 조성하고, 승려들을 출가시키고, 가난한 자들에게 베풀어 고통을 구제하고 재난을 없애 주는 것들이 모두 부처님과 보살들께서 하시는 일이고 생각으로 헤아릴 수 없는 훌륭한 인因들입니다. 아울러 도를 돕고 원만한 성품의 바다로 회향해야 바야흐로 도를 닦음에 계합하고 진리에 합하게 됩니다. 그렇지만 선을 짓더라도 보답을 바라서는 안 되니, 영가永嘉께서 이렇게 말씀하셨습니다.

> 모습에 머무는 보시는 하늘에 태어나는 복이니
> 그 복은 위로 허공을 향해 쏜 화살과 같네
> 힘이 다하면 화살은 다시 떨어져
> 다음 생에는 원치 않는 과보를 초래하니
> 어찌 무위의 실상문만 하겠는가
> 한번 뛰면 곧장 여래의 땅으로 들어간다네[3]

그러니 폐하께서도 그저 공덕이 없는 곳을 향하면서 닦으십시오. 모든 부처님도 이 문을 따르지 않고 도를 얻으신 분은 한 분도 없었습니다."

---

3 『永嘉證道歌』(T48, 396a).

또 물었다.

"가르침 가운데서 유정有情이 부처가 된 경우만 보았고, 무정無情이 수기를 받은 경우는 보지 못했습니다. 또한 현겁의 부처님 천 분 가운데 어느 분이 무정불無情佛입니까?"

대답하였다.

"황태자가 왕위를 받기 전일 때에는 오직 하나의 몸일 뿐이지만 왕위를 받고 나면 온 국토가 모조리 왕에게 속하게 되는 것과 같습니다. 국토가 따로 왕위를 받는 일이 어찌 있겠습니까? 지금 다만 유정이 수기를 받기만 하면 부처가 될 때에 시방의 국토가 모조리 그 부처님의 몸입니다. 무정이 수기를 받는 일이 어찌 다시 있을 수 있겠습니까?"

동산 양개洞山良价가 물었다.

"무엇이 옛 부처의 마음입니까?"

국사가 말하였다.

"담장과 벽과 기왓장과 자갈이 그것이다."

"담장·벽·기왓장·자갈이라면 어찌 무정이 아니겠습니까?"

"그렇다, 무정이다."

"무정인데도 설법할 줄 안다는 말씀이십니까?"

"활활 타는 불꽃처럼 항상 설해서 그 설법이 쉴 틈이 없다."

"무정의 설법은 어떤 사람이 들을 수 있습니까?"

"모든 성인들이 들을 수 있다."

"화상께서도 들으십니까?"

"나야 듣지 못하지. 내가 만약 듣는다면 모든 성인과 같아져서 그대가 나의 설법을 듣지 못한다."

"그렇다면 중생은 들을 자격이 없겠군요."

"나는 중생을 위해 설법한다."

"중생들이 들은 뒤에는 어떻게 됩니까?"

"그러면 중생이 아니다."

동산은 깨닫지 못했고, 나중에 앞의 이 인연을 거론하며 위산 영우潙山靈祐 화상에게 물었다.

"양개는 모르겠습니다."

영우가 주장자를 들어 세우면서 말하였다.

"나에게도 그런 자잘한 것들이 있다. 다만 기인을 만나는 일이 드물 뿐이다."

동산이 다시 운암雲巖[4]에게 찾아가 드디어 앞서 두 존사에게 질문했던 인연들을 거론하고 말하였다.

"양개는 모르겠습니다. 화상께서 앞의 의심들을 타파해 주십시오."

운암이 말하였다.

"처음에 했던 질문부터 다시 해 보게."

양개는 "무엇이 옛 부처의 마음입니까?" 하고 물었고, 나아가 "중생이 아니다."고 대답하였다.【앞의 문답과 다르지 않다.】

양개가 말끝에 깨달은 바가 있어 게송 한 수를 지었다.

정말 신기하구나, 정말 신기해
무정의 설법은 불가사의하구나
귀로 들으려 하면 소리가 나타나지 않지만
눈으로 관찰할 때 비로소 알게 되네

운암이 이를 인정해 양개가 운암을 계승하였다.

---

4 운암雲巖(782~841) : 당나라 스님으로 법명은 담성曇晟이다. 어려서 출가해 백장 회해百丈懷海에게 참학하고, 약산 유엄藥山惟儼의 법을 이었다. 운암산雲巖山에 주석하며 종풍을 크게 떨쳤다.

국사가 교화의 인연이 끝나 갈 무렵 대종 황제代宗皇帝에게 이별을 알리자 대종이 말하였다.

"탑의 모양을 그려 주시기를 스님께 청합니다."

국사가 한참을 묵묵히 있다가 황제를 부르며 말하였다.

"아시겠습니까?"

"모르겠습니다."

"빈도가 간 후에 응진應眞이라는 시자가 도리어 이 일을 알 것입니다."

스님은 오른쪽 옆구리를 땅에 붙이고 영원히 떠나셨다. 탑을 세우고, 칙령으로 대증선사大證禪師라는 시호를 내렸다. 대종이 나중에 응진을 궐내로 불러들여서 앞서 있었던 일을 거론하고 물었다. 그러자 응진이 한참 묵묵히 있다가 말하였다.

"성상聖上께서는 아시겠습니까?"

"모르겠습니다."

응진이 이에 게송 한 수를 올렸다.

상湘의 남쪽, 담潭의 북쪽
그 가운데 있는 황금이 가득한 나라
그림자 없는 나무 아래에서 함께 배를 타고
유리 궁전 위에는 아는 이가 없다네

西京光宅寺慧忠國師。【嗣能。】 越州冉氏。受曺谿心印。後居白崖山。四十年不下。道行普聞。唐肅宗詔赴上京。待以師禮。乃問見性了還用布施作福否。師曰且如諸佛菩薩。皆具福惠兩嚴。豈可撥無因果。今若見性了。凡作一切善因。布施持戒。造像度僧。施貧濟苦拔難。皆是諸佛菩薩作用。不可思議良因。並廻助道。圓滿性海。方契修道。合得眞理。然雖作善。不可望報。永嘉云。住相布施生天福。猶如仰箭射虛空。勢力盡箭還墜。招得來生不如意。爭似無爲實相門。一招[1]直入如來地。陛下但向無功處脩。且諸佛無不從此門而得道。又因問教中但見有情作佛。不見無情受記。且賢劫千佛。誰是無情佛耶。荅如皇太子未受位時。唯一身耳。受位之後。國土盡屬於王。寧有國土。別受位乎。今但有情受記作佛之時。十方國土。悉是遮那佛身。那得更有無情受記耶。洞山良价問。如何是古佛心。國師曰。墻壁瓦礫是。曰墻壁瓦礫。豈不是無情。曰是無情。曰無情還解說法也無。師曰常說熾然。說無間歇。曰無情說法。什麼人得聞。師曰諸聖得聞。曰和尚還聞否。師曰賴我不聞。我若聞。即齊於諸聖。汝即不得聞我說。曰恁麼則衆生無分去也。師曰我爲衆生說。曰衆生聞後如何。師曰即非衆生。山未悟。後擧前因緣。問潙山祐和尙。良价不會。祐擧柱杖卓云。我這裏也有些些。秖是罕遇奇人。曰告和尙爲良价說。祐曰父母所生口。終不爲子說。山又到雲巖。遂擧前問兩尊因緣之事。云良价不會。告和尙決破前疑。巖曰從頭問將來。价問如何是古佛心。乃至荅即非衆生。【雖前問荅不別。】良价言下有省。乃成一偈。也大奇也大奇。無情說法不思議。若將耳聽聲不現。眼處觀時方得知。巖曰然之。价嗣雲巖。國師化緣將畢。乃辭代宗皇帝。宗曰就師請取塔樣子。師良久。召曰會麼。曰不會。師曰貧道去後。有侍者應眞。却知此事。師右脇長往。建塔。敕謚大證禪師。宗後詔應眞入內。擧前語問。應眞良久曰。聖上會否。曰不會。應眞乃上一偈。

湘之南潭[2]之北。中有黃金充一國。

無影樹下合同舡。瑠璃殿上無知識。

---

1) 역 '招'는 '超'인 듯하다. 2) 역 '潭'은『景德傳燈錄』권5(T51, 245a)를 비롯한 여러 선종 문헌에 '潭'으로 되어 있다.

○ 신주 지상 선사【혜능 대사를 계승하였다.】

더벅머리 시절에 출가하여 견성見性의 뜻을 세우고 육조를 찾아뵙자 조사가 물었다.

"그대는 어디서 왔는가?"

"근래 백봉산白峰山으로 가서 대통 화상大通和尙(神秀)을 뵈었습니다. 그분께서 견성하여 성불하는 이치를 보여 주셨지만 여우 같은 의심을 아직 해결하지 못했습니다. 부디 스님께서 의심을 해결해 주십시오."

조사가 말하였다.

"그분이 무슨 말을 하던가?"

"그곳에 도착해 석 달 동안 아무런 가르침도 받지 못했습니다. 그래서 법을 위하는 마음이 간절했던 까닭에 한밤중에 홀로 방장에 들어가 그분께 간절히 청하였습니다. 그러자 이렇게 말씀하셨습니다.

'너는 허공을 보았느냐?'

'보았습니다.'

'네가 본 허공은 모양이 있던가?'

그래서 이렇게 대답하였습니다.

'허공은 형체도 없는데 무슨 모양이 있겠습니까?'

그러자 그분이 이렇게 말씀하셨습니다.

'너의 본래 성품이 마치 허공과 같다. 자기 성품을 돌이켜 관찰해 한 물건도 볼 수 있는 게 없음을 깨달으면 이것을 정견正見이라 한다. 또 한 물건도 알 수 있는 게 없으면 이것을 진지眞知라 한다. 파랗고 노랗고 길고 짧은 것들이 없으며, 그저 본래 근원이 청정하고 깨달음의 본체가 원만하고 밝음을 본다면 이를 견성성불見性成佛이라 하고, 또 극락세계極樂世界라 하고, 또 여래의 지견知見이라 한다.'

제가 비록 이런 설법을 듣기는 하였지만 아직도 석연치 못합니다. 스님께서 의심을 타파해 주십시오."

조사가 말하였다.

"그분의 말씀에는 아직도 지견이 남아 있기 때문에 그대가 깨닫지 못한 것이다. 내가 이제 그대에게 게송 한 수를 일러 주겠다."

한 법도 보지 않음은 없다는 견해를 간직하는 것
그건 뜬구름이 태양을 가리는 것과 똑같고
한 법도 알지 않음은 공하다는 앎을 지키는 것
그건 도리어 태허에서 번개가 치는 것과 같네
이런 지견이 별안간 일어나면
오인한 것이니, 어찌 방편을 이해했으랴
그대가 한 생각에 잘못이었음을 스스로 안다면
자기의 신령한 광명이 항상 드러나리라

스님은 이 게송을 듣고 나서 마음이 탁 트였다. 그래서 게송 한 수를 올렸다.

까닭 없이 지견을 일으켜
모양에 집착해 보리를 구하였네
망정이 여전한 한 생각의 깨달음으로
지난날의 미혹을 어찌 초월하리오
자성의 깨달음의 원만한 본체가
비춤을 따라 제멋대로 천류하나니
조사의 방에 들어가지 않았다면
아득히 두 갈래에서 갈팡질팡했으리라

信州智常禪師。【嗣能。】髫年出家。志求見性叅六祖。祖曰汝從何來。曰近往白峯山禮大通和尙。蒙示見性成佛之義。未決狐疑。願師決疑。祖曰彼有何言。曰到彼三月。未蒙開示。以爲法切故。於中夜獨入方丈。哀請彼。乃曰汝見虛空否。對曰見。彼曰汝見虛空有相貌否。對曰虛空無形。有何相貌。彼曰汝之本性猶如虛空。返觀自性。了無一物可見。是名正見。無一物可知。是名眞知。無有青黃長短。但見本源淸淨。覺體圓明。即名見性成佛。亦名極樂世界。亦名如來知見。某甲雖聞此說。猶未決了。乞師破疑。祖曰彼說猶存知見。令汝未了。吾今示汝一偈。

不見一法存無見。大似浮雲遮日面。

不知一法守空知。還如大虛生閃電。

此之知見瞥然興。錯認何曾解方便。

汝當一念自知非。自己靈光常顯現。

師聞已。心意豁然。乃上一偈。

無端起知見。著相求菩椹。[1)]

情存一念悟。寧越昔時迷。

自性覺圓體。隨照枉遷流。

不入祖師室。茫然取兩頭。

1) ㉯ '椹'는 '提'인 듯하다.

○ 사공산 본정 선사【혜능 대사를 계승하였다.】

그는 강주絳州 장張씨이고, 어린 나이에 출가하였다. 조계에서 법을 얻은 후에 당나라 천보天寶 3년(744)에 현종玄宗이 스님을 불러 서울로 갔다. 다음 해 양가兩街[5]의 명승과 석학을 내도량으로 초빙해 선사와 함께 부처님의 진리를 드날리게 하였다. 이때 원遠 스님이라는 이가 따지는 목소리로 말하였다.

"지금은 성상 앞에서 종지를 비교하고 헤아리는 자리이니, 모름지기 바로 묻고 바로 대답해야지 번거로운 말들은 필요 없습니다. …… 이제 선사께서 모습 위에서 모습이 없음을 설명해 주시기를 청합니다."

스님이 말하였다.

5 양가兩街 : 선종禪宗을 좌가左街라 하고, 교종敎宗을 우가右街라 한다.

“『정명경淨名經』에서 ‘사대에 주인이 없고, 몸에도 또한 나가 없다.’ 하였으니, 나다 내 것이다 하는 견해가 없어야 도와 상응합니다. 만약 사대에 주인이 있다고 여긴다면 이것은 ‘나’가 있다고 여기는 것입니다. 만약 아견我見이 있다면 겁이 다한다 해도 도를 깨닫지 못할 것입니다.”

게송으로 말하였다.

사대에 주인이 없는 게 또 강물과 같아
굽은 길 곧은 길 뭘 만나건 가리지 않나니
더럽고 깨끗한 두 곳에서 마음을 일으키지 않는데
막히거나 트인다고 어찌 두 마음을 가진 적 있으랴
부딪치는 경계마다 그저 물처럼 무심하기만 하다면
세상에 머물며 종횡한들 무슨 일이 있으랴

또 지명志明이 물었다.

“만약 ‘무심無心이 도이다.’라고 말한다면, 기왓장이나 자갈도 무심하니 역시 도라야 합당합니다. 또 ‘몸과 마음이 본래 도이다.’라고 말한다면, 사생四生·십류十類가 모두 몸과 마음을 가지고 있으니 역시 도라야만 합니다.”

스님이 말하였다.

“대덕이 만약 보고 듣고 깨닫고 아는 알음알이를 짓는다면 도와는 아득히 멀어지게 됩니다. 즉 이렇게 보고 듣고 깨닫고 알기를 구하는 자는 도를 구하는 사람이 아닙니다. 경에서 ‘눈·귀·코·혀·몸·뜻이 없다.’고 하였습니다. 육근마저도 없는데 보고 듣고 깨닫고 앎이 무엇을 의지해 성립하겠습니까? 근본을 추궁해 보면 없는데 어느 곳에다 마음을 간직하겠습니까? 어찌 풀·나무·기왓장·자갈과 다를 수 있겠습니까?”

지명이 말문이 막혀 물러갔다. 스님이 또 게송으로 말하였다.

보고 듣고 깨닫고 앎에 장애가 없으면
소리 · 향기 · 맛 · 감촉이 항상 삼매라
마치 새가 허공을 저렇게 날아가듯이
취함도 없고 버림도 없고 미움도 사랑도 없네
응하는 곳마다 본래 무심임을 깨닫는다면
비로소 관자재라 부르게 된다네

또 임금의 측근 신하가 물었다.

"이 몸은 어디에서 왔고, 100년 뒤에는 다시 어디로 돌아갑니까?"

스님이 말하였다.

"저 꿈속의 사람은 어디에서 오고, 잠에서 깨었을 때는 어디로 갑니까?"

"꿈을 꿀 때는 없다고 할 수 없고, 깨어나면 있다고 할 수 없습니다. 비록 있다가 없다가 함이 있기는 하지만 오고 가는 곳은 없습니다."

"빈도의 이 몸 역시 그 꿈과 같습니다."

이에 게송으로 말하였다.

삶을 꿈을 꾸는 것으로 보나니
꿈속에서는 실로 요란스럽지
홀연히 깨달아 만사가 쉬는 것도
도리어 꿈속의 깨달음과 같네
꿈이란 걸 알면 지혜로운 자
꿈속의 소란을 믿으면 미혹한 사람
꿈이란 걸 알면 두 가지가 차이 없고
한번 깨고 나면 특별히 깨달음이랄 것도 없나니
부귀한 자에게도 빈천한 자에게도
이 밖에 달리 특별한 길은 없다네

스님은 상원上元 2년(761) 5월 5일에 적멸로 돌아가셨다. 칙명으로 대효선사大曉禪師라는 시호를 내렸다.

司空山本淨禪師。【嗣能。】絳州張氏。幼歲披緇。於曺溪得法之後。唐天寶三年。玄宗詔師到京。明年召兩街名僧碩學。赴內道場。與師闡揚佛理。時有遠師抗聲曰。今對聖上。校量宗旨。應須直問直答。不假繁辭云云。今請禪師。於相上說無相。師曰淨名經云。四大無主。身亦無我。無我所見。與道相應。若以四大有主。是我。若有我見。窮劫不會道也。偈曰。

四大無主復如水。遇曲逢直無彼此。

淨穢兩處不生心。壅決何曾有二意。

觸境但似水無心。在世縱橫有何事。

又志明問。若言無心是道。瓦礫無心。亦合是道。又道身心本來是道。四生十類。皆有身心。亦應是道。師曰。大德若作見聞覺知之解。與道懸殊。即是求見聞覺知之者。非是求道之人。經曰無眼耳鼻舌身意。六根尙無見聞覺知。憑何而立。窮本不有。何處存心。焉得不同草木瓦礫。明杜口而退。師有偈曰。

見聞覺知無障礙。聲香味觸常三昧。

如鳥空中秪麽飛。無取無捨無憎愛。

若會應處本無心。始得名爲觀自在。

有近臣問。此身從何而來。百年之後。復歸何處。師曰如人夢時。從何而來。睡覺時。從何而去。曰夢時不可言無。旣覺不可言有。雖有有無。來往無所。師曰貧道此身。亦如其夢。乃有偈曰。

視生如在夢。夢裡實是鬧。

忽覺萬事休。還同夢裡悟。

智者會悟夢。迷人信夢鬧。

會夢無兩般。一悟無別悟。

富貴與貧賤。更亦無別路。

師上元二年五月五日歸寂。敕諡大曉禪師。

○ 강서 도일 대사【회양 화상을 계승하였다.】

그는 한주漢州 마馬씨이다. 용모가 기이하고, 소걸음에 호랑이 눈길이 었으며, 혀를 내밀면 코를 덮고, 발바닥에는 두 개의 바퀴 문양이 있었다. 어린 나이에 출가하여 선정을 익혔는데, 어느 날 회양 선사가 찾아와서 살펴보고 물었다.

"대덕은 이곳에서 지내며 무엇을 하는가?"

"좌선합니다."

"도모하는 게 뭔가?"

"부처가 되려고 합니다."

회양 선사는 곧바로 벽돌 하나를 집더니 바위에다 갈았다.

도일이 물었다.

"뭘 하십니까?"

"갈아서 거울을 만들려고."

"벽돌을 간다고 어찌 거울이 되겠습니까?"

"좌선한다고 어찌 부처가 되겠는가?"

"어떻게 해야 옳습니까?"

"사람이 수레를 모는 것과 같다. 수레가 가지 않으면 수레를 때려야 옳은가, 소를 때려야 옳은가?"

도일이 대답이 없자 회양 선사가 말하였다.

"그대는 좌선坐禪을 배우는 것인가, 앉은뱅이 부처(坐佛)를 배우는 것인가? 만일 좌선을 배운다면 선禪은 앉거나 눕는 것이 아니다. 만약 앉은뱅이 부처를 배운다면 부처는 정해진 모습이 아니다. 머무름이 없는 법에서 취하거나 버려서는 안 된다. 그대가 만약 앉은뱅이 부처라면 그것은 곧 부처를 죽이는 짓이고, 만약 앉은 모습을 고집한다면 그 이치를 통달한 것이 아니다……."

가르침을 받은 도일은 마음이 초연해져서 10년을 시봉하였고, 그 오묘한 뜻이 나날이 더해 갔다. 회양 선사 회하에 동참한 사람이 아홉 명이었는데 오직 스님에게만 심인을 비밀히 전수하였으니, 회양 선사에게 있어 도일은 행사行思 선사의 희천希遷과 같았다. 근원은 같지만 갈래가 달랐기 때문에 선법의 성황이 두 스님에게서 시작되었다. 유가劉軻가 말하기를 "강서江西의 주인은 대적大寂이요, 호남湖南의 주인은 석두石頭라. (학인들이) 끊임없이 왕래하니, 두 대사를 뵙지 못했다면 무지한 자들이다."라고 하였다. 서천의 반야다라般若多羅가 이렇게 예언하였다.

진단이 비록 넓다지만 다른 길은 없으니
자손의 힘을 빌려야 발밑에서 시행되리라
금 닭이 쌀 한 톨을 물어 올 줄 알아
시방의 아라한에게 공양하리라[6]

또 혜능 대사가 회양에게 이렇게 말하였다.

"반야다라께서 그대 발아래에서 망아지 한 마리가 나와 천하 사람을 밟아 죽일 것이라고 예언하셨다."

---

6 『祖庭事苑』 권8(X64, 426b)에서 다음과 같이 해석하였다. "이는 마조 대사馬祖大師가 회양懷讓에게서 법을 얻을 인연을 예언한 것이다. '다른 길이 없다(無別路)'는 것은 바로 '길이 하나(道一)'라는 것이다. 따라서 마조 대사의 이름이 도일道一이다. '자손(姪孫)'이란 계승한 자손들이다. '발밑에서 시행된다(脚下行)'는 것은 이른바 '망아지 한 마리가 천하 사람을 밟아 죽인다'는 것이다. '금 닭이 쌀을 물어 온다(金雞銜米)'고 한 것은 회양 화상이 금주金州 사람이기 때문이다. 닭이 때를 알고 울어 잠을 깨지 못한 자들을 깨운다. '시방十方의 아라한에게 공양하리라'고 한 것은 마조가 한주漢州 '시방현什仿縣'에서 태어났고, 회양 선사가 베푼 법의 음식을 받았기 때문이다."

이후로 강서의 법이 천하에 퍼져 당시 사람들이 마조馬祖라 하였다. 이로 말미암아서 학도들이 법좌 아래로 구름처럼 몰려들었다.

당에 오르자 방거사龐居士가 물었다.

"본래 몸을 미혹하지 말고 스님께서는 높이 바라보십시오."

도일 대사가 바로 위를 힐끔거렸다.

방거사가 말하였다.

"한결같은 줄 없는 거문고를 오직 스님만이 오묘하게 연주하시는군요."

대사가 바로 아래를 힐끔거렸다. 방거사가 예배하자 스님이 곧바로 방장으로 돌아가셨다. 그러자 거사가 뒤를 따르며 말하였다.

"재주 부리다 일을 망쳤습니다."

어느 저녁에 스님이 달구경을 하다가 곁에서 모시던 스님들에게 물었다.

"바로 이럴 때는 어떠한가?"

지장智藏이 말하였다.

"공양을 올리기에 딱 좋습니다."

회해懷海가 말하였다.

"수행하기에 딱 좋습니다."

보원普願은 소매를 털고 나가 버렸다.

도일 대사가 말하였다.

"경전은 창고(藏 : 지장智藏)로 들어가고, 선禪은 바다(海 : 회해懷海)로 들어가고, 오직 보원만이 홀로 만물 밖으로 초월했구나."

어떤 스님이 물었다.

"화상께서는 왜 마음이 곧 부처라고 말씀하십니까?"

도일 대사가 대답하였다.

"아기의 울음을 그치게 하기 위해서다."

"울음을 그친 다음에는 어떻게 합니까?"

대사가 말하였다.

"마음도 아니고 부처도 아니라고 하지."

"이 두 가지를 제외한 사람이 오면 어떻게 지시합니까?"

"그런 사람에게는 물건도 아니라고 말하지."

"홀연히 그 가운데 있는 사람이 찾아온다면 그럴 때는 어떻게 하시겠습니까?"

"그런 사람도 대도를 체득하게 하지."

물었다.

"무엇이 조사가 서쪽에서 오신 뜻입니까?"

"지금 이것은 어떤 뜻인가?"

등은봉鄧隱峯이 이별을 고하자 대사가 물었다.

"어디로 가려는가?"

"석두石頭로 갑니다."

"석두로 가는 길은 미끄럽다."

"지니고 다니는 장대가 있으니 마당을 만나면 놀이나 하겠습니다."

그곳에 도착해 선상禪床을 한 바퀴 돌고 석장을 한 번 굴리고는 물었다.

"이게 무슨 종지입니까?"

석두가 말하였다.

"아이고, 아이고."

등은봉이 할 말이 없어 곧바로 돌아와 이 사실을 이야기하였다. 그러자 대사가 말하였다.

"그대는 다시 가서 그가 '아이고'라고 할 때 그대가 곧바로 길게 '허噓' 하고 탄식하라."

등은봉이 다시 가서 앞서와 마찬가지로 물었다.

"이게 무슨 종지입니까?"

그러자 석두가 길게 "허" 하고 탄식하였다. 등은봉은 또 할 말이 없어 다시 돌아와 있었던 일을 말씀드렸다. 그러자 대사가 말하였다.

“그대에게 석두로 가는 길은 미끄럽다고 말했지 않냐.”

상당하여 말씀하셨다.

“무릇 법을 구하는 자는 마땅히 구하는 바가 없어야 하니, 마음 밖에 따로 부처님이 없고 부처님 밖에 따로 마음이 없느니라. 선을 취하지도 말고 악을 버리지도 말라. 더러움과 깨끗함 양쪽에 모두 의지하지 않으면 죄와 복의 성품이 공함을 통달하리라. 생각 생각마다 얻을 수 없나니, 자성이 없기 때문이다. 그러므로 삼계는 오직 마음뿐이요, 삼라만상이 한 법이 찍어 낸 것이다. 무릇 보이는 색色이 모두 마음을 보는 것이다. 마음은 스스로 마음일 수 없고 색을 말미암기 때문에 있는 것이니, 그대들은 그저 시절 따라서 설명하라. 그대로가 현상이고 그대로가 이치라서 전혀 장애가 없고, 보리菩提라는 도과道果 역시도 이와 마찬가지다. 마음에서 생겨난 것을 곧 색이라고 부르는데, 색이 공함을 알기 때문에 생겨남이 곧 생겨남이 아니다. 만일 이 마음을 깨닫는다면, 비로소 때에 따라 옷을 입고 밥을 먹으면서도 길이 성인의 태胎를 기르면서 운運에 맡겨 세월을 보내게 되리니, 달리 무슨 일이 있겠냐? 그대들이 나의 가르침을 받아들여 어떤 악도 저지르지 않고 발우 하나 납의 한 벌로 분수 따라 생애를 보내며, 함께 어울려 일어나고 앉으면서 계행을 더욱 훈습하고 청정한 업을 쌓는다면, 그저 이와 같이 할 수만 있다면 통달하지 못할까를 뭐 하러 걱정하겠는가? 오래들 서 있었다. 여러분은 소중히 간직하라.”

대사에게 입실한 제자는 139명이고, 각기 한 지방의 스승이 되어 교화를 끝없이 펼쳤다. 대사는 정원貞元 4년(788) 정월에 숲속을 거닐다가 평탄한 골짜기를 보고는 시자에게 이렇게 말하였다.

“나의 쇠한 몸이 다음 달에는 이곳으로 돌아오리라.”

과연 2월 4일이 되자 목욕하고 가부좌를 하고서 입멸하셨다. 시호는 대적선사大寂禪師이고, 탑명은 대장엄大莊嚴이다.

江西道一大師。【嗣讓和尙。】漢州馬氏。容貌奇異。牛行虎視。引舌過鼻。足有二輪文。幼歲出家。習禪乞。一日讓師。往見乃問。大德在這裏。作什麽。曰坐禪。師曰圖箇什麽。曰圖作佛。師乃取一塼。於石上磨。曰作什麽。師曰磨作鏡。曰磨塼豈得成鏡。師曰坐禪豈得成佛耶。曰如何即是。師曰如人駕車。車若不行。打車即是。打牛即是。彼無對。師曰汝學坐禪。爲學坐佛。若學坐禪。禪非坐臥。若學坐佛。佛非乞相。於無住法。不應取捨。汝若坐佛。即是殺佛。若執坐相。非達其理云云。師蒙開示。心意超然。侍奉十秋。日益奧旨。讓師會下。同叅九人。唯師密授心印。讓之一猶思之遷也。同源而異派故。禪法之盛。始于二師。劉軻云。江西主大寂。湖南主石頭。往來憧憧。不見二大師。爲無知矣。西天般若多羅記曰。

震旦雖闊無別路。要假姪孫脚下行。

金雞解啣一粒米。供養十方羅漢僧。

又能大師謂讓曰。多羅讖云。汝足下生一馬駒。踏殺天下人。後江西法布天下。時謂馬祖焉。由是學徒雲集坐下。上堂。龐居士問。不昧本來身。請師高著眼。師直上覷。士曰一等勿絃琴。唯師彈得妙。師直下覷。士禮拜。師便歸方丈。士隨後道。弄巧成拙。一夕師翫月次。謂侍僧曰。正恁麽時如何。智藏曰正好供養。懷海曰正好脩行。普願拂袖出去。師曰經入藏禪入海。唯有普願獨超物外。僧問和尙。什麽說即心即佛。師曰爲止兒啼。問止啼後如何。師曰非心非佛。問除此二種人來。如何指示。師曰向伊道不是物。問忽遇其中人來時如何。師曰且敎伊體會大道。問如何是西來意。師曰即今是什麽意。鄧隱峯辭去。師曰什麽處去。曰石頭去。師曰石頭路滑。曰竿木隨身。逢場作戲。到彼繞禪床一帀。振錫一下。乃問是何宗旨。頭曰蒼天蒼天。峯無語。却廻擧似。師曰汝更去見他道蒼天時。汝便長噓一聲。峯再去。依前問是何宗旨。頭長噓一聲。峯又無語。復歸擧似。師曰向汝道石頭路滑。上堂曰。夫求法者。應無所求。心外無別佛。佛外無別心。不取善。不捨惡。淨穢兩邊。俱不依怙。達罪福性空。念念不可得。無自性故。三界唯心。森羅萬像。一法之所印。凡所見色。皆是見心。心不自心。因色故有。汝但隨時言說。即事即理。都無滯礙。菩提道果。亦復如是。於心所生。即名爲色。知色空故。生即不生。若了此意。乃可隨時。著衣喫飯。長養聖胎。任運過時。更有何事。汝受吾教。不造諸惡。隨分過生。一鉢一衲。起坐相隨。戒行增熏。積於淨業。但能如是。何慮不通。久立。諸人珎重。師入室弟子一百三十九人。各爲一方師。轉化無窮。師於貞元四年正月。林中經行次。見洞壑平坦。乃謂侍僧曰。吾之朽質。[1] 當於來月歸玆矣。果至二月四日。沐浴跏趺入滅。謚大寂禪師。塔曰大莊嚴。

1) ㉖ '質'는 '質'인 듯하다.

○ 남악 석두 희천 선사【행사 화상을 계승하였다.】

그는 단주端州 고요高要의 진陳씨이다. 곧장 조계曹谿로 찾아가 출가해 제자가 되었다. 아직 구족계를 받기 전이던 어느 날 이렇게 물었다.

"화상이시여, 100년 뒤에는 희천이 누구를 의지해야 합니까?"

혜능이 말하였다.

"내가 떠나가거든 행사行思를 찾아가라."

스님은 그 후 늘 조용한 곳에서 단정히 앉아만 있었다. 당시 제일 수좌가 보고서 말하였다.

"그대 스승이 이미 떠나셨는데, 어쩌자고 부질없이 앉아만 있는가?"

스님이 곧 행사 화상을 찾아뵙자 이렇게 물었다.

"그대는 어디서 왔는가?"

"조계에서 왔습니다."

"무엇을 얻어서 가지고 왔는가?"

"조계에 가기 전에도 잃어버리지 않았습니다."

"그렇다면 조계에는 무엇 하러 갔는가?"

"조계에 가지 않았다면 잃어버린 적이 없다는 걸 어찌 알았겠습니까?"

행사 화상이 말하였다.

"그대는 제대로 조계에 갔다가 왔구나."

스님이 곧바로 예배하였다.

다른 날 물었다.

"조계 대사께서도 화상을 알아보셨습니까?"

대사가 대답하였다.

"그대는 그럼 나를 알아보겠는가?"

"아는데 또 어떻게 알아볼 수 있습니까?"

"뿔 달린 온갖 짐승들이 많지만 기린 한 마리면 충분하다."

스님이 곧 예배하였다.

스님에게 도오道悟가 물었다.

"무엇이 불법의 큰 뜻입니까?"

"몰라서는 안 되지."

"위로 다시 옮겨 갈 자리가 있습니까?"

"긴 허공은 흰 구름이 나는 것을 막지 않는다."

"무엇이 선禪입니까?"

"벽돌이다."

"무엇이 도道입니까?"

"나무토막이다."

南嶽石頭遷禪師。【嗣思和尙。】端州高安[1)]陳氏。直造曺谿。度爲弟子。未具戒。一日問和尙百年後。希遷依附何人。能曰待吾逝。尋思去。師後每於靜處端坐。寂若忘生。時第[2)]一座見。乃曰汝師已逝。空坐奚爲。師即徃謁。思和尙問。子何方而來。曰曺谿來。思曰將得什麽來。曰未到曺谿亦不失。思曰恁麽則用到曺谿作什麽。曰若不到曺谿。爭知不失。思曰子親到曺谿來。師便禮拜。異日問曺谿大師。還識和尙否。思曰汝還識吾否。曰識又爭能識。思曰衆角雖多。一麟足矣。師即禮拜。

師因道悟問。如何是佛法大意。曰不得不知。曰向上更有轉處也無。師曰長空不礙白雲飛。問如何是禪。師曰碌塼。曰如何是道。師曰木頭。

1) 역 '安'은 '要'인 듯하다. 2) 원 '苐'는 '第'와 통용된다. 아래에서도 마찬가지다.

참동계叅同契

천축 땅 위대하신 선인의 마음을	竺土大僊心
동방 서방에서 비밀히 서로 전하니	東西密相付
사람의 근기에는 둔하고 영리함 있지만	人根有利鈍
도에는 남쪽 북쪽의 조사가 없네	道無南北祖
신령한 근원이 맑고 깨끗하건만	靈源明皎潔
갈래진 물결은 어둠 속에 흐르나니	枝派暗流注
형상에 집착하면 원래 이것이 미혹이요	執事元是迷
이치에 계합해도 역시 깨달음 아니네	契理亦非悟
육근의 문마다 일체 경계가	門門一切境
회호하면서 회호하지 않나니	廻互不廻互
회호하면 서로의 자리로 건너가고	廻而更相涉
회호하지 않으면 제자리에 머문다	不爾依位住
색은 본래 형질이나 형상과 다르고	色本殊質象
소리는 원래 즐거움이나 괴로움과 다르니	聲元異樂苦
어둠 속에서 상등 중등의 말씀에 합하고	暗合上中言
밝음 속에서 맑고 탁한 구절을 밝혀	明明淸濁句

사대의 성품이 스스로 회복되면	四大性自復
아들이 그 어머니를 만난 것과 같으리라	如子得其母
뜨거운 불, 흔들리는 바람	火熱風動搖
촉촉한 물, 견고한 땅	水濕地堅固
눈과 빛깔, 귀와 음성	眼色耳音聲
코와 향기, 혀와 짜고 신 맛	鼻香舌鹹醋
이처럼 낱낱의 법에서	然於一一法
뿌리에 의지해 잎들이 퍼진 것이니	依根葉分布
근본도 말단도 반드시 종지로 돌아가야 하고	本末須歸宗
존귀하고 비천한 자도 그 말씀 따라야 하네	尊卑用其語
밝다가 어둠이 나타났다 해도	當明中有暗
어두운 모양을 만났다 여기지 말고	勿以暗相遇
어둡다가 밝음이 나타났다 해도	當暗中有明
밝은 모양을 보았다 여기지 말라	勿以明相覩
밝음과 어두움 각각이 상대적인 것이	明暗各相對
비유하면 앞걸음과 뒷걸음의 관계와 같다	比如前後步
만물은 각기 공능이 있으니	萬物自有功
작용이 미치는 곳까지 말해야 하리라	當言用及處
현상이 존재하면서 함과 뚜껑처럼 들어맞고	事存函蓋合
이치가 응현하면서 화살촉과 칼날처럼 맞부딪치니	理應箭鋒拄
말씀을 받들었으면 모름지기 종지에 회합해야지	承言須會宗
스스로 법규를 세우지는 말라	勿自立規矩
눈으로 보고도 도를 만나지 못하는데	觸目不會道
발을 움직인들 어찌 길을 알겠는가	運足焉知路
걸음을 나설 때 중요한 건 거리가 아니지	進步非遠近
미혹하면 산과 강이 그대를 막아선다	迷隔山河固

삼가 현묘함을 참구하는 이들에게 말하노니	謹白叅玄人
세월을 헛되이 보내지 말라	光陰莫虛度

초암가草菴歌

내가 엮은 초가 암자에 보배 없지만	吾結草菴無寶貝
한술 뜨고 느긋하게 잠자기 좋지	飯了從容圖睡快
완성했을 때 처음 보니 띠가 새로웠고	成時初見茅草新
부서진 뒤에도 띠를 갖다 지붕을 덮는다	破後還將茅草盖
암자에 사는 사람 늘 눌러앉아 있으니	住菴人鎭長在
중간에도 안팎에도 속하지 않네	不屬中間與內外
세상 사람 머무는 곳 나는 머물지 않고	世人住處我不住
세상 사람 좋아하는 곳 나는 좋아하지 않네	世人愛處我不愛
암자 비록 작으나 법계를 머금으니	菴雖小含法界
방장의 노인들이나 서로 체득하고 이해하지	方丈老人相體解
상승의 보살이라면 믿어 의심치 않겠지만	上乘菩薩信無疑
중·하근기가 들으면 반드시 의심하리라	中下聞之必生怪
누가 묻네, 이 암자 무너지는가, 무너지지 않는가	問此菴壞不壞
무너지건 무너지지 않건 주인은 원래부터 있었지	壞與不壞主元在
남북에서도 살지 않고 동서에서도 살지 않으니	不居南北與東西
그 기반이 견고함을 최고로 여긴다네	基上堅牢以爲最
푸른 솔 아래요 밝은 창 안이라	靑松下明牕內
옥의 대궐과 단청한 누각도 견줄 수 없어라	玉殿朱樓未爲對
누더기를 머리까지 덮어쓰면 만사 그만이니	衲帔幪頭萬事休
이럴 때 산승은 아무것도 알지 못하네	此時山僧都不會

이 암자에 머물려면 알음알이를 짓지 말라　　住此菴休作解
누가 거창하게 가게 차리고 사람들에게 팔려고 하는가　　誰誇鋪席圖人買
빛을 돌이켜 반조하면 곧바로 돌아오나니　　廻光返照便歸來
텅 트인 신령한 근원은 향하거나 등지는 것 아니네　　廓達靈根非向背
조사를 만나면 친히 가르쳐 주나니　　遇祖師親訓誨
띠를 엮어 암자를 짓고 물러서지 말라　　結草爲菴莫生退
백 년을 내버려 두어도 걸림이 없고　　百年拋却任縱橫
손을 털고 떠나간들 죄가 안 되네　　擺手便行且無罪
천 가지 말과 만 가지 해석이　　千種言萬般解
그저 그대를 길이 어둡지 않게 하려는 것　　秪要敎君長不昧
암자 속의 죽지 않는 사람을 알고 싶은가　　欲識菴中不死人
어찌 지금 이 가죽 부대를 떠나서 있으랴　　豈離而今這皮袋

스님은 정원貞元 6년(790)에 세상을 뜨셨으니, 수명은 91세이고 법랍은 63세였다. 무제대사無際大師라는 시호를 내렸고, 탑명은 견상見相이다.

師貞元六年順世壽九十一。臘六十三。謚無際大師。塔曰見相。

○ 등주 단하산 천연 선사【석두 화상을 계승하였다.】

그는 어디 사람인지 모른다. 처음에는 유교를 배워 과거를 보러 장안으로 들어갔는데, 여관에서 자다가 홀연히 흰 광명이 방 안에 가득한 꿈을 꾸었다. 이에 점치는 사람이 공空을 터득할 상서라 해석하였다. 나중에 한 선객禪客을 만났는데, 그가 물었다.

"당신은 어디로 가십니까?"

"과거를 보러 갑니다."

"관리로 뽑히는 것이 부처로 뽑히는 것만 하겠습니까?"

"부처로 뽑히려면 어디로 가야 합니까?"

선객이 대답하였다.

"지금 강서江西에 마조 대사가 세상에 나타나셨는데, 그곳이 부처를 뽑는 도량입니다. 당신도 그리로 가시오."

스님은 그 길로 강서로 찾아가 마조 대사를 보자마자 양손으로 복두幞頭를 구겨 버렸다. 마조가 그를 응시하다가 말하였다.

"남악南嶽의 석두石頭가 그대의 스승이다."

스님은 곧바로 남악으로 찾아가 석두를 만났고, 역시 앞서와 같은 마음으로 그에게 귀의하였다. 그러자 석두가 말하였다.

"헛간으로 가거라."

스님은 예배하고 물러나 행자들의 방으로 들어가 차례에 따라 부엌일을 무려 3년이나 담당하였다. 그러던 어느 날, 석두가 홀연히 대중에게 말하였다.

"내일은 불전 앞의 풀을 깎자."

이튿날, 모든 사람이 각기 삽과 괭이를 들고 와 풀을 깎는데, 스님 혼자만 대야에 물을 가득 담아 머리 깎는 칼을 들고 석두 앞에 호궤하였다. 석두가 미소를 지으며 칼을 받아 들고서 머리를 깎아 주었다. 그러고는 계법戒法을 설해 주려고 하자 스님이 귀를 막고 나가 버렸다. 그런 다음 다시 마조 대사를 찾아뵈러 갔는데, 참례도 하기 전에 곧바로 승당으로 들어가 성승聖僧의 목에 올라탔다. 당시 대중들이 경악하여 급히 보고하자 마조 대사가 직접 승당으로 들어와 그를 보고는 이렇게 말하였다.

"내 아들이 천연天然스럽구나."

스님이 얼른 내려와 예배하면서 말하였다.

"법호를 내려 주셔서 감사합니다."

이로 인해 이름을 천연이라 하였다.

나중에 혜림사慧林寺에 갔는데, 날씨가 추워지자 목불木佛을 가져다 때고는 그 불을 쬐었다. 어떤 사람이 이를 꾸짖자 스님이 말하였다.

"나는 태워서 사리를 얻으려고 했소."

"나무 불상에 어떻게 사리가 있나?"

"그렇다면 왜 나를 꾸짖는가?"

또 혜충 국사를 뵈러 가서 먼저 시자侍者를 보고 물었다.

"국사께서 계십니까?"

"계시기는 계시지만 손님을 만나지 않습니다."

스님이 말하였다.

"아주 깊고도 아득한 분이시군요."

"부처님의 눈으로 엿보아도 보이지 않습니다."

스님이 말하였다.

"용은 용 새끼를 낳고, 봉황은 봉황 새끼를 낳는군요."

그러고는 곧바로 나와 버렸다. 국사가 잠에서 일어나자 시자가 앞에 있었던 일을 보고하였다. 그러자 국사가 바로 시자를 때리고는 절에서 쫓아 버렸다. 스님이 소문을 듣고는 다시 국사를 찾아뵈었다. 보자마자 곧바로 좌구를 펴자 국사가 말하였다.

"그럴 필요 없다, 그럴 필요 없어."

스님이 물러서자 국사가 말하였다.

"그렇지, 그렇지."

스님이 다시 앞으로 다가서자 국사가 말하였다.

"아니지, 아니야."

스님이 국사를 한 바퀴 돌고는 곧바로 나가 버리자 국사가 말하였다.

"성인께서 떠나시고 세월이 아득해 사람들이 대부분 나태하니, 30년 뒤에는 이런 사람을 찾아보기 힘들 것이다."

또 방거사를 찾아갔다가 문 앞에서 그의 딸을 먼저 만났다. 그녀는 바구니를 들고 나물 캐러 가던 길이었다. 물었다.

"거사께서는 계시는가?"

딸이 바구니를 내려놓고 손을 모으고 섰다. 스님이 말하였다.

"그래서 결국 거사께서 계시다는 거냐?"

딸은 바구니를 들고 바로 가 버렸고, 스님도 곧바로 돌아와 버렸다. 딸이 그의 아버지에게 보고하자 그의 아버지가 말하였다.

"원수의 자식이 우리 집안 가풍을 망치는구나."

그의 어머니가 듣고는 말하였다.

"붉은 흙을 젖 먹이는 소에게 발라라."[7]

스님이 장경長慶 4년(824)에 대중들에게 말하였다.

"나는 가련다."

목욕을 마치고 삿갓을 쓰고 지팡이를 짚고 신을 신은 뒤 한 발을 내디뎠는데, 발이 미처 땅에 닿기도 전에 천화하였다. 수명은 86세였다.

鄧州丹霞山天然禪師。【嗣頭和尙。】不知何許人。初習儒學。將入長安應擧。宿於旅邸。忽夢白光滿室。占曰解空之祥也。後遇一禪客。問曰仁者何往。曰選官去。客曰選官何如選佛。問選佛當往何所。客曰今江西馬大師出世。此是選佛場。仁者可往。師遂直造。纔見馬大師。便以兩手拓幞頭。祖顧視之曰。南嶽石頭是汝之師。師遽往彼見石頭。亦以前意投之。頭曰著槽廠去。師禮拜退。入行者堂。隨次執爨役。凡三年。忽一日頭告衆曰。來日剗却佛殿前草。至來日衆人各備鍬钁剗草。獨師以盆盛水。執剃刀胡跪於頭前。頭微笑接刀剃髮。與說戒法。師掩耳而出。後却往謁馬大師未叅

7 『禪門拈頌說話』 권8에서 "『山海經』 주석에서 '서산西山 북쪽에 봇물이 터져 흐르는데 물속에 붉은 흙(赤土)이 섞여 있다. 그 물을 소에게 바르면 병이 없다.'고 했으니, 젖 먹이는 소(牛孏)에게 붉은 흙을 발라 소와 말의 재앙과 질병을 쫓는다는 것이다."라고 하였다.

禮。便入僧堂。騎却聖僧頸。時衆驚愕遽報。大師躬入見之。乃曰我子天然。師便下禮拜曰。謝賜法號。因此名天然。後至慧林寺。天寒取木佛。焚而向之。或譏之。師曰吾燒取舍利。曰木佛何有舍利。師曰若爾。何責我乎。又謁忠國師。先見侍者乃問。國師在否。曰在即在。秖是不見客。師曰太深遠生。曰佛眼覷不見。師曰龍生龍子。鳳生鳳兒。便出。國師睡起。侍者以前因緣告。國師便打侍者。遣出院。師聞得。却謁國師。纔見便展坐具。國師曰不用不用。師退步。國師曰如是如是。師却進前。國師曰不是不是。師繞國師一匝。便出去。國師曰去聖時遙。人多懈怠。三十年後。覓此人也難得。又訪龐居士。及門先見女子。提籃取菜次。便問居士在否。女放下籃子。斂手而立。師曰畢竟居士在否。女提籃子便行。師便廻去。女告其父。父曰寃家之子。喪我門風。其母聞乃曰。赤土茶[1]牛嬭。師長慶四年告衆曰。吾欲行矣。浴訖。戴笠策杖授屨。垂一足。未及地而化。壽八十六云云。

1) ㉰ '茶'는 '塗'인 듯하다.

○ 약산 유엄 선사【석두 화상을 계승하였다.】

그는 남강南康 한韓씨이다. 17세에 출가하였으며, 석두 화상을 찾아뵙고 비밀히 현묘한 종지를 깨달았다. 어느 날 스님이 앉아 있는데 석두가 보고서 물었다.

"그대는 거기서 무엇을 하는가?"

"한 물건을 위반하지 않습니다."【다른 본에는 '위반하다(違)'가 '하다(爲)'로 되어 있다.】

석두가 말하였다.

"그렇다면 한가롭게 앉아 있는 것이구나."

"한가롭게 앉았다면 위반하는 것입니다."

"그대가 '위반하지 않는다.'고 말하는데, 위반하지 않는다는 게 뭐냐?"

"천 명의 성인도 모릅니다."

석두가 말하였다.

"그렇지, 그렇지. 내 게송 하나를 들어 보라.

늘 함께 머물면서도 이름을 모르고
운에 맡기고 서로 어울려 그저 이렇게 가네
예로부터의 뛰어난 성현들도 알지 못했는데
덤벙거리는 범부들이 어찌 밝힐 수 있으랴"

스님이 바로 예배하였다. 나중에 약산藥山에 머물자 승려들(海衆)이 구름처럼 모였다. 상당하여 말하였다.

"첫째, 이것을 버려서는 안 된다. 이것은 쉽게 얻어지는 것이 아니다. 모름지기 저 높고 높은 산봉우리에 올라서고, 깊고 깊은 바다 밑으로 다녀야 비로소 얻게 되니, 이러한 경지는 쉽게 얻어지는 것이 아니다. 만약 이와 같이 할 수 있다면 비로소 조금이라도 상응하게 된다. 요즘 머리를 내밀고 찾아오는 자들은 모조리 일이 많은 사람들뿐이다. 이처럼 어리석고 둔한 사람은 찾아볼 수가 없다. 그저 책자 속의 말이나 기억해 자기의 견해라 여기고는 다른 사람이 이해하지 못하는 걸 보면 문득 경멸하며 교만을 떠는 짓을 하지 말라. 또한 먹물 옷을 입고 살면서 세월을 헛되이 보내지 말라. 이 속에 이르면 더욱 미세함이 있으니, 예사롭게 여기지 말라. 반드시 알고, 반드시 알아야 한다. 진중하라."

자사刺史 이고李翺가 스님의 도풍을 흠모하여 여러 차례 초청했지만 응하질 않았다. 이에 직접 산으로 들어가 찾아뵈었는데, 마침 스님이 경을 보고 있었다. 시자가 태수太守가 이곳에 왔다고 말씀드렸지만 스님은 돌아보지도 않았다. 이고는 성질이 급해서 이렇게 말하였다.

"얼굴을 보는 것이 이름을 듣는 것만 못하군."

그러자 스님이 태수를 불렀다.

"귀는 귀하게 여기고 눈은 천하게 여기셔서야 되겠습니까?"

이고가 손을 모으고 사과하였다. 그리고 물었다.

"무엇이 도입니까?"

스님이 한참을 침묵하다 말하였다.

"아시겠습니까?"

"모르겠습니다."

스님이 말하였다.

"구름은 하늘에 있고, 물은 병에 있습니다."

이고가 흡족하여 기뻐하면서 게송을 지어 스님께 올렸다.

단련해서 얻은 몸의 형상 흡사 학 같고
천 그루 소나무 아래에는 한 상자의 경전
내가 찾아와 도를 묻자 다른 말씀 없으시고
구름은 푸른 하늘에 물은 병에 있다 하시네

스님이 어느 날 밤에 산에 올랐다가 홀연히 달이 나타나는 것을 보고 길게 휘파람을 한 번 불었는데, 그 소리가 90여 리까지 들렸다. 주민들 모두가 이웃집에서 나는 소리라 여겼다가 서로서로 추궁하다 약산까지 찾아오자 대중들이 말하였다.

"지난밤에 화상께서 산에 올랐다가 길게 휘파람을 한 번 부셨습니다."

스님께서 임종하시려 하면서 외쳤다.

"법당이 쓰러진다. 법당이 쓰러진다."

대중이 모두 기둥을 잡고 버티자 스님이 손을 들고 말하였다.

"그대들은 내 뜻을 모른다."

그리고 입적하니, 수명은 84세였다. 시호는 홍도대사弘道大師이고, 탑명은 화성化成이다.

藥山惟儼禪師。【嗣頭。】 南康韓氏。十七出家。往謁頭和尙。密領玄旨。一日師坐次頭覩之。乃曰汝在遮裏作什麽。曰一物不違。【他本作爲。】 頭曰恁麽則閑坐去也。曰閑坐則違也。頭曰汝道不違。不違箇什麽。曰千聖亦不識。頭曰如是如是。聽吾一偈。

從來共住不知名。任運相將秖麽行。

自古上賢猶不識。造次凡流豈可明。

師便禮拜。後住藥山。海衆雲集。上堂曰。苐[1]一不得棄這箇。這箇是不易得。須是向高高峯頂立。深深海底行始得。此處不易得。若能如是。方有少分相應。如今出頭來。盡是多事人。覓箇癡鈍人不可得。莫秖記册字上言語。以爲自己知見。見他不解。便生輕慢。又莫在衲衣下空過。到遮裏更微細在。莫將作等閑。須知須知。珍重。刺史李翶。嚮師道風。屢請不赴。乃入山相謁。値師看經。侍者遂告。太守在此。師不顧。翶性偏急乃曰。見面不如聞名。師召大守。何得貴耳而賤目。翶拱手謝之。乃問如何是道。師良久曰。會麽。曰不會。師曰雲在靑天水在缾。翶忻所愜。述偈上師。鍊得身形似鶴形。千株松下一函經。我來問道無餘說。雲在靑天水在缾。師一夜登山。忽覩月現。乃長嘯一聲。應九十餘里。居民盡謂隣家。遞相推問。徒衆曰昨夜和尙登山。長嘯一聲。師將順世乃叫。法堂倒也。法堂倒也。衆皆持柱撑之。師擧手曰。子不會我意。遂告寂。壽八十有四。謚弘道大師。塔曰化成。

1) ⓔ '苐'는 '第'와 통용된다.

○ 대전 화상【석두 화상을 계승하였다.】

처음에 석두石頭를 찾아가자 석두 화상이 물었다.

"어느 것이 그대의 마음인가?"

"말하는 이것입니다."

석두가 "나가라."고 고함을 쳤다. 스님은 곧바로 나왔다. 10여 일쯤 지나 다시 물었다.

"먼저의 대답이 틀렸다면, 이를 제외하고 어떤 것이 마음입니까?"

석두가 대답하였다.

"눈썹을 치키거나 눈을 깜박이는 것을 제외한 마음을 가져오라."

"가져올 마음이 없습니다."

"너는 원래 마음이 있는데, 왜 마음이 없다고 하는가? 마음이 없다고 해도 비방하는 것이랑 똑같다."

스님이 이 말끝에 크게 깨달았다. 다른 날 곁에서 모시고 있던 차에 석두가 물었다.

"그대는 참선하는 승려인가, 이 고을 저 고을 돌아다니는 승려인가?"

"참선하는 승려입니다."

"어떤 것이 선인가?"

"눈썹을 치키고 눈을 깜박이는 것입니다."

"눈썹을 치키고 눈을 깜박이는 것을 제외한 그대의 본래면목을 가져와 나에게 바쳐 보라."

"화상께서는 눈썹을 치키고 눈을 깜박이는 것을 제외한 저를 살펴보십시오."

"나는 제거했다."

"이미 화상께 바쳤습니다."

"그대가 이미 바쳤다는 '내 마음'이란 게 어떤 것인가?"

"화상과 다르지 않습니다."

"그대의 일에는 관계하지 않는다."

"본래 물건이 없습니다."

"그대도 물건이 없다."

"이미 물건이 없다면 곧 참된 물건이겠습니다."

"참된 물건은 얻을 수 없다. 그대 마음의 견량見量과 의지意旨가 이 정도였구나. 부디 잘 보호하고 지켜라."

스님이 곧 예배하였다.

상당하여 말하였다.

"도를 배우는 사람은 모름지기 자기의 본래 마음을 알아야 한다. 마음을 가져와 보여 줄 수 있으면 비로소 도를 볼 수 있다. 요즘 사람들이 그저 눈썹을 치키거나 눈을 굴리거나 한 번 말하고 한 번 침묵하는 것을 인정해 곧바로 인가하고는 이를 심요心要로 여기는 경우를 많이 보는데, 이것은 실제로는 아직 끝내지 못한 것이다. 내가 이제 그대들에게 분명히 말해 주겠으니, 각자 듣고 받아들여야만 한다. 다만 온갖 망상과 헤아리는 견해를 버리기만 하면 곧 그대의 참마음이다……."

大顚和尙。【嗣頭。】初到石頭。問阿那箇是汝心。曰言語者是。頭喝出去。師便出。經于旬日却問。前者旣不是。除此外。何者是心。頭曰除却揚眉動目。將心來。曰無心可將來。頭曰汝元來有心。何言無心。無心盡同於謗。師言下有省。異日侍立次。頭問汝是叅禪僧。是州縣白蹋僧。曰叅禪僧。頭曰何者是禪。曰揚眉動目是。頭曰除却揚眉動目外。將汝本來面目。呈我看。曰請和尙。除却揚眉動目外。鑑某甲。頭曰我除竟。曰呈和尙了也。頭曰汝旣將呈。我心如何。曰不異和尙。頭曰不關汝事。曰本來無物。頭曰汝亦無物。曰旣無物即眞物。頭曰眞物不可得。汝心見量意旨如此也。大須護持。師即禮拜。上堂曰夫學道之人。須識自家本心。將心相示。方可見道。多見時輩。只認揚眉動目。一語一默驀頭印可。以爲心要。此實未了。吾今爲汝。分明說出。各須聽受。但除却一切妄運想念見量。即汝眞心云云。

○ 무주 선사【무상 화상을 계승하였다.】

그는 백애산白崖山에서 오로지 좌선에 힘쓰며 오랜 세월을 보냈다. 당나라 상국相國 두홍점杜鴻漸과 문답하던 차에 까마귀가 울었다.

두 공이 물었다.

"들리십니까?"

"들립니다."

까마귀가 날아가고 나서 두 공이 또 물었다.

"들리십니까?"

"들립니다."

두 공이 말하였다.

"까마귀가 날아가 아무 소리도 없는데, 어떻게 '들린다'고 말할 수 있습니까?"

스님이 이에 널리 대중을 향해 말하였다.

"부처님 세상은 만나기 어렵고 바른 법은 듣기 어려우니, 각자 자세히 들으십시오. 들리는 것이 있건 들리는 것이 없건 들음의 성품과는 관계없습니다. 본래 나지도 않았는데 어찌 멸한 적이 있겠습니까. 소리가 있을 때는 소리 티끌이 스스로 나는 것이고, 소리가 없을 때는 소리 티끌이 스스로 소멸하는 것입니다. 그러나 이 들음의 성품은 소리를 따라 나지도 않고 소리를 따라 멸하지도 않습니다. 이 들음의 성품을 깨달으면 소리 티끌에 굴려지는 일을 면하게 됩니다. 반드시 알아야 합니다. 들음은 생기고 소멸하는 일이 없고, 들음은 가고 오는 일도 없습니다."

두 공과 대중이 모두 머리를 조아리고 예배하였다.

無住禪師。【嗣無相和尙後。】居白崖山。專務宴坐。經累歲。唐相國杜漸來。問答次。鵶鳴。杜公問還聞否。師曰聞。鵶去已。公又問聞否。曰聞。公曰鵶去無聲。安得言聞。師乃普告大衆。佛母[1]難値。正法難聞。各各諦聽。無聞有聞。非關聞性。本來不生。何曾有滅。有聲之時。是聲塵自生。無聲之時。是聲塵自滅。而此聞性。不隨聲生。不隨聲滅。悟此聞性則。免聲塵之所轉。當知聞無生滅。聞無去來。公與大衆。稽首作禮。

1) ㉾ '母'는 '世'인 듯하다.

○ 대주 혜해 선사【마조 대사를 계승하였다.】

그는 달주達州 주朱씨이다. 처음 마조를 찾아뵙자 마조가 물었다.

"어디서 왔는가?"

"대운사大雲寺에서 왔습니다."

"어떤 일을 꼭 하겠다고 여기를 찾아왔는가?"

"불법을 구하러 왔습니다."

마조가 말하였다.

"자기 집 안의 보배 창고는 돌아보지 않고 집을 버린 채 정신없이 달리니, 뭐 하는 짓인가? 나의 이곳에는 한 물건도 없는데 무슨 불법을 구하겠다는 것인가?"

스님이 곧바로 예배하고 물었다.

"어떤 것이 혜해慧海의 자기 집 안의 보배 창고입니까?"

마조가 대답하였다.

"바로 지금 나에게 묻는 것이 그대의 보배 창고이다. 온갖 것이 구족하여 조금도 모자람이 없고 마음대로 사용할 수 있다. 왜 헛되이 밖에서 구하는가?"

스님이 말끝에 깨달은 바가 있어 근본 마음은 지각을 말미암지 않음을 스스로 알아차렸다. 그는 뛸 듯이 기뻐하면서 예배하며 감사드렸고, 6년을 받들어 모셨다.

『유마경』을 강의하는 좌주가 물었다.

"경에 말하기를 '육사외도六師外道가 당신의 스승이라서 그들을 의지해 출가하고, 그들이 떨어지는 곳에 당신 역시 떨어져야 한다. 당신에게 보시하는 것은 복전福田이라 할 수 없고, 당신에게 공양하는 자는 삼악도에 떨어져야 한다. 부처님을 비방하고 법을 비방하고 승가의 무리에 들어가지 않아 끝내 열반을 얻지 못해야 한다. 당신이 만약 이와 같다면 비로소 이 밥을 먹을 수 있다.'[8] 하였는데, 이 부분을 아직도 모르겠습니다. 부디 자세히 설명해 주십시오."

스님이 대답하였다.

"미혹해서 육근六根을 따라다니는 자를 육사六師라 하고, 마음 밖에서 부처를 구하는 자를 외도外道라 합니다. 보시할 수 있는 물건이 있다면 복전이라 할 수 없고, 마음을 내어 공양을 받으면 삼악도에 떨어집니다. 그대가 만약 부처님을 비방할 수 있다면 부처를 구함에 집착하지 않는 것이고, 법을 비방할 수 있다면 법을 구함에 집착하지 않는 것이고, 승가의 무리에 들어가지 않는다면 승가를 구함에 집착하지 않는 것입니다. 끝내 열반을 얻지 못한다는 것은 지혜의 작용이 현전한 것입니다. 만일 이와 같이 이해할 수 있는 자라면 곧바로 법희法喜와 선열禪悅의 음식을 얻을 것입니다."

『화엄경』을 강의하는 지志 좌주가 물었다.

"선사께서는 왜 '푸르고 푸른 대나무가 모조리 법신이고, 빽빽이 우거진 노란 국화가 반야 아닌 것이 없다.'는 말씀을 수긍하지 않으십니까?"

스님이 대답하였다.

"법신은 형상이 없지만 푸른 대나무로 응현해 형상을 이루고, 반야는 앎이 없지만 노란 국화를 상대해 모습을 드러냅니다. 저 노란 국화와 푸른 대나무에 반야와 법신이 있는 것은 아닙니다. 그러므로 경에 말하기를 '부처님의 참 법신은 마치 허공과 같지만 만물에 감응해 형상을 나타내는

8 유마거사가 걸식하러 온 수보리에게 한 말이다. 『維摩詰所說經』 권상(T14, 540b).

것이 마치 물속의 달과 같다.'[9]고 하였습니다. 노란 국화가 만약 반야라면 반야는 곧 무정물과 같을 것이고, 푸른 대나무가 법신이라면 푸른 대나무가 도리어 감응하면서 작용할 수 있어야 합니다. 좌주여, 아시겠습니까?"

"모르겠습니다."

스님이 말하였다.

"성품을 본 사람이라면 '그렇다'고 말해도 되고, '그렇지 않다'고 말해도 됩니다. 쓰임새 따라 말하면서 시비에 막히지 않습니다. 하지만 성품을 보지 못한 사람이라면 푸른 대나무라고 말하면서 푸른 대나무에 집착하고, 나아가 반야라고 말하면서 반야를 모릅니다. 그래서 모두 논쟁거리가 되고 맙니다."

좌주가 예배하고 물러갔다.

또 삼장 법사가 물었다.

"진여眞如에도 변역變易이 있습니까?"

스님이 대답하였다.

"변역이 있습니다."

"선사는 잘못 알고 계시는군요."

스님이 도리어 삼장에게 물었다.

"진여가 있습니까?"

"있지요."

"만약 변역이 없다고 말한다면 평범한 승려임에 틀림없군요. 어찌 듣지도 못했습니까? 선지식은 능히 삼독三毒을 삼취정계三聚淨戒로 바꾸고, 육식六識을 육신통六神通으로 바꾼다고 했습니다. 삼장은 진실로 자연외도自然外道이군요."

"그렇다면 진여는 변역이 있는 것입니까?"

---

9 『金光明經』 권2(T16, 344b).

스님이 대답하였다.

"진여에 변역이 있다고 집착하면 역시 외도입니다."

"선사는 아까는 진여에 변역이 있다고 하시더니 지금은 또 변역하지 않는다고 하시니, 어느 말이 옳습니까?"

"만약 성품을 본 사람이라면 마니주摩尼珠에 빛깔이 나타나는 것처럼 '변한다'고 말해도 되고 '변하지 않는다'고 말해도 됩니다. 하지만 만약 성품을 보지 못한 사람이라면 '진여가 변한다'는 말을 들으면 곧바로 '변한다'는 견해를 짓고, '변하지 않는다'는 말을 들으면 곧바로 '변하지 않는다'는 견해를 짓습니다."

삼장이 말하였다.

"남종南宗은 참으로 측정할 수 없군요."

원源 율사가 물었다.

"화상께서도 도를 닦으실 때 공력을 들이십니까?"

"공력을 들입니다."

"어떻게 공력을 들이십니까?"

"배고프면 밥을 먹고, 피곤하면 잠을 잡니다."

"모든 사람이 다 그렇게 하고 있으니, 스님과 똑같이 공력을 들이는 것입니까?"

"같지를 않습니다."

"왜 같지 않습니까?"

"그들은 밥을 먹을 때도 기꺼이 밥을 먹지 않고 온갖 것을 찾고 따지며, 잠을 잘 때도 기꺼이 잠을 자지 않고 온갖 것을 계산하고 비교합니다. 그래서 같지 않다는 것입니다."

율사가 말문이 막혔다.

또 법명法明이라는 율사가 스님에게 말하였다.

"선사들은 공에 떨어지는 경우가 많더군요."

스님이 말하였다.

“도리어 좌주들이 공에 떨어졌지요.”

법명이 깜짝 놀라며 말하였다.

“왜 공에 떨어졌다고 하십니까?”

스님이 말하였다.

“경전과 논서는 종이에다 먹으로 쓴 문자이고, 소리 위에서 단어(名)와 구절(句) 따위의 법을 건립한 것이니, 공이 아닌 것이 없습니다. 좌주들은 그것을 교체敎體라며 집착하고 있으니, 어찌 공에 떨어지지 않았다 하겠습니까?”

법명이 말하였다.

“선사께서 공에 떨어진 게 아닙니까?”

스님이 말하였다.

“공에 떨어지지 않습니다. 하물며 문자까지도 모두 지혜로부터 생긴 것이고 대용大用이 현전한 것인데, 어떻게 공에 떨어질 수 있겠습니까?”

법명이 예배하며 감사드리고 물러갔다.

大珠慧海禪師。【嗣馬祖。】達州朱氏。初叅馬祖。祖曰從何處來。曰大雲寺來。祖曰來此擬須何事。曰來求佛法。祖曰自家寶藏不顧。拋家散走。作什麽。我這裏一物也無。求甚麽佛法。師便禮拜。問阿那箇是慧海自家寶藏。祖曰即今問我者。是汝寶藏。一切具足。更無欠少。使用自在。何假外求。師言下有省。自識本心不由知覺。踊躍禮謝。奉養六載。維摩座主問。經云彼外道六師等。是汝之師。因其出家。彼師所墮。汝亦隨墮。其施汝者。不名福田。供養汝者。墮三惡道。謗於佛。毁於法。不入衆數。終不得滅度。汝若如是。乃可取食。於此未了。願爲解說。師曰迷隨六根者。號之爲六師。心外求佛。名爲外道。有物可施。不名福田。生心受供。墮三惡道。汝若能謗佛者。是不著佛求。毁於法者。是不著法求。不入衆數者。是不著僧求。不得滅度。智用現前。若能如是解者。便得法喜禪悅之食。華嚴志座主問。何故師不許。青青翠竹。盡是法身。鬱鬱黃花。無非般若。師曰法身無像。應翠竹以成形。般若無知。對黃花而顯相。非彼黃花翠竹。而有般若法身。故經云佛眞法身。猶若虛空。應物現形。如水中月。黃花若是般若。般若即同無情。翠竹若是法身。翠竹還能應用。座主會麽。曰不了。師曰若見性人。道是亦得。道不是亦得。隨用而說。不滯是非。若不見性人。說翠竹著翠竹。乃至說般若不識般若。所以皆成爭論。主禮拜而退。又三藏法師問。眞如有變易否。師曰有變易。曰禪師錯也。師却問三藏。有眞如否。曰有。師曰若無變易。決定是凡僧也。豈不聞。善知識者。能廻三毒。爲三聚淨戒。廻六識。爲六神通。眞如若無變易。三藏眞是自然外道也。曰若爾者。眞如即有變易否。師曰若執眞如有變易。亦是外道。曰禪師適來。說眞如有變易。如今又道不變易。如何即是。師曰若見性者。如摩尼珠現色。說變亦得。說不變亦得。若不見性人。聞說眞如變。便作變解。聞說不變。便作不變解。藏曰南宗實不可測。又源律師問。和尙修道。還用功否。師曰用功。曰如何用功。師曰飢來喫食。困來即眠。曰一切人。揔如是同。師用功否。師曰不同。曰何故不同。師曰他喫飯時不肯喫。百種須索。睡時不肯睡。千般計較。所以不同。律師杜口。又律師法明。謂師曰。禪師家多落空。師曰却是座主家落空。明驚曰。何得落空。師曰經論是紙墨文字。於聲上建立名句等法。無非是空。座主執滯敎體。豈不落空。明曰。禪師落空否。師曰不落空。況文字皆從智慧而生。大用現前。那得落空。明禮謝而退。

○ 석공산 혜장 선사【마조 대사를 계승하였다.】

그는 본래 사냥으로 업을 삼으면서 사문沙門을 싫어하였다. 하루는 사슴을 쫓다가 마조의 암자 앞을 지나게 되었다.

마조에게 물었다.

"사슴이 지나는 것을 보셨소?"

마조가 물었다.

"당신은 무엇을 하는 사람인가?"

"사냥꾼입니다."

"화살 한 발로 몇 마리나 잡는가?"

"화살 한 발이면 한 마리는 꼭 잡지요."

"당신은 활 솜씨가 별로군."

"화상은 활을 쏠 줄 압니까?"

"쏠 줄 알지."

"화상은 화살 한 발로 몇 마리나 잡습니까?"

"화살 한 발로 한 무리를 잡지."

"저것들도 나와 같은 생명체들인데, 한 무리를 다 잡아서야 되겠습니까?"

마조가 말하였다.

"그대가 그런 줄 안다면 왜 자신은 쏘지 않는가?"

"저 자신을 쏘라 하신다면, 손을 댈 곳이 없습니다."

"이놈이 아득한 겁의 무명을 오늘 단박에 쉬는구나."

석공은 그 자리에서 활과 화살을 던져 버리고 마조에게 귀의해 출가하였다. 어느 날 일을 하는데 마조가 물었다.

"너는 여기서 무엇을 하는가?"

"소를 키웁니다."

"소를 어떻게 키우는가?"

"획 돌아 풀밭으로 들어가면 얼른 콧구멍을 잡아서 데리고 옵니다."

마조가 말하였다.

"그렇지, 그렇지."

石鞏山慧藏禪師。【嗣馬。】本弋獵爲務。惡見沙門。因逐鹿從馬祖庵前過。問祖曰還見鹿過否。祖曰汝是何人。曰獵人。祖曰一箭射幾箇。曰一箭射一箇。祖曰汝射不善。曰和尙解射否。祖曰解射。曰和尙一箭射幾箇。祖曰一箭射一群。曰彼此生命何得射一群。祖曰汝知如此。何不自射。曰若敎某甲自射。直是無下手處。祖曰這漢廣劫無明。今日頓息。鞏當時。擲下弓箭。投祖出家。一日作務次。祖問汝在這裏。作什麽。曰牧牛。祖曰如何牧牛。曰一廻落草去。把鼻拽將來。祖曰如是如是。

○ **반산 보적 선사**【마조 대사를 계승하였다.】

시장에서 한 나그네가 돼지고기를 파는 것을 보고 그 백정에게 말했다.

"좋은 부위로 한 근만 잘라 주시오."

백정이 칼을 내려놓고는 합장하고 말하였다.

"장사長史[10]여, 어디가 좋지 않은 부위입니까?"

스님은 그 말끝에 깨달은 바가 있었다.

또 사람이 죽었는데, 상여잡이가 요령을 흔들면서 "붉은 태양도 결국은 서쪽으로 지는구나, 정처 없는 혼령이여 어디로 가려는가." 하자 휘장 아래의 효성스러운 자식들이 곡을 하면서 "슬프구나, 슬프구나." 하였다. 이것을 보고 스님은 홀연히 몸과 마음에 환희심이 솟구쳤다. 돌아와 이 이야기를 마조께 말씀드리자 마조가 인가하였다.

스님이 대중에게 말씀하셨다.

"마음에 아무 일이 없다면 만법이 생겨나지 않는다. 의식에 현묘하고 미묘함마저 끊어진다면 가는 먼지인들 어찌 성립하겠는가? 도는 본래 체體가 없는데도 도를 의지해 이름(名)을 세우고, 도는 본래 이름이 없는데도 이름을 의지해 호칭(號)을 세운다. 만약 '마음이 곧 부처다.'라고 말한다면 아직 현묘함과 미묘함에도 들어가지 못한 것이고, 만약 '마음도 아니

---

10 장사長史 : 관직명이다.

고 부처도 아니다.'라고 말한다면 여전히 이것은 자취를 가리키는 극칙極則일 뿐이다. 위로 향하는 한 길(向上一路)은 천 명의 성현도 전하지 못하는 것인데 배우는 자들이 그림자를 잡으려는 원숭이처럼 몸만 수고롭게 하는구나. 대도大道는 중간이 없는데 다시 무엇을 앞이라 하고 뒤라 하겠는가? 아득한 허공은 한계가 끊어졌는데 무엇으로 측량을 하겠으며, 허공이 이미 이와 같다면 도를 다시 어떻게 설명하겠는가? 마음 달이 홀로 둥글어 그 광명이 만상을 머금고 있으니, 광명이 경계를 비추는 것도 아니고, 경계 또한 존재하는 것이 아니다. 광명과 경계가 모두 없어지면 다시 이것이 무슨 물건인가?

선덕禪德이여, 마치 칼을 휘둘러 허공을 베는 것과 같으니, 미치고 미치지 못함을 논하지 말라. 이것은 바로 허공의 바퀴가 자취가 없고, 칼의 날에 이지러짐이 없는 것이다. 만약 이와 같을 수 있다면 마음 마음에 앎이 없나니, 온 마음이 곧 부처요, 온 부처가 곧 사람이다. 사람과 부처가 다르지 않아야 비로소 도라 할 수 있다.

선덕이여, 이런 가운데서 도를 배울 수 있다면, 마치 땅이 산을 받들고 있되 산의 높고 험함을 모르는 것과 같고, 돌이 옥을 품고 있되 옥에 티가 없음을 모르는 것과 같다. 이와 같이 한다면 이것을 출가라 한다. 따라서 도사導師께서 말씀하셨다.

'법이 본래 서로를 장애하지 않고, 삼제 또한 마찬가지다. 아무것도 하지 않고 아무 일도 하지 않는 사람이라 하면 오히려 금가루를 눈에 넣은 재난과 같다.'

그러므로 신령스러운 근원은 홀로 빛나고, 길이 끊어져 생기는 일이 없으며, 큰 지혜는 밝음이 아니고, 참다운 공은 자취가 없다. 진여니 범부니 성인이니 하는 말들이 모두 잠꼬대이고, 부처와 열반도 모두 말에다 말을 더한 것일 뿐이다.

선덕이여, 모름지기 스스로 살펴보라. 아무도 그대를 대신하지 못한다. 삼계에 법이 없는데 어디서 마음을 구하며, 사대가 본래 공한데 부처인들 어디에 의지해 머무르겠는가? 선기璿璣[11]는 움직이지 않으며 고요히 말이 없으니, 얼굴을 마주하고 서로 드러낼 뿐 다시 다른 일은 없다. 진중하라."

스님이 장차 세상을 뜨려고 하면서 대중에게 말하였다.

"누가 나의 얼굴을 그릴 수 있겠는가?"

대중이 다들 스님의 초상을 그려다 바쳤지만 스님은 그들을 모두 때렸다. 오직 보화普化만이 휙 물구나무를 서더니 나가 버렸다.

스님이 말하였다.

"저 스님이 나중에 미친 짓으로 사람들을 교화할 날이 있으리라."

스님이 천화하신 후 응적대사凝寂大師 진제의 탑(眞際之塔)이란 시호를 내렸다.

盤山寶積禪師。【嗣馬。】因於市肆。見一客買猪肉。語屠家曰。精底割一斤來。屠家放下刀叉手云。長史那箇是不精底。師言下有省。又見人喪。謌郎振鈴云。紅輪決定沉西去。未委靈魂往那方。幕下孝子哭云。哀哀。師忽身心踊躍。歸擧似馬祖。祖印可。師示衆曰。心若無事。萬法不生。意絶玄微。纖塵何立。道本無體。因道而立名。道本無名。因名而立號。若言即心即佛。未入玄微。若言非心非佛。猶是指蹤之極則。向上一路。千聖不傳。學者勞形。如猿捉影。大道無中。復誰先後。長空絶際。何用稱量。空旣如斯。道復何說。心月孤圓。光吞萬像。光非照境。境亦非存。光境俱亡。復是何物。禪德。譬如擲劒揮空。莫論及與不及。斯乃空輪無迹。劒刃無虧。若能如是。心心無知。全心即佛。全佛即人。人佛無異。始爲道矣。禪德。可中學道。似地擎山。不知山之孤峻。如石含玉。不知玉之無瑕。若得如是。是名出家。故導

---

11 선기璿璣 : 순舜임금이 만들었다는 천문天文 관측 기계이다. 마음을 비유한다.

師曰。法本不相礙。三際亦復然。無爲無事人。猶是金鎖難。所以靈源獨耀。道絕無生。大智非明。眞空無迹。眞如凡聖。皆是夢言。佛及涅槃。並爲增語。禪德。且須自看。無人替代。三界無法。何處求心。四大本空。佛依何住。璿璣不動。寂爾無言。覿面相呈。更無餘事。珎重。師將順世謂衆曰。還有人邈得吾眞否。衆皆將寫眞呈。師並打。唯普化便打斤斗而出去。師曰遮僧向後風狂接人去在。旣奄化後。謚凝寂大師眞際之塔。

○ 오설산 영묵 선사【마조 대사를 계승하였다.】

그는 비릉毗陵의 선宣씨이다. 처음에 마조를 찾아가 머리를 깎게 되었다. 구족계를 받은 후 곧 심인을 받고, 멀리 석두石頭를 찾아뵈었다.

물었다.

"한마디에 서로 계합하면 머물고, 서로 계합하지 않으면 가겠습니다."

석두가 자리에 앉자 스님이 곧바로 나가 버렸다. 석두가 불렀다.

"사리闍梨."

스님이 고개를 돌리자 석두가 말하였다.

"날 때부터 늙을 때까지 단지 그것뿐이다. 다시는 다른 곳에서 찾지 말라."

스님은 드디어 주장자를 걸었다.

어떤 스님이 물었다.

"어떻게 해야 무심無心이 됩니까?"

"산을 무너뜨리고 바다를 뒤집어도 태연하고 고요하며 땅이 흔들려도 편안히 잠드는데 어떻게 그것을 분별하겠는가?"

스님은 원화元和 연중에 목욕하고 향을 사르고는 단정히 앉아 대중에게 말하였다.

"법신은 원만하고 적멸하지만 오고 감이 있는 것처럼 보인다. 천 명의 성현이 근원은 같고 만 가지 영혼이 하나로 돌아가니, 내가 이제 물거품처럼 흩어진다 해서 어찌 슬퍼하겠는가? 공연히 스스로 정신을 수고롭게 하지 말고 모름지기 정념正念을 간직하라. 이 명命을 준수한다면 참으로 나의 은혜를 갚는 일이요, 말을 어긴다면 나의 제자가 아니다."

그때 어떤 스님이 물었다.

"화상께서는 어디로 가시겠습니까?"

스님이 대답하였다.

"가는 곳이 없다."

"저는 왜 보지 못합니까?"

"눈으로 볼 수 있는 것이 아니다."

말씀을 마치고 조용히 세상을 떠났다. 수명은 72세이고, 법랍은 41세였다.

五洩山靈默禪師。【嗣馬。】毗陵宣氏。初謁馬祖。遂得披剃。具戒後。即受心印。遠謁石頭。乃問一言相契即住。不相契即去。頭據坐。師便出。頭召曰。闍梨。師迴首。頭曰從生至老秖遮箇。更莫別求。師遂挂錫。師因問如何得無心去。曰傾山覆海晏然靜。地動安眠豈采伊。師元和中。沐浴焚香。端坐告衆曰。法身圓寂。示有去來。千聖同源。萬靈歸一。吾今漚散。胡假興哀。無自勞神。須存正念。若遵此命。眞報吾恩。儻固違言。非吾之子。時僧問。和尙向什麽處去。師曰無去處。曰某甲何不見。師曰非眼所覩。言訖奄然順化。壽七十有二。臘四十一。

○ 유관 선사【마조 대사를 계승하였다.】

그는 구주衢州의 축祝씨이다. 열세 살 때 살생하는 것을 보고는 애처로워하면서 먹지 않았고, 이에 출가하기를 원하였다. 처음에는 계율(毗尼)을 익히고 지관止觀을 닦았는데, 나중에 대적大寂을 찾아뵙고 비로소 마음의 요체를 얻었다.

어떤 스님이 물었다.

"어떤 것이 도입니까?"

스님이 말하였다.

"매우 좋은 산이다."

"학인이 도를 물었는데 스님께서는 어찌하여 좋은 산이라 말씀하십니까?"

"너는 그저 좋은 산으로만 알고 있구나. 어찌 도를 통달한 적이 있겠는가."

백거이白居易가 물었다.

"선사라 하면서 어찌하여 설법을 하십니까?"

스님이 말하였다.

"위없는 보리는 몸에 있으면 계율이 되고, 입으로 말하면 법이 되고, 마음으로 행하면 선이 됩니다. 응하여 사용하는 것은 셋이지만 그 궁극은 하나입니다. 비유하자면 강江(장강)과 호湖(동정호)와 회淮(회수)와 한漢(한수)은 소재하는 장소에 따라 이름을 세운 것입니다. 이름은 비록 하나가 아니지만 물의 성품은 차이가 없습니다. 따라서 계율이 곧 법이고 법이 선을 벗어나지 않는데, 왜 그 가운데서 허망하게 분별을 일으키십니까? 어떤 스님이 대주 혜해大珠慧海 선사께 '율사·법사·선사 가운데 어떤 분이 가장 수승한지 모르겠다.'고 하자 그분이 이렇게 말씀하셨습니다.

'율사란 비니毗尼의 법장을 열어서 부처님의 유풍을 전하고, 준수한 것인지 범한 것인지를 통달하고 허용할 부분과 금지할 부분에 통달하며, 위의를 지키고 궤범을 시행하며, 세 차례의 갈마羯磨를 시행하여 네 과위의 최초 원인을 만드는 자이니, 만약 오랜 세월 덕을 쌓은 장로(白眉)가 아니라면 어찌 감히 흉내나 내겠는가.

법사란 사자좌에 걸터앉아 폭포 같은 웅변을 쏟아 내고, 빽빽이 모인 사람들을 마주해 현묘한 관문을 열어 주며, 반야의 오묘한 방편문으로 삼륜三輪[12]이 평등한 공을 베푸는 자이니, 만약 용상 대덕이 아니라면 어찌 감히 이 일을 감당하겠는가.

선사란 추요樞要를 취하여 마음의 근원을 곧바로 깨닫고, 나타나고 사라지고 거두고 펴면서 종횡으로 사물에 응하고, 현상과 이치에 모두 균등하여 단박에 여래를 보고, 생사의 깊은 근원을 뽑아 버려 눈앞의 삼매를 얻는 자이니, 만약 안정된 선정으로 고요히 사유하지 않는다면 여기에 이르러 모두가 망연할 것이다. 근기에 따라 법을 주기에 비록 삼학三學의 차별이 있지만 뜻을 얻고 말을 잊는다면 일승一乘과 무엇이 다르겠는가.

그러므로 경에서 말씀하셨다.

> 시방의 불토 안에는
> 오직 일승의 법만 있고
> 이승도 없고 삼승도 없다
> 부처님의 방편설은 제외하니
> 그건 다만 거짓 명자로
> 중생들을 인도하신 것이다[13]'"

물었다.

"이미 분별이 없다면 어떻게 마음을 닦습니까?"

"마음이 본래 손상된 일이 없는데, 닦을 필요가 뭐가 있겠는가? 더러움과 깨끗함을 막론하고 일체 생각(念)을 일으키지 말라."

물었다.

"더러움이야 생각해서는 안 되겠지만, 깨끗함도 생각하지 말아야 합니

---

12 삼륜三輪 : 보시하는 자와 보시를 받는 자와 보시한 내용물의 세 가지를 말한다.

13 『妙法蓮華經』「方便品」(T9, 8a).

까?"

"금가루가 귀한 보배라지만 눈에 들어가면 역시 병이 된다."

물었다.

"닦음도 없고 생각함도 없으면 범부와 무엇이 다르겠습니까?"

"범부는 무명이고 이승은 집착이니, 이 두 가지 병을 여의어야 참수행이라고 말한다. 참수행이란 힘을 써서도 안 되고 망각해서도 안 되니, 힘을 쓰면 집착에 가깝고 망각하면 무명에 떨어진다. 이것을 마음의 요체라고 그렇게 말한다."

물었다.

"도가 어디에 있습니까?"

스님이 대답하였다.

"바로 눈앞에 있다."

"저는 왜 보지 못합니까?"

"그대는 '나(我)'가 있기 때문이다. 그래서 보지 못한다."

"제가 '나(我)'가 있기 때문에 보지 못한다면, 화상께서는 그럼 보십니까?"

"'너'가 있고 '나'가 있으면 더욱더 보지 못한다."

"'나'도 없고 '너'도 없으면 그럼 보입니까?"

"'너'도 없고 '나'도 없는데 누가 보기를 바란단 말인가?"

스님은 원화元和 연중에 돌아가셨다. 시호는 대철선사大徹禪師, 정진正眞의 탑이다.

惟寬禪師。【嗣馬。】衢州祝氏。年十三見殺生晝然不食。乃求出家。初習毗尼修止觀。後叅大寂。乃得心要。師因問如何是道。曰大好山。曰學人問道。何言好山。師曰汝秖識好山。何曾達道。白居易問曰。旣曰禪師。何以說法。師曰無上菩提者。被於身爲律。說於口爲法。行於心爲禪。應用者三。其致一也。譬如江湖惟漢。在處立名。名雖不一。水性無二。律即是法。法不離禪。云何於中。妄起分別。如慧海因問。未知律師法師禪師。何者最勝。彼曰夫律師者。啓毗尼之法藏。傳壽命之遺風。洞持犯而達開遮。秉威儀而行軌範。牒三羯磨作四果初因。若非宿德白眉。焉敢造次。夫法師者。踞師子之座。瀉懸河之辯。對稠人廣衆。啓鑿玄關。般若妙門。等三輪空施。若非龍象蹴蹋。安敢當斯。夫禪師者。撮其樞要。直了心源。出沒卷舒。蹤[1]橫應物。咸均事理。頓見如來拔生死之深根。獲現前之三昧。若不安禪靜慮。到遮裏揔須茫然。隨機授法。三學雖殊。得意忘言。一乘何異。故經曰。十方佛土中。唯有一乘法。無二亦無三。除佛方便說。但以假名字。引導於衆生。問旣無分別。何以修心。師曰。心本無傷損。云何要修理。無論垢淨。一切勿念起。問垢即不可念。淨無念可乎。師曰金屑雖寶。著眼亦爲病。問無修無念。何異凡夫耶。師曰凡夫無明二乘執著。離此二病。是名眞修。眞修者。不得勤不得忘。勤即近執著。忘即落無明。此爲心要云爾。問道在何處。師曰祇在目前。曰我何不見。師曰汝有我故。所以不見。問我有我故即不見。和尙還見否。答有汝有我。展轉不見。問無我無汝。還見否。曰無汝無我。阿誰求見。師元和中終。謚大徹禪師正眞之塔云云。

1) ㉾ '蹤'은 '縱'인 듯하다.

○ 양주 방온【마조 대사에게 참학하였다.】

그의 자字는 도현道玄이다. 대대로 유도儒道로 업을 삼는 집안이었으나 어릴 적에 번뇌를 깨닫고 참된 진리를 구할 뜻을 품었다. 처음에 석두石頭를 찾아갔고, 나중에 단하丹霞와 벗이 되었다.

어느 날 석두가 물었다.

"자네는 나를 만난 뒤로 날마다 하는 일이 무엇인가?"

"날마다 하는 일을 물으신다면 입을 열 곳이 없습니다."

그러고는 게송을 올렸다.

날마다 하는 일에 별다른 것 없으니
오직 저 자신과 어울릴 뿐입니다
이것도 저것도 취하거나 버릴 것이 아니고
이곳저곳에서 펼치거나 어겨서도 안 됩니다

붉은색과 자주색[14]은 누가 붙인 이름인가
언덕이건 산이건 티끌 한 점 없어라
신통과 오묘한 작용이란
물 긷고 나무하는 일

석두가 말하였다.

"그렇지."

나중에 마조에게 물었다.

"만법과 벗하지 않는 자는 어떤 사람입니까?"

마조가 말하였다.

"그대가 한입에 서강西江 물을 다 마시기를 기다렸다가 그대에게 말해 주리라."

거사가 말끝에 깨달은 바가 있었다. 그리하여 그곳에 머물면서 2년 동안 모신 후에 게송 한 수를 올렸다.

장가가지 않은 남자들
시집가지 않은 여자들
큰 집에 단란하게 둘러앉아

14 붉은색과 자주색(朱紫) : 붉은색은 정색正色이고, 자주색은 간색間色이다. 즉 정사正邪를 뜻한다. 『論語』 「陽貨」에서 "자줏빛이 붉은빛을 탈취하는 것을 싫어한다.(惡紫之奪朱也。)"고 하였다.

함께 무생無生을 이야기하네

이때부터 기지와 변재가 신속하고 민첩해 온 지방에서 그를 흠모하였다고 한다. 나중에 곽서郭西의 작은 집에서 살았는데, 영조靈照라는 딸 하나가 항상 따라다니면서 대나무 조리를 엮어 그것을 팔아 아침저녁 끼니를 이었다. 이런 게송을 지었다.

마음도 여여하고 경계도 여여해
진실도 없고 허망도 없구나
있음도 상관하지 않고
없음에도 머물지 않으니
이는 현성이 아니라
일을 마친 범부일 뿐

거사가 열반에 들려고 할 때, 딸 영조에게 나가서 해가 어디쯤 있는지 살피고 정오가 되면 알리라 하였다. 영조가 뜻을 알고는 나갔다가 곧바로 돌아와 보고하였다.

"해가 벌써 중천에 떴고 일식까지 있습니다."

거사가 문을 열고 나가 살피는 틈에 영조가 아버지 자리에 올라가 합장한 채 앉아서 열반에 들었다. 거사가 돌아와 보고는 웃으며 말하였다.

"내 딸의 기봉이 민첩하구나."

그래서 다시 7일을 연기하였는데, 주의 목사 우공于公이 문병을 오자 거사가 말하였다.

"그저 온갖 있는 것을 비우기를 바랄 뿐이니, 절대로 온갖 없는 것을 채우려 하지 마십시오. 세간에 잘 머물다 가니 모든 게 메아리 같고 그림자 같구려."

말을 마치고는 우공의 무릎을 베고 죽었다. 유언에 따라 시체를 태워서 버리니, 강호의 승속들이 애도하면서 말하였다.

"선문의 방거사는 비야리성毗耶離城의 정명淨名이었다."

당시 그가 지은 게송 300여 편이 세상에 전한다.

襄州龐蘊。【馬祭。】字道玄。世以儒爲業。少悟塵勞。志求眞諦。初謁石頭。後與丹霞爲友。一日頭問。子見老僧已來。日用事作麽生。曰若問日用事。即無開口處。乃上偈。日用事無別。唯予自偶諧。頭頭非取捨。處處勿張乖。朱紫誰爲號。丘山絕點埃。神通并妙用。運水及般柴。石頭曰然。後問馬祖。不與萬法爲侶者。是什麽人。祖曰待汝一口吸盡西江水即向汝道。居士言下有省。乃住祭承二年後。遂上一頌。有男不婚。有女不嫁。大家團欒頭。共說無生話。自爾機辯迅捷。諸方嚮之云云。後居郭西小舍。一女靈照常隨。製竹漉籬。令鬻之以供朝夕。有偈曰。心如境亦如。無實亦無虛。有亦不管。無亦不居。不是賢聖。了事凡夫。居士將入滅。遂令女靈照。出視日早晚。及午以報。靈照領旨。出遽廻報曰。日已中矣。而有蝕也。居士出戶觀次。照登父座。合掌坐亡。居士廻見笑曰。我女鋒捷矣。於是更延七日。州牧于公問疾次。居士謂曰。但願空諸所有。愼勿實諸所無。好住世間。皆如影響。言訖枕公膝而終。遺命焚棄。江湖緇白傷悼。謂禪門龐居士。即毗耶淨名矣。有詩偈三百餘篇而傳於世。

○ 지주 남전 보원 선사【마조 대사를 계승하였다.】

정주鄭州의 왕王씨이다. 처음에는 상부相部의 구장舊章[15]을 익혀 계율

15 상부相部의 구장舊章 : 법려法礪의 율장에 관한 해설서들을 뜻한다. 법려 율사(569~635)는 『四分律』·『十誦律』 등에 정통하여 상주相州의 일광주사日光住寺 등에서 40여 차례에 걸쳐 율을 강설하였다. 그의 율학을 계승한 종파를 지명에 의거해 상부종相部宗이라 한다. 저서로 『四分疏』·『羯磨疏』·『捨懺儀輕重敍』 등이 있다.

의 편篇과 취聚를 궁구하였고, 다음에는 여러 강석을 다니면서 『능가경楞伽經』·『화엄경華嚴經』 등을 편력하였고, 『중론中論』·『백론百論』·『십이문론十二門論』의 관법에 들어가 현묘한 이치를 정밀히 연마하였다. 그 후 대적大寂의 방을 두드려 단박에 통발을 잊고 유희삼매遊戲三昧를 얻었다. 어느 날 대중 스님들에게 죽을 돌리는데 마조가 물었다.

"통에 뭐가 들었는가?"

스님이 말하였다.

"이 늙은이가 입을 다물 것이지 무슨 말을 이리 지껄이는가."

마조는 바로 그만두었고, 나머지 동참했던 사람들도 감히 스님에게 따져 묻는 자가 없었다. 그 후로 현묘한 강령을 크게 떨치자 이때부터 배우는 이들이 수백 명을 밑돌지 않았고, 그 말씀이 제방에 가득하여 그를 영장郢匠[16]이라 지목하였다.

어느 날 스님이 대중에게 말씀하셨다.

"절대로 말로 단정하지 말라. 말로 단정하면 머리에 뿔이 난다. '여여如如'라 부른다 해도 일찌감치 이는 변한 것이다. 요즘 사람들은 모름지기 이류異類[17] 가운데서 행동해야 한다."

나중에 귀종歸宗[18]이 이 이야기를 듣고는 이렇게 말하였다.

---

16 영장郢匠 : 영 지방 장인이란 뜻으로 기량이 훌륭한 자를 지칭하는 말이다. 『莊子』「徐无鬼」에서 "영郢 지방 사람이 코끝에 백토를 파리 날개만큼 묻혀 놓고 장석匠石을 시켜 그것을 깎아 내게 하였다. 그러자 장석이 바람을 일으키며 도끼를 휘둘러 마음대로 깎아 내기 시작하였는데 백토를 다 깎고도 코를 다치지 않았고, 영 지방 사람도 조금도 동요하지 않았다."고 하였다. 장석 역시 같은 의미로 쓰인다.

17 이류異類 : 동류同類에 상대되는 말이다. 동류를 사람이라 하면 이류는 귀신이나 축생 등이다. 주로 축생을 가리키는 말로 쓰인다. 스승이 하화중생下化衆生 또는 위인도생爲人度生하기 위해 여러 가지 모습을 나타내는 것을 이류중행異類中行이라 한다.

18 귀종歸宗 : 여산廬山 귀종사歸宗寺에 주석했던 지상智常 선사를 지칭한다. 대부분의 선록禪錄에서 법명을 '지상智常'이라 하였으나 혹 '법상法常'이라 한 곳도 있다. 이 『通錄撮要』에서도 법상法常이라 하였다.

"비록 축생처럼 행동하지만 축생의 과보를 받지는 않는다."

스님이 이 이야기를 듣고 말하였다.

"맹팔랑孟八郞[19]이 또 저렇게 가는구나."

어떤 스님이 물었다.

"『화엄경』이 바로 법신불이 설하신 것이라는데, 어떻습니까?"

"그대는 조금 전에 무슨 말을 했는가?"

그가 다시 묻자 스님이 그를 응시하면서 탄식하였다.

"만약 법신이 설한 것이라면 그대가 그걸 어느 곳에서 듣겠는가?"

"저는 모르겠습니다."

"참 어렵구나, 참 어려워. 일단 가서 진중하라."

스님이 '내일은 농장을 둘러봐야겠다'고 마음먹었는데, 그날 밤 토지신土地神이 먼저 농장 담당자에게 알려 주었다. 그래서 미리 준비하고 있었다. 스님이 도착해 물었다.

"왕노사王老師[20]가 올 걸 어떻게 알고, 이렇게 줄줄이 늘어서 있나?"

담당자가 대답하였다.

"어젯밤에 토지신이 찾아와 알려 주었습니다."

스님이 말하였다.

"노승의 수행이 힘이 없어서 귀신에게 들켰구나."

그때 어떤 스님이 물었다.

"이미 대선지식이신데 왜 도리어 귀신에게 들켰습니까?"

스님이 말하였다.

"토지신 앞에 밥 한 몫을 더 놓아라."

스님이 병을 보이자 제일좌第一座가 물었다.

---

19 맹팔랑孟八郞 : '맹孟'은 맹랑하다는 뜻이고, '팔랑八郞'은 형제의 차례가 여덟째란 말이다. 버릇없고 난폭한 자를 일컫는 말이다.

20 왕노사王老師 : 남전은 속성이 왕王씨였기에 자칭 왕노사라 하였다.

"화상께서는 세상을 뜨신 후에 어디로 가시렵니까?"

"산 아래 한 마리 암소가 되련다."

"제가 화상을 따라가도 되겠습니까?"

"그대가 나를 따라오려면 모름지기 한 줄기 풀을 물고 와야 한다."

스님은 대화大和 8년(834)에 대중들에게 말하였다.

"눈병에 반짝이던 별빛, 등불에 춤추던 허깨비가 오래도 견디었다. 내가 오거나 간 일이 있다고 말하지 말라."

말씀을 마치고 이별하니, 수명은 87세이고 법랍은 57세였다.

池州南泉普願禪師。【嗣馬。】鄭州王氏。初習相部舊章究毗尼篇聚。次遊諸講肆。偏歷楞伽華嚴。入中百門觀。精練玄義。後扣大寂之室。頓然忘筌。得遊戲三昧。一日爲衆僧行粥次。馬祖問。桶裏是什麽。師曰遮老漢。合取口作恁麽語話。馬祖便休。自餘同叅之流。無敢詰問師。後大振玄綱。自此學道。不下數百。言滿諸方。目爲郢匠。一日師示衆曰。切忌道著。道著即頭角生。喚作如如。早是變也。今時人須向異類中行。後歸宗聞乃曰。雖行畜生行。不得畜生報。師聞乃曰。孟八郎。又恁麽去也。師因僧問華嚴經是法身佛說如何。曰汝適來道什麽語。僧再問。師顧示歎曰。若是法身說。汝向什麽處聽。僧曰某甲不會。師曰大難大難。且去珎重。師擬取明日遊莊。其夜土地神。先報莊主。乃預以爲俻。師到乃問。爭知王老師來。排辨如此。主曰昨夜土地神來報。師曰老僧修行無力。猶披鬼神覰見。時僧問。旣是大善知識。爲什麽却被鬼神覰見。師曰土地前更下一分飯。師示疾。苐[1]一座問。和尚百年後向什麽處去。師曰山下作一頭水牯牛去。僧曰某甲隨和尚去還得否。師曰汝若隨我來。却須啣取一莖草來。師大和八年告衆曰。星翳燈幻亦久矣。莫謂吾有去來也。言訖而謝壽八十七。臘五十七。

1) ㉯ '苐'는 '第'와 통용된다.

○ 자옥산 도통 선사[21]

어떤 스님이 물었다.

"어떻게 해야 삼계를 벗어날 수 있습니까?"

대답하였다.

"그 속에 얼마나 있었는가?"

물었다.

"어떻게 해야 벗어납니까?"

"청산은 흰 구름이 날아가는 것을 막지 않는다."

우적于頔 상공相公이 물었다.

"어떤 것이 심한 바람이 배에 불어닥쳐 나찰 귀신의 나라로 표류하는 것입니까?"

스님이 말하였다.

"우적이여, 당신이 그런 일은 물어서 무엇 하리오?"

상공이 깜짝 놀라자 스님이 그를 가리키면서 말하였다.

"이것이 나찰 귀신의 나라에 표류하는 것입니다."

상공이 다시 물었다.

"무엇이 부처입니까?"

스님이 상공을 부르자 공이 "네." 하고 대답을 하였다.

스님이 말하였다.

"다시는 다른 것을 구하지 마십시오."

나중에 어떤 스님이 이 이야기를 약산藥山에게 거론하자, 약산이 말하였다.

"꽁꽁 묶어 죽이는구먼."

---

21 자옥산紫玉山 도통 선사道通禪師 : 여강廬江 사람으로 성은 하何씨이다. 어릴 때 아버지의 벼슬길을 따라 천주泉州의 남안현南安縣에 갔다가 출가하였다. 마조 도일의 법을 이었다.

"화상이라면 또 어떻게 하시겠습니까?"

약산이 그 스님의 이름을 불렀다. 그 스님이 "네." 하고 대답하자, 약산이 말하였다.

"그게 뭔가?"

紫玉山道通禪師。因問如何得出三界去。答在裏許多少時耶。問如何出離。師曰青山不礙白雲飛。于頔相公問。如何是黑風吹其舡舫。漂墮羅刹鬼國。師曰于頔汝問恁麼事作什麼。公失色。師乃指曰。遮箇是漂墮羅刹鬼國。公又問如何是佛。師召相公。公膺咊。師曰更莫別求。後僧擧似藥山。山曰縛殺也。曰和尚又如何。山乃召其僧某甲。僧膺咊。山曰是什麼。

○ 자만 선사[22]

대중들에게 말씀하셨다.

"낮에는 밝고 밤에는 어둡다는 것을 제외하고 다시 무엇을 말해야 할까?"

이때 어떤 스님이 물었다.

"무엇이 다툼 없는 구절입니까?"

스님이 말하였다.

"온 천지가 시끄러운 것이다."

自滿禪師。示衆曰。除却日明夜暗。更說什麼即得。時僧問如何是無諍之句。師曰喧天動地。

○ 홍은[23]

---

22 자만 선사自滿禪師 : 마조 대사의 법을 이었고, 흔주忻州 역촌酈村에 주석하였다.

좌선하고 있는데, 앙산仰山이 계를 받고 돌아와 사계謝戒[24]의 예를 드리러 왔다. 스님이 손뼉을 치며 입으로 "화화和和" 하였다. 그러자 앙산이 동쪽에서 서쪽으로 갔다. 스님이 또 손뼉을 치면서 "화화" 하자 앙산이 중간에서 서서 곧바로 사계의 예를 마쳤다.

스님이 물었다.

"어디서 이런 삼매를 얻었는가?"

앙산이 대답하였다.

"조계曹谿 탈인자脫印子에게서 배워 왔습니다."

스님이 물었다.

"네가 말해 보라. 조계 대사께서는 이 삼매를 사용해 어떤 사람을 맞이했는가?"

앙산이 대답하였다.

"일숙각一宿覺[25]을 맞이했습니다."

앙산이 물었다.

"화상께서는 어디서 이런 삼매를 얻으셨습니까?"

"나는 마조 대사의 처소에서 이 삼매를 배웠다."

앙산이 다시 물었다.

"어떻게 해야 성품을 볼 수 있습니까?"

스님이 말하였다.

"내가 너에게 비유로 설명하겠다. 집이 하나 있는데, 그 집에 창문이 여섯 개가 있고, 그 안에 원숭이 한 마리가 있다. 동쪽에서 '원숭아' 하면 원숭이가 이에 응답하고, 이와 같이 여섯 창 어디에서 부르건 모두 응답하는 것과 같다."

---

23 홍은洪恩 : 마조 대사의 법을 이었고, 낭주朗州 중읍中邑에 주석하였다.
24 사계謝戒 : 구족계를 받고 은사께 감사를 표하는 의식이다.
25 일숙각一宿覺 : 영가 현각永嘉玄覺을 지칭한다.

앙산이 예배하고 일어나 말하였다.

"화상의 깨우침으로 모든 것을 완전히 알았습니다. 다만 안에 있는 원숭이가 잠들었을 때 밖에 있는 원숭이가 만나고 싶을 때에는 어떻게 해야 합니까?"

스님이 승상繩牀에서 내려와 앙산을 잡고 말하였다.

"원숭아, 너를 만났구나. 비유하자면 초명蟭螟 벌레가 모기 눈썹에다 둥지를 틀고 네거리로 나가 '땅은 광활한데 사람이 드물어 만나는 자가 적다.'고 외치는 것과 같다."

그러고는 곧바로 풀어 주었다.

洪恩。坐次。仰山受戒。廻謝戒。師以手拍口曰。和和。山從西過東。師又拍口曰。和和。山從東過西。師又拍口曰。和和。山當中立。便謝戒了。師問什麽處得此三昧來。山曰於曺谿脫印子學得來。師曰汝道曺谿用此三昧。接什麽人。山曰接一宿覺。山曰和尙什麽處。得此三昧來。師曰我於馬大師處學得。山却問如何得見性。師曰我與汝說箇比諭。如有一屋。屋有六窓。內有一獼猴。東邊喚狌狌。狌狌乃應。如是六窓俱喚俱應。山禮拜起曰。如和尙所諭。無不了知。秖如裏面獼猴睡著。外面獼猴欲與相見。又且如何。師下繩牀。把住山曰。狌狌與汝相見。譬如蟭螟蟲。在蚊子眼睫上作窠。向十字街頭。叫云土曠人稀相逢者少。便拓開。

○ 총인[26]

상당하여 말하였다.

"만약 이 일을 논하자면 눈썹만 까딱해도 일찌감치 어긋난 것이다."

이때 마곡麻谷[27]이 물었다.

---

26 총인總印 : 마조 대사의 법을 이었고, 담주潭州 삼각산三角山에 주석하였다.

"눈썹을 까딱하는 것은 묻지 않겠습니다. 어떤 것이 이 일입니까?"
스님이 말하였다.
"어긋났다."
마곡이 선상을 번쩍 들어 엎어 버리자 스님이 일어나 바로 때렸다.

總印。上堂曰。若論此事。眨上眉毛。早是蹉過。時有麻谷。問眨上眉毛即不問。如何是此事。師曰嗟[1]過也。谷掀倒禪牀。師起來便打。

1) ㉮ '嗟'는 '蹉'인 듯하다.

○ 용산[28]

동산洞山이 행각하던 시절에 길을 잃고 헤매다 그곳에 도착하게 되었다.
스님이 물었다.
"이 산에는 길이 없는데, 사리闍梨는 어디로 오셨습니까?"
동산이 말하였다.
"길이 없다는 것은 그만두고, 화상께서는 어디로 들어오셨습니까?"
"나는 구름처럼 물처럼 행각한 적이 없습니다."
동산이 다시 물었다.
"화상께서는 이 산에 머무신 지 얼마나 되십니까?"
"세월은 상관하지 않습니다."
"이 산이 먼저 머물렀습니까, 화상께서 먼저 머물렀습니까?"
"모르겠습니다."
"왜 모르십니까?"

27 마곡麻谷 : 당나라 스님으로 법명은 보철寶徹이다. 마조 도일馬祖道一의 법을 잇고 포주蒲州 마곡산麻谷山에 주석하며 종풍을 선양하였다.

28 용산龍山 : 마조 대사의 법을 이었고, 담주潭州 용산龍山에 은거하였다.

"저는 인간과 하늘로부터 오지 않았습니다."

동산이 다시 물었다.

"어떤 사람이 손님 가운데 주인입니까?"

"오랜 세월 문지방을 나서지 않는 것입니다."

"어떤 사람이 주인 가운데의 손님입니까?"

"푸른 산이 흰 구름에 덮인 것이지요."

"손님과 주인과의 거리는 얼마나 됩니까?"

"장강長江의 물과 파도이지요."

"손님과 주인이 만나면 무슨 말을 합니까?"

"맑은 바람이 밝은 달을 씁니다."

동산이 다시 물었다.

"화상께서는 어떤 도리를 보시고 곧바로 이 산에서 머물게 되셨습니까?"

"두 마리 진흙 소가 싸우면서 바다로 들어가는 것을 내가 본 적이 있는데, 아직까지도 아무런 소식이 없다오."

이 일을 두고 게송을 읊었다.

세 칸 초가집에서 예전부터 사노라니
한 줄기 신령한 빛이 만 경계에 한가롭다
옳고 그름을 가지고 나와 따지려 하지 말라
들뜬 중생의 천착은 상관하지 않노라

龍山。因洞山行脚時。迷路因此而到。師問此山無路。闍梨從何處來。山曰無路且置和尚從何而入。師曰我不從雲水來。山曰和尚住此山多少時耶。師曰春秋不涉。山曰此山先住。和尚先住。師曰不知。山曰爲什麽不知。師曰我不從人天來。洞山却問如何賔中主。師曰長年不出戶。山曰如何是主中賔。師曰青山覆白雲。山曰賔主相去幾何。師曰長江水上波。山曰賔主相見。有何言說。師曰淸風拂白月。山曰和尙見箇什麽道理便住此山。師曰我見兩箇泥牛鬪入海。直至如今無消息。因而有偈。三間茅屋從來住。一道神光萬境閑。莫作是非來辨我。浮生穿鑿不相關。

○ 양 좌주

마조가 양亮 좌주座主에게 물었다.

"경론 강의를 잘한다던데 사실인가?"

양 좌주가 말하였다.

"외람됩니다."

"무엇을 가지고 강의하는가?"

"마음을 가지고 강의합니다."

"마음은 재주 좋은 광대와 같고 의식은 광대에게 장단 맞추는 자와 같다. 육식六識과 어울리는 것을 어떻게 강의라 하겠는가?"

스님이 항의하는 목소리로 말하였다.

"마음이 강의를 못한다면 아무것도 없는 허공이 강의를 한다는 말입니까?"

마조가 말하였다.

"도리어 허공이라면 강의할 수 있지."

양 좌주는 수긍하지 않고 곧바로 나가 버렸다. 그러자 마조가 불렀다.

"좌주."

양 좌주가 머리를 돌리자 마조가 말하였다.

"그게 뭔가?"

양 좌주가 활연대오豁然大悟하고 예배하자 마조가 말하였다.

"이 둔한 중아, 절은 해서 무엇 하겠는가?"

양 좌주가 말하였다.

"저만큼 경론을 강의할 자가 없다고 여겼는데, 오늘 마조 대사의 한마디 질문에 평생 공부가 얼음처럼 녹아 버렸습니다."

亮座主。馬祖問亮座主。大講得經論是否。主云不敢。祖云將什麽講。曰將心講。祖曰心如工伎兒。意如和伎者。六識爲伴侶作麽生講。師抗聲曰。心旣講不得。虛空莫講得否。祖曰却是虛空講得。主不肯。便出。祖召云座主。主廻首。祖曰是作麽。主豁然禮拜。祖曰鈍根阿師。禮拜作什麽。主曰某甲所講經論。將謂無人。及至今日。被大師一問。平生工夫氷釋。

○ 수로

마조에게 물었다.

"어떤 것이 조사께서 서쪽으로부터 오신 분명한 뜻입니까?"

마조가 가슴팍을 차서 한 방에 쓰러뜨렸다. 스님이 이에 깨달은 바가 있었다. 일어나 손뼉을 치면서 깔깔대고 크게 웃으며 말하였다.

"참 기이하구나, 참 기이해. 백천 삼매와 한량없는 오묘한 이치가 그저 하나의 털끝에서 문득 근원을 알아차리는 것이었구나."

【혜해慧海부터 여기까지는 모두 달마 제8세 마조 대사의 방계이다.】

水老。問馬祖曰。如何是西來的的意。祖攔胷一蹋倒。師乃有省。起來撫掌。呵呵大笑曰。大奇大奇。百千三昧。無量妙義。秖向一尾[1]頭上。便識得根源去。【自慧海至此。皆是達磨第八其馬祖旁出也。】

1) ㉧ '尾'는 '毫'나 '毛'인 듯하다.

○ 홍주 백장 회해 선사【마조를 계승하였다.】

마조의 회하에 있을 때, 어느 날 마조가 물었다.

"어디서 오느냐?"

"산 뒤에서 오는 길입니다."
"그래, 사람은 만났느냐?"
"만나지 못했습니다."
"왜 만나지 못했을까?"
"만나면 곧바로 화상께 말씀드리겠습니다."
마조가 말하였다.
"어디서 그런 소식을 얻었느냐?"
백장이 "제가 잘못했습니다." 하고는 곧바로 예배하였다.
그러자 마조가 말하였다.
"도리어 이 노승이 잘못했네."
어느 날 스님이 마조를 모시고 길을 걷다가 오리가 날아가는 것을 보았다.
마조가 물었다.
"저게 뭐냐?"
"오리입니다."
마조가 한참 침묵하다가 말하였다.
"어디로 갔느냐?"
"저쪽으로 날아갔습니다."
마조가 가까이 다가와 스님의 코를 잡아 비틀었다.
스님도 모르는 사이에 "아야" 하는 비명 소리가 터졌다.
마조가 말하였다.
"네가 조금 전에 날아가 버렸다고 하더니, 원래부터 여기에 있었구나."
스님이 여기에서 깨달은 바가 있었다.
다음 날 마조가 당에 올라 대중들이 모이자 스님이 앞으로 나가 절하는 돗자리를 말아 버렸다. 그러자 마조가 곧바로 자리에서 내려와 방장으로 돌아갔다. 스님이 모시고 서 있자 마조가 다시 물었다.

"내가 조금 전에 당에 올라 대중에게 설법도 하지 않았는데, 너는 왜 돗자리를 말아 버렸느냐?"

스님이 말하였다.

"어제는 화상께서 코를 비트는 통에 무지 아팠습니다."

"너 어제는 어디를 갔다 왔냐?"

"오늘은 코가 또 아프지 않습니다."

마조가 말하였다.

"네가 어제 일을 깊이 밝혔구나."

스님은 예배하고 물러난 뒤, 시자실로 돌아와 통곡을 하였다. 같이 시자를 하던 이가 물었다.

"너 무슨 일로 우는 거니?"

스님이 말하였다.

"내가 어제 화상에게 코를 비틀려서 너무 아파."

같이 일하던 시자가 말하였다.

"무슨 일이 있었는데? 내게 말해 봐."

스님이 말하였다.

"네가 직접 가서 대사께 물어봐."

시자가 곧바로 당두堂頭께 찾아가 여쭈었다.

"회해 시자가 어제 무슨 일이 있었는지 오늘 방에서 울고 있습니다. 대사께 알리오니, 저에게 설명해 주십시오."

마조가 말하였다.

"그건 그가 알 것이다. 네가 직접 가서 그에게 물어봐라."

시자가 방으로 돌아왔는데 스님이 웃고 있었다. 시자가 물었다.

"대사께서 네가 알 것이라고 말씀하면서 나더러 직접 너에게 물어보라고 하시더라. 나에게 말해 보라."

스님이 말하였다.

"네가 조금 전에 볼 때는 내가 울었고, 지금 볼 때는 내가 웃는다."【3일 동안 귀가 먹었던 이야기는 아래 황벽黃蘗 스님 항목에 있다.】

어떤 사람이 물었다.

"무엇이 대승의 돈교법문頓敎法門입니까?"

스님이 말하였다.

"그대들은 먼저 모든 반연을 쉬어라. 선한 일이건 선하지 못한 일이건 일체 모든 법을 기억하지도 말고 몸과 마음을 놓아 버려서 자유롭게 하라. 마음이 나무나 돌덩어리처럼 분별하는 것이 없고 마음이 행하는 바가 없어 마음의 바탕(心地)이 허공과 같으면 구름이 흩어져 태양이 드러나는 것처럼 지혜의 태양이 저절로 나타난다. 그러면 오욕五欲과 팔풍八風을 마주해도 보고 듣고 깨닫고 앎에 속박되지 않고, 어떤 경계에도 미혹되지 않아서 자연히 신통神通과 묘용妙用을 구족하게 될 것이니, 이런 사람이 해탈한 사람이다. 온갖 경계를 마주하여 마음에 고요함도 산란함도 없고, 마음을 거두지도 않고 흩뜨리지도 않고, 온갖 소리와 색을 투과하여 걸리거나 막힘이 없으면, 이를 도인道人이라 한다. 그저 온갖 선과 악, 더럽고 깨끗함, 유위有爲의 세간 복과 지혜에 구속되지만 않으면, 곧 이를 부처님의 지혜(佛慧)라 한다. 옳고 그름, 아름다운 것과 추한 것, 옳은 이치와 잘못된 이치 등의 모든 소견이 완전히 사라져 더 이상 속박되지 않고 마음이 자재하게 되면, 이를 처음 발심한 보살이 곧바로 부처님의 경지(佛地)에 오르는 것이라 한다. 일체 모든 법은 본래 스스로 공하다 하지 않고, 본래 스스로 색이라 하지도 않는다. 또한 옳다고, 그르다고, 더럽다고, 깨끗하다고 말하지도 않는다. 또한 사람을 구속할 마음도 없다. 다만 사람들이 스스로 허망하게 계산하고 집착하는 것일 뿐이다. …… 부디 진중하라."

대중들이 당을 내려가자 스님이 그들을 불렀다. 대중들이 고개를 돌리자 스님이 말하였다.

"이것이 무엇인가?"【약산藥山은 이것을 백장 스님의 하당법문(下堂句)이라 지목하였다.】

스님은 당나라 원화元和 9년(814) 정월 17일에 천화하셨으니, 수명은 95세였다. 칙명으로 대지선사大智禪師라는 시호를 내렸고, 탑명은 대보승륜大寶勝輪이다.

洪州百丈懷海禪師。【嗣馬。】在馬祖會下。一日祖問。什麽處來。曰山後來。祖曰還逢著人否。曰不逢著。祖問爲什麽不逢著。曰若逢著。即擧似和尙。祖曰甚處得遮箇消息來。曰某甲罪過。便禮拜。祖曰却是老僧罪過。一日師侍祖行次。忽見鴨飛過去。祖問是什麽。曰鴨子祖良久曰。什麽處去也。曰飛過那邊去也。祖近前。把師鼻孔搊。師不覺失聲叫阿㖿。祖曰汝向道飛過去。元來秖在遮裏。師於此有省。至明日。祖上堂衆集。師出卷却禮拜簟子。祖便下座。歸方丈。師侍立。祖却問。我適來上堂。未曾爲衆說法。汝爲什麽。卷却簟子。曰昨日鼻孔。被和尙搊得痛。祖曰汝昨日去什麽處來。曰今日鼻孔。又不痛也。祖曰汝深明昨日事。師禮謝後。廻侍者寮內哭。同事侍者問。汝爲什麽事哭。師曰我昨日鼻孔。被大師搊得痛。同事侍者曰。有什麽因緣。說似我。師曰汝自去問大師。侍者便往堂頭問。海侍者昨日有什麽因緣。而今在寮中哭。告大師。爲某甲說。祖曰是他會也。汝自去問取他。侍者廻寮。却見師笑。侍者便問。大師道汝會也。教我自問汝。爲我說來。師曰汝適來見我哭。而今見我笑。【三日耳聾之文。下在黃蘗話。】師因問如何是大乘頓教法門。曰汝等先歇諸緣。善與不善。一切諸法莫憶。放捨身心。令其自在。心如木石。無所辨別。心無所行。心地若空。慧日自現。如雲開日出。對五欲八風。不被見聞覺知所縛。不被諸境所惑。自然具足神通妙用。是解脫人。對一切境。心無靜亂。不攝不散。透過一切聲色。無有滯礙。名爲道人。但不被一切善惡垢淨有爲世間福智拘繫。即名爲佛慧。是非好醜。是理非理。諸知見捴盡。不被繫縛處。心得自在。名初發心菩薩。便登佛地。

一切諸法。本不自空本不自色。亦不言是非垢淨。亦無心縛。但人自虛妄計著云云。伏惟珍重。大衆下堂。乃召之。大衆迴首。師曰是什麽。便下座。【藥山目之爲百丈下堂句。】師唐元和九年正月十七日而化。壽九十五。敕諡大智禪師。塔曰大寶勝輪。

○ 담주 대위산 영우 선사【백장의 방계】

그는 복주福州의 조趙씨이다. 15세에 부모를 이별하고 출가해 대·소승의 가르침을 연구하였고, 23세에 강서江西로 찾아갔다.

어느 날 곁에서 모시고 섰는데 백장이 물었다.

"누구냐?"

"영우靈祐입니다."

"네가 화로를 헤쳐 불이 있는지 살펴보아라."

스님이 헤쳐 보고 말하였다.

"없습니다."

백장이 몸소 깊숙이 헤치더니 작은 불씨 하나를 찾아 들고서 말하였다.

"이건 불이 아닌가?"

스님이 이 일로 깨달은 바가 있었다. 그래서 말씀드렸다.

"옛사람이 '불성의 뜻을 알고 싶다면 마땅히 시절인연을 살펴보라. 시절이 이르면 그 이치가 저절로 드러난다.' 하신 말씀을 제대로 알겠습니다."

백장이 말하였다.

"이것은 잠시의 갈림길일 뿐이다."

다음 날 백장을 따라 산을 유람하던 차에 백장이 물었다.

"불을 가져올 수 있겠느냐?"

"가져올 수 있습니다."

백장이 말하였다.

"어디에 있느냐?"

스님이 한 가닥 풀을 집어 들고 두세 번 불더니 올렸다.

백장이 말하였다.

"벌레 먹은 나무 같구먼."

스님이 전좌典座 소임을 살 때, 사마司馬 두타頭陀가 호남湖南에서 와서 백장에게 말씀드렸다.

"제가 호남에 있을 때 대위산大潙山이라는 산을 하나 찾아냈는데, 그곳은 천오백 선지식이 머물 만한 곳이었습니다."

백장이 말하였다.

"나도 괜찮겠는가?"

두타가 말하였다.

"화상은 뼈(骨)로 된 사람인데 그 산은 살(肉)로 된 산이라서 안 됩니다."

"그러면 수좌는 괜찮겠는가?"

"이 사람은 안 됩니다."

"전좌는 괜찮겠는가?"

두타가 한 번 보고 말하였다.

"이 사람이 그 산으로 가서 10년쯤 지나면 불법이 크게 흥성할 것입니다."

백장이 밤에 스님을 방으로 불러들여 법을 부촉하면서 말하였다.

"나의 교화 인연은 여기에 있다. 위산은 빼어난 경계이니, 그대가 그곳에 살면서 나의 종지를 계승해 후학들을 널리 제도하라."

이때 제일좌가 말하였다.

"영우가 후배인데 어떻게 주지가 될 수 있습니까?"

백장이 이 말을 듣고서 대중을 소집해 물었다.

"너희들이 노승의 뜻에 계합하는 일전어一轉語[29]를 내릴 수 있다면 그곳으로 보내 주지를 시키리라."

그러고는 정병淨甁을 가리키면서 물었다.

"나는 이것을 정병이라 부른다. 너희들은 이것을 정병이라 해서는 안 된다. 무엇이라 부르겠는가?"

제일좌가 말하였다.

"말뚝이라 해서는 안 됩니다."

백장이 다시 스님에게 묻자 스님이 정병을 걷어차 쓰러뜨리고는 바로 나가 버렸다.

백장이 말하였다.

"수좌가 도리어 위산에게 졌구나."

결국 스님을 위산으로 보냈다. 스님은 명을 받들어 그곳으로 가서 풀을 엮어 암자를 짓고 도토리를 먹으면서 새와 짐승을 벗 삼았는데, 5년 7년이 지나도록 찾아오는 사람이 하나도 없었다. 스님은 스스로 생각하였다.

"내가 세상에 나온 것은 사람들을 이롭게 하려는 것이었다. 혼자 좌선한다고 무슨 이익이 있겠는가?"

곧바로 그 암자를 버리고 아래 산 입구로 내려가는데 호랑이·표범·이리·뱀이 길 한가운데 늘어섰다.

스님이 말하였다.

"내가 이곳에 인연이 있다면 당장 흩어지고, 그렇지 않다면 너희들 마음대로 잡아먹어라."

말을 마치자마자 짐승들이 뿔뿔이 흩어졌다. 그래서 스님은 다시 암자로 돌아왔고, 1년이 채 지나지 않아 안安 상좌를 만나게 되었다. …… 이때부터 왕의 교화[30]로 따르는 무리가 점점 많아졌으니, 과연 사마 두타의

---

29 일전어一轉語 : 상황을 단박에 전환시키는 말, 선지식이 학인의 미혹을 단박에 깨달음으로 전환시키는 한마디를 일전어라 한다.

30 왕의 교화 : 산 아래 마을 사람들이 함께 절을 지어 주었고, 대장군(連帥) 이경양李景讓이 황제께 이 사실을 아뢰어 동경사同慶寺라는 사액을 내리게 되었다.

예언과 같았다.

스님이 상당하여 말하였다.

"도인의 마음은 솔직해서 거짓이 없고, 배후도 없고 표면도 없으며 속이는 마음도 없다. 하루 종일 보이고 들리는 것을 대수롭지 않게 여겨 다시는 왜곡하는 일이 없고, 또한 눈을 감거나 귀를 막지도 않는다. 그저 정情을 사물에 붙이지만 않으면 된다. 위로부터의 모든 성인들께서는 혼탁한 쪽의 허물과 재앙을 말했을 뿐이다. 만약 저 허다한 악각惡覺과 정견情見과 상습想習의 일들이 없다면 마치 맑고 고요한 가을철 강물처럼 청정하고, 함이 없고, 맑고 고요하며, 장애가 없을 것이다. 그런 사람을 도인道人이라 부르고, 또한 일 없는 사람이라 한다."

이때 어떤 스님이 물었다.

"돈오頓悟한 사람도 다시 수행해야 합니까?"

"만일 제대로 깨달아 근본을 얻었다면 그는 스스로 때(時)를 알 것이니, 닦는다거나 닦지 않는다 하는 것이 두 갈래의 말일 뿐이다. 가령 지금 처음으로 발심한 사람들이 비록 인연 따라 한 생각(一念)에 돈오했다 해도 자성의 이치야 있겠지만 비롯함이 없는 광겁曠劫의 습기는 단박에 청정해지지 않는다. 따라서 반드시 그로 하여금 현재의 업과 흐르는 의식을 깨끗이 제거하게 해야 한다. 이것이 바로 수행이지, 그로 하여금 수행하며 나아가게 할 법이 따로 있다고 해서는 안 된다. 들음을 통해 이치에 들어가고 들은 이치가 깊고 오묘하면 마음이 스스로 원만하고 밝아서 미혹의 자리에 머무르지 않는다. 그렇게 해서 비록 백천 가지 오묘한 의리로 당대를 들었다 놓았다 한다 해도, 이것은 자리에 앉아 옷을 걸치고서 살아갈 방도를 비로소 스스로 이해하게 된 것이다. 요점을 말하자면 실제인 이치의 땅에서는 한 티끌도 받아들이지 않지만 만행을 닦는 문에서는 한 법도 버리지 않는다. 만일 단칼에 자르고 들어간다면 범부와 성인의 정情이 다하고 본체가 드러나 참되고 영원하며 이치와 현상이 둘이 아니라서 그대로 여여한 부처이니라."

상당하여 대중이 모이자 스님이 대중을 응시하더니 곧바로 자리에서 내려왔다.

스님이 앙산仰山에게 물었다.

"오묘하고 깨끗하고 밝은 마음을 너는 어떻게 이해하고 있느냐?"

앙산이 말하였다.

"산과 강과 대지와 해와 달과 별들입니다."

"너는 겨우 그런 일을 얻었구나."

"화상께서 조금 전에 무엇을 물으셨습니까?"

"오묘하고 깨끗하고 밝은 마음을 물었지."

앙산이 말하였다.

"뭐라고 부를 일이 없습니다."

스님이 말하였다.

"그렇지, 그렇지."

앙산이 물었다.

"어떤 것이 조사께서 서쪽에서 오신 뜻입니까?"

스님이 등롱燈籠을 가리키며 말하였다.

"매우 좋은 등롱이다."

"그저 이것이라고만 해서는 안 되지 않습니까?"

스님이 말하였다.

"이게 뭔데?"

"매우 좋은 등롱이지요."

스님이 말하였다.

"과연 보지 못하는구나."

앙산이 모시고 서 있다가 말하였다.

"일천 강의 본체는 나눌 수 없습니다."

스님이 말하였다.

"불법은 모름지기 그렇게 이해해야 비로소 된다."

"황금이 황금과 함께하는 것과 같아 끝내 다른 색은 없으니, 어찌 다른 이름이 있겠습니까."

스님이 말하였다.

"다른 이름이 없는 도리를 어떻게 설명하겠느냐?"

앙산이 말하였다.

"병·쟁반·비녀·팔찌·술잔·어음·사발·동이입니다."

스님이 말하였다.

"혜적慧寂이 이렇게 선을 설하니, 사자의 울음에 야간野犴·여우·호랑이 등의 족속들이 놀라서 흩어지는 것과 같구나."

스님은 당나라 대중大中 7년(853) 정월 9일에 편안히 돌아가셨으니, 수명은 83세였다. 칙명으로 대원선사大圓禪師라는 시호를 내렸고, 탑명은 청정淸淨이다.

潭州大潙山祐禪師。【百丈旁出。】福州趙氏。年十五辭親出家。究大小乘教。二十三往江西。侍立次。丈問誰。曰靈祐。丈曰汝撥鑪中看有火否。師撥曰無。丈自深撥得少火擧云。此不是火。師因此有省。乃曰信知古人道。欲識佛性義。當觀時節因緣。時節若至。其理自彰。丈曰此乃暫時歧路耳。師即禮拜而退。次日隨丈遊山次。丈問將得火來否。答將得來。丈曰在什麽處。師拈一枝草。吹三兩吹呈。丈曰如蟲蝕木。師爲典座時。司馬頭陁。自湖南來。告百丈曰。某甲在湖南。尋得一山。名大潙山。是一千五百善知識所居之處。丈曰吾可耶。陁曰和尙骨人。彼肉山不可。丈曰首座可也。曰此人不可。丈曰典座可耶。陁一見乃曰。此人來到於山。十年佛法大興。丈夜召師入室。囑付曰。吾化緣在此。潙山勝境。汝當居之。嗣續吾宗。廣度後學。時第[1]一座曰。祐公後生。何得住持。丈聞乃集衆問。汝等下得一轉語。契老僧意。當徃住彼。乃指淨餠問。我喚作淨缾。汝不得喚作淨缾。喚作什麽。第[2]一座曰。不可喚作不[3]楔也。丈却問師。師踢倒淨缾。便出去。丈曰首座輸却山子了也。遂令師徃潙山。師奉命徃彼。結草爲菴。橡果爲食。鳥獸爲友。經于五七載。絶無來者。師自念曰。我出於世。利益於人。獨坐何益。即便捨菴。下至山口。虎豹狼蛇。橫在路中。師曰我於此有緣。即散去。不然。從汝啖之。言訖即獸散去。師却廻菴。未及一載。乃見安尙座云云。自後王化徒衆漸多。果如頭陁所記。上堂曰。夫道人之心。質直無潙。[4] 無背無面。無詐妄心。一切時中。視聽尋常。更無委曲。亦不閉眼塞耳。但情不附物。即得。從上諸聖。秖是說濁邊過患。若無如許多惡覺情見想習之事。譬如秋水澄渟。淸淨無爲。澹泞無礙。喚他作道人。亦名無事人。時有僧問。頓悟之人。更用脩行否。師曰若眞悟得本。他自知時。脩與不脩。是兩頭語。如今初心。雖從緣得一念頓悟。自理猶有。無始曠劫習氣。未能頓淨。須敎渠淨除現業流識。即是修也。不可別有法。敎渠脩行趣向。從聞入理。聞理深妙。心自圓明。不居惑地。縱有百千妙義。抑揚當時。此乃得坐披衣。自解作活計始得。以要言之則。實際理地。不受一塵。萬行門中。不捨一法。若也單刀趣入則。凡聖情盡。體露眞常。理事不二。即如如佛。上堂衆集。師顧視大衆。便下座。師問仰山。妙淨明心。汝作麽生會。曰山河大地日月星辰。師曰汝秖得其事。山曰和尙適來問什麽。師曰妙淨明心。山曰喚作事也無。師曰如是如是。仰山問。如何是祖師西來意。師指燈籠曰。大好燈龍。曰莫秖這便是也無。師曰是什麽。曰大好燈籠。師曰果然不見。山侍立次。乃曰千江體不分。師曰佛法須悉麽會始得。曰如金與金。終無異色。豈有異名也。師曰作麽生說無異名底道理。山曰缾盤釵釧㽅劵盂盆。師曰寂子恁麽說禪。如師子吼。驚散野犴狐狼之屬。師唐太中七年正月九日。怡然而逝。壽八十三。敕謚大圓禪師。塔曰淸淨。

1) 원 '苐'는 '第'와 통용된다. 2) 원 '苐'는 '第'와 통용된다. 3) 역 '不'는 '木'인 듯하다. 4) 역 '潙'는 '僞'인 듯하다.

○ 홍주 황벽산 희운 선사【백장을 계승하였다.】

그는 민閩 지방 사람이다. 이마 사이에 구슬 같은 것이 불룩 솟아 있었고, 음성이 낭랑하고 매끄러웠으며, 의지가 담담하였다. 여러 지방을 유행하다가 백장의 문하로 찾아가자 백장이 물었다.

"우뚝하고 당당하게 어느 지방에서 왔는가?"

스님이 말하였다.

"우뚝하고 당당하게 영남에서 왔습니다."

"우뚝하고 당당하게 무슨 일로 왔는가?"

"우뚝하고 당당하게 특별한 일 때문에 온 것은 아닙니다."

그러고는 곧바로 예배하였다.

스님이 어느 날 말하였다.

"마조 대사를 찾아뵈러 가고 싶습니다."

백장이 말하였다.

"대사께서는 이미 천화하셨다."

"제가 복이 없군요. 대사께 어떤 인연이 있었는지 모르겠습니다. 화상께서 한두 가지 들려주시기를 부탁드립니다."

백장이 말하였다.

"내가 두 번째 참예했을 때 일이다. 대사께서 곁에 모시고 서서 한참을 아무 말도 없는 나를 보시더니, 선상 모서리에서 불자를 들어 똑바로 세우셨다. 그래서 내가 물었다.

'이것 그대로 사용하십니까, 이것을 떠나서 사용하십니까?'

그러자 대사께서 불자를 본래 자리에 걸어 놓으셨다. 내가 한참 침묵하고 있자 대사께서 도리어 물으셨다.

'네가 이후에 두 조각 입술을 열게 되면 무엇을 가지고 사람들을 위하려는가?'

나 역시 불자를 집어 똑바로 세우자 대사께서 말씀하셨다.

'이것 그대로 사용하는가, 이것을 떠나서 사용하는가?'

내가 불자를 걸어 두려고 하는데 대사께서 갑자기 고함을 치셨다. 나는 당시 곧바로 사흘 동안 귀가 먹고 눈이 캄캄했다."

스님이 이 이야기를 듣고는 자기도 모르는 사이에 혀를 내두르며 뒤로 물러섰다.

백장이 말하였다.

"자네가 이후로 마조 대사를 계승하지 않겠는가?"

"아닙니다. 오늘 화상께서 들려주신 이야기를 통해 마조 대사의 대기지용大機之用을 보게 되었습니다. 이후로 만약 마조 대사를 계승한다면 저의 자손을 잃게 됩니다."

백장이 말하였다.

"견해가 스승과 나란하면 스승의 덕을 반쯤 감하는 것이다. 견해가 스승을 능가해야 비로소 전수를 감당할 수 있다. 자네는 스승을 초월하는 견해를 가진 게 분명하다."

스님이 바로 예배하였다.

위산潙山이 앙산仰山에게 물었다.

"백장이 재차 마조 대사를 찾아뵈었던 인연에 대해 어떻게 생각하는가?"

앙산이 말하였다.

"이것은 대기의 작용을 드러낸 것입니다."

영우가 말하였다.

"마조 대사로부터 80여 선지식이 배출되었는데, 몇 사람이 그 대기大機를 얻고, 몇 사람이 그 대용大用을 얻었는가?"

앙산이 말하였다.

"백장이 그 대기를 얻고, 황벽이 그 대용을 얻었습니다. 나머지는 모조리 말만 전하는 사람일 뿐입니다."

위산이 말하였다.

"그렇지, 그렇지."

분주 소(汾州善昭) 화상이 이를 염하였다.

"알았다면 바로 쉴 것이지, 왜 사흘 동안 귀가 먹고 눈이 멀었다고 말했을까?"

석문 총(石門蘊聰) 화상이 말하였다.

"사흘 동안 귀가 먹고 눈이 멀지 않았다면, 어찌 마조로부터 할을 한 번 당했겠는가?"

분주 소 화상이 이 말을 듣고 말하였다.

"내가 한 말을 저 석문과 비교해 보니 한 보름은 더 참구해야겠다."

어떤 스님이 백장에게 물었다.

"무엇이 기이하고 특별한 일입니까?"

"홀로 대웅봉大雄峯에 앉아 있는 것이다."

그 스님이 예배하자 백장이 바로 때렸다.

백장이 나가다가 황벽을 보고 물었다.

"어디를 갔다 오느냐?"

황벽이 대답하였다.

"대웅산大雄山 아래로 버섯을 따러 갔다 옵니다."

"대웅산 아래에 호랑이 한 마리가 있는데 보았는가?"

황벽이 곧바로 호랑이 소리를 내자 백장이 도끼를 들고 곧바로 내려찍을 태세였다. 황벽이 움켜쥐고 뺨을 한 대 갈기자 백장이 그만두었다. 백장은 곧바로 당으로 올라가 대중에게 말하였다.

"대웅산 아래에 호랑이가 한 마리 있으니, 여러분은 출입하면서 잘 살펴라. 산승도 오늘 직접 한 입 물렸다."

그리고는 바로 당을 내려왔다.

영우 화상이 앙산에게 물었다.

"황벽의 호랑이 화두에 대해 어떻게 생각하는가?"

앙산이 말하였다.

"화상께서는 어떻게 생각하십니까?"

영우가 말하였다.

"백장이 당시 도끼 한 방으로 때려죽였어야 했는데, 어쩌다 이 지경을 만들었을까?"

앙산이 말하였다.

"그렇지 않습니다."

"너는 또 어떻게 생각하는데?"

"곧바로 호랑이 머리에 올라탔어야지 호랑이 꼬리까지 거둘 필요는 없습니다."

영우가 말하였다.

"혜적아, 말이 험하구나."

스님이 상당하여 "너희들은 모두 무엇을 찾으려 하는가?" 하고는 주장자로 쫓아 버렸다. 그래도 대중이 흩어지지 않자, 황벽이 자리에 앉아 다시 말하였다.

"너희들은 보지 못했는가? 마조 대사의 제자 가운데 도량을 차지하고 앉은 사람이 80여 명이지만 바른 법안을 얻은 자는 두세 사람뿐이니, 그 나머지는 말하지 않아도 알리라. 무릇 출가자라면 모름지기 위로부터 전해 온 일에 책임이 있음을 알아야만 한다. 저 제4조의 제자 법융 스님도 횡설수설하였지만 위로 통하는 관문의 빗장이 있다는 것은 알지 못하였다. 이런 안목이라면 바야흐로 삿되고 바른 종파의 무리를 가릴 수야 있겠지만 일단 사람의 일에 맞닥뜨리면 절대로 몸소 깨달을 수가 없다. 그저 말을 배워 그것을 기억해 가죽 주머니 속에 차곡차곡 쌓아 둘 줄만 알고서 가는 곳마다 '나는 선을 안다'고 자칭한들, 그것이 너희의 생사를 대신할 수 있을까? 상류上流를 가볍게 여기면 쏜살같이 지옥에 들어가리라.

나는 너희들이 문으로 들어오는 것만 보아도 바로 다 알아 버린다. 알겠는가? 시급히 노력해야지 용이한 일로 여기지 말라. 한 조각 옷을 걸치고 입에 밥을 넣으면서 일생을 헛되이 보낸다면 눈 밝은 사람이 그대를 비웃을 것이며, 오랜 뒤에는 모조리 속물로 계산되어 지옥으로 잡혀갈 날이 있으리라. 마땅히 스스로 가깝고 먼 일들을 살펴보라. 이게 누구 면전의 일인가? 알려면 당장 알고, 모르겠다면 흩어지는 것만 못하다."

스님이 자리에서 내려왔다.

洪州黃檗山運禪師。【嗣丈。】閩中人也。額間隆起如珠。音辭朗潤。志意冲澹。遊方造百丈之門。丈曰巍巍堂堂。從何方而來。曰巍巍堂堂。從嶺南而來。丈曰巍巍堂堂。爲何事。曰巍巍堂堂。不爲別事。便禮拜。師一日欲去叅馬大師。丈曰大師已遷化了也。曰某甲薄幸。不知大師有什麽因緣。望和尚擧一兩則看。丈曰我再叅時。大師見我侍立良久。於禪牀角頭。取拂子竪起。我問即此用離此用。大師挂拂子於舊處。我良久大師却問。汝已後開兩片皮。將何爲人。我亦取拂子竪起。大師曰。即此用離此用。我擬挂拂子。大師便喝。我當時直得三日耳聾眼暗。師聞此語。不覺吐舌退後。丈曰子已後莫承嗣馬大師去否。曰不然。今日因和尚擧得見馬大師大機之用。已後若承嗣馬大師。喪我兒孫。丈曰見與師齊。減師半德。見過於師。方堪傳授。子甚有超師之見。師便禮拜。潙山問仰山。百丈再叅馬師因緣作麽生。山曰此是顯大機之用。祐曰馬大師出八十餘圓善知識。幾人得其大機。幾人得其大用。山曰百丈得其大機。黃蘗得其大用。餘者皆是唱道之師。潙山曰如是如是。汾州昭和尚拈曰。悟去便休。說什麽三日耳聾眼暗。石門聰和尚曰。若不三日耳聾眼暗。爭受他一喝。昭聞乃曰。我恁麽道。較他石門半月程。百丈因問如何是奇特事。曰獨坐大雄峯。僧禮拜。丈便打。丈出次見黃蘗。問什麽去來。蘗曰大雄山下。採菌子去來。丈曰大雄山下。有一虎子。還見否。蘗便作虎聲。丈取斧便斫勢。蘗約住打一掌。丈便休。丈便上堂謂衆曰。大雄山下有一虎子。汝等出入好看。山僧今日親遭一口。便下堂。祐和尙問仰山。蘗虎話作麽生。山曰和尙作麽生。祐曰百丈當時。一斧所殺。因什麽到如此。山曰不然。祐曰子又作麽生。山曰直須騎虎頭。不須收虎尾。祐曰寂子有險崖之句。上堂曰。汝等諸人。欲何所求。以柱杖趂之。大衆不散。蘗却坐復曰。汝等不見。馬大師下。有八十餘人坐道場。得正法眼者三兩人。其餘即可知也。夫出家兒。須知有從上來事分。始得。且如四祖下融師。橫說竪說。未知有向上關捩子。有此眼目。方辨邪正宗黨。且當人事宜不能體會得。但知學言語念向皮袋裏安著。到處稱我會禪。還替得生死也無。輕忽上流。入地獄如箭射。我纔見汝入門來。便識得了也。還知否。急須努力。切莫容易事。持片衣口食空過一生。明眼人笑汝。久後揔被俗漢筭將去在。冝自看遠近。是阿誰面上事。若會。即便會。若不會。不如散去。師下座。

○ 용담

용담龍潭[31]이 도오道悟 화상에게 물었다.

"제가 여기에 온 뒤로 아직까지 마음의 요체(心要)에 대한 가르침을 받지 못했습니다."

도오가 말하였다.

"그대가 온 뒤로 나는 그대에게 마음의 요체를 가르쳐 주지 않은 적이 없다."

숭신崇信이 말하였다.

"어디서 가르쳐 주셨습니까?"

"그대가 차를 올리면 내가 그대를 위해 받았고, 밥을 갖다 주면 그대를

31 용담龍潭(782~865) : 법명은 숭신崇信이다. 저궁渚宮 출신이며, 가업이 떡장수였다. 천황사天皇寺에 머물던 도오道悟에게 떡을 보시한 인연으로 출가하여 법을 이었다. 예양澧陽의 용담선원龍潭禪院에 주석하였고, 제자로 덕산 선감德山宣鑑이 있다.

위해 받았고, 그대가 합장하면 나는 고개를 숙였다. 어디서 그대에게 마음의 요체를 가르쳐 주지 않았느냐?"

숭신이 머리를 숙이고 한참을 묵묵히 있자 도오가 말하였다.

"보려면 당장 보아야지, 생각으로 헤아리면 바로 어긋난다."

숭신이 그 자리에서 깨달음이 열렸다. 이에 물었다.

"어떻게 보호해야 합니까?"

"성품에 맡겨 소요하고, 인연 따라 널리 놓아 버려라. 그저 범부의 마음을 다할 뿐, 따로 수승한 견해란 없느니라."

龍潭。問道悟和尚曰。某甲自到來。未蒙指示心要。悟曰汝自到來。吾未嘗不指示汝心要。信曰何處指示。悟曰汝擎茶來。吾爲汝接。汝行食來。吾爲汝受。汝和南吾低首。何處不指示汝心要。信低頭良久。悟曰見則直下便見。擬思即差。崇信當下開悟。乃[1]問如何保任。悟曰任性逍遙。隨緣放曠。但盡凡心別無勝解。

1) ㉲ '乃' 자가 저본에는 마멸되어 천리대본天理大本에 의거해 보입하였다.

○ 보화 화상【보적을 계승하였다.】

그가 어디 사람인지는 알 수 없다. 미친 척하면서 법도法度가 없었으며, 시장이나 묘지에서 방울 하나를 흔들면서 말하였다.

"밝은 놈이 오면 밝은 놈이 때리고, 어두운 놈이 오면 어두운 놈이 때린다."

임제臨濟가 어떤 스님을 시켜 그를 붙들어 세우고 이렇게 말하게 했다.

"이런 놈도 저런 놈도 모두 아닐 때는 어떻게 하시겠습니까?"

그러자 스님이 손을 잡아끌고 달리면서 말하였다.

"내일 대비원大悲院에서 재齋가 있단다."

사람만 보면 지위 고하를 막론하고 항상 방울을 한 번 흔들었기에 당시 사람들이 보화普化라고 불렀다. 혹은 방울을 가지고 사람에게 다가가 귓가에 흔들거나 혹은 그의 등을 톡톡 두드려서 뭔가 싶어 사방을 둘러보는 사람이 있으면, 즉시 손을 펴면서 말하였다.

"나에게 똑바로 꿰맨 걸 하나만 주시오."

사람들이 간혹 두루마기를 주기도 하고 누비를 주기도 하였지만 모두 받지를 않고 방울을 흔들면서 가 버렸다. 임제가 이 소식을 듣고 사람을 시켜 관棺 하나를 보내자, 스님이 웃으면서 말하였다.

"임제는 말이 많아."

그러고는 얼른 받고서 대중에게 말하였다.

"내일 동문으로 가서 천화하리라."

고을 사람들이 모두 전송하러 나오자 성질이 난 목소리로 말하였다.

"오늘은 일진이 안 맞다. 내일 남문에서 천화하리라."

사람들이 또 따라가자 다시 말하였다.

"내일 서문이 길할 것 같다."

그래서 따라나서는 사람들이 차츰 줄어들었다. 넷째 날에는 직접 관을 메고 북문 밖으로 나가서 방울을 흔들며 관으로 들어가 입적하였다. 사람들이 관을 열고 살펴보았지만 시체가 보이지 않았고, 점점 멀어지는 방울 소리만 들렸다. 그렇게 허공으로 올라가며 부서진 관을 버리고 떠났으니, 시장 사람들이 그 까닭을 알 수 없었다.

普化和尙。【嗣積寶。】不知何許人也。佯狂無度。或城市。或塚間。振[1)]一鐸云。明頭來明頭打。暗頭來暗頭打。臨濟令僧提住曰。揔[2)]不恁麽時如何。師拽手走曰。來日大非[3)]院裏有齋。凡見人無[4)]高下皆振鐸一聲。時號普化。或將鐸就人。耳邊振之。或拊其[5)]背。有四顧者。即展手云。乞我一箇直裰。[6)] 人或與披襖。或與布[7)]裘。皆不受之。振鐸而去。臨濟聞令人送與一棺。師笑曰。臨濟饒舌。便受之。乃告衆曰。明日去東門遷化。郡人皆送。厲聲曰今日葬不合青烏。第二日南門遷化。人亦隨之。又曰明日西門方吉。人出漸稀。第四日自擎棺。出北門外。振鐸入棺而逝。人揭視之不見。唯聞鐸聲漸遠。昇空破棺弃去。市人莫則其由。

---

1) ㉯ '振' 자가 저본에는 마멸되어 천리대본天理大本에 의거해 보입하였다. 2) ㉯ '揔' 자가 저본에는 마멸되어 천리대본에 의거해 보입하였다. 3) ㊕ '非'는 '悲'인 듯하다. 4) ㉯ '無' 자가 저본에는 마멸되어 천리대본에 의거해 보입하였다. 5) ㉯ '其' 자가 저본에는 마멸되어 천리대본에 의거해 보입하였다. 6) ㊕ '毲'은 '綴'이나 '裰'인 듯하다. 7) ㉯ '布' 자가 저본에는 마멸되어 천리대본에 의거해 보입하였다.

『통록촬요』 제2권 끝

通錄撮要 第二卷 終。

통록촬요 제3권

|通錄撮要 卷第三|

○ 규봉 종밀 선사【달마 10세 도원 화상을 계승하였다.】

그는 과주果州 서충西充의 하何씨로서 본래 부호하고 세력이 왕성한 집안 출신이다. 어린 나이에 유서儒書에 정통하였고, 20세쯤부터는 불교의 경전을 탐구하였다. 당나라 원화元和 2년(807)에 과거를 보러 가는 길에 조원造圓 화상의 법석에 참석하였다가 흔연히 뜻이 맞아서 결국 출가를 원하게 되었고, 그해에 구족계를 받았다.

어느 날 대중을 따라 임관任灌의 집에 갔다가 아랫자리에 앉아 차례에 따라서 『원각요의경圓覺了義經』을 받아 읽다가 미처 다 읽기도 전에 감득하고 깨달아 눈물이 흘렀다. 깨달은 바를 그의 스승에게 말씀드리자 그의 스승이 어루만지면서 말하였다.

"그대가 원돈圓頓의 가르침을 크게 홍포하리라. 이 경은 모든 부처님께서 그대에게 주신 것이다. 떠나거라. 스스로 한 모퉁이에 머무는 일이 없도록 하라."

스님은 눈물을 흘리면서 명을 받들어 예배하고 떠났다. 그리하여 형남荊南의 장張 화상을 찾아뵙자 이렇게 말하였다.

"교법을 전하는 사람이 다시 왔구나. 마땅히 수도에서 널리 펼치며 이끌어야 하리라."

또 신조神照 화상을 뵙자 이렇게 말하였다.

"보살께서 다시 오셨구나. 누가 알아볼 수 있을까?"

스님은 대화大和 연중에 어명을 받고 대궐에 들어갔다. 황제가 여러 차례 법의 요체를 물었고, 조정의 선비들이 귀의하며 흠모하였다. 특히 상국相國 배휴裵休는 진리의 전당에 깊숙이 들어와 가르침을 받고 외호자外護者가 되었다.

어느 날 스님은 스스로 '비록 부처님께서 자비를 늘리는 것이 수행이라 말씀하셨지만 스스로 생각건대 애견愛見을 막기가 어렵다.'고 생각해 결국 대중을 버리고 산으로 들어갔다. 그렇게 선정과 지혜를 균등히 익히면서 생각을 쉬기를 앞뒤로 10년을 계속하였다.【앞뒤라 한 것은 중간에 그를 찾아 대궐에 들어가 성에서 2년을 머물렀고, 청을 올리고서야 다시 산으로 돌아온 것을 말한다.】 그러자 미세한 습기의 정이 일어났다 사라지는 것이 고요한 지혜에서 드러나고, 차별법의 뜻이 줄줄이 펼쳐지는 것이 텅 빈 마음에 나타났는데 틈새로 비치는 햇살에 고운 먼지들이 어지럽게 날리고, 맑은 못의 밑바닥에 그림자가 또렷또렷한 것과 같았다. 그러니 어찌 공연히 침묵만 지키는 어리석은 선이나 그저 문장만 뒤지는 미친 지혜에다 견주겠는가? 이처럼 본래부터 자신의 마음을 깨달음으로 인해 모든 교법을 판별했기 때문에 심종心宗에 마음이 간절하였고, 또 모든 교법을 판별함으로 인해 마음 닦는 법을 이해했기 때문에 교의教義에 정성을 다하였다.

누가 물었다.

"마음 바탕을 닦는 법은 마음을 깨달으면 곧 끝입니까, 아니면 따로 수행문이 있습니까? 만약 따로 수행문이 있다면 왜 남종南宗을 돈오의 종지라 하며, 만약 깨달으면 곧 모든 부처님과 같다고 한다면 왜 신통광명을 발하지 않습니까?"

스님이 대답하였다.

"얼음 못 전체가 물인 줄 알더라도 햇볕을 빌려야 녹고, 범부가 곧 부처임을 깨달아도 법력을 바탕으로 훈습해야 한다. 그런 다음에 얼음이 녹으면 물이 부드럽게 흘러 비로소 물을 대고 세척하는 공용이 드러나고, 허망이 다하면 마음이 신령스럽게 통하여 신통광명의 작용을 응하여 나타나는 것이다. 그러니 마음을 닦는 것 외에 다른 수행문은 없다."

물었다.

"만약 마음만 닦으면 부처가 된다면 무슨 까닭에 여러 경전에서 다시 '반드시 불국토를 장엄하고 중생을 교화해야 비로소 부처를 이룬다.'고 설하였습니까?"

대답하였다.

"거울이 밝으면 그림자가 천차만별로 나타나고, 마음이 맑으면 신통이 만 가지로 감응한다. 그림자는 불국토를 장엄하는 것을 비유하고, 신통은 중생을 교화하는 것을 비유한 것이다. 따라서 장엄하지만 곧 장엄하는 것이 아니니, 그림자는 색色이면서 색이 아니기 때문이다."

물었다.

"화상은 어떤 인연으로 발심하고, 어떤 법을 사모해서 출가했으며, 지금은 어떻게 수행하고, 어떤 법의 맛을 얻었으며, 얻은 지위가 어디에 이르렀습니까? 지금 마음에 머물고 계십니까, 마음을 닦고 계십니까? 만약 마음에 머문다면 마음 닦는 일을 방해할 것이고, 만약 마음을 닦는다면 생각을 움직여 안정되지 못한 것이니, 어찌 도를 배우는 것이라 하겠습니까? 만약 마음을 안정시켜 하나로 고정한다면, 성품이 정해져 있다고 주장하는 무리와 무엇이 다르겠습니까? 부디 바라건대 대덕께서 대자대비를 베푸시어 이치대로 여여하게 차례차례 설명해 주십시오."

대답하였다.

"사대四大가 허깨비 같음을 깨닫고, 육진六塵이 허공의 꽃과 같음을 통달해 자기 마음이 부처님 마음임을 깨닫고, 본래 성품이 법성임을 보는 것이 바로 발심發心이다. 마음이 머무름이 없음을 아는 것이 바로 수행이고, 머무름이 없는데도 아는 것이 바로 법의 맛이다. 법에 머물러 집착하면 그것이 생각을 움직이는 것이다. 따라서 사람이 어두운 곳에 들어가면 아무것도 보이지 않는 것과 같다. 이제 머무는 바가 없으면 물들지도 않고 집착하지도 않는다. 따라서 사람이 눈이 있고 태양의 광명이 있으면 갖가지 법을 보게 되는 것과 같다. 그러니 어찌 성품이 정해져 있다고 주장하는 무리라 하겠는가? 이미 머물거나 집착하는 것이 없는데 어찌 도달한 경지를 논하겠는가?"

물었다.

"이치를 깨닫고 망상을 쉰 사람이 업을 짓지 않는다면, 일정한 시기의 수명이 끝난 뒤에는 영성靈性이 어디에 의지합니까?"

대답하였다.

"일체중생치고 깨달음의 성품(覺性)을 갖추지 않은 자가 없으니, 신령스러운 밝음과 공적함은 부처님과 다름이 없다. 다만 비롯함이 없는 아득한 겁부터 한 번도 완전히 깨달은 적이 없어 망령되게도 몸을 집착해 나의 모습이라 여기기 때문에 태어나 늙고 병들어 죽으면서 기나긴 겁에 윤회하는 것이다. 하지만 몸 가운데의 깨달음의 성품은 태어나거나 죽은 적이 없으니, 마치 꿈속에서 노역을 해도 몸은 본래 편안하고 한가한 것과 같고, 물이 얼음이 되어도 축축한 성품은 바뀌지 않는 것과 같다. 만약 이 성품을 깨닫는다면 곧 그것이 법신이니, 본래 스스로 생겨난 일이 없는데 어찌 의탁할 곳이 있겠는가? 신령스럽고 신령스러워 어둡지 않고 명료하고 명료해 항상 알지만 온 곳도 없고 또한 갈 곳도 없다.

하지만 수많은 생애에 성품으로 여기면서 망령되게 집착한 습기는 기쁨·노여움·슬픔·즐거움을 이루면서 미세하게 흐른다. 진리는 비록 단박에 통달할 수 있지만 이 망정은 단박에 제거하기 어렵다. 따라서 반드시 오랜 시간 깨달음 속에서 관찰하여 덜어 내고 또 덜어 내야만 한다. 마치 바람은 단박에 그치지만 물결은 차츰차츰 멈추는 것과 같으니, 어찌 겨우 한 생애 닦은 것이 단번에 모든 부처님들의 역용과 같을 수 있겠는가?

그저 공적空寂으로써 자체를 삼을지언정 색신色身을 자신의 몸으로 오인하지 말며, 신령스러운 앎으로써 자신의 마음을 삼을지언정 망념妄念을 자신의 마음으로 오인하지 말라. 망념이 일어나더라도 전혀 따르지 않으면 임종할 때 자연히 업業이 구속하지 못할 것이다. 비록 중음中陰이 있다 하더라도 천상이건 인간세계건 원하는 곳으로 자유롭게 뜻대로 의탁하리라. 만약 사랑하고 미워하던 생각이 이미 없어졌다면 분단신分段身을 받지 않게 되어 스스로 짧은 것을 길게 바꿀 수 있고, 거친 것을 아름답게 바꿀 수 있다. 만약 미세한 습기의 흐름마저 모두 적멸했다면 오직 원각圓覺의 큰 지혜만이 환하게 홀로 존재하리라. 그러면 곧 기연 따라 천백억의 몸을 응현하여 인연 있는 중생을 제도할 것이니, 이를 부처님이라 한다.

통틀어 말하자면, 아침저녁에 하는 일들이 망정의 티끌에 이끌리면 임종할 때에 업에 이끌려서 태어나게 되고, 만약 도모하고 하는 일들이 깨달음의 지혜를 말미암고 망정의 티끌을 말미암지 않으면 임종할 때에 내 마음대로 자유롭게 태어나지 업에 이끌리지 않는다. 마땅히 알라. 임종할 때에 새로운 삶을 자유자재로 받을 수 있을지, 자유자재로 받지 못할지를 확인하고 싶다면, 그저 평상시 마음 씀씀이가 티끌 경계에 자유로운가, 자유롭지 못한가만 확인해 보라."

스님은 법계를 안방 깊숙한 곳으로 삼고, 교가의 전적을 뜰과 건물로 삼고, 자비를 보관과 일산으로 삼고, 중생을 동산과 숲으로 삼고서 종일 찬술하였지만 한 번도 문자를 생각한 적이 없었다. 그리하여 귀의한 도속道俗들이 시장통을 이루고 원근에 크게 명성을 떨쳤다.

회창會昌 원년(841) 정월 6일에 앉아서 입멸하였다. 다비하여 사리를 얻었는데, 하얗게 빛나고 크고 윤택하였다. 문인들이 울면서 그것을 찾다가 다들 잿더미 속에서 얻었고, 그것을 석실에 안장하였다. 수명은 62세이고, 법랍은 34세였다. "시체를 메다가 새와 짐승에게 보시하고, 남은 뼈를 태워서 흩뿌려라. 슬피 그리워하여 선관禪觀을 어지럽히지 말 것이며, 매년 청명淸明에는 산에 올라 반드시 7일 동안 도를 강설하라. 이를 어기는 자는 나의 제자가 아니다."라는 유언을 남겼다. 상복을 입은 사부대중이 수십만 명이었고, 슬픈 곡소리가 온 들판을 뒤덮었다. 선종宣宗이 다시 불교를 권장하게 되면서 정혜선사定慧禪師라는 시호를 추증하고, 탑명을 청련靑蓮이라 하였다.

圭峯密禪師。【嗣達磨十世道圓和尙。】果州西充何氏。家本豪盛。髫齔通儒書。

冠歲探釋典。唐元和二年。將赴貢擧。偶造圓和尙法席。欣然契會。遂求披削。當年進具。一日隨衆任灌家。居下位。以此受經。得圓覺了義。覽未終軸。感悟流涕。以所悟告其師。師撫之曰。汝當大弘圓頓之敎。此經諸佛授汝耳。行矣。無自滯於一隅也。師泣奉命。禮辭而去。因謁荊南張和尙。曰傳敎人再來也。當宣導於帝都。又見神照和尙。曰菩薩人再來也。誰能識之。師大和中。徵入內。帝累問法要。朝士歸慕。唯相國裵公。深入堂奧。受敎外護。一日師自謂曰。雖佛說悲增是行。而自慮愛見難防。遂捨衆入山。習定均慧。前後【前後者。中間被敕內住城二年。方却來[1]請歸山也。】息慮。相繼十年。微細習情起滅。彰於靜惠。差別法義羅列。現於空心。虛隙日光。纖埃擾擾。淸潭水底。影像昭昭。豈比夫空守默之癡禪。但[2]尋文之狂慧者也。然本因了自心而辨諸敎。故懇情於心宗。又因辨諸敎而解修心。故虔誠於敎義。師因問。凡修心地法。爲當悟心即了。爲當別有行門。若別有行門。何名南宗頓旨。若悟即同諸佛。何不發神通光明。師答識氷池而全水。借陽氣而鎔消。悟凡夫而即佛。資法力而熏修。次消則水流潤。方呈漑滌之功。妄盡則心靈通。應現通光之用。修心之外無別行門。問若但修心得佛者。何故諸經復說。必須莊嚴佛土。敎化衆生。方名成佛。答鏡明而影像千差。心淨而神通萬應。影像類莊嚴佛國。神通則敎化衆生。莊嚴而即非莊嚴。影像而亦色非色。問和尙因何發心。慕何法而出家。今如何修行。得何法味。所得至何處地位。今住心耶。修心耶。若住心妨修心。若修心則動心不安。云何名爲學道。若安心一定。則何異乏性之徒。伏願大德運大慈悲。如理如如。次第[3]爲說。答覺四大如坏幻。達如空花。悟自心爲佛心。見本性爲法性。是發心也。知心無住。即是脩行。無住而知。即爲法味。住著於心。斯爲動念。故如人入闇則無所見。今無所住。不染不著。故如人有目及日光明。見種種法。豈爲乏性之徒。旣無所住著。何論處所。問悟理息妄之人不結業。一期壽終之後。靈性何依。答一切衆生。無不具有覺性。靈明空寂與佛無殊。但以無始劫來。未曾了悟。妄執身爲我相故。生老病死長劫輪廻。然身中覺性。未曾生死。如夢被驅役而身本安閑。如水作氷而濕性不易。若能悟此性。即是法身。本自無生。何有依托。靈靈不昧。了了常知。無所從來。亦無所去。然多生妄執習以性。成喜怒哀樂。微細流注。眞理雖然頓達。此情難以頓除。須長覺察。捐之又捐。如風頓止。波浪漸停。豈可一生所修。便同諸佛力用。但可以空寂爲自體。勿認色身。以靈知爲自心。勿認妄念。妄念若起。都不隨之。即臨終時。自然業不能繫。雖有中陰。所向自由。天上人間。隨意寄托。若愛惡之念已泯。即不受分段之身。自能易短彵長。易麤爲妙。若微細流注。一切寂滅。唯圓覺大智。朗然獨存。即隨機應現千百億身。度有緣衆生。名之爲佛。通而言之。但朝暮之間所作。被情塵所牽。即臨終被業所牽而受生。若所作所爲。由於覺智。不由情塵。即臨終由我自在而受生。不由業也。當知欲驗臨終受生自在不自在。但驗尋常行心。於塵境自由不自由。師以法界爲堂奧。敎典爲庭宇。慈悲爲冠盖。衆生爲園林。終日贊述。未曾以文字爲念。道俗歸依者如市。遠近大驚。會昌元年正月六日座滅。荼毗得舍利。明白閏大。門人泣求之。皆得於煨燼。藏之石室。壽六十有二。臘三十四。遺誡令舁屍施鳥獸。焚其骨而散之。勿得悲慕以亂禪觀。每淸明上山。必講道七日。違者非吾弟子。持服四衆。數千百人。哀泣喧野。曁宣宗再闡眞敎。追謚定慧禪師。塔曰靑蓮。

1) 역 '來'는 '表'인 듯하다. 2) 원 '但'이 저본에는 '伹'로 쓰인 경우가 많다. 이제 '但'으로 고치니, 아래에서도 이에 준하며, 재차 주를 붙이지 않는다. 3) 원 '苐'는 '第'와 통용된다. 다음도 마찬가지다.

○ 장사 경잠 초현 대사【남전을 계승하였다.】

일정한 처소 없이 그저 인연 따라 중생들과 교류하면서 적절하게 법을 설해 주었기에 장사長沙 화상이라 하였다.

상당하여 말하였다.

"내가 만약 한결같이 으뜸가는 가르침만 고양한다면 법당 안에 분명 풀이 한 길은 우거질 것이다. 그럴 수는 없어서 여러분에게 말한다. 온 시방세계가 사문의 눈이고, 온 시방세계가 사문의 온몸이며, 온 시방세계가 자기의 광명이고, 온 시방세계가 자기 광명 속이다. 내가 항상 여러분에게 말하였다. 광명이 아직 일어나지 않았을 때는 부처도 없고 중생이라는 조짐조차도 없는데 어느 곳에서 산하와 국토를 찾을 수 있겠는가?"

이때 어떤 스님이 물었다.

"무엇이 사문의 눈입니까?"

스님이 대답하였다.

"길고 길어서 벗어날 수가 없다."

또 말하였다.

"십법계 등도 모두 벗어날 수 없다."

"모르겠습니다. 무엇을 벗어날 수 없습니까?"

"낮에는 해를 보고, 밤에는 별을 본다."

"모르겠습니다."

"묘고산의 빛깔이 푸르고 또 푸르구나."

스님이 함께 참구하던 회會 화상에게 한 스님을 보내 묻게 하였다.

"남전南泉을 뵙고 난 뒤에는 어떻습니까?"

회 화상이 침묵하였다.

"남전을 뵙기 전에는 어떠셨습니까?"

회 화상이 말하였다.

"다시 다른 것이 있을 수 없다."

그 스님이 돌아와 말씀드리자 스님이 게송 하나를 지어서 보였다.

백 척 장대 끝에 앉아 있는 사람이여
들어오긴 했지만 아직 참되지는 않나니
백 척 장대 끝에서 반드시 걸음을 내디뎌야
시방세계가 온몸이리라

물었다.

"백 척 장대 끝에서 어떻게 걸음을 내딛습니까?"

"낭주朗州의 산이요, 예주澧州의 물이니라."

"화상께서 설명해 주십시오."

"사해四海와 오호五湖가 황제의 덕화 속에 있느니라."

물었다.

"남전 화상께서는 천화하여 어디로 가셨습니까?"

"동쪽 집에서는 나귀가 되고, 서쪽 집에서는 말이 되셨다."

"모르겠습니다."

"타고 싶으면 타고 내리고 싶으면 내려라."

물었다.

"지렁이를 두 토막 내면 두 쪽 모두 움직이는데, 불성은 어느 쪽에 있습니까?"

"움직임과 움직이지 않음이 어떤 경계인가?"

"전적에 근거하지 않은 말은 지혜로운 이가 이야기할 바가 아닙니다. 화상께서 '움직임과 움직이지 않음이 어떤 경계인가?'라고 하신 말씀이 어느 경전에 나옵니까?"

스님이 말하였다.

"분명하다. 전적에 근거하지 않은 말은 지혜로운 이가 이야기할 바가 아니다. 대덕은 어찌 보지 못했는가? 『능엄경楞嚴經』에 말하기를 '반드시 알아야 한다. 시방의 끝없고 움직이지 않는 허공과 아울러 요동하는 땅·물·불·바람을 똑같이 육대六大라 하나니, 성품이 참되고 원융하여 모두가 여래장如來藏이라서 본래 생멸이 없다.'[1]고 하였다. 내 게송을 들어 보라.

1 『首楞嚴經』 권3(T19, 118c).

너무도 심오하고, 너무도 심오하구나
법계와 사람의 몸이 바로 마음이었네
미혹한 이는 마음을 미혹해 온갖 색色으로 여기지만
깨닫고 나면 온 세계가 바로 참된 마음이로다
몸과 세계 두 경계에 실다운 모습은 없으니
이것을 분명히 통달한 자를 지음知音이라 한다"

또 물었다.

"무엇이 다라니陀羅尼입니까?"

스님이 선상禪牀의 오른쪽을 가리키면서 말하였다.

"저 스님이 암송할 수 있다."

"암송할 수 있는 사람이 또 있습니까?"

스님이 또 선상의 왼쪽을 가리키면서 말하였다.

"저 스님도 암송할 수 있다."

"저에게는 왜 들리지 않습니까?"

"참된 암송에는 메아리가 없고, 참된 들음에는 들리는 게 없다."

"그렇다면 음성은 법계의 성품에 들어가지 않습니까?"

"빛깔을 벗어나서 보려고 하는 것은 정견正見이 아니고, 소리를 벗어나서 듣기를 바라는 것은 삿된 들음이다."

"어떤 것이 빛깔을 벗어나지 않는 정견이고, 소리를 벗어나지 않는 참된 들음입니까?"

스님이 대답하였다.

"내 게송을 들어 보라.

눈에 가득한 것이 본래 빛깔이 아니고
귀에 가득한 것이 본래 소리가 아니니

문수文殊가 항상 눈을 찌르고
관음觀音이 귀를 막는구나
셋을 회합하면 원래 한 몸이고
넷을 통달하면 본래 같은 진여이니
당당하구나, 법계의 성품이여
부처도 없고 사람도 없도다"

물었다.
"위로 향하는 외가닥 길을 화상께서 말씀해 주십시오."
스님이 말하였다.
"구멍 하나인 바늘에 석 자의 실이다."
"어떻게 알아야 합니까?"
"익주益州의 베와 양주楊州의 비단이다."
스님이 뜰 앞에서 볕을 쬐는데, 앙산仰山이 말하였다.
"사람마다 다들 이것을 가지고 있다. 단지 사용하지 못할 뿐이다."
스님이 말하였다.
"그대에게 사용해 보라고 부탁하라는 건가?"
앙산이 말하였다.
"당신은 어떻게 사용하는가?"
스님이 바로 앙산을 걷어차 쓰러뜨렸다. 그러자 앙산이 말하였다.
"완전 호랑이구먼."【이때부터 제방에서 그를 호랑이 경잠이라 불렀다.】

"무엇이 문수입니까?"
"담장·벽·기왓장·자갈이 그것이다."
"무엇이 관음입니까?"
"소리와 말이 그것이다."

"무엇이 보현普賢입니까?"
"중생의 마음이 그것이다."
"무엇이 부처님입니까?"
"중생의 색신色身이 그것이다."
"항하 모래알처럼 수많은 부처님의 본체가 모두 동일한데 왜 갖가지 명호가 있는 것입니까?"
"안근眼根으로부터 근원으로 돌아오는 것을 문수라 하고, 이근耳根으로부터 근원으로 돌아오는 것을 관음이라 하며, 마음으로부터 근원으로 돌아오는 것을 보현이라 한다. 문수는 부처님의 묘하게 관찰하는 지혜(妙觀察智)이고, 관음은 부처님의 반연함이 없는 큰 자비(無緣大慈)이고, 보현은 부처님의 함이 없는 오묘한 행(無爲妙行)이니, 세 성인이 바로 부처님의 오묘한 작용이고 부처님이 바로 세 성인의 참된 본체이다. 작용의 측면에서는 항하 모래알처럼 수많은 거짓 이름들이 있지만 본체의 측면에서는 통틀어 하나의 박가범薄伽梵이라 한다."
"색이 곧 공이고 공이 곧 색이라는데, 이것이 어떤 이치입니까?"
스님이 말하였다.
"내 게송을 들어 보라.

막힌 곳이 담장과 벽이 아니니
통한 곳을 허공이라 하지 말라
만약 사람이 이렇게 이해한다면
마음과 색은 본래 같으니라"

또 게송으로 말하였다.

불성이 당당하게 드러나 있지만

성품에 머무는 유정은 보기 어렵지
중생에 내가 없음을 깨달으면
내 얼굴이 어찌 부처님 얼굴과 다르랴

"어떻게 해야 산하와 국토를 굴려 자기로 돌아오게 할 수 있습니까?"

대답하였다.

"어떻게 해야 자기를 굴려 산하와 국토를 이룰 수 있을까?"

"모르겠습니다."

"호남성湖南城에서는 백성을 부양하기 좋으니, 쌀값 싸고 땔감이 많아 사방의 이웃을 만족시키느니라."

질문한 스님이 말이 없자 스님이 게송으로 말하였다.

산하를 굴리겠다고 누가 묻는가
산하를 굴려 누구에게로 향할까
원통圓通에는 두 언덕이 없으니
법성은 본래 돌아감이 없느니라

長沙景岑號招賢大師。【嗣南泉後。】居無定所。但絢緣接物。隨宜說法。故名長沙。上堂曰。我若一向擧揚宗敎。法堂裏。須草深一丈。事不獲已。向汝諸人道。盡十方世界。是沙門眼目。盡十方世界。是沙門全身。盡十方世界。是自己光明。盡十方世界。是自己光明裏。我常向汝諸人道。光明未發時。尙無佛無衆生消息。何處得山河國土來。時僧問。如何是沙門眼。師曰長長出不得。又云十法界等。皆出不得。問未審出箇什麽不得。師曰晝見日夜見星。僧曰不會。師曰妙高山色靑又靑。師令僧問同叅會和尙。見南泉後如何。會默然。問未見已前作麽生。會曰不可更別有也。僧還擧。師示一偈。

百尺竿[1)]頭坐底人。雖然得入未爲眞。

百尺竿頭須進步。十方世界是全身。

問百尺竿頭如何進步。師曰朗州山澧州水。曰請師道。師曰四海五湖皇化裏。問南泉遷化。向什麽處去。師曰東家作驢。西家作馬。問不會。師曰要騎即騎要下即下。問蚯蚓斷爲兩段。兩頭俱動。佛性在何頭。師曰動與不動。是何境界。僧曰言不干典。非智者之所談。秖如和尙言。動與不動。是何境界。出自何經。師曰酌然言不干典。非智者之所談。大德豈不見。楞嚴云。當知十方無邊不動虛空。并動搖地水火風。均名六大。性眞圓融。皆如來藏。本無生滅。聽吾偈曰。最甚深。[2)]法界人身便是心。

迷者迷心爲衆色。悟時刹境是眞心。

身界二塵無實相。分明達此號智音。

又問如何是陀羅尼。師指禪牀右邊曰。遮箇僧却誦得。曰還有人誦得否。師又指禪牀左邊曰。遮箇僧亦誦得。問某甲爲什麽不聞。師曰眞誦無響。眞聽無聞。曰恁麽則音聲不入法界性也。師曰離色求觀非正見。離聲求聽是邪聞。問如何是不離色是正見。不離聲是眞聞。答聽吾偈曰。

滿眼本非色。滿耳本非聲。

文殊常觸目。觀音塞耳根。

會三元一體。達四本同眞。

堂堂法界性。無佛亦無人。

問向上一路。請師道。師曰一口針三尺線。問如何領會。師曰益州布楊州絹。師因庭前向日次。仰山曰。人人盡有遮箇。秖是用不得。師曰是請汝用去也。山曰汝作麽生用。師乃蹋倒仰山。山曰。一似箇大蟲。【從此諸方。謂之岑大蟲。】問如何是文殊。師曰墻壁瓦礫是。問如何是觀音。師曰。音聲語言是。問如何是普賢。師曰衆生心是。問如何是佛。答衆生色身是。問河沙諸佛體皆同。何故有種種名。答從眼根返源。名文殊。從耳根返源。名觀音。從心返源。名普賢。文殊是佛妙觀察智。觀音是佛無緣大慈。普賢是佛無爲妙行。三聖是佛之妙用。佛是三聖之眞體。用則有河沙假名。體則捻名一薄伽梵。問色則是空。空則是色。此理如何。師曰聽吾偈曰。

礙處非墻壁。通處勿虛空。

若人如是解。心色本來同。

又偈曰。

佛性堂堂顯現。住性有情難見。

若悟衆生無我。我面何殊佛面。

問如何轉得山河國土。歸自己去。答如何轉得自己。成山河國土去。僧曰不會。師曰湖南城下好養民。米賤柴多足四隣。僧無語。師有偈曰。

誰問山河轉。山河轉向誰。

圓通無兩畔。法性本無歸。

---

1) ㉆ '竽'는 '竿'인 듯하다. 다음도 마찬가지다. 2) ㉧ '深' 다음에 '最甚深'이 결락된 듯하다.

○ 조주 관음원 종심 선사【남전을 계승하였다.】

남전南泉을 만났는데, 마침 남전이 누워서 쉬다가 물었다.

"근래 어디서 떠났는가?"

"근래 서상원瑞像院에서 떠났습니다."

"그래 서상瑞像은 보았는가?"

"서상은 보지 못했고, 도리어 누워 있는 여래를 보았습니다."

남전이 벌떡 일어나 앉아서 물었다.

"너는 주인이 있는 사미냐, 주인이 없는 사미냐?"

"주인이 있는 사미입니다."

"주인은 어디 있느냐?"

"한겨울 엄동설한에 부디 화상께서는 존귀하신 몸 기거하심에 만복이 깃드소서."

남전이 드디어 유나에게 명하였다.

"이 사미를 나와 함께 지내게 하라."

이 일로 드디어 입실入室을 허락하였다.

어느 날 물었다.

"무엇이 도道입니까?"

남전이 말하였다.

"평상심平常心이 도이니라."

"그런데도 향해 나아가야 합니까?"

"향하려고 마음먹으면 곧 어긋난다."

"마음먹지 않을 때에는 어떻게 도인 줄 압니까?"

남전이 말하였다.

"도는 알고 모르는 데 속하지 않는다. 아는 것은 망령된 지각이고, 알지 못하는 것은 무기無記이다. 만일 걸림이 없음을 통달한다면 허공처럼 탁 트여 허허롭고 활달하리니, 어찌 억지로 시비를 일삼겠는가?"

스님이 말끝에 이치를 깨달았다.

다른 날 물었다.

"본래부터 있었음을 안 사람은 어느 곳으로 가서 쉽니까?"

남전이 말하였다.

"산 아래 암소가 되느니라."

"가르쳐 주신 스님께 감사드립니다."

"지난밤 삼경에 달이 창에 비치더라."

어느 날 동서 양당의 승려들이 고양이 새끼를 두고 싸움이 벌어지자, 남전이 고양이를 들어 올리고 말하였다.

"말하면 살려 주겠지만 말하지 못한다면 베겠다."

양쪽 다 대답이 없자 남전이 베어 버렸다. 나중에 이 이야기를 조주에게 들려주자 조주가 신을 벗어 머리에 얹더니 곧바로 나가 버렸다.

남전이 말하였다.

"그때 자네가 있었다면 고양이를 구했을 텐데."

조주가 물었다.

"도는 만물 밖이 아니고 만물 밖은 도가 아닌데, 무엇이 만물 밖의 도란 말입니까?"

남전이 바로 조주를 때리자 조주가 말하였다.

"저를 때리지 마십시오. 이후에도 사람을 잘못 때리는 일이 있겠군요."

남전이 말하였다.

"용과 뱀은 쉽게 가리겠는데 납자는 속이기 어렵구나."

상당하여 말하였다.

"이 일은 너무도 분명하여 생각으로 헤아릴 수 없는 대장부도 여기를 벗어날 수는 없다. 내가 위산潙山을 뵈었을 때 '무엇이 조사께서 서쪽에서 오신 뜻입니까?' 하고 묻자 위산이 '나에게 의자를 가져다주게.' 하였다. 무릇 종사라면 반드시 본분의 일로 납자를 지도해야만 비로소 된다."

그때 한 스님이 물었다.

"무엇이 조사께서 서쪽에서 오신 뜻입니까?"

"뜰 앞의 잣나무다."

"화상께서는 경계를 가지고 학인을 가르치지 마십시오."

"나는 경계를 가지고 가르치지 않는다."

"무엇이 조사께서 서쪽에서 오신 뜻입니까?"

"뜰 앞의 잣나무다."

물었다.

"만법이 하나로 돌아간다는데, 하나는 어디로 돌아갑니까?"

"노승이 청주靑州에 있을 때 베 장삼을 한 벌 만들었는데, 무게가 일곱 근이었다."

물었다.

"학인이 이제 막 총림에 들어왔습니다. 뭘 해야 할지 스님께서 지시해 주십시오."

"죽은 먹었느냐?"

"죽은 다 먹었습니다."

"발우를 씻어라."

그 스님이 계합하여 깨달았다.

물었다.

"무엇이 손님 가운데 주인입니까?"

"산승은 아내에게 묻지 않는다."

"무엇이 주인 가운데 손님입니까?"

"산승은 장인이 없다."

스님은 찾아온 승려들을 보면 곧바로 "이곳에 온 적이 있는가?" 하고 물었다. 그래서 "온 적이 있다."고 대답하건 혹은 "온 적이 없다."고 대답하건 스님은 항상 이렇게 말씀하셨다.

"차 마시러 가라."

그래서 원주가 물었다.

"화상께서는 늘 스님들에게 온 적이 있는지 온 적이 없는지를 묻고는 뭐라고 대답하건 차 마시러 가라고 말씀하시는데, 그 속뜻이 무엇입니까?"

스님이 원주를 부르자 원주가 "네." 하고 대답하였다.【그러자 스님이 말하였다. "차 마시러 가라."】

스님은 당나라 건녕乾寧 4년(897)에 단정히 앉아 돌아가셨다. 수명은 120세였다. 시호는 진제대사眞際大師이고, 탑명은 광조光祖이다.

趙州觀音院從諗禪師。【嗣泉。】值南泉偃息而問。近離什麽處。曰離瑞像。泉曰還見瑞像否。曰瑞像即不見。却見箇臥如來。泉便起坐問。汝是有主沙彌。無主沙彌。曰有主沙彌。泉曰主在什麽處。曰仲冬嚴寒。伏惟和尙尊體起居萬福。泉遂令維那。與我安排。遮沙彌著。因此乃許入室。一日問如何是道。泉曰平常心是道。曰還許趣向否。泉曰擬向即乖。曰不擬時如何知道。泉曰道不屬知不知。知是妄覺。不知是無記。若達無礙。猶如太虛。廓然虛豁。豈可强是非耶。師言下悟理。異日問。知有底人。向什麽處休歇。泉曰山下作一頭水牯牛去。曰謝師指示。泉曰昨夜三更月到窓。一日兩堂僧爭猫兒。泉提起猫兒曰。道得即救。道不得即斬。二俱無對。泉即斬。後擧似趙州。州脫鞋安頭上便出去。泉曰當時子在即救猫兒。趙州問。道非物外。物外非道。如何是物外道。泉便打趙州。州曰莫打某甲。已後錯打人去在。泉曰龍蛇易辨。衲子難謾。上堂曰。此事的的。勿量大人。出遮裏也不得。吾見潙山。因問如何是祖師西來意。山曰與我將坐牀子來。師曰大凡宗師。須以本分事接人。始得。時僧問。如何是祖師西來意。師曰庭前栢樹子。曰和尚莫將境示人。師曰我不將境示人。曰如何是西來意。師曰庭前栢樹子。問萬法歸一一歸何處。師曰老僧在青州。作得一領布衫重七斤。問學人乍入叢林。乞師指示。師曰喫粥去。曰喫粥了也。師曰洗鉢盂去。其僧契悟。問如何是賓中主。師曰山僧不問婦。問如何是主中賓。曰山僧無丈人。師凡見僧來。便問曾到此間麽。云曾到。惑云不曾到。師皆云喫茶去。院主乃問。和尚尋常問僧。曾到與不曾到。總道喫茶去。意旨如何。師召院主。主應諾。【師云喫茶去。】師唐乾寧四年。端坐而終。壽一百二十歲。謚眞際大師光祖之塔。

◯ 화정 덕성 선사【약산을 계승하였다.】

스님은 일찍이 화정華亭의 오강吳江에 조그마한 배 하나를 띄워 놓고 지냈기 때문에 당시 사람들이 선자 화상船子和尙이라 하였다. 약산의 회상에서 함께 참구했던 도오道吾에게 이런 말을 한 적이 있다.

"나중에 영리한 자가 있거든 내게로 보내 주게."

도오가 나중에 드디어 협산 선회夾山善會에게 선자가 있는 곳으로 찾아가도록 지시하였다. 선회가 배를 타자마자 스님이 물었다.

"대덕께서는 어느 절에서 오셨소?"

"눈앞에는 없는 절입니다."

"그게 뭐요?"

"눈앞에 보여 드릴 수 없는 법입니다."

"어디서 그런 걸 배웠소?"

"귀와 눈으로 도달할 곳이 아닙니다."

스님이 그를 부르며 말하였다.

"한마디 딱 들어맞는 말이 만겁에 나귀를 묶어 두는 말뚝이라네."

또 물었다.

"천 자나 되는 낚싯줄을 드리운 것은 그 뜻이 못 속 깊은 곳에 있다네. 떠다니다가 안정되었다가 있다가 없다가 하는 세 치 바늘을 벗어나서 자네는 왜 말하지 못하는가?"

선회가 이리저리 궁리하자 스님이 곧바로 삿대로 때려 선회가 물속으로 빠졌다. 선회가 겨우 나오자마자 스님이 말하였다.

"말해 봐라, 말해 봐."

선회가 입을 열려고 하자 스님이 또 때렸다. 선회가 여기에서 깨달은 바가 있어 드디어 이렇게 말하였다.

"장대 끝의 낚싯줄을 스님이 마음대로 가지고 놀지만 푸른 물결을 범하지 않으시니 뜻이 본래 다른 데 있었군요."

그러고는 도리어 물었다.

"매일 곧은 바늘로 낚시질하는 속내가 무엇입니까?"

스님이 대답하였다.

"푸른 물결에 낚싯줄을 드리웠을 때 물의 뜻이 떠다니다가 안정되었다가 있다가 없다가 하는가? 얼른 말해 보게."

선회가 말하였다.

"말로 수립하기는 하지만 길이 없고, 혀로 이야기하기는 하지만 이야기하지 못합니다."

스님이 말하였다.

“매일 곧은 바늘을 드리우다 오늘 아침에야 하나 낚았구나.”

또 어느 날 선회에게 말하였다.

“석두로부터 이어진 한 파가 소멸할 듯하구나.”

선회가 말하였다.

“그렇지 않습니다.”

스님이 말하였다.

“너는 또 어떻게 생각하느냐?”

선회가 말하였다.

“그 집안은 본래부터 청산에 있었습니다.”

스님이 말하였다.

“내가 약산에서 지내는 20년 동안 항상 이 일을 밝혔는데, 네가 이제 이것을 얻었구나. 나중에 성 변두리나 마을에 정착하지 말고, 깊은 산중으로 들어가 괭이를 잡고서 한 놈을 찾아내 단절되지 않도록 하라.”

선회가 드디어 이별을 고하자 스님이 전송하러 언덕에 올랐다. 선회가 두 번 세 번 돌아보면서 그리워하는 정이 가득하자, 스님이 선회를 불렀다.

“네가 장차 특별한 게 있다고 여기겠구나.”

스님이 곧바로 배를 엎어 버리자 선회가 바로 떠났다.

華亭德誠禪師。【嗣藥山。】師嘗於華亭吳江汎一小舟。時謂紅[1]子和尙。嘗謂同叅道吾曰。他後有靈利者。指箇來。吾於後乃指夾山善會。向舡子處去。會初到舡中師問。大德從何寺來。曰目前無寺。師曰是什麽。曰不示目前法。師曰什麽處學得來。曰非耳目所到。師召曰。一句合頭語。萬劫繫驢橛。又問垂絲千尺。意在深潭。浮乏有無。離鈎[2]三寸。子何不道。會擬擬。師便以篙打。會落水中。纔出水。師曰道道。會擬開口。師又打。會於此有省。遂曰竽[3]頭絲線從師弄。不犯淸波意自殊。又却問。每日直鈎釣魚意旨如何。師答懸絲綠波水中之意。浮定有無。速道將來。會曰語帶立而無路。舌頭談而不談。師曰每日直鈎。今朝釣得一箇。又一日謂會曰。石頭下一派有看欲滅也。會曰不然。師曰子又如何。會曰他家自有靑山在。師曰我在藥山處。二十年常明此事。汝今得之。於後莫著城埠聚落。向深山中。把钁頭。覓取一箇。令不斷絕。會乃辭。師送上岸。會再三廻顧。情義眷眷。師乃召善會。汝將謂別有在。便覆却舟。善會便行。

1) ㉮ '舡'은 '船'의 속자이다. 2) ㉮ '釣'는 '鉤'인 듯하다. 3) ㉯ '竽'는 '竿'인 듯하다.

○ 고정【귀종 법상[2]을 계승하였다.】

어떤 스님이 협산 선회夾山善會 선사의 처소에서 찾아와 절을 하자, 스님이 바로 때렸다. 그 스님이 말하였다.

"특별히 찾아와 예배드리는데 어떻게 바로 때릴 수 있습니까?"

그리고 다시 절을 하자, 스님이 또 때려서 쫓아 버렸다. 그 스님이 돌아가 협산에게 이 이야기를 말씀드리자 협산이 말하였다.

"그대는 알겠는가?"

"모르겠습니다."

"그대가 몰라서 다행이구나. 만약 알았다면 협산은 벙어리가 되었을 것이다."

高亭。【嗣歸宗法常。】有僧自夾山善會處來。便禮拜。師便打。僧曰特來禮拜。何得便打。再拜。師又打趂。僧廻擧似夾山。山曰汝會也無。曰不會。山曰賴汝不會。汝若會夾山口瘂。

2 귀종 법상歸宗法常 : 당나라 스님으로 마조 도일馬祖道一의 법을 이었다. 여산 귀종사에 머물며 종풍을 선양하였다. 법명을 '지상智常'이라 한 곳도 있다.

○ 덕산 선감 선사【숭신을 계승하였다.】

그는 검남劍南의 주周씨이다. 어린 나이에 출가하여 여러 경전의 깊은 뜻을 꿰뚫었다. 일찍이 『금강경金剛經』을 강하였는데, 당시 사람들이 그를 주금강周金剛이라 불렀다. 그 뒤 선종을 탐방하면서 동학同學들에게 이렇게 말하였다.

"한 가닥 털이 큰 바다를 삼켜도 바다의 성품은 훼손됨이 없고, 가는 겨자씨가 꽂히는 칼날이라 해도 날카로운 게 아니니, 배울 것이 남았는지 더 이상 배울 것이 없는지는 오직 나만이 안다."

용담龍潭에 도착하자마자 승당에서 바닥을 쓸고 있는 숭신 선사를 만났다. 덕산이 승당의 위 칸 아래 칸을 둘러보고는 말하였다.

"오랫동안 용담을 흠모했는데 와 보니 못(潭)도 보이지 않고 용龍도 나타나지를 않는군."

숭신이 말하였다.

"자네가 직접 용담을 찾았군."

다른 날 저녁에 숭신의 방으로 들어가 문답을 끝내자 숭신이 말하였다.

"자네는 왜 가지 않는가?"

덕산이 말하였다.

"밖이 캄캄합니다."

숭신이 몸소 일어나 촛불을 붙여서 덕산에게 주었다. 그리고 덕산이 받으려는 순간 숭신이 곧바로 불어서 꺼 버렸다. 덕산이 바로 예배하자 숭신이 말하였다.

"자네가 어떤 도리를 보았기에 바로 절을 하는가?"

덕산이 말하였다.

"오늘부터 천하 노화상들의 혀끝을 의심하지 않겠습니다."

다음 날 숭신이 상당하여 말하였다.

"이 가운데 어떤 놈이 있는데 어금니는 칼날의 숲 같고, 입은 피 사발과 같으며, 한 방망이 때려도 고개도 돌리지 않는다. 그가 훗날 외로운 봉우리 정상에서 나의 도를 세우리라."

덕산은 드디어 소초疏鈔를 가져다 법당 앞에 쌓아 두고서 횃불을 들고 말하였다.

"온갖 현묘한 변론을 궁구한다 해도 한 가닥 털을 광활한 허공에 날리는 것과 같고, 세상의 핵심적 솜씨를 다한다 해도 한 방울 물을 큰 골짜기에 던지는 것과 같다."

소초가 타 버리자 그때서야 예배하고 물러났다.

또 위산 영우 대사의 처소에 도착해 법당 서쪽에서 동쪽으로 지나가면서 돌아보고 말하였다.

"계십니까, 계십니까?"

그러고는 곧바로 나와 버렸다. 그러다 승당 앞에 이르러 말하였다.

"그렇더라도 서둘러서는 안 되지."

결국 위의를 갖추고 다시 법당으로 올라갔다. 그러고는 머리가 겨우 문턱에 넘자마자 방석을 번쩍 들면서 "화상!" 하고 불렀다.

영우가 불자를 잡으려고 하자, 덕산이 바로 고함을 치고는 소매를 털고 나가 버렸다.

영우가 저녁에 대중에게 물었다.

"오늘 새로 온 스님은 어디 있는가?"

"그 스님은 화상을 뵙고 나서 곧바로 떠났습니다."

"그가 훗날 주인 노릇을 하게 되면 부처를 꾸짖고 조사를 꾸짖을 자이다."

스님이 상당하여 말하였다.

"자기에게 일이 없으면 망령되게 구하지 말라. 구해서 그걸 얻었다 해도 또한 얻은 것이 아니다. 그대들이 그저 마음에 일이 없고 일에 마음이 없기만 하면 허허로우면서 신령스럽고 공적하면서 오묘하겠지만, 만일 털끝만치라도 그 근본과 끝을 언급한다면 모두 스스로 속이는 짓이다. 털끝만치라도 생각에 얽매이면 삼악도 업인業因이 되고, 잠깐이라도 망정이 생기면 만겁에 재갈과 사슬이 된다. 범부와 성인이란 명칭이 모조리 헛소리이고, 특출한 모습 하열한 형상이 모두 허깨비의 빛깔이니, 그대들이 그것을 구하려 한다면 허물이 아니겠는가? 아울러 그것을 싫어하는 것도 또 하나의 큰 병통이 되니, 끝내 무익할 뿐이다."

이렇게 말하고는 곧바로 자리에서 내려왔다.

대중들에게 지시하였다.

"오늘 밤에는 질문해서는 안 된다. 질문하는 자가 있으면 30방을 때리겠다."

이때 어떤 스님이 대중 가운데서 나오자마자 스님이 바로 때렸다.

그 스님이 말하였다.

"제가 미처 질문도 못했는데, 왜 저를 때리십니까?"

"그대는 어디 사람인가?"

"신라 사람입니다."

"네 발이 배에 오르기 전에 30방을 때렸다면 딱 좋은데."

대사가 병이 났을 때 어떤 스님이 물었다.

"병들지 않는 자가 있습니까?"

"있다."

"누가 병들지 않는 자입니까?"

스님이 부르짖었다.

"아야, 아야."

스님이 다시 대중에게 말하였다.

"허공을 더듬고 메아리를 좇느라 그대들의 마음과 정신이 수고롭구나. 꿈도 깨어남도 모두 잘못임을 깨달으면, 끝내 무슨 일이 있겠는가?"

말씀을 마치고 돌아가셨으니, 수명은 86세였다. 시호는 견성대사見性大

師이다.

德山宣鑑禪師。【嗣崇信。】 釰南周氏。丱歲出家。諸經貫通旨趣。嘗講金剛經。時謂之周金剛。厥後訪尋禪宗。因謂同學曰一毛呑巨海。海性無虧。纖芥投鋒。鋒鋩不利。學與無學。唯我知焉。初到龍潭。遇信師在僧堂掃地。山顧視堂上下間曰。久嚮龍潭。及乎到來。潭又不見。龍又不現。信曰子親到龍潭來。異夕入室請問畢。信曰子何不去。山曰外面黑。信躬起點燭與山。山擬接次。信便吹滅。山便禮拜。信曰汝見箇什麽道理。便禮拜。山曰從今向去。不疑天下老和尙舌頭也。明日信上堂云。可中有箇漢。牙如釰樹。口似血盆。一捧打不廻頭。他時向孤峯頂上。立吾道在。山遂取疏鈔。於法堂前。秉起炬云。窮諸玄辨。若一毫致於太虛。竭世樞機。似一滴投於巨壑。疏鈔便燒。於時禮辭。又到潙山祐大師處。從法堂西邊過東邊。顧視曰。有麽有麽。便出。至僧堂前。乃曰雖然如此。也不得草草。遂具威儀。上堂。頭纔跨門。提起坐具。喚曰和尙。祐擬取拂子。山便喝。拂袖而出。祐至晩問徒曰。今日新到在甚處。對曰那僧見和尙了便出去。祐曰是伊將來。有把茅盖頭。訶佛罵祖去在。師上堂曰。於己無事則勿妄求。求而得之。亦非所得。汝但無事於心。無心於事。則虛而靈。空而妙。若有毛端許言之本末者。皆爲自欺。毫氂繫念。三塗業因。瞥爾情生。萬劫羈鎖。聖名凡號。盡是虛聲。殊相劣形。皆爲幻色。汝欲求之。得無累乎。及其厭之。又成大患。終而無益。便下座。示衆曰。今夜不得問話。有問話者。三十棒。時有僧纔出衆。師便打。僧曰某甲話也未問。爲什麽却打某甲。師曰汝是什麽處人。僧曰新羅人。師曰據汝脚未上舡。好與三十捧。師因病疾時僧問。還有不病者否。師曰有。曰如何是不病者。師叫阿耶阿耶。師復告衆曰。捫空追嚮。勞汝心神。夢覺覺非。竟有何事。言訖而終。壽八十六。諡見性大師。

○ 원주 앙산 혜적 선사【위산을 계승하였다.】

소주韶州 혜화懷化의 섭葉씨이다. 9세에 불어 통不語通 화상에게 귀의하여 출가하였다. 14세 때 부모가 데려가 혼인시키려 하였다. 앙산은 결국 손가락 두 개를 잘라 부모님 앞에 꿇어앉아 간절히 출가를 원하면서 바른 법을 열심히 배워 힘들게 키워 주신 은혜에 보답하겠노라고 맹세하였다. 부모가 드디어 허락하자 돌아가 그의 스승을 모셨다. 18세가 되자 진眞 좌주의 처소로 찾아가 『유마경』을 들었다.

또 유원乳源을 찾아뵙자 유원이 말하였다.

"이미 만났지 않는가?"

앙산이 말하였다.

"어느 해에 만났습니까?"

유원이 바로 방장으로 돌아갔다.

앙산이 또 경을 염송하자 유원이 말하였다.

"네가 경을 염송하는 소리는 꼭 곡소리 같구나."

앙산이 말하였다.

"혜적은 그렇다 치고, 화상께서는 또 어떻게 하십니까?"

유원이 곧바로 앙산을 돌아보자 앙산이 말하였다.

"그렇게 하시면 곡소리와 뭐가 다르겠습니까?"

유원이 그만두었다.

또 성공性空 화상을 찾아뵌 자리에서 어떤 스님이 물었다.

"무엇이 조사께서 서쪽에서 오신 뜻입니까?"

성공이 대답하였다.

"어떤 사람이 천 길 우물 속에 빠졌는데 한 치의 노끈도 쓰지 않고 벗어날 수 있다면, 그때 너에게 말해 주겠다."

그러자 그 스님이 말하였다.

"호남湖南 화상께서 바르게 사람들을 위해 법을 설하시더군요."

성공이 말하였다.

"사미야, 저 송장을 끌어내라."

앙산이 이 말씀을 듣고서 밤낮으로 생각해 보았다. 그러고는 천하에 이런 분은 없다고 생각해 결국 성공에게 예배하고 스승으로 모시려 하였다. 하지만 성공은 수락하지 않고 이렇게 말하였다.

"나는 너의 스승이 아니다. 탐원산耽源山에 응진應眞이란 분이 계신다. 너는 그곳으로 가야지, 이곳에 머물러 있어서는 안 된다."

앙산이 드디어 그곳으로 찾아갔다.【당시 나이는 20세였다.】

탐원이 물었다.

"어느 처소에서 왔느냐?"

"성공 화상 처소에서 왔습니다."

수개월 머물면서 여러 차례 청했지만 모두 허락하지 않자 앙산이 다시 돌아왔다. 성공이 보고 말하였다.

"너는 왜 다시 돌아왔느냐?"

앙산이 말하였다.

"혜적이 매번 꾸지람만 들었습니다. 그래서 다시 돌아왔습니다."

성공이 말하였다.

"보배 산에 도착하고도 빈손으로 돌아왔구나. 너는 그저 내 말만 믿고 다시 그곳으로 가거라. 옛날부터 법을 구하려면 몸과 목숨을 아끼지 않았는데, 겨우 그런 일을 당했다고 어찌 바로 두려워한단 말인가. 보배를 캘 줄 알아야지 기왓장과 자갈이 무슨 상관이냐?"

앙산이 이에 다시 찾아가자 탐원이 한 번 보고는 곧바로 고함을 쳤다.

"저 미련한 중이 다시 낯짝을 들고 저렇게 찾아왔구나."

앙산이 바로 예배하였다. 모시고 서 있는데 탐원이 물었다.

"네가 앞서 한 번 찾아와서는 무엇을 얻었기에 바로 떠났고, 지금 찾아온 것은 무엇을 잃어버렸기에 또 찾아온 것이냐?"

앙산이 말하였다.

"혜적은 『유마경』·『법화경』·『조론肇論』을 보았습니다. 그 가운데 일들을 화상께서 지시해 주시고 의심을 없애 주길 희망합니다. 그래서 재차 찾아왔습니다."

탐원이 말하였다.

"너는 왜 더 배우고 익히러 가지 않았느냐?"

앙산이 말하였다.

"모르겠습니다. 불법은 결국 어떻게 해야 계합할 수 있습니까?"

탐원이 말하였다.

"너도 잘 알지 않느냐? 삼승三乘과 오성五性의 종교가 이 땅에 전해지고 이미 오랜 세월이 흘렀는데, 무슨 이유로 달마 대사가 다시 찾아왔을까?"

앙산이 말하였다.

"혜적은 모르겠습니다. 스님께서 지시해 주십시오."

탐원이 말하였다.

"네가 모른다 해도 역시 잃어버리지는 않는다."

물었다.

"선정과 지혜를 고르게 배울 때는 어떻습니까?"

탐원이 말하였다.

"그것은 점교漸教에서 방편으로 사람들을 교화해 이끄는 것이다."

앙산이 말하였다.

"선정을 닦지도 않고 지혜를 닦지도 않을 때는 어떻습니까?"

탐원이 말하였다.

"그것은 요의교了義教에서 약과 병에 비유해서 하는 말이다. 또한 정법正法이라 하지만 정법은 사법邪法을 상대하여 성립되는 단어이다."

물었다.

"결국 어떻게 해야 합니까?"

탐원이 말하였다.

"너는 왜 들어 보지 못했는가? 숙종 황제가 혜충 국사에게 '무엇이 무쟁삼매無諍三昧입니까?' 하고 묻자, 국사께서 '단월께서는 모름지기 비로자나의 정수리를 밟고 걸으셔야 합니다.' 하고 대답하였다. 숙종이 '어떻게 하는 것이 비로자나의 정수리를 밟고 걷는 것입니까?' 하고 묻자, 국사께서는 '자기가 청정한 법신이라고 오인하지 마십시오.'라고 하셨다."

앙산이 곧바로 어떤 스님이 성공 선사에게 "무엇이 조사께서 서쪽에서 오신 뜻입니까?" 하고 질문했던 일을 거론하였다.

"성공 화상께서 '어떤 사람이 천 길 우물 속에 빠졌는데 한 치의 노끈도 쓰지 않고 벗어나게 된다면 곧 너에게 말해 주겠다.'고 하셨는데, 혜적은 모르겠습니다. 어떻게 해야 벗어납니까?"

탐원이 말하였다.

"나에게 벗어날 묘수가 있지. 만약 나에게 묻는 사람이 있다면 즉시 말해 주겠다."

앙산이 말하였다.

"지금 화상께 묻고 있는 것입니다."

탐원이 혀를 차면서 말하였다.

"누가 우물 속에 있냐?"

어느 날 앙산이 옷을 빨고 있는데 탐원이 물었다.

"바로 이럴 때는 어떠한가?"

앙산이 말하였다.

"바로 이럴 때라면 어디서 그것을 보겠습니까?"

앙산이 또 말하였다.

"바로 이럴 때는 둘 다 없습니다."

앙산이 여기에서 비로소 탐원의 뜻에 닿아 깃들게 되었다.

탐원이 앙산에게 말하였다.

"국사께서 당시 육대 조사로부터 전해 받은 원상圓相이 모두 97개였는데, 그것을 이 노승에게 전수하였다. 그리고 임종하실 무렵 이 노승에게 이렇게 말씀하셨다.

'내가 입멸하고 30년 후에 남방에서 한 사미가 찾아와 이 가르침을 크게 흥성시킬 것이니, 차례로 전수하여 단절되는 일이 없도록 하라.'

내가 이제 너에게 맡기니, 너는 받들어 지켜야만 한다."

그러고는 그 책을 가져다 앙산에게 주었다. 앙산은 그것을 받아 한번 훑어보고는 곧바로 태워 버렸다. 탐원이 어느 날 물었다.

"앞서 주었던 원상들은 매우 소중히 간직해야만 한다."

앙산이 말하였다.

"그때 훑어보고는 바로 태워 버렸습니다."

탐원이 말하였다.

"이 법문은 알 수 있는 사람이 없다. 오직 돌아가신 스승과 여러 조사들만이 제대로 알 수 있는 것인데 무엇 때문에 태워 버렸는가?"

앙산이 말하였다.

"혜적은 한번 훑어보고 그 뜻을 이미 알았습니다. 다만 그렇게 사용하면 되는 것이지, 책에 집착해서는 안 됩니다."

탐원이 말하였다.

"그렇다. 하나 자네야 그럴 수 있다지만 뒷사람들은 그것을 믿지 못할 것이다."

앙산이 말하였다.

"화상께서 필요하시다면 다시 적어 드리는 것은 어렵지 않습니다."

그러고는 곧 다시 한 권의 책으로 엮어 바쳤는데, 조금도 누락된 부분이 없었다.

탐원이 말하였다.

"그렇지."

탐원이 상당하자 앙산이 대중 가운데서 나와 원상을 그렸다가 손으로 지워 버리고, 그것을 바치고 나서는 다시 손을 모으고 섰다. 그러자 탐원이 양손을 서로 교차해 주먹을 만들어 보였다. 앙산이 앞으로 세 걸음 나와 여인처럼 절을 올리자 탐원이 고개를 끄덕였다. 그러자 앙산이 바로 예배하였다.

또 위산 영우 화상을 찾아뵙자 영우가 문득 물었다.

"그대는 주인이 있는 사미냐, 주인이 없는 사미냐?"

"주인이 있는 사미입니다."

"주인은 어느 곳에 계시는가?"

앙산이 서쪽에서 동쪽으로 가서 섰다. 영우가 그를 기이하게 여겨 이렇게 말하였다.

"가거라."

앙산이 예배하고 물러났다. 다음 날 앙산이 물었다.

"참 부처는 어느 곳에 머무십니까?"

영우가 말하였다.

"네가 다시 그 헤아림을 생각해 보라."

앙산이 말하였다.

"도리어 혜적에게 그 헤아림을 생각해 보라 하셨는데, 뭘 하라는 것입니까?"

영우가 말하였다.

"자네 무지 영리하군. 다른 곳을 참예하고 찾아온 것은 아닌가?"

앙산이 말하였다.

"다른 곳을 참예하기는 했지만 그 오묘함을 얻지는 못했습니다."

또 물었다.

"옛날 모든 조사부터 화상에 이르기까지 모든 분들이 이렇게 참 부처가 머무는 곳을 지시하셨습니다. 이 외에 다시 다른 뜻이 있으셨습니까?"

영우가 말하였다.

"없다. 만약 선종에 의거한다면 그렇지도 않다."

앙산이 말하였다.

"화상께 청합니다. 선종에 의거하여 참 부처가 머무는 곳을 지시해 주십시오."

영우가 말하였다.

"네가 다시 그 헤아림이 없음을 생각해 보라. 헤아림이 없는 것이 곧 무념이니, 이것으로 종문宗門을 삼고, 또 '들어왔다(得入)'고 하는 것이다. 이렇게 깨달아 들어온 후에야 스승과 제자로 이어짐이 있는 것이니, 이것을 선종이라 한다."

앙산이 말하였다.

"조금 전에는 혜적에게 그 헤아림을 생각해 보라 하시고, 지금은 또 그 헤아림이 없음을 생각해 보라 하셨습니다. 이렇다면 뒤섞여 양변이 되니, 무엇이 본래의 것입니까?"

영우가 크게 웃으며 말하였다.

"내가 너를 속이지 못하겠구나……."

앙산이 물었다.

"선종은 돈교입니까, 점교입니까?"

영우가 말하였다.

"사람의 근성에 달린 것이다. 이것은 인연으로 얻은 이름이지 선의 이치와 관련된 것이 아니다."

앙산이 말하였다.

"결국 어떻게 수행해야 도라고 칭할 수 있겠습니까?"

영우가 말하였다.

"네가 지금 도를 배우려고 마음먹었다면 마음을 당장 말라죽은 나무나 식은 재처럼 하여 일체를 모조리 놓아 버려라. 아직 태어나지도 않았을 때처럼 고요히 아무것도 보이는 것이 없으며, 홀로 가고 홀로 걷고 홀로 움직이고 홀로 비추어 일체 경계에서 어떤 법도 없으며, 마음을 움직이지 않고 생각을 움직이지 않는다면, 육근 문과 육식에서 비로소 객진번뇌客塵煩惱를 벗어날 수 있으리라. 만약 돌이켜 관조하는 자기의 성품이 움직이지 않는 것을 옳다고 여긴다면 이것은 단지 정성성문定性聲聞의 집착일 뿐이고, 또한 법진번뇌法塵煩惱이다. 만약 움직임과 움직이지 않음을 벗어났다면 중도에 떨어진 보살승이니, 그저 모든 행의 성품을 아직은 벗어나지 못한 것이다. 따라서 경에 '모든 행은 무상하니, 이것은 생멸하는 법이다.'[3]라고 말씀하신 것이다. 만약 이 한 조각 법진을 투과하고, 또한 투과한 주체나 투과한 대상에 대한 알음알이마저 없다면, 이것이 바로 자취를 끊은 경지이다. …… 너희들 모두에게 육도만행六度萬行을 가르친 것은 단지 병을 치료하는 측면에서 한 말일 뿐이다. 또한 티끌로부터 보호하는 지계로는 진실로 불성을 얻을 수 없다. 단지 과보의 장엄을 얻을 뿐이니, 곧 장륙의 몸이 그것이다……."

앙산이 물었다.

"무엇이 정인正因입니까?"

영우가 말하였다.

"말끝에 자기 마음의 근원을 돌이켜 비춰 보라. 얻을 수 있는 것이 확실히 한 물건도 없으며, 안이나 밖이나 중간에 있지도 않고, 아득히 머무름이 없다. 또한 등불을 밝힌 후에는 걷고 서고 앉고 누우며 완연히 빛깔에 응하고 소리에 응하면서 항상 잠시도 쉴 틈이 없으니, 눈으로 보는 것이 온통 그것이고, 귀로 듣는 것이 온통 그것이며, 뜻으로 알고 이해하는 것

3 『大般涅槃經』 권하(T1, 204c).

이 온통 그것이다. 따라서 '마땅히 머무는 곳 없이 그 마음을 내야 한다.'[4]고 하였으니, 만약 마음이 머문다면 머무는 것이 아니게 된다. 그러므로 보살은 빛깔에 머물러 보시를 행하여서는 안 된다."

앙산이 물었다.

"지금 시대에 처음 발심한 후학들은 습기로 유전함을 면치 못하는데, 어떻게 그럴 수 있겠습니까?"

영우가 말하였다.

"앞생각을 지각하면 범부이고, 뒷생각이 깨달음으로 선환되어 앞생각을 따르지 않으면 곧 이것이 성인이다. 만약 앞의 생각과 뒤의 깨달음마저 없어 모든 인연이 단박에 쉬고 모든 법을 받아들이지 않으며, 번뇌가 다했다는 뜻마저 해탈해 범부와 성인의 마음마저 잊는다면, 본체가 드러나 참되고 영원하며 현상과 작용이 다르지 않을 것이니, 그것이 곧 여여한 부처님이다."

앙산이 물었다.

"어떻게 해야 육근의 문 각각을 단박에 제거할 수 있습니까?"

영우가 대답하였다.

"만약 육근을 완전히 깨닫는다면 단박에 제거하지 못할 게 없다."

앙산이 물었다.

"성공 화상께서 '어떤 사람이 천 길 우물 속에 빠졌는데, 한 치의 노끈도 쓰지 않고 어떻게 벗어날 수 있을까?' 하고 말씀하셨는데, 어떻게 해야 합니까?"

영우가 말하였다.

"나에게 벗어날 방편이 있다."

앙산이 말하였다.

---

4 『金剛般若波羅蜜經』(T8, 749c).

"모르겠습니다. 어떻게 해야 벗어납니까?"

영우가 불렀다.

"혜적아."

앙산이 "네." 하고 대답하자 영우가 말하였다.

"나왔다."

앙산이 여기에서 깨달은 바가 있어 곧바로 예배하고 물러났다.

영우가 앙산에게 말하였다.

"너는 가서 계를 받은 후에 다시 오거라."

앙산이 말하였다.

"혜적은 평생 실없는 말을 하지 않을 것인데, 계를 받을 필요가 뭐가 있습니까?"

영우가 말하였다.

"비록 그렇기는 하지만 서천에서야 그래도 되나 이 땅에서는 안 된다. 향후에 사람들이 믿지 않을 것이다. 너는 그저 승가의 법도에 따라 계를 받아야만 비로소 된다……."

위산에서 공양주가 찾아오자 왕상시王常侍가 물었다.

"산중의 화상께서는 근래 어떤 말씀을 하셨습니까?"

공양주가 대답하였다.

"어떤 스님이 '무엇이 조사께서 서쪽에서 오신 뜻입니까?' 하고 묻자 화상께서 불자를 들었습니다."

왕상시가 말하였다.

"그렇게 한 화상의 뜻은 무엇입니까?"

공양주가 말하였다.

"색色을 빌려서 마음을 밝히고, 물건에 의탁해 이치를 드러낸 것입니다."

왕상시가 말하였다.

"저는 그렇게 생각지 않습니다."

공양주가 말하였다.

"상시께서 말씀해 보십시오. 화상의 뜻이 무엇입니까?"

왕상시가 원상을 그려 답하였다.

공양주가 돌아와 이 이야기를 위산에게 말씀드리자, 위산이 고개를 끄덕이며 말하였다.

"그 사람이 도리어 이 일을 이해하는군."

또 앙산이 말하였다.

"끝내 속기를 없애지 못하는군요."

위산이 말하였다.

"자네라면 어떻게 하겠는가?"

앙산이 땅에다 원상을 그리더니 발로 쓱 문질러 버리고 바로 나가 버렸다. 그러자 위산이 깔깔대며 크게 웃었다.

어떤 스님이 물었다.

"화상께서는 평소 선을 묻고 도를 묻는 승려들을 보면 곧바로 원상을 그리고 중간에 혹 글자를 쓰기도 하시는데, 그 뜻이 어디에 있습니까?"

스님이 말하였다.

"그것은 재미 삼아 하는 짓이다. 네가 홀연히 알게 된다 해도 밖에서부터 오는 것이 아니고, 만약 모른다 해도 절대로 잃어버리지 않는다. 내가 이제 너에게 묻겠다. 여러 지방의 노숙들이 너의 몸에서 어디를 지적해 너의 불성佛性이라 하더냐? 또 말해 봐라. 말하는 것이 그것인가, 침묵하는 것이 그것인가, 아니면 그 모두가 그것인가, 모두 그것이 아닌가? 네가 만약 말하는 것이 그것이라 여긴다면 맹인이 코끼리의 귀나 코나 어금니를 더듬는 것이고, 만약 침묵하는 것이 그것이라 집착해 생각도 없고 기억도 없다면 그건 코끼리의 꼬리를 더듬는 것이고, 만약 말하지도 않고 침묵하지도 않는 것이 그것이라 집착해 중도라 여긴다면 코끼리의 등을 더듬는 것이고, 만약 모두 그것이라 말한다면 코끼리의 네 다리를 더듬는 것이고, 만약 모두 그것이 아니라 말한다면 본래 있는 코끼리를 던져 버리고 공견空見에 떨어지는 것이다. 이와 같이 모든 맹인들이 다들 코끼리를 보았다고 말하지만 그저 코끼리에 대해 서로 다른 명칭만 아득히 늘어놓을 뿐이다. 네가 만약 이 여섯 구절을 투과하게 된다면 코끼리를 더듬어 볼 필요가 없으니, 이것이 가장 뛰어난 것이다. 지금처럼 비춰 보고 깨닫는 것을 그것이라 말하지 말고, 또한 그것이 아니라고 말하지도 말라. 이런 까닭에 조사께서 말씀하셨다.

보리는 본래 보여 줄 것이 없고
또 보리가 아닌 것도 없건만
다시 보리가 있는 곳을 찾느라
종신토록 또 오랜 겁에 헤매는구나

또 '본래 한 물건도 없는데 어디에 때와 먼지가 낄까?'라고 하셨다."

앙산이 어느 날 앉아 있는데, 홀연히 기이한 승려가 나타나 예배하였다. 앙산이 돌아보지도 않자 그가 물었다.

"화상께서도 글자를 아십니까?"

스님이 말하였다.

"대략 조금은 알지."

그 스님이 면전에다 한 획을 긋자, 앙산이 획을 더해 십十 자를 만들었다. 그 스님이 획을 첨가해 만卍 자를 만들자, 앙산이 하나의 원상을 그려 만 자를 둘러쌌다. 그 스님이 오른쪽으로 한 바퀴 돌고는 한 발을 들어 누지불樓志佛[5] 자세를 취하였다. 그러자 앙산이 말하였다.

---

5 누지불樓志佛 : 현겁賢劫 천불 가운데 맨 나중 부처님이다. 누지불樓至佛·노지불盧至佛·누유불樓由佛·노자불盧遮佛이라고도 하고, 애락불愛樂佛·제곡불啼哭佛로 의역하기도 한다.

"이것이 모든 부처님께서 보호하며 늘 염려하시는 것이다. 너 역시 그렇고, 나 역시도 그렇다."

그 스님이 말하였다.

"훌륭하고, 훌륭하십니다. 본래 동토로 와서 문수를 예배하려고 했는데, 이제 도리어 작은 석가(小釋迦)를 만나 뵈었군요."

예배하고 문을 나가더니 하늘로 날아갔다. 이 일로 인해 작은 석가로 불렸다.

스님이 돌아가실 때 몇몇 스님들이 모시고 서 있사, 스님이 게송으로 지시하였다.

여러 제자들아
눈을 뜨고 다시 나를 쳐다보라
두 입에 한 혀도 없으니
이것이 나의 종지니라

정오가 되자 법좌에 올라 대중들과 이별하시고 나서 다시 게송을 설하였다.

살아온 세월 77년
오늘 죽음이 닥쳤네
붉은 태양 정오가 되었으니
무릎을 굽히고 두 손으로 감싼다

말씀을 마치고는 두 손으로 무릎을 감싸고 돌아가셨다. 승랍은 54세였다. 칙명으로 통지대사通智大師라는 시호를 내리고, 탑명을 묘광妙光이라 하였다. 또 의종懿宗이 지종대사知宗大師라는 시호를 내렸고, 희종禧宗이

징허대사澄虛大師라는 시호와 홍조선원弘祖禪院이라는 현판을 내렸다.

表[1]州仰山慧寂禪師。【嗣潙山。】詔[2]州懷化葉氏九歲投不語通和尙出家。年至十四。父母歸取欲婚。山遂斷二指。跪父母前誓求出家。勤學正法。以答劬勞之德。父母乃許。還侍其師。終年至十八。往眞座主處。聽維摩經。又詣乳源。源乃曰。已相見了也。山曰什麽年中相見。源便歸方丈。山又念經。源曰汝念經似哭。山曰寂秖恁麽。和尙又如何。源便顧視山。山曰若恁麽與哭何別。源便休。又詣性空和尙次。有僧問。如何是祖師西來意。空曰如人在千尺井中。不假寸繩。若出得。即爲汝說。僧曰湖南和尙正爲人說法。空曰沙彌拖出遮死漢著。山聆此語。日夜思量。謂之天下無人也。遂禮性空爲師。空不受。乃曰吾非汝師。耽源山有應眞。汝可往彼。無滯於此。山遂造彼處。【時年二十。】源乃問。什麽處來。山曰性空處來。住經數月。屢求請。並不容許。山却廻。性空見乃問。汝何故却來。山曰慧寂每被訶叱。所以却廻。空曰若到寶山空手廻。汝但信我語。再往彼處。自古求法。不惜身命。些子境界何便懼之。但知探寶。何關瓦礫。山乃再造。源一見便喝。遮鈍根阿師。更擔箇面目恁麽來。山便禮拜。侍立次。源曰汝前一度來。得箇什麽便去。今來失却什麽又來。山曰慧寂看維摩法華肇論中事。望和尙指撥。所以再來。源曰汝何不聽習去。山曰未審佛法畢竟如何契會。源曰汝還知三乘五性宗教到此土。經于多載。因什麽達磨大師又來。山曰慧寂不會。望師指示。源曰汝不會亦不失。問定慧等學時如何。源曰此是漸敎方便接引。山曰不定不慧時如何。源曰此是了義教藥病邊語。亦名正法。正法對邪法得名。問畢竟如何。源曰汝豈不聞。肅宗皇帝問忠國師。如何是無諍三昧。國師曰。檀越須蹋毗盧頂上行。宗曰如何是蹋毗盧頂上行。師曰莫認自己清淨法身。山便擧僧問性空。如何是祖師西來意。空曰如人在千尺井中。不假寸繩。若出得。即爲汝說。慧寂未審。如何出得。源曰我有妙法出得。若有人問我即爲說。山曰即今問和尙次。源咄。誰在井底。一日山洗衣次源問。正恁麼時作麼生。山曰正恁麼時什麼處見渠。山又曰正恁麼時二具無。山於是方在耽源捿泊。源謂山曰。國師當時傳得六代祖師圓相共九十七箇。授與老僧。曁臨滅時。謂老僧曰。吾滅後三十年。南方有一沙彌到來。大興此教。次第[3]傳授。無令斷絕。我今付汝。汝當奉持。遂將其本。過與山。山接得一覽。便將火燒却。源一日問。前來諸相甚宜秘惜。山曰當時看了。便燒却也。源曰此法門無人能會。唯先師及諸祖方可委悉。因何燒却。山曰慧寂一覽已知其意。但然用得。不可執本也。源曰然雖如此。於子即得。後人信之不及。山曰和尚若要。重錄不難。即重集一本呈上。更無遺失。源曰然。源上堂。山出衆作此○相。以手拓呈了。却叉手而立。源以兩手相交。作拳示之。山進前三步。作女人拜。源點頭。山便禮拜。又謁潙山祐和尚。祐便問。汝是有主沙彌無主沙彌。曰有主沙彌。祐曰主在什麼處。山從西邊過東邊立。祐異之。乃曰去。山禮拜而退。至來日。山便問。眞佛住何處。祐曰汝却思箇思量底看。山曰返教慧寂思箇思量底作什麼。祐曰子太利根。莫別處曾叅來否。山曰別處雖叅。不得其妙。又問從上諸祖。至于和尚。總恁麼指示。眞佛住處。爲復別有意旨。祐曰無。若約禪宗。即不如此。山曰請和尚。依禪宗指示眞佛住處。祐曰汝却思箇無思量底看。無思即是無念。以此爲宗門。亦名得入。若悟入後。即有師資相續。此號爲禪宗。山曰向教慧寂。思箇思量底。如今又教思箇無思量底。若恁麼。渾成兩邊。如何是本來底。祐大笑曰。我諳汝不得也云云。山問禪宗是頓是漸。祐曰在人根性。此是因緣得名。非關禪理。山曰畢竟如何修行得稱於道。祐曰汝今擬學道者。令心直似枯木死灰。一切悉皆放捨。猶未生時。寂然無所觀矚。獨行獨步。獨語獨默。獨運獨照。於一切境法都無。不動心不動念。於六根門頭。併當六識。始可離得客塵煩惱。若返照自性不動爲是者。此秖是定性聲聞執。亦是法塵煩惱。若離動與不動者。落在中道。菩薩乘。但未離諸行性。故經云。諸行無常。是生滅法。若透過此一段法塵。亦無能透所透知解。此是絕迹處云云。教汝諸人六度萬行。秖是治病邊語。亦云護塵持戒。寔是不得佛性。

秖得果報莊嚴。即丈六之身是也云云。山問如何是正因。祐曰言下返照自己心源。決定無一物可得。不在內外中間。迥然無住。亦云然燈後行住坐臥。宛然應色應聲。常無間歇。滿眼見。滿耳聞。滿意知解。故云應無所住而生其心。若心有住。則爲非住。是故菩薩。不應住色。而行布施。山問今時初心後學。不免有習氣流轉。如何即是。祐曰若覺知前念。是凡。後念轉覺。不隨前念。即是聖也。若無前念後覺。諸緣頓息。不受諸法。漏盡意解。凡聖情忘。即體露眞常。事用不二。即如如佛。山問如何得六根門頭。各各頓去。祐曰若悟了根無不頓。山問秖如性空和尙道。如人在千尺井中。不假寸繩。如何出得。又作麽生。祐曰我有箇方便出得。山曰未審如何出得。祐召慧寂山應喏。祐曰出了也。山於此有省。便禮拜而退。祐謂山曰。汝去受戒後却來。山曰慧寂平生不謾語。何須受戒。祐曰雖然如是。西天即得。此土不得。向後人難信。汝但依僧家法則受戒。始得云云。王常侍因潙山供養主來問。山中和尙近日有何言句。主答。有僧問如何是祖師西來意。和尙擧拂子。侍曰秖如和尙意作麽生。主曰借色明心。附物顯理。侍曰下官即不恁麽。主曰常侍且道。和尙意作麽生。侍作此〇相答。主迴擧似潙山。山點頭曰。是他却會此事。又仰山曰。終是俗氣不除。潙山曰。子作麽生。仰山於地上。畵此〇相了。以脚抹却。便出去。潙山呵呵大笑。僧問。和尙尋常見僧問禪問道。便畵圓相中間或書字。意在於何。師曰遮箇也是閑事。汝忽然會得。也不從外來。若也不會決定不失。我今問汝。諸方老宿。向汝身上。指那箇是汝佛性。爲復道。語底是默底是。爲復總是總不是。汝若認語底是。如盲摸著象耳鼻牙。若取默底是。無思無念。是摸著象尾。若取不語不默底是。中道。摸著象背。若道總是。摸著象四足。若道總不是。拋本象。落在空見。如是諸盲。皆言見象。秖於象上。名邈差別。汝若透得六句。不要摸象。最爲第[4]一。莫道如今鑒覺是。亦莫道不是。所以祖師云。菩提本無示。亦無非菩提。更覓菩提處。終身累劫迷。又云。本來無一物。何處惹塵埃。師一日坐次。忽有異僧禮拜。師不顧。僧問和尙還識字否。師曰粗識些小。僧於面前劃一劃。師乃添爲十字。僧又添成卍字。師畫一圓相。圍卍字。僧右旋一匝。翹一足於師前。作樓志佛勢。師曰是諸佛護念。汝亦如是。吾亦如是。僧曰善哉善哉。本謂來東土禮文殊。如今却見小釋迦。禮拜出門。騰空而去。因此號小釋迦。師順寂時。數僧侍立。師乃有頌示之。

一二二三子。平目復仰視。

兩口無一舌。即是吾宗旨。

至日午陞痤。[5] 辭衆了。復說偈曰。

平昔七十七。無常在今曰。

日輪正當午。兩手抱屈膝。

言訖以兩手抱膝歸寂。僧臘五十四。勅賜通智大師妙光之塔。懿宗賜知宗大師。禧宗賜澄虛大師。額號弘祖禪院。

---

1) ㉰ '表'는 '袁'인 듯하다. 2) ㉰ '詔'는 '韶'인 듯하다. 3) ㉯ '苐'는 '第'와 통용된다. 4) ㉯ '苐'는 '第'와 통용된다. 5) ㉯ '痤'는 '座'와 통용된다. 다음도 마찬가지다.

○ 향엄 지한 선사【위산을 계승하였다.】

위산을 찾아와 예배하였지만 말이 서로 계합하지를 못하자 영우가 말하였다.

"나는 그대가 평생 배우고 이해한 말들은 묻지 않겠다. 부모에게서 태어나기 전의 말을 한마디 가져와 봐라."

스님이 여러 차례 말했지만 모두 계합하지 못하였다. 그래서 이렇게 말하였다.

"화상께서 저에게 말씀해 주십시오."

영우가 말하였다.

"내가 말해 줄 수 있지만 그러면 그건 나의 견해이다. 자네에게 무슨 도움이 되겠는가?"

스님이 방으로 돌아가 제방의 어록을 검토했지만 책자 어디에도 대답할 한마디가 없었다. 이에 스스로 탄식하였다.

"그림의 떡으로는 주린 배를 채울 수 없구나."

그래서 모두 태워 버리면서 말하였다.

"이 생애에 다시는 참문하지 않겠다. 그저 평생 돌아다니면서 죽과 밥이나 얻어먹는 일개 승려가 되어 심신心神의 고단함이나 면하리라."

그러고는 울면서 위산을 하직하고 남양 혜충 국사의 유적지에 이르러 드디어 쉬게 되었다. 그러던 어느 날 산에서 대나무와 잡목을 제거하고 깨끗이 청소하다가 깨어진 기와 조각을 던졌는데, 그것이 대나무에 맞아 소리가 났다. 스님은 홀연히 깨달은 바가 있어 급히 돌아와 목욕하고 향을 피우면서 멀리 위산을 향해 절을 하고 말하였다.

"화상의 크고 자비로우신 은혜는 부모님의 은혜보다 높습니다. 그때 만약 저에게 설명해 주셨다면 어찌 오늘이 있겠습니까."

그러고는 게송 한 수를 지었다.

한 번 부딪쳐 알던 바를 잊고
다시는 스스로 닦고 지키지 않으니
【다른 본에 '다시는 닦고 다스릴 수 없게 되니.'라 하였다.】
움직이는 모습들이 옛길을 드러내
밝고 오묘함을 비로소 알겠네
【다른 본에 '의기소침한 틀에 떨어지지 않는다.'라 하였다.】
곳곳마다 자취가 없고
소리와 빛깔 밖의 위의라야
제방의 도를 통달한 자들이
모두들 상상기라 말하리라

다시 위산으로 돌아가 깨닫게 된 유래를 자세히 말씀드리자 영우가 허락의 뜻을 보였다. 또 앙산에게 이 이야기를 들려주자 그가 말하였다.

"그것은 이리저리 주워 모아서 엮은 말입니다. 만약 진실로 깨달은 바가 있다면 다시 말해 보십시오."

그러자 스님이 말하였다.

"작년 가난은 가난도 아니었습니다. 금년 가난이 비로소 가난이니, 작년에는 송곳 꽂을 땅이 없었지만 금년에는 송곳도 없습니다."

앙산이 말하였다.

"여래선如來禪이라면 노형을 허락하겠지만 조사선祖師禪은 아직 아닙니다."

스님이 다시 게송 한 수를 읊었다.

나에게 한 기틀이 있으니
눈을 깜빡여 그대에게 보이네
만약 알아차리지 못한다면
다시 사미를 부르리라

앙산이 이 게송을 듣고 바로 위산에게 보고하였다.

"기뻐하십시오. 한閑 형이 조사선을 알았습니다."

상당하여 말하였다.

"어떤 사람이 나무 위에서 입으로 나뭇가지를 물고는 발로 나뭇가지를 밟지 않고 손으로도 나뭇가지를 잡지 않았는데, 아래쪽에서 홀연히 어떤 사람이 '무엇이 조사께서 서쪽에서 오신 뜻입니까?' 하고 물었다 하자. 그럴 때 만약 그에게 대답하지 않는다면 그의 질문을 거절하는 것이 되고, 만약 입을 열어 대답하면 또 몸과 목숨을 잃게 된다. 자, 어떻게 해야 옳을까?"

이때에 호두 초虎頭招 상좌가 물었다.

"나무 위에 있을 때는 묻지 않겠습니다. 나무 아래에 있을 때, 화상께서는 어떻게 대답하시겠습니까?"

스님이 깔깔대며 크게 웃고는 바로 방장으로 돌아갔다.

물었다.

"무엇이 소리와 빛깔 밖에서 만난 한 구절입니까?"

스님이 말하였다.

"내가 향엄사香嚴寺에 머물기 전에는 또 어디에 있었다고 말하겠는가?"

"그럴 때에도 어디에 계셨다고 감히 말하지 못합니다."

"마치 환상으로 나타난 사람의 심법心法 · 심소법心所法과 같다."

스님이 말하였다.

"오묘한 종지는 신속한데 말로 하는 설명은 느려 터지니, 말하자마자 바로 이해한다 해도 신묘한 기틀을 미혹한 것이다. 눈썹을 휘날리며 질문을 받고 얼굴을 마주해 환하게 웃으니 이것이 무슨 경계일까? 같은 길을 가는 자라야 비로소 알리라."

스님께서 문도들에게 지시하신 말씀은 대부분 간단하고 직설적이었으며, 200여 편이 세상에 성행하고 있다. 시호는 습등대사襲燈大師이다.

香嚴智閑禪師。【嗣潙山。】來禮潙山。語不相契。祐曰。我不問汝平生學解。向父母未生時道。將一句來。師累次語。皆不契。乃曰告。和尙爲某甲說。祐曰吾說得自是吾見。於汝何益。師歸房。檢諸方語錄。冊字上並無一句可對。乃自歎曰。畫餠不可充飢。於是盡焚之曰。此生更不參問也。且作一箇長行粥飯師僧。免勞役心神。乃泣辭潙山而去。至南陽忠國師遺跡處。遂憩止焉。一日因山中芟除竹木倂淨次。抛瓦礫著竹作聲。師忽然有省。遽歸沐浴焚香。遙禮潙山曰。和尙大慈恩。逾於父母。當時若爲我說破。豈有今日。仍述一偈。

一擊忘所知。更不自修持。【他本云可修治。】

動容揚古路。明妙乃方知。【他本云。不墮稍然機。】

處處無蹤跡。聲色外威儀。

諸方達道者。咸言上上機。

却廻潙山。伸部所省之由。祐示許之。又擧似仰山曰。遮箇是紐揑得來。若實有省。更請道看。師曰。去年貧未是貧。今年貧始是貧。去年有卓錐之地。今年錐也無。山曰如來禪即許老兄。祖師禪即未在。師又一偈。

我有一機。瞬目視伊。

若也不會。別喚沙彌。

山聞。乃報潙山曰。且喜。閑兄會祖師禪也。上堂曰。如人在樹上。口啣樹枝。脚不踏樹枝。手不把樹枝。下面忽有人問。如何是祖師西來意。當恁時。若不對伊。違他所問。若開口答。又喪身失命。且作麼生即是。時有虎頭招尙座問。樹上時即不問。樹下時請和尙道。師呵呵大笑。便歸方丈。問如何是聲色外。相見一句子。師曰我未住香嚴時。且道在什麼處。僧曰恁麼則亦未敢道在。師曰如幻人心心所法。妙旨迅速。言說來遲。纔隨語會。迷却神機。揚眉當問。對面熙怡。是何境界。同道方知。師示徒語多簡直。二百餘篇。盛行於世。謚襲燈大師。

○ 우두산 혜충 선사【지위를 계승하였다.】

처음 찾아뵙자 지위가 보자마자 이렇게 말하였다.

“산 주인이 왔구나.”

대사가 이 말에 감응하여 미묘한 지취旨趣를 깨달았다. 그리고 나중에 여러 곳으로 순례를 떠났다. 지위가 구계원具戒院에서 능소화凌霄華 등나무가 여름이 되어 시든 것을 보았는데, 사람들이 베어 버리려 하자 이렇게 말하였다.

“베지 말라. 혜충이 돌아올 때 이 등나무가 다시 살아나리라.”

혜충이 돌아오자 과연 그 말대로 되었다. 스님은 평생 납의 한 벌로 살면서 바꾸지 않았고, 그릇은 오직 냄비 하나만 사용하였다. 한번은 스님들에게 공양한 곡식 두 창고를 도적이 노리자 호랑이가 그것을 지킨 적이 있었다. 현령 장손長遜이 산꼭대기에 왔다가 찾아뵙고 물었다.

"스님은 제자가 몇이나 됩니까?"

스님이 대답하였다.

"셋이나 다섯쯤 있습니다."

"좀 볼 수 있겠습니까?"

스님이 선상을 두드리자 호랑이 세 마리가 포효하며 나왔고, 장손이 두려움에 떨며 물러갔다. 나중에 대중의 요청으로 성에 들어가 옛 장엄사莊嚴寺에 살았다. 스님이 전각 동쪽에 따로 법당 하나를 짓고자 하였는데, 그곳에 예전부터 있던 고목 위에는 까치 떼가 둥지를 틀고 있었다. 목수가 그 나무를 베려고 하자 스님이 까치들에게 말하였다.

"이 자리에다 법당을 지을 거다. 너희들은 왜 빨리 가지 않느냐?"

말이 끝나자마자 까치 떼가 곧 다른 나무로 둥지를 옮겼다. 기초를 다질 때 두 신인이 나타나 네 귀퉁이를 정해 주었고, 또 밤에 몰래 일을 도왔기 때문에 공사는 며칠도 되지 않아 끝났다. 이때부터 사방에서 배우려는 무리가 법좌 아래로 구름처럼 몰려들었다. 법을 얻은 사람은 34명이고, 각자 한 지방에 주석하면서 많은 대중을 교화하였다. 스님의 안심게安心偈에서 말하였다.

사람과 법을 둘 다 깨끗이 하고
선함과 악함을 둘 다 잊어라
직심의 참되고 실다움이
바로 보리의 도량이다

당나라 대력大歷 3년(768)에 석실 앞에다 냄비를 걸고 나무에다 옷을 걸자, 등나무가 갑자기 한여름인데도 말라 죽었다. 밤이 되자 상서로운 구름이 그 정사精舍를 뒤덮고 공중에서 다시 하늘나라 음악 소리가 들리더니, 새벽이 되자 편안히 앉아서 천화하셨다. 그때 갑자기 폭풍우가 몰아치고 벼락이 숲의 나무들을 부러뜨렸으며, 또 흰 무지개가 바위 골짜기를 관통하였다. 5년(770) 봄에 다비하여 셀 수 없이 많은 사리를 얻었다. 수명은 87세였다.

牛頭山慧忠禪師。【嗣智威。】初謁智威。纔見乃曰。山主來也。師感悟微旨。後詣諸方巡禮。威於具戒院。見凌霄華藤。遇夏委悴。人欲伐之。乃曰勿翦。慧忠還時此藤更生。忠廻果如其言。師平生一衲不易。器用唯一鐺。嘗有供僧穀兩廩盜者窺伺。虎爲守之。縣令張遜。至山頂謁問。師有何徒弟。師曰三五人。遜曰如何得見。師敲禪牀。有三虎哮吼而出。遜驚怖而退。後衆請入城。居莊嚴舊寺。師欲於殿東。別創法堂。先有古木。群鵲巢其上。工人將欲伐之。師謂鵲曰。此地建堂。汝等何不速去。言訖。群鵲乃遷巢他樹。築基有二神人。定其四角。復潛資夜役。遂不日而就。繇是四方學徒。雲集座下矣。得法三十四人。各住一方。轉化多衆。師有安心偈曰。

人法雙淨。善惡兩忘。

直心眞實。菩提道場。

唐大歷三年。石室前挂鐺樹挂衣。藤忽盛夏枯死。至夜有瑞雲。覆其精舍。空中復聞天樂之聲。詰旦怡然坐化。時風雨暴作。震折林木。復有白虹。貫于巖壑。五年春荼毗。獲舍利不可勝計。壽八十七。

○ 무주 금화산 구지 화상【천룡을 계승하였다.】

처음 암자에서 살 때에 실제實際라는 비구니가 찾아와 삿갓을 쓰고 주장자를 든 채로 스님 주위를 세 바퀴 돌고서 말하였다.

"말할 수 있다면 삿갓을 벗겠습니다."

이렇게 세 번을 물었지만 스님이 대답이 없자 비구니는 바로 나가 버렸다. 스님이 말하였다.

"해가 곧 저무니 하룻밤 자고 가시지요."

"말할 수 있다면 자고 가겠습니다."

스님이 또 대답이 없자 비구니가 곧바로 떠났다.

스님은 스스로 탄식하였다.

"내가 대장부의 몸이기는 하지만 대장부의 기개는 없구나. 암자를 버리고 여러 지방을 다니면서 선지식을 찾아보는 것만 못하다."

그날 밤에 산신이 나타나 말하였다.

"이 산을 떠날 필요는 없습니다. 장차 보살이 찾아와 화상께 설법을 해주실 것입니다."

열흘도 지나지 않아 과연 천룡 화상天龍和尙이 암자에 왔다. 스님은 앞서 있었던 일을 자세히 말씀드렸다. 그러자 천룡이 손가락 하나를 세웠다. 스님이 여기에서 깨달은 바가 있어 바로 예배드렸다.

이때부터 학승들이 찾아오면 스님은 오직 손가락 하나만 세웠다. 나중에 동자가 있었는데, 밖에서 사람들이 "화상께서는 어떤 법을 설하시냐?"고 추궁하자 동자 역시 손가락 하나를 세웠다. 돌아와 이 이야기를 스님에게 말씀드리자 스님이 칼로 그의 손가락을 잘랐다. 동자가 고함을 치면서 달아나자 스님이 큰 소리로 동자를 불렀다. 동자가 머리를 돌리자 스님이 다시 손가락 하나를 세웠다. 동자가 여기에서 뜻을 깨달았다.

스님이 세상을 떠나려 하면서 대중에게 말하였다.

"내가 천룡에게서 손가락 하나의 선을 얻어 일생 동안 쓰고도 다 쓰지 못하였다."

말을 마치고 열반에 들었다.

務州金華山俱胝和尙。【嗣天龍。】初住菴時。有尼名實際來。戴笠執錫。繞師三匝曰。道得即下笠子。如是三問。師皆無對。尼便出去。師曰日勢稍晩。且留一宿。尼曰道得即宿。師亦無對。尼便出去。師自歎曰。我雖丈夫之形。而無丈夫之氣。不如棄菴徃諸方。叅尋知識去。其夜山神告曰。不須離此。將有菩薩來爲和尚說法也。不過旬日。果有天龍和尚到庵。師具陳前事。龍竪一指。師於此有省。便禮拜。自此凡有僧來。師唯竪一指。後有童子。於外被人詰。曰和尚說何法。童子亦竪一指。廻擧似師。師以刀斷其指。童子叫喚走出。師乃召一聲。童子廻首。師却竪一指。童子於此領旨。師將順世。謂衆曰。吾得天龍。一指頭禪。一生用不盡。言訖示滅。

『통록촬요』 제3권 끝

通錄撮要 卷第三 終。

묵을 화주한 사람은 성욱, 칠을 화주한 사람은 학정, 성조, 이익심, 김계상, 주인세, 박원손, 강내동, 이언이, 윤금, 정창손, 김두지, 이유정, 이성주, 호군 김숙동, 사비, 백ㄱ금, 강후지, 상장 김윤손 양주, 상장 이근손 양주, 이춘보, 박불정, 각응, 이순동, 이윤손, 이지손, 이형, 이숭, 장막실, 박연손, 금동, 막동, 전말을동, 신마을동, 상장 임석산, 사직 박치량, 사직 주영명, 호군 채눌ㄱ동, 전범이, 조연손.

墨化主性旭。漆化主學正。性祖。李益心。金繼尙。周仁世。朴元孫。姜내同。李彥伊。尹金。鄭唱孫。金豆之。李有正。李成住。護軍金叔同。四非。白ㄱ今。姜厚知。上將金允孫兩主。上將李根孫兩主。李春甫。朴佚定。覺凝。李順同。李允孫。李枝孫。李亨。李崇。長莫實。朴延孫。金同。莫同。田末乙同。辛馬乙同。上將林碩山。司直朴致良。司直周永明。護軍蔡訥ㄱ同。田凡伊。曺連孫。

통록촬요 제4권

| 通錄撮要 卷之第四 |

○ 진주 임제 의현 선사【황벽을 계승하였다.】

조주曹州 남화南華의 형邢씨이다. 어려서부터 세간을 벗어날 뜻을 품었고, 머리를 깎고 구족계를 받게 되자 곧바로 선종禪宗을 흠모하였다. 처음 황벽黃蘗의 회하에 있을 때 제일좌가 말하였다.

"왜 가서 '무엇이 불법의 적확한 큰 뜻입니까?' 하고 화상에게 묻지 않는가?"

스님이 가르침을 받아 곧바로 찾아가 물었다. 질문이 채 끝나기도 전에 황벽이 때렸다. 스님이 바로 내려오자 제일좌가 물었다.

"질문한 일은 어떻게 되었는가?"

스님이 말하였다.

"말도 채 끝나기 전에 바로 얻어맞았는데, 의현은 모르겠습니다."

제일좌가 말하였다.

"너는 그저 다시 거사 스님께 여쭤봐라."

이렇게 세 차례 질문을 꺼냈다가 세 차례 얻어맞고는 결국 이별을 고하였다.

"앞서 질문을 권하시는 격려를 받들었습니다만 화상으로부터 몽둥이만 맞았습니다. 저의 우둔함이 한스러울 뿐입니다. 이제 행각을 떠나겠습니다."

제일좌가 말하였다.

"네가 가겠다면 반드시 화상께 마지막 인사를 드려야만 한다."

그러고는 제일좌가 화상께 찾아가서 말하였다.

"질문했던 승려가 비록 후배지만 매우 법답습니다. 이제 제방諸方으로 떠나겠다고 합니다. 인사를 드리러 찾아오면 화상께서 방편으로 그를 잘 이끌어 주십시오."

황벽이 말하였다.

"나 역시 알고 있다. 훗날 한 그루 큰 나무가 되어 천하 사람들에게 시원한 그늘이 되어 줄 날이 있으리라."

스님이 다음 날 찾아가 인사를 드리자 황벽이 말하였다.

"네가 꼭 가겠다면 대우大愚를 찾아뵈어라."

스님이 가르침을 받고 곧바로 찾아가자 대우가 물었다.

"어디서 왔는가?"

"황벽산에서 왔습니다."

"그가 요즘은 어떤 말로 가르치는가?"

"의현이 불법의 적확한 큰 뜻을 세 차례 물었다가 세 차례 얻어맞았습니다. 뭐가 잘못인지 모르겠습니다."

대우가 말하였다.

"황벽이 그렇게 노파심老婆心으로 너를 위해 곤욕을 치렀는데, 다시 여기를 찾아와 허물이 있는지 허물이 없는지를 묻는구나."

스님이 말끝에 깨달은 바가 있어 자기도 모르게 고함이 터졌다.

"원래 황벽의 불법이란 게 간단한 것이었구나."

대우가 움켜쥐고 말하였다.

"이 오줌싸개가 아까는 찾아와 허물이 있는지 허물이 없는지를 묻더니, 지금은 도리어 황벽의 불법이 간단하다고 말하는구나. 네가 무슨 도리를 보았기에 이렇게 말하는 것이냐?"

스님이 대우의 갈비뼈 아래를 세 주먹 갈기자, 대우가 확 밀치면서 말하였다.

"네 스승은 황벽이니 나와는 관계없는 일이다."

스님이 다시 돌아오자 황벽이 보자마자 물었다.

"저놈이 이리 왔다 저리 갔다 하니 언제 마칠 날이 있으랴."

"그저 노파심이 간절하시군요."

곧바로 예배하고 일어났다. 모시고 서 있는데 황벽이 물었다.

"너는 어디를 갔다 왔느냐?"

"어제 화상의 자비로운 가르침을 입고 대우 화상 처소에 갔다 왔습니다."

"그가 뭐라고 말하더냐?"

"의현이 앞서 화상께 질문했던 인연을 말씀드리고 무슨 잘못이 있었는지 그분께 여쭈었더니, 그분이 '황벽이 그렇게 노파심으로 너를 위해 곤욕을 치렀는데, 다시 여기를 찾아와 무슨 잘못이 있는지를 묻는구나.'라고 하였습니다. 의현이 여기에서 깨달은 바가 있었습니다."

황벽이 말하였다.

"어떻게 해야 말 많은 늙은이 대우를 오게 할 수 있을까?"

"그분을 오라 해서 어떻게 하려고요?"

"그가 오기를 기다렸다가 호되게 한 방 갈겨야지."

스님이 말하였다.

"그가 오기를 기다리겠다는 소리는 뭣 하러 합니까? 지금 당장 갈겨야지요."

그러고는 바로 한 대 갈기자 황벽이 말하였다.

"이 미친놈이 도리어 이곳에 와서 호랑이 수염을 뽑는구나."

스님이 바로 할을 하자 황벽이 시자를 불렀다.

"저 미친놈을 승당으로 끌고 가라."

스님이 내려와 승당에 참여하였다. 어느 날 스님이 황벽과 함께 소나무를 심다가 스님이 물었다.

"깊은 산속에 뭣 하러 이렇게 많은 나무를 심습니까?"

황벽이 말하였다.

"첫째는 산문과 어울리는 경치를 만드는 것이고, 둘째는 뒷사람들에게 표방이 되려는 것이다."

스님이 바로 땅을 파자 황벽이 말하였다.

"그렇다 해도 이미 30방 맞았다."

스님이 길게 '허' 하는 소리를 내자 황벽이 말하였다.

"나의 종지가 그대에게 이르러 세상에 크게 흥성하리라."

위산潙山이 이 이야기를 거론하면서 앙산仰山에게 물었다.

"애초에 황벽이 임제 한 사람에게만 부촉한 것인가, 따로 또 있는가?"

앙산이 말하였다.

"있기는 있습니다만 연대가 너무 멀어 화상께 말씀드리고 싶지 않습니다."

위산이 말하였다.

"그렇다 해도 나 역시 알고 싶구나."

앙산이 말하였다.

"한 사람의 지남指南이 오월吳越에서 영을 행하다가 큰바람을 만나면 곧 그칠 것입니다."

스님이 이별을 고하자 황벽이 물었다.

"어디로 가려는가?"

"하남河南이 아니면 하북河北이겠지요."

황벽이 바로 때리자 스님이 몽둥이를 움켜잡고는 바로 손으로 한 대 때렸다. 황벽이 크게 웃으며 시자를 불렀다.

"백장 선사先師의 선판禪版과 궤안机案을 가져와 이 스님에게 주거라."

그러자 스님이 말하였다.

"시자야, 불(火)도 가지고 오너라."

황벽이 말하였다.

"그렇기는 하지만 너는 일단 가지고 가거라. 이후에 천하 사람의 입방아를 물리치게 되리라."

위산이 앙산에게 물었다.

"황벽이 당초에 선판과 궤안을 분부했는데, 임제가 그를 등진 것은 아닌가?"

앙산이 말하였다.

"그렇지 않습니다."

"그대는 또 어떻게 생각하는가?"

"은혜를 알아야 비로소 은혜를 갚을 줄도 아는 것입니다."

"옛날 사람들 가운데도 이와 비슷한 분이 있었는가?"

"있기는 있지만 다만 연대가 너무 멀어 화상께 말씀드리고 싶지 않습니다."

"그렇기는 하지만 나 역시 알고 싶어서 그러니, 그대는 일단 이야기해 보게."

앙산이 말하였다.

"능엄회상楞嚴會上에서 아난阿難이 '이 깊은 마음을 가지고 먼지처럼 수없는 세계를 받들 것이니, 이것을 곧 부처님의 은혜에 보답하는 것이라 합니다.'[1]라고 말하였으니, 어찌 이것이 은혜에 보답하는 일이 아니겠습니까?"

위산이 말하였다.

"그렇지, 그렇지."

스님이 상당하여 말하였다.

"붉은 살덩이 위에 무위진인無位眞人이 있어 항상 여러분의 면문面門으로 출입한다. 아직 증득하지 못했다면 당장 살펴보라."

이때 어떤 승려가 대중 가운데서 나오자마자 스님이 선상에서 내려와 꽉 붙들고 말하였다.

"말해라, 말해."

그 승려가 이리저리 궁리하자 스님이 말하였다.

"무위진인이 무슨 똥 막대기냐?"

---

1 『首楞嚴經』 권3(T19, 119b).

탁 밀치고는 곧바로 방장으로 돌아갔다.

스님이 임종할 무렵 상당하여 말하였다.

"내가 죽은 후 나의 정법안장을 없애서는 안 된다."

그때 삼성三聖[2]이 원주로 있었는데 이렇게 말하였다.

"어찌 감히 화상의 정법안장을 없애겠습니까?"

"훗날 너에게 묻는 사람이 있으면 그에게 뭐라고 말하겠느냐?"

원주가 바로 할을 하자 스님이 말하였다.

"나의 정법안장이 저 눈먼 나귀에게서 없어질 줄 누가 알았으랴?"

말씀을 마치고 앉아서 입멸하셨으니, 때는 당나라 함통咸通 7년(866) 병술년 4월 10일이었다. 시호는 혜조선사慧照禪師이고, 탑명은 징령澄靈이다.

鎭州臨濟義玄禪師。【嗣黃蘗。】曹州南華邢[1)]氏。幼負出塵之志。及落髮進具之後。便慕禪宗。初在黃蘗會下時。第[2)]一座曰。何不去問和尙。如何是佛法的的大意。師蒙教便往問。問聲未絕。黃蘗便打。師却下。座問。問話作麽生。師曰問聲未絶便被打。義玄不會。座曰汝但[3)]更去問師。如是三度發問。三度遭打。遂告辭曰。早來承激勸問話。唯蒙和尙賜棒。所恨愚魯。且行脚去也。座曰汝若去。須是辭和尙。始得。座却往告和尙曰。問話底僧。雖是後生。甚是如法。今要去諸方。若來辭時。和尙須方便接取伊。蘗曰吾亦自知。已後作一株大樹。與天下人爲陰涼去在。師來日往辭。蘗曰汝須去叅大愚。師蒙指便往。大愚問。什麽處來。答蘗來。愚曰彼近日有何言教。答義玄三度問佛法的的大意。三度被打。未審有什麽過。愚曰蘗恁麽老婆爲汝得徹困。更來遮裏。問有過無過。師言下有省。不覺失聲叫喚。元來黃

2 삼성三聖 : 임제 의현臨濟義玄의 제자이다. 의현의 법을 얻은 후 여러 총림을 두루 참방하고, 진주鎭州 삼성원三聖院에 주석하였다.

蘗佛法無多字。愚把住曰。遮尿牀子。適來問有過無過。而今却道。黃蘗佛法無多字。汝見箇什麽道理。便恁麽道。師於大愚脇下。築三拳。愚拓開曰。汝師黃蘗。非干吾事。師却廻。黃蘗見便問。遮漢來來去去。有甚了期。師曰秖爲老婆心切。便禮拜起。侍立次。蘗問汝去什麽處來。師曰昨日蒙和尙慈旨。徃大愚處來。蘗曰彼有什麽言句。師曰義玄遂擧前來問和尙因緣。問伊有什麽過。他曰黃蘗恁麽老婆。爲汝得徹困。更來遮裏。問有什麽過。義玄於此有省。蘗曰作麽生是得大愚多口老漢來。師曰要伊來作什麽。蘗曰待伊來痛與一頓。師曰說什麽待伊來。即今便與。便打一掌。蘗曰遮風漢。却來遮裏捋虎鬚。師便喝。蘗召侍者。引遮風漢叅堂去。師下叅堂。一日師同蘗種松次。師問深山裏種如許多樹子。作什麽。蘗曰一與山門作境致。二與後人作標牓。師便钁地。蘗曰雖然如是。已喫三十棒了也。師長噓一聲。蘗曰吾宗到汝。大興於世。潙山擧此語。問仰山。當初黃蘗。秖囑付臨濟一人。別更有在。山曰有即有。秖是年代深遠。不欲擧似和尙。潙山曰雖然如是。吾亦要知。山曰有一人指南吳越令行。遇大風即止。師辭黃蘗。問什麽處去。師曰不是河南。便是河北。蘗便打。師約住棒。便打一掌。蘗大笑喚侍者。將百丈先師禪版机案來與遮僧。師曰侍者將火來。蘗曰雖然如此。汝但將去。已後坐却天下人舌頭去在。潙山問仰山。蘗當初分付禪版机案。臨濟莫辜負他也無。山曰不然。潙山曰子又作麽生。山曰知恩方解報恩。潙山曰從上古人。還有相似者也無。山曰有即有。秖是年代深遠。不欲擧似和尙。潙山曰。雖然如此。吾亦要知。子但擧看。山曰楞嚴會上。阿難曰。將此深心奉塵刹。是則名爲報佛恩。豈不是報恩之事。潙山曰。如是如是。師上堂曰。赤肉團上。有無位眞人。常在諸人面門出入。未證據着看。時僧纔出衆。師下禪牀把住曰。道道。僧擬擬。師曰無位眞人是什麽乾屎橛。拓開便歸方丈。師臨終時。上堂曰。吾滅後。不得滅吾正法眼藏。其時三聖爲院主。乃曰爭敢滅和尙正法眼藏。師曰已後有人問汝。向伊道什麽。主便喝。師曰誰知吾正法眼藏向遮瞎驢邊滅。言訖坐滅。時唐咸通七年丙戌四月十日。

諡慧照禪師。塔曰澄靈。

1) ㉰ '那'는 '邢'인 듯하다. 2) ㉯ '弟'는 '第'와 통용된다. 3) ㉯ '但'이 저본에는 '伹'로 쓰인 경우가 많다. 이제 '但'으로 고치니, 아래에서도 이에 준하며, 재차 주를 붙이지 않는다.

○ 균주 동산 양개 선사【운암을 계승하였다.】

어린 나이에 스승을 따라 『반야심경般若心經』을 배우다가 '무안이비설신의無眼耳鼻舌身意'라는 구절에 이르러, 스님이 스승의 얼굴을 올려다보고 다시 손으로 자기 얼굴을 더듬으면서 말하였다.

"제가 보기에는 스님과 저의 얼굴에 모두 육근六根이 있는데, 무슨 까닭에 도리어 없다고 하십니까?"

그의 스승이 기이함에 놀라며 말하였다.

"나는 너의 스승이 아니다."

그리하여 영묵靈默에게서 뜻을 일으키고, 또 남전南泉을 만났다. 마조 대사의 기일에 공양을 준비하다가 남전이 대중에게 물었다.

"내일 대사께 공양을 올리는데, 대사께서도 오실까?"

대중이 아무도 대답하지 못하자 스님이 말하였다.

"도반이 있으면 오실 겁니다."

남전이 말하였다.

"자네가 후배이기는 하지만 꽤 다듬을 만하구나."

스님이 말하였다.

"화상께서는 양민을 억압해 천민으로 만들지 마십시오."

스님이 운암雲巖에게 물었다.

"돌아가신 뒤에 '스님의 참모습을 그릴 수 있겠냐?'고 갑자기 묻는 사람이 있으면 어떻게 대답해야 합니까?"

운암이 말하였다.

"그저 그에게 '이게 그거.'라고 말하라."

스님이 한참을 잠자코 있자 운암이 말하였다.

"이 일을 수긍하려면 매우 세밀하게 살펴야만 한다."

하지만 마음에 여전히 의심이 남았다. 스님은 나중에 물을 건너다가 문득 물에 비친 그림자를 보고는 크게 깨닫고 게송을 읊었다.

절대로 남에게서 찾지 말라
아득히 나와 멀어지리라
내 이제 홀로 가노니
곳곳에서 그를 만나네
그가 지금 바로 나이지만
나는 지금 그가 아니니
반드시 이렇게 알아야만
비로소 여여에 계합하리라

누가 물었다.

"화상께서는 남전을 뵙고 자취를 드러내기 시작했는데 왜 운암에게 제사를 지내십니까?"

스님이 말하였다.

"나는 선사의 도덕을 중시하지도 않고, 선사의 불법을 중시하지도 않는다. 그저 그분이 나에게 설명해 주지 않은 것을 중시할 뿐이다."

물었다.

"화상께서 선사께 제사를 지낸다는 것은 선사를 긍정한다는 겁니까?"

스님이 대답하였다.

"반은 긍정하고, 반은 긍정하지 않는다."

"어째서 완전히 긍정하지 않습니까?"

"완전히 긍정하면 선사를 저버리는 것이다."

물었다.

"무엇이 조사께서 서쪽에서 오신 뜻입니까?"

스님이 대답하였다.

"동산의 물이 거슬러 흐르면 그대에게 말해 주겠다."

물었다.

"화상께서 백길百吉에 머무실 때가 어찌 동산洞山에 머무시는 때만 하겠습니까?"

"한 냥의 모시와 세 척의 베다."

물었다.

"무엇이 비로자나의 스승이고, 법신의 주인입니까?"

"나락 줄기와 조 이삭이다."

물었다.

"삼신三身 가운데 어느 몸이 어떤 법수法數에도 떨어지지 않습니까?"

"나도 항상 이 문제에 간절했다."

물었다.

"죽은 승려는 천화하여 어느 곳으로 갔습니까?"

"불길이 지나간 후에 한 줄기 삘기다."

물었다.

"무엇이 사문의 행입니까?"

"머리는 길어 세 척이고, 목은 짧아 두 촌이다."

오위송五位頌에서 말하였다.

> 바름 가운데 치우침이여
> 삼경 이른 밤에 달이 밝기 전이로다
> 만나고도 알아보지 못함을 괴이하다 하지 말라
> 남몰래 옛날의 미움을 여전히 품고 있으니

치우침 가운데 바름이여
눈멀었던 노파가 옛 거울을 만났구나
분명하게 얼굴을 비춰 보면 다시 참이랄 것도 없으니
다시는 그림자를 머리로 오인하는 일이 없도록 하라

바름 가운데서 옴이여
없음 가운데 먼지와 티끌을 벗어날 길이 있었구나
그저 현재 임금님 성함을 입에 담지 않을 수만 있다면
지난 왕조에 말 잘하다가 혀가 잘린 자보다 훨씬 낫지

치우침 가운데서 이름이여
두 칼날이 맞부딪치는 일 피할 필요 없지
좋은 솜씨는 또한 불속의 연꽃과 같아
완연히 스스로 하늘을 찌르는 의기가 있다

겸하는 가운데 도달함이여
유무에 떨어지지 않는데 누가 감히 화답할까
사람마다 다들 보통 부류에서 벗어나려 하다가도
집어치우고 되돌아가 숯 구덩이 속에 앉는구나

스님이 입적할 무렵에 대중에게 말하였다.

"나는 부질없는 이름을 세상에 남겼다. 누가 나를 위해 없애 주겠는가?"

대중이 아무도 대답하지 않자, 어떤 사미가 대중 가운데서 나와 말했다.

"화상의 법호를 말씀해 주십시오."

스님이 말하였다.

"나의 부질없는 이름이 이미 없어졌구나."

종을 치게 하고 엄숙히 앉아 천화하셨는데 대중이 날이 저물도록 스님을 부르며 통곡하였다. 그러자 스님이 홀연히 눈을 뜨고 나서 이렇게 말하였다.

"출가한 사람은 바깥 사물에 마음을 두지 않아야 하니, 이것이 참된 수행이다. 삶은 고단하고 죽음은 휴식인데 슬퍼할 게 뭐가 있느냐?"

그러고는 일을 주관하는 승려를 불러 우치재愚癡齋를 한 차례 지내게 하였으니, 그 그리워하는 정을 꾸짖으려는 것이었다. 대중이 그래도 연모하기를 그치지 않자 7일을 더 연장하게 되었고, 음식이 준비되자 스님 역시 따라서 공양을 마치고는 말하였다.

"승가에는 일이 없어야 한다. 대체로 떠날 때가 되면 이렇게들 소란을 떠는데 이래서는 안 된다."

8일째 되는 날 목욕을 마치고 단정히 앉아 영원히 가셨으니, 수명은 63세이고 법랍은 42세이다. 시호는 오본대사悟本大師이고, 탑명은 혜각慧覺이다.

筠州洞山良价禪師。【嗣雲巖。】幼歲從師。因授心經。至無眼耳鼻舌身意處。師乃仰視本師面。却以手捫摸自面。遂曰某甲見師面與吾面。俱有六根。因何却道無。其師駭其異。乃曰吾非汝師。發旨靈默。又值南泉。爲馬大師諱日修齋次。泉垂問。來日爲大師設齋。大師還來否。衆皆無對。師曰待有伴即來。泉曰子雖是後生。亦堪彫琢。師曰和尙莫壓良爲賤。師問巖。百年後忽有人問。還邈得師眞。如何秖對。巖曰但向伊道。即這箇是。師良久。巖云承當這事。大須審細。心猶涉疑。師後因過水。忽覩影大悟。偈曰。

切忌從他覔。迢迢與我踈。
我今獨自往。處處得逢渠。
渠今正是我。我今不是渠。

應須恁麼會。方得契如如。

因問。和尚見南泉發迹。爲什麼却與雲巖設齋。師曰我不重先師道德。亦不重先師佛法。秖重他不爲我說破。問和尚爲先師設齋。還肯先師也無。師曰半肯半不肯。僧曰爲什麼不全肯。師曰若全肯。即辜負先師也。問如何是祖師西來意。師曰待洞水逆流。即向汝道。問和尚住百吉。何似住洞山。師曰一兩苧蔴三尺布。問如何是毗盧師法身主。師曰禾莖粟稈。問三身中那身不墮諸數。師曰吾常於此切。問亡僧遷化向什麼處去也。師曰火過後一莖茆。問如何是沙門行。師曰頭長三尺。頸短二寸。五位頌曰。

正中偏。三更初夜月明前。

莫怪相逢不相識。隱隱猶懷昔日嫌。[1]

偏中正。失曉老婆逢古鏡。

分明覿面更無眞。[2] 休更迷頭猶認影。

正中來。無中有路隔[3]塵埃。

但能不觸當今諱。也勝前[4]朝斷舌根。[5]

偏中至。[6] 兩刃交鋒不須避。[7]

好手還同火裡蓮。宛然自有衝天意。[8]

兼中到。不落有無誰敢和。

人人盡欲出常流。折合還[9]歸炭裏坐。

師將圓寂。謂衆曰。吾有閑名在世。阿誰爲吾除得。衆皆無對。有沙彌出衆曰。請和尚法號。師曰吾閑名已謝。令擊鍾儼然坐化。大衆號慟移晷。師忽開目而已。乃曰夫出家之人。心不附物。是眞修行。勞生息死。於悲何有。乃召主事僧。令辨愚癡齋一中。盖責其戀情也。衆猶戀慕不已。延至七日。食具方備。師亦隨齋畢曰。僧家勿事。大率臨行之際。喧動如斯。是不可也。至八日浴訖端坐長往。壽六十有三。臘四十二。敕謚悟本大師。塔曰慧覺。

1) (원) 저본의 여백에 있는 주에 "'嫌'이 다른 본에는 '妍'으로 되어 있다."고 하였다. 2) (원) 저본의 여백에 있는 주에 "'眞'이 다른 본에는 '他'로 되어 있다."고 하였다. 3) (원) 저본의 여백에 있는 주에 "'隔'이 다른 본에는 '出'로 되어 있다."고 하였다. 4) (원) 저

본의 여백에 있는 주에 "'前'이 다른 본에는 '知'로 되어 있다."고 하였다. 5) ㉯ 저본의 여백에 있는 주에 "'根'이 다른 본에는 '才'로 되어 있다."고 하였다. 6) ㉯ 저본의 여백에 있는 주에 "'偏中至'가 다른 본에는 '兼中至'로 되어 있다."고 하였다. 7) ㉯ 저본의 여백에 있는 주에 "'不須避'가 다른 본에는 '要廻避'로 되어 있다."고 하였다. 8) ㉯ 저본의 여백에 있는 주에 "'意'가 다른 본에는 '氣'로 되어 있다."고 하였다. 9) ㉯ 저본의 여백에 있는 주에 "'還'이 다른 본에는 '終'으로 되어 있다."고 하였다.

○ 무주 조산 본적 선사【동산을 계승하였다.】

동산이 한번 보고는 물었다.

"사리闍梨는 이름이 무엇인가?"

"탐장耽章입니다."

"뭐가 그거냐?"

"이름을 붙이지 못합니다."

탐장이 이에 수년을 머물다가 어느 날 이별을 고하자 동산이 물었다.

"어디로 가려는가?"

"변하지 않는 곳으로 갑니다."

"변하지 않는다면 어찌 간다는 것이 있겠는가?"

"가더라도 변하지 않습니다."

동산이 말하였다.

"잘해 봐라."

스님이 바로 예배하였다.

스님이 말하였다.

"세간의 번뇌가 가득한 일들에서 그저 '있음'을 알기만 하면 되지 면할 필요가 없으니, 면하면 곧 변하는 것과 같다. 부처가 되고 조사가 되고 보리니 열반이니 하는 것들이 재앙이 되는 경우가 적지 않으니, 무엇 때문에 이렇게 되었을까? 그저 변하기 때문이다. 만약 변하지 않으려면 반드시 부딪치는 자리마다 자유로워야만 비로소 된다."

어떤 스님이 향엄香嚴에게 물었다.

"무엇이 도입니까?"
그러자 지한智閑이 말하였다.
"말라 죽은 나무 속 용의 노래다."
또 물었다.
"무엇이 그 길 가운데 있는 사람입니까?"
그러자 지한이 대답하였다.
"해골 속의 눈동자다."
그 스님이 깨닫지 못해 다시 석상 경저石霜慶諸[3] 선사에게 물었다.
"무엇이 말라 죽은 나무 속 용의 노래입니까?"
경저가 말하였다.
"기뻐하는 기색이 여전하구나."
"무엇이 해골 속의 눈동자입니까?"
"분별하는 기색이 여전하구나."
또 탐장에게 물었다.
"무엇이 말라 죽은 나무 속 용의 노래입니까?"
탐장이 말하였다.
"혈맥이 끊어지지 않았구나."
"무엇이 해골 속의 눈동자입니까?"
"덜 말랐군."
물었다.
"들을 수 있는 자가 있습니까?"
탐장이 말하였다.
"온 대지에 듣지 못한 자가 한 사람도 없다."

3 석상 경저石霜慶諸(807~888) : 도오 원지道吾圓智에게 참학하여 그의 법을 이었다. 석상산石霜山에 20년을 주석하며 오로지 좌선에 몰두하였는데, 그 모습이 정도목丁度木의 그루터기 같다 하여 세인들이 고목상枯木象이라 칭하였다.

물었다.

"모르겠습니다. 그게 어떤 문장입니까?"

탐장이 말하였다.

"그게 어떤 문장인지는 모르겠으나 들은 자는 모조리 죽는다."

그러고는 게송을 지어 말하였다.

마른나무 속의 용의 노래라야 진실로 도를 본 것
해골에 식이 없어야 눈이 비로소 밝아지네
기쁨과 인식이 다할 때 소식마저 다하는데
그런 사람이 어찌 탁함 속의 맑음을 변론하랴

종이로 옷을 만들어 입었기에 지의도자紙衣道者로 불리는 스님이 있었다. 그가 동산에서 찾아오자 탐장이 물었다.

"무엇이 종이옷 속의 일인가?"

그 스님이 말하였다.

"외투 하나 몸에 걸쳤다 하면 만법이 모두 여여합니다."

또 물었다.

"무엇이 종이옷 속의 작용인가?"

그 스님이 앞으로 나와 합장하고 서서 말하였다.

"허락하신다면 바로 벗어 버리겠습니다."

탐장이 웃으며 말하였다.

"그대는 그저 이렇게 떠날 줄만 알고, 이렇게 올 줄은 모르는구나."

그러자 그 스님이 갑자기 눈을 뜨고 말하였다.

"하나의 신령하고 참된 성품이 태를 빌리지 않을 때는 어떻습니까?"

탐장이 말하였다.

"아직은 오묘한 게 아니지."

"무엇이 오묘한 것입니까?"
"빌리지 않으면서 빌려야지."
그 스님은 물러나 승당에 앉아 천화하였다. 탐장이 게송을 지었다.

원만하고 밝은 깨달음의 성품은 모습 없는 몸이니
지견으로 망령되게 가까이하거나 멀리하지 말라
한 생각 어긋나면 곧바로 현묘한 본체를 미혹하고
마음이 어긋나면 도와 이웃이 되지 못한다
망정으로 만법을 분별하여 목전의 경계에 침몰하고
의식의 거울에 옳은 것도 많아 본래의 진실을 상실하네
만약 이 구절 속에서 오로지 참구해 깨닫는다면
완전히 끝내 할 일이 없는 옛날 그 사람이리라

어떤 스님이 오위군신五位君臣의 요지를 묻자 탐장이 말하였다.

"정위正位는 곧 공空의 세계이니, 본래 한 물건도 없는 것이다. 편위偏位는 곧 색色의 세계이니, 만 가지 형상이 있는 것이다. 편중지偏中至는 현상(事)을 버리고 이치(理)로 들어가는 것이다. 정중래正中來는 이치를 등지고 현상으로 나아가는 것이다. 겸대兼帶는 온갖 인연에 마땅히 응하면서도 모든 유를 따르는 것이니, 더러움도 아니고 깨끗함도 아니며 정위도 아니고 편위도 아니다. 따라서 '텅 비고 아득한 대도, 집착 없는 참된 종지'라 하는 것이다. 옛날부터 선대의 대덕들께서 이 하나의 지위를 가장 오묘하고 가장 아득하다며 받들었으니, 반드시 자세히 살펴 분명히 판별해야만 한다. 임금(君)은 정위이고, 신하(臣)는 편위이며, 신하가 임금에게 향하는 것은 편중정이고, 임금이 신하를 살피는 것은 정중편이며, 임금과 신하의 도가 합하는 것이 겸대라는 것이다."

물었다.

"무엇이 임금입니까?"

"오묘한 덕이 우주에서 존귀하고, 높고 밝음이 태허를 비춘다."

"무엇이 신하입니까?"

"신령한 기틀로 성인의 도를 넓히고, 참된 지혜로 모든 중생을 이롭게 한다."

"무엇이 신하가 임금에게 향하는 것입니까?"

"여러 가지 세계에 떨어지지 않고 마음을 모아 성인의 모습을 바라보는 것이다."

"무엇이 임금이 신하를 살피는 것입니까?"

"오묘한 모습이 비록 움직이지 않지만 그 빛이 두루 미치지 않는 곳이 없다."

"무엇이 임금과 신하의 도가 합하는 것입니까?"

"완전히 뒤섞여 안팎이 없고, 하나로 융화하여 위아래가 공평한 것이다."

또 말하였다.

"임금과 신하, 편위와 정위로써 말한 까닭은 중도를 범하고 싶지 않기 때문이다. 신하가 임금을 칭할 때는 감히 손가락질하며 부르지 않는 게 옳다. 이것이 내 가르침의 종요宗要이다."

그리고 게송을 지었다.

학인은 무엇보다 자기 근원을 알아야 하니
참된 세계를 무딘 허공과 뒤섞지 말라
오묘하고 밝은 본체에서 애태우던 알음알이 없애고
만나는 인연에 힘써야지 중도를 빌릴 것 없네
말을 하면 도저히 만질 수 없는 불길이 되게 하고
반드시 옛사람들처럼 남몰래 행해야만 하네
몸은 없고 일은 있으면 갈림길을 벗어나지만

일도 없고 몸도 없으면 시종에 떨어지리라

또 말하였다.

"범부의 망정과 성인의 견해가 바로 황금의 사슬이자 현묘한 길이니, 반드시 서로 바꾸어야 한다……."

스님은 천복天復 신유년(901) 6월 15일에 향을 사르고 고요히 앉아 천화하였다. 수명은 62세이고, 법랍은 37세였다. 시호는 원증대사元證大師이고, 탑명은 복원福圓이다.

撫州曹山本寂禪師。【嗣洞山。】洞山一見乃問。闍梨名什麽。曰耽章。山曰那箇聻。曰不名。耽章於是。盤桓數載。一日乃辭。山問什麽處去。曰不變異處去。山曰不變異。豈有去耶。曰去亦不變異。山曰善爲。師便禮拜。師云世間塵重之事。但知有便得。不要免。免即同變易去也。成佛成祖。菩提涅槃。此等殃禍爲不小。因什麽如此。只爲變易。若不變易。直須觸處自由。始得。香嚴因僧問如何是道。閑曰枯木裏龍吟。又問如何是道中人。閑曰觸髏裏眼睛。其僧不領。又問石霜諸禪師曰。如何是枯木裏龍吟。諸曰猶帶喜在。又問如何是髑髏裏眼睛。諸曰猶帶識在。又問章曰。如何是枯木裏龍吟。章曰血脉不斷。問如何是髑髏裡眼睛。曰乾不盡。問有得聞者否。章曰盡大地未有一人不聞。問未審是何章句。章曰不知是何章句。聞者皆喪。乃作偈曰。

枯木龍吟眞見道。髑髏無識眼初明。

喜識盡時消息盡。當人那辨濁中淸。

有僧以紙爲衣。號爲紙衣道者。自洞山來。章問如何是紙衣下事。僧曰一裘纔挂體。萬事悉皆如。又問如何是紙衣下用。其僧前而拱立曰。應諾即脫去。章笑曰。汝但解恁麽去。不解恁麽來。僧忽開眼曰。一靈眞性。不假胞胎時如何。章曰未是妙。僧曰如何是妙。章曰不借借。其僧退。坐於堂中而化。章作偈曰。

覺性圓明無相身。莫將知見妄踈親。
念異便於玄體昧。心差不與道爲鄰。
情分萬法沉前境。識鑑多端喪本眞。
若向句中專曉會。了然無事昔時人。
僧問五位君臣旨訣。章曰正位即空界。本來無物。偏位即色界。有萬形像。偏中至者。捨事入理。正中來者。背理就事。兼帶者。冥應衆緣。不隨諸有。非染非淨。非正非偏。故曰虛玄大道。無著眞宗。從上先德。推此一位。最妙最玄。要當審詳辨明。君爲正位。臣是偏位。臣向君。是偏中正。君視臣。是正中偏。君臣道合。是兼帶語。問如何是君。曰妙德尊寰宇。高明朗太虛。問如何是臣。曰靈機宏聖道。眞智利群生。問如何是臣向君。曰不墮諸異趣。凝情望聖容。問如何是君視臣。曰妙容雖不動。光燭不無偏。問如何是君臣道合。曰混然無內外。和融上下平。又曰以君臣偏正言者。不欲犯中故。臣稱君。不敢斥言。是也。此吾法之宗要。作偈曰。
學者先須識自宗。莫將眞際雜完[1)]空。
妙明體盡知傷觸。力在逢緣不借中。
出語直敎燒不著。潛行須與古人同。
無身有事超歧路。無事無身落始終。
又曰凡情聖見。是金鎖玄路。直須回互云云。師天復辛酉六月十五日。焚香宴坐而化。閱世六十有二。坐三十有七。謚元證大師。塔曰福圓。

1) 역 '完'은 '頑'인 듯하다.

○ 항주 조과 도림 선사【달마 11세 도흠 화상[4]을 계승하였다.】

본군本郡 부양富陽의 반潘씨이다. 어머니 주朱씨가 햇빛이 입으로 들어

4 도흠 화상道欽和尙(714~792) : 속성은 주朱씨, 소주蘇州 곤산崑山 출신이다. 유교를 공부하다가 28세에 학림 현소鶴林玄素를 만나 출가하였다. 임안臨安의 경산徑山에 주석하였고, 당唐 대종代宗이 도풍道風을 흠모하여 귀의하고 제자가 되었다.

오는 꿈을 꾸고 임신하였고, 태어날 때는 기이한 향기가 방에 가득하였다. 그래서 이름을 향광香光이라 하였다. 9세에 출가하였고, 나중에 복례復禮 법사를 찾아가 『화엄경』과 『기신론起信論』을 배웠다. 복례가 진망송眞妄頌을 보여 주면서 선나禪那를 닦게 하자 스님이 물었다.

"처음에 어떻게 관찰하고, 어떻게 마음을 써야 합니까?"

복례가 한참을 말이 없자 스님이 세 번 절하고 물러갔다. 나중에 경산도흠徑山道欽 선사를 찾아뵙고 드디어 정법을 얻었다. 그 후 고산孤山 영복사永福寺에서 당시의 도속道俗이 함께 법회를 가졌는데, 스님이 석장을 떨치며 들어가자 도광韜光 법사가 물었다.

"지금 법회를 하고 있는데, 왜 소리를 내는가?"

스님이 말하였다.

"소리가 없으면 누가 이 법회를 알겠습니까?"

훗날 진망산秦望山에서 가지와 잎이 무성하고 굽고 틀어진, 모양이 일산 같은 큰 소나무를 보고는 마침내 그 위에 자리를 잡았다. 그래서 당시 사람들이 그를 '새 둥지에 사는 선사(鳥窠禪師)'라 불렀다. 또 까치가 그 곁에 둥지를 틀고 자연히 길들여졌으므로 사람들이 또 '까치 둥지 화상(鵲巢和尙)'이라 불렀다.

회통會通이라는 시자가 있었는데 어느 날 갑자기 이별을 고하고 떠나려 하자 스님이 물었다.

"너는 지금 어디로 가려는가?"

"회통은 법을 위해 출가했습니다. 화상께서 자비로운 가르침을 내리지 않으시기에 이제 여러 곳으로 불법을 배우러 갑니다."

그러자 스님이 말하였다.

"불법을 원한다면 나의 여기에도 조금은 있지."

회통이 물었다.

"무엇이 화상의 불법입니까?"

스님이 몸에서 실오라기 하나를 집어 들더니 '후' 하고 불었다. 회통이 문득 현묘한 뜻을 깨달았다.

杭州鳥窠道林禪師。【嗣磨十一世道欽和尙。】本郡富陽潘氏。母朱氏。夢日光入口。因而有娠。及誕異香滿室。遂名光焉。九歲出家。後詣復禮法師。學華嚴經起信論。復禮示以眞妄頌。俾修禪那。師問曰。初云[1]觀。云何用心。禮久而無言。師三拜而退。後謁經[2]山道欽禪師。遂得正法。而後於孤山永福寺。時道俗共爲法會。師振錫而入。韜光法師問。此之法會。何以作聲。師曰無聲誰知是會。後見秦望山。有長松。枝葉繁茂。盤屈如蓋。乃棲止其上。時人謂之鳥窠禪師。復有鵲巢其側。自然馴押。人亦謂之鵲巢和尙。有侍者會通。忽一日欲辭去。師問汝今何往。對曰會通爲法出家。以和尙不垂慈誨。今往諸方。學佛法去。師曰若要佛法。吾此間亦有少許。通曰如何是和尙佛法。師於身上。拈起布毛吹之。通便領悟玄旨。

1) ㉮ '云' 다음에 '何'가 결락된 듯하다. 2) ㉮ '經'은 '徑'인 듯하다.

○ 회통 선사【조과를 계승하였다.】

그는 본군本郡의 오吳씨이고, 이름은 원경元卿이다. 형상이 단정하고 엄숙하였으며 어려서부터 총명하였다. 당나라 덕종德宗 때에 육궁사六宮使가 되었는데, 왕족들이 모두 그를 좋아하였다. 어느 봄날 소양궁昭陽宮에서 화사하게 핀 꽃들을 보며 한참을 즐기고 있는데, 갑자기 공중에서 이런 소리가 들렸다.

"허망한 허깨비의 모습이 피고 지기를 멈추지 않아 선근을 파괴하는데, 그대가 어찌 그런 걸 즐겨서야 되겠는가?"

원경이 어려서부터 선善을 숭상했던 일을 깨닫고는 심한 혐오감을 일으켰다. 황제가 어느 날 궁전을 노닐다가 원경에게 물었다.

"즐겁지 않은가?"

대답하였다.

"신臣은 어려서부터 누린내 나는 것을 먹지 않으며 불교를 따르기를 소원하였습니다."

황제가 말하였다.

"짐朕은 경을 형제처럼 여기고 있다. 부귀가 남보다 뛰어나길 바란다면 경의 뜻대로 해 주겠다. 출가만큼은 안 된다."

열흘쯤 지나서 황제가 그의 얼굴이 초췌한 것을 보고는 왕빈王賓을 불러 관상을 보게 하자 이렇게 아뢰었다.

"이 사람은 삼보를 계승해야 마땅합니다."

황제가 원경에게 말하였다.

"경의 소원대로 하라. 날짜를 선택해 조만간에 알려 달라."

스님은 황제의 은혜에 감사를 드렸다. 얼마 후 고향에서 어머니가 아프다는 소식이 왔다. 집으로 돌아가 보살피기를 청하자, 황제는 후하게 재물을 내리고 담당자에게 나루터까지 배웅하라 명하였다. 스님은 집에 도착하고 얼마 지나지 않아 도광韜光 법사를 만났고, 그의 권유로 조과鳥窠를 찾아뵙고는 단월이 되어 암자를 짓고 절을 창건하였다. 그리고 절이 낙성되던 날 말하였다.

"제자는 일곱 살 때부터 채식을 하였고, 열한 살에 오계를 받았으며, 이제 나이 스물둘에 출가하기 위해 관직을 그만두었습니다. 바라건대 화상께서 스님의 모습으로 만들어 주십시오."

도림(조과)이 말하였다.

"요즘 스님이 되려는 자들은 정밀하게 고행하려는 자가 드물고, 행실이 대부분 들뜨거나 넘친다."

대사가 말하였다.

"본래 청정함(本淨)은 탁마해서 이루는 것이 아니고, 원래의 밝음(元明)은 인연 따라 비추는 것이 아닙니다."

"청정한 지혜가 오묘하고 원만하며 본체가 스스로 공적하다는 것을 그대가 만약 깨달았다면, 그것이 진정한 출가다. 무엇 하러 외적인 모습을 빌리겠는가. 그대는 사영운謝靈運의 무리처럼 재가 보살이 되어 보시와 지계를 함께 닦아야 마땅하다."

"그렇습니다. 이치로는 비록 그렇지만 현상적으로 무슨 이익이 있겠습니까. 혹 자비를 드리워 거두어 주신다면, 맹세코 스님의 가르침을 따르겠습니다."

이와 같이 세 번 청했으나 모두 허락하지 않았다. 이때 도광 법사가 조과에게 강하게 부탁하였다.

"궁사宮使는 장가를 들지도 않았고, 시녀도 두지 않았다. 스님이 이끌어 주지 않으면 누가 그를 제도하겠는가?"

조과는 곧 머리를 깎아 주고 구족계를 주었다. 회통은 항상 묘재卯齋[5]를 지키면서 밤낮으로 정진하였고, 대승경전을 외우고 안반삼매安般三昧【중국말로 출식입식出息入息】를 익혔다. 법을 얻은 일은 조과장鳥窠章에 수록되어 있다.

會通禪師。【嗣鳥窠。】本郡吳氏。名元卿。形相端嚴。幼而聰敏。唐德宗時。爲六官[1)]使。王族咸美之。春時見昭陽宮華卉敷榮。翫而久之。焂聞空中有聲。曰虛幻之相。開謝不停。能壞善根。仁者安可嗜之。元卿省念。稚齒崇善。極生厭患。帝一日遊宮問卿。不樂。對曰臣幼不食葷羶。志願從釋。帝曰朕視卿若昆仲。但富貴欲出于人表者不違卿。唯出家不可。旣浹旬。帝覩其容惟顇。詔王賔相之。奏曰此人當紹隆三寶。帝謂元卿。如卿願。任選日遠近奏來。師荷德致謝。尋得鄕信言母患。乞歸寧省。帝厚其所賜。敕有司津遣。

5 묘재卯齋 : 하루에 한 번 묘시卯時, 즉 오전 5시에서 7시 사이에 식사하고, 나머지 시간에는 식사하지 않는 것이다.

師至家未幾。會韜光法師勉之。謁鳥窠爲檀越。與結菴創寺。寺成啓曰。弟子七歲蔬食。十一受五戒。今年二十有二。爲出家故休官。願和尙授與僧相。曰今時爲僧。鮮有精苦者。行多浮濫。曰本淨非琢磨。元明不隨照。曰汝若了淨智妙圓。體自空寂。即眞出家。何假外相。汝當爲在家菩薩。戒施俱修。如謝靈運之儔也。曰然。理雖如此於事何益。儻垂攝受。則誓遵師敎。如是三請。皆不諾。時韜光堅白鳥窠曰。官[2]使未嘗娶。亦不畜侍女。師若不拯接。誰其度之。鳥窠即與披剃具戒。通常卯齋。晝夜精進。誦大乘經典。而習安般三昧。【此云出息入息。】得法之事。在鳥窠章也。

1) 역 '官'은 '宮'인 듯하다. 2) 역 '官'은 '宮'인 듯하다.

○ 복주 설봉산 의존 선사【덕산을 계승하였다.】

천주泉州의 증曾씨이다. 집안 대대로 불교를 받들었으며, 스님은 나면서부터 마늘과 파 따위를 싫어하였다. 강보襁褓 속에서도 범종 소리를 듣거나 번幡과 꽃과 불상을 시설한 것을 보면 반드시 얼굴빛이 바뀌었다. 12세에 아버지를 따라 옥윤사玉澗寺에 갔다가 경현慶玄 율사를 보자 얼른 예배하고 "저의 스승이십니다." 하고는, 결국 그곳에 머물며 시봉하였다. 오랫동안 선회禪會를 편력하였으니, 세 차례나 투자投子를 찾아가고 아홉 차례나 동산洞山을 올랐지만 인연이 계합하지 못하였다. 그러다 나중에 덕산德山의 문호로 찾아가 이렇게 물었다.

"윗대의 모든 성현들께서 어떤 법으로 사람을 위하셨습니까?"

덕산이 말하였다.

"우리 종문에는 언구가 없고, 진실로 사람들에게 줄 한 법도 없다."

스님이 말하였다.

"후대 자손들이 어떻게 전수하겠습니까?"

덕산이 "네가 바로 그럴 사람이라고 생각하려 했는데." 하고는 바로 일어나 버렸다. 스님이 여기에서 깨달은 바가 있어, 뒤를 따라서 방장으로 들어가 예배하고 감사드렸다. 이때부터 입실하여 나날이 오묘한 종지를 더하였다.

스님은 민천閩川에 40여 년을 주석하였고, 배우는 이들이 겨울이건 여름이건 천오백 명을 밑돌지 않았다. 민왕閩王이 은교상銀交牀을 스님에게 보시하자 어떤 스님이 물었다.

"대왕의 이와 같은 공양을 받았으니 장차 어떻게 보답하시렵니까?"

스님이 손으로 땅을 치면서 말하였다.

"나를 조금만 때리게, 나를 조금만 때려."

물었다.

"길에서 도를 통달한 사람을 만나면 말이나 침묵으로 상대하지 말라 했는데, 모르겠습니다. 무엇으로 상대해야 합니까?"

"차나 마시게."

물었다.

"학인이 총림에 처음 들어왔습니다. 스님께서 잘 가르쳐 주십시오."

"차라리 스스로 몸을 부수어 고운 먼지가 될지언정 끝내 감히 한 스님의 눈을 멀게 하지는 않겠다."

물었다.

"그물을 뛰어넘은 황금 물고기는 무엇을 먹습니까?"

"네가 그물을 뛰어넘고 찾아오면 바로 너에게 말해 주겠다."

"천오백 명의 선지식이 화두도 모르는군요."

"노승이 주지 소임 보느라 골치가 아프다."

스님이 영운靈雲[6]에게 물었다.

"옛사람이 '예전에도 삼삼이었고, 이후로도 삼삼일 것이다.'[7] 하였는데

6 영운靈雲 : 복주福州 장계長溪 출신으로 위산 영우潙山靈祐 선사의 법을 이었다. 복주 대안福州大安 · 설봉 의존雪峰義存 · 현사 사비玄沙師備에게 두루 참예하였고, 복숭아꽃을 보고 깨달음을 얻은 일화가 있다.

그 뜻이 무엇인가?"

영운이 말하였다.

"물속의 물고기와 하늘 위의 새입니다."

"결국 무슨 뜻인가?"

"아무리 높이 날아도 쏘아 맞힐 수 있고, 아무리 깊이 숨어도 낚을 수 있습니다."

상당하여 말하였다.

"내가 이러쿵저러쿵 말을 하면 너희들은 곧바로 발과 구절을 쫓아 달린다. 내가 만약 영양羚羊처럼 뿔을 건다면 그대들은 또 어디를 더듬겠는가?"

곧바로 자리에서 내려왔다.

福州雪峯山義存禪師。【嗣山。】泉州曾氏。家世奉佛。師生惡葷茹。於襁褓中。聞鍾梵之聲。或見幡華像設。必爲之動容。年十二從父遊玉潤寺。見慶玄律師。遽拜曰。我師也。遂留侍焉。久歷禪會。三度到投子。九度轉上洞山。因緣不契。後造德山之門。乃問從上諸聖。以何法爲人。山曰我宗無語句。實無一法與人。師曰後代子孫。以何傳授。山曰將謂汝是箇人。便起。師於此有省。隨後入方丈禮謝。自後入室。日益奧旨。師住閩川四十餘年。學者冬夏不減千五百人。閩王施銀交牀與師。僧問受大王如此供養將何報答。師以手托地曰。少打我少打我。問路逢達道人。不將語默對。未審將何秖對。師曰喫茶去。問學人乍入叢林。乞師指示。師曰寧自碎身如微塵。終不敢

---

7 화두이다. 무착 문희無著文喜 선사가 오대산五臺山 화엄사華嚴寺의 금강굴金剛窟에서 문수文殊의 화신인 노인을 만났는데, 그가 물었다. "근래 어디서 떠났는가?" 무착이 대답했다. "남방에서 왔습니다." "남방에서는 불법이 어떻게 유지되는가?" "말법시대 비구들이라 계율을 지키는 자가 적습니다." "대중의 숫자는 얼마나 되는가?" "300 혹은 500 명씩 모여 삽니다." 무착이 도리어 물었다. "이곳은 불법이 어떻게 유지되고 있습니까?" "범부와 성인이 함께 살고, 용과 뱀이 뒤섞여 지낸다." 무착이 다시 물었다. "대중은 얼마나 됩니까?" 문수가 말했다. "예전에도 삼삼이었고, 앞으로도 삼삼일 것이다." 『碧巖錄』 제35칙(T48, 173b).

瞎却一僧眼。問透網金鱗。以何爲食。師曰待汝出得網來。即向汝道。僧曰千五百人善知識話頭也不識。師曰老僧住持事繁。師問靈雲曰。古人道前三三後三三意旨如何。雲曰水裡魚天上鳥。問畢竟如何。雲曰高可射兮深可釣。上堂曰。我若東道西說。汝便尋逐言句。我若似羚羊挂角。汝又向什麽處捫摹。便下痤。[1)]

1) 원 '痤'는 '座'와 통용된다.

○ 고정 간 선사【덕산을 계승하였다.】

강 너머로 덕산德山을 뵙고는 멀리서 합장하고 말하였다.

"인사드립니다."

그러자 덕산이 부채로 그를 불렀다. 스님이 여기에서 깨달은 바가 있어 옆 걸음으로 물러나 다시는 돌아보지 않았다.

高亭簡禪師。【嗣山。】隔江見德山。遙遙合掌曰。不審。德山以扇子招之。師於此有省。乃橫趨而去。更不廻顧。

○ 현사 종일 대사【설봉을 계승하였다.】

법명은 사비師備이고, 복주福州의 사謝씨이다. 어려서부터 낚시질을 좋아해 남대강南臺江에다 작은 배 하나를 띄워 놓고 온갖 물고기를 잡던 자였는데, 나이 서른이 되자 홀연히 속진을 벗어나기를 희망해 낚싯배를 버리고 개원사開元寺 도현道玄 율사를 찾아갔다. 구족계를 받고는 베옷에다 짚신을 신고 음식은 겨우 숨이 끊어지지 않을 정도만 먹으면서 항상 종일토록 고요히 좌선했기에 대중이 모두 그를 기이하게 여겼다. 설봉雪峯이 그가 고행을 한다 하여 두타頭陀라 불렀고, 매번 볼 때마다 재래인再來人[8]

8 재래인再來人 : 몸이 죽은 뒤에도 본성을 미혹하지 않아 자유자재로 삶을 선택해 중생

이라 하였다.

설봉이 물었다.

"왜 두루 참예하러 가지 않는가?"

"달마 대사도 동토東土에 오지 않았고, 제2조도 서천西天으로 가지 않았습니다."

설봉이 말하였다.

"그렇다."

스님이 현사산玄沙山에 주석하자 풍모를 우러르며 모여든 대중이 800여 명이었다.

스님이 게송으로 말하였다.

만 리에 뻗친 신령한 광명은 정수리의 뒷모습
정수리가 사라졌을 때는 어디를 봐야 할까
해야 할 일 이미 성취하자 뜻 역시 사라지니
이것은 걸어온 자취에 걸음마다 가득했구나
지혜로운 자여, 알았거든 얼른 집어 가라
잠깐 사이에 머리를 잃어버리길 기다리지 말라

또 말하였다.

현사가 노니는 특별한 오솔길
요즘 사람들 꼭 알아야만 하네
한겨울이면 더위가 왕성하고
오뉴월이 서리가 내리는 계절

을 제도하기 위해 다시 인간으로 태어난 자를 말한다.

말이 있지만 혀와는 상관없으니
말이 없음을 절대로 표현하지 말라
나의 마지막 구절을 알겠는가
세상에 출현해도 아는 이가 적구나

또 말하였다.

기이하구나, 영특한 한 늙은이
어떻게 단박에 말문이 트였을까【'哾'의 음은 두兜】
바람이 불어 공후 소리가 나니
어리석은 아이들 앞다퉈 모이네
설사 모든 것을 부정한다 해도
두꺼비처럼 크게 입을 벌리는 것
입을 열건 입을 열지 않건
결국 영특한 늙은이를 범하는 것
그의 속뜻을 알고 싶은가
남두성이 진짜 북두성이다

스님이 가르침을 내렸다.

"제방의 노숙들이 다들 '만물을 이끌어 중생을 이롭게 한다'고들 하는데, 그대들에게 한번 물어보자. 맹인이나 귀머거리나 벙어리, 이런 세 가지 병을 가진 사람은 어떻게 이끌겠는가? 그대가 그들에게 망치를 들거나 불자를 세워 보인다 해도 눈으로 보지 못하고, 그에게 이야기해 주어도 귀로도 듣지 못하며, 게다가 입으로 말하지도 못한다. 만일 이끌지 못한다면 불법이 영험이 없는 것이다."

이때 어떤 스님이 물었다.

"세 가지 병을 가진 사람에 대해 학인이 헤아리는 것을 허락하시겠습니까?"

"그대에게 허락한다."

그 스님이 인사를 드리고 바로 나가 버리자 스님이 말하였다.

"아니야, 아냐."

계침桂琛이 말하였다.

"눈과 귀와 입이 멀쩡한 자를 보았을 때는 화상께서 어떻게 이끄십니까?"

중탑中塔이 말하였다.

"세 가지 병을 가진 자가 지금 어디에 있습니까?"

어떤 스님이 말하였다.

"남을 속일 뿐 아니라 자신까지 속이는군요."

대중들에게 말씀하셨다.

"어떤 무리는 '밝고도 밝으며 신령하고도 신령하다. 신령하고도 신령한 지혜의 성품이 볼 수 있고 들을 수 있어서 오온의 몸속에서 주재자가 된다.'고 말하면서 선지식 노릇을 하는데, 큰 사기꾼이다. 알겠는가? 내가 이제 그대들에게 묻겠다. 그대들이 만약 밝고 밝으며 신령하고 신령함을 그대들의 진실이라 인정한다면, 왜 잠잘 때는 또 밝고 밝음과 신령하고 신령함이 나타나지 않는 것인가? 이것은 단지 육근 앞의 육진을 인연하여 분별이 나타난 것일 뿐이다. 이 밝고 밝으며 신령하고 신령한 것을 너의 진실이라고 바로 인정한다면, 이것은 도둑을 자식으로 오인하는 것이다. 바로 이것이 생사의 근본이다. 만약 육근 앞의 육진이 없다면 그대들의 이 밝고 밝으며 신령하고 신령한 것도 거북이의 털이나 토끼의 뿔과 같을 것이니, 그대들의 진실이 어느 곳에 있겠는가?

그대들이 이제 저 오온의 몸을 벗어나 주인 노릇을 하고 싶다면, 그저 그대들의 비밀스러운 금강의 몸(金剛體)을 알아차리기만 하면 된다. 그것은 원만하고 완성되어 있으며 바르고 보편하여 두루 온 항하사 세계에 가득하니, 비유하자면 태양과 같다. 세간의 갖가지 흥성과 경영, 갖가지 마음 작용과 작업이 저 태양으로부터 이루어지지 않은 것이 없다. 하지만 본체인 저 태양에 그런 여러 가지와 마음 작용들이 있고, 두루 미치지 못하는 것들이 있는가? 이 금강의 몸체 역시 마찬가지다. 지금 산과 강과 대지, 색色과 공空, 밝음과 어두움, 그대들의 몸과 마음에 이르기까지 모두가 그대들의 원만하고 완성된 위엄스러운 광명의 나타남이 아닌 것이 없다. 그대들에게 이미 이와 같은 기특하고 태양과 같은 출신처出身處가 있는데, 왜 빛을 드러내지 못하고서 문득 그런 자들을 따라 오온의 몸속으로 향하여 귀신의 굴속에서 살 궁리를 하는가……."

玄沙宗一大師。【嗣雪峯。】法名師備。福州謝氏。幼好垂釣。泛一小舟於南臺江。狎諸漁者。年甫三十。忽慕出塵。乃棄釣舟。往開元寺道玄律師。受具布衲芒屨食纔接氣。常終日宴坐。衆皆異之。峯以其苦行。呼爲頭陁。每見之曰。再來人也。何不徧叅去。對曰達磨不來東土。二祖不往西天。峯曰然。師住玄沙山。望風來集八百餘。師有偈曰。

萬里神光頂後相。沒頂之時何處望。
事已成就意亦休。此箇來蹤觸處周。
智者撩著便提取。莫待須臾失却頭。
又曰。玄沙遊逕別。時人切須知。
三冬陽氣盛。六月降霜時。
有語非關舌。無言切莫詞。
會我最後句。出世少人知。
又云。奇哉一靈叟。那頓許吺吺。【音兜】
風起引箜篌。迷子爭頭湊。
設使總不是。何[1]蓋大張口。

開口不開口。終是犯靈叟。

欲識箇中意。南星直北斗。

師垂示曰。諸方老宿盡道。接物利生。且問汝秖如盲聾瘂。三種病人作麽生接。汝拈槌竪拂向他。眼且不見。共他話耳又不聞。口復瘂。若接不得。佛法無靈驗。時僧問。三種病人。還許學人商量也無。師曰許汝。其僧珍重。便出去。師曰不是不是。桂琛曰。見有眼耳口。和尚作麽生接。中塔曰。三種病人。即今在什麽處。有僧曰。非唯謾他亦自謾。示衆曰。有一般之輩。便說昭昭靈靈。靈靈智性。能見能聞。向五蘊身裡。得作主宰。爲善知識。大賺人。知麽。我今問汝。汝若認昭昭靈靈。是汝眞實。爲什麽瞌睡時。又不成昭昭靈靈。此只因前六塵而有分別。便認此昭昭靈靈。是汝眞實。此是認賊爲子。正是生死根本。若無前塵。汝此昭昭靈靈。同於龜毛免角。仁者眞實在什麽處。汝今欲得出他五蘊身田主宰。但識取汝秘密金剛體。圓成正遍。遍周沙界。譬如日輪。世間種種興營。種種心行作業。莫非承他日光成立。只如日體。還有多般及心行麽。還有不周遍處麽。此金剛體亦如是。只如今山河大地色空明暗及汝身心。莫非盡承汝圓成威光所現。汝旣有如是奇特當陽出身處。何不發明取。便隨他向五薀身田中鬼趣裡作話計云云。

1) ㉵ '何'는 '蝦'인 듯하다.

○ 소주 운문산 문언 선사【설봉을 계승하였다.】

설봉雪峯을 찾아갔는데, 설봉이 마침 언덕 치자나무에 앉아 대중에게 설법하고 있었다. 문언文偃이 감히 대중들을 무시하고 앞으로 나와 한참을 응시하다가 말하였다.

"정수리 위의 300근이나 나가는 무쇠 칼을 왜 벗어던지지 않으십니까?"

설봉이 말하였다.

"어쩌다 저 지경이 되었을까?"

문언이 손으로 자기 눈을 비비고 달아나자, 설봉이 마음속으로 기이하게 여겼다. 다음 날 법좌에 올라 말하였다.

"남산에 자라코뱀(鼈鼻蛇)이 있다. 모두들 출입하면서 잘 살펴라."

문언이 주장자를 휙 집어던지더니, 또 스스로 무서움에 떨었다. 이때부터 무리들이 그를 달리 보았다.

또 건봉乾峯을 방문하였는데, 건봉이 대중들에게 이렇게 법문하였다.

"법신法身에 세 가지 병통과 두 가지 빛이 있으니, 반드시 이것을 낱낱이 꿰뚫어야 한다. 그래야 다시 비춤과 작용이 동시인 위로 향하는 하나의 구멍(向上一竅)이 있게 된다."

문언이 이에 대중 가운데서 나와 물었다.

"암자 안에 있는 사람은 무엇 때문에 암자 바깥에서 일어나는 일들을 보지 못합니까?"

이에 건봉이 크게 웃자 스님이 말하였다.

"학인은 여전히 그게 의심스럽습니다."

"자네 무슨 꿍꿍이로 이러나?"

"그래도 화상께서 자세히 밝혀 주십시오."

건봉이 말하였다.

"그렇게만 된다면 비로소 편안히 앉을 수 있다."

문언이 "네, 네." 하고 대답하였다.

스님이 조산 탐장 스님을 찾아가 물었다.

"무엇이 사문의 행동입니까?"

탐장이 말하였다.

"상주하는 모와 이삭을 먹는 자이다."

"당장 그렇게 하고 있을 때는 어떻습니까?"

"너도 기를 수 있겠느냐?"

"학인도 기를 수 있습니다."

"너는 어떻게 기르겠느냐?"

"옷 입고 밥 먹는 게 뭐가 어렵겠습니까?"

탐장이 말하였다.

"털을 뒤집어쓰고 뿔을 달겠다고 왜 말하지 않는가?"

문언은 바로 예배하고 물러났다.

또 소산 광인疎山匡仁[9]을 방문하자 광인이 물었다.

"힘을 얻었을 때 했던 말을 한마디 해 보게."

"큰 소리로 물어 주십시오."

광인이 곧 큰 소리로 묻자 문언이 웃으며 말하였다.

"오늘 아침에 죽은 드셨습니까?"

"먹었다."

"어지럽게 울부짖는 건 왜지요?"

광인 스님이 깜짝 놀랐다.

상당하자 어떤 스님이 물었다.

"무엇이 운문의 한 곡조입니까?"

"섣달 스무닷새로다."

"노래하는 자는 어떤 사람입니까?"

"좀 천천히 부르게."

물었다.

"무엇이 조사께서 서쪽에서 오신 뜻입니까?"

"태양 아래에서 산을 보거라."

물었다.

"무엇이 화상의 가풍입니까?"

"장마가 개지를 않는구나."

---

9 소산 광인疎山匡仁 : 소산疎山은 광인 스님이 주석했던 산의 이름이다. 향엄 지한香嚴智閑에게 참학한 뒤 동산 양개洞山良价의 법을 이었다.

"장마가 개지를 않는다는 게 무슨 뜻입니까?"

"바짝 말려라."

"무엇이 조짐조차 보이지 않는 것입니까?"

"천태 스님은 운력을 하고, 남악 스님은 산을 유람했다."

물었다.

"무엇이 위로 향하는 하나의 길입니까?"

"구구는 팔십일이다."

말하였다.

"그대들은 또 살펴보라. 저 덕산德山 화상은 문으로 들어서는 승려를 보면 바로 때렸고, 목주睦州[10] 화상은 승려만 보면 곧바로 '현재 이대로가 완성된 공안公案이다. 그대에게 30방을 때리리라.' 하였다. 참구하라."

게송으로 말하였다.

불러서 돌아보지 않아도
곧 서로 어긋나는데
이리저리 궁리한다면
어느 겁에 깨달으리오

스님은 건화乾和 연중에 단정히 앉아 서거하였다. 전신을 탑에 안치한 후, 허공에서 "내가 탑에서 지낸 시간이 오래되었으니, 탑에서 꺼내야 마땅하리라."라고 부탁하는 소리가 들렸다. 탑을 열어 보니, 과연 진신이 옛날 그대로였고 검푸른 머리카락이 자라 있었다. 탑기塔記에서 70년을 사

10 목주睦州 : 법명은 도명道明 또는 도종道蹤이며 속성은 진陳씨이다. 황벽 희운黃檗希運의 제자로 목주睦州 용흥사龍興寺에 주석하였다. 회하에 1천여 명의 대중이 모여 종풍을 크게 떨쳤기 때문에 제방에서 진존숙陳尊宿이라 칭하며 공경하였고, 짚신을 팔아서 어머니를 모셨기에 진포혜陳蒲鞋라고도 하였다.

셨고, 스님으로부터 배출되어 한 지방의 스승이 된 자가 79명이라 하였다. 시호는 대자운광진홍명대사大慈雲匡眞弘明大師이다.

韶州雲門山文偃禪師。【嗣雪峯。】謁雪峯。峯方堆桅坐。爲衆說法。偃犯衆出熟視曰。頂上三百斤鐵枷。何不脫却。峯曰因甚到與麽。偃以手自拭其目趍去。峯心異之。明日陞座曰。南山有鼈鼻蛇。諸人出入好看。偃以拄杖攛出。又自驚慄。自是輩流改觀。又訪乾峯。峯示衆曰。法身有三種病二種光。須是一一透得。更有照用同時向上一竅。偃乃出衆曰。庵內人爲什麽不見庵外事。於是峯大笑。曰猶是學人疑處在。峯曰子是什麽心行。曰也要和尙相委。峯曰直須恁麽。始得穩坐。偃應喏喏。又訪曹山章公問。如何是沙門行。章曰喫常住苗稼者。曰便與麽去時如何。章曰汝還畜得麽。曰學人畜得。章曰汝作麽畜。曰著衣喫飯。有什麽難。章曰何不道披毛戴角。偃即禮謝。又訪踈山仁。仁問得力處道將一句來。曰請高聲問。仁即高聲問。偃笑曰。今早喫粥麽。仁曰喫。曰亂呌喚作麽。仁公駭之。上堂。僧問如何是雲門一曲。師曰臘月二十五。僧曰唱者如何。師曰且緩緩。問如何是祖師西來意。師曰日裡看山。問如何是和尙家風。師曰久雨不晴。僧曰如何是久雨不晴。師曰曬却著。問如何是不帶朕。師曰天台普請。南嶽遊山。問如何是向上一路。師曰九九八十一。汝且看。他德山和尙見僧入門便打。睦州和尙見僧便云。現成公按。[1] 放汝三十棒。衆。頌曰。擧不顧。即差互。擬思量。何劫悟。師乾和中。端坐長逝。全身入塔後。空請吾在塔時多冝令出塔。開塔果見眞軀如昔。紺髮猶生出。塔記云。七十年矣。從師各爲一方師者。七十九人。謚號大慈雲匡眞弘明大師。

1) ⓔ '按'은 '案'인 듯하다.

○ 풍혈 연소 선사【혜옹[11] 화상을 계승하였다.】

여항餘杭의 유劉씨이다. 어려서부터 풍채가 장대하고 영웅의 기상이 있었으며, 책이라면 보지 않은 것이 없었다. 강석을 노닐면서『법화현의法華玄義』를 완미하고 지관止觀과 정혜定慧를 닦다가, 화엄華嚴에게 의지하여 지내고 있었다. 이때 수곽守廓이라는 스님이 혜옹 화상의 처소에서 찾아왔다. 화엄이 법좌에 올라 말하였다.

"만약 임제臨濟·덕산德山·고정高亭·대우大愚·조과鳥窠·선자船子의 자손이라면 어떻게 해야 하냐고, 무엇과 같으냐고 묻지 않는다. 당장 칼 한 자루만 들고 바로 쳐들어와라."

수곽이 대중 가운데서 나와 갑자기 할을 하자 화엄 역시 할을 하였다. 수곽이 또 할을 하자 화엄 역시 할을 하였다. 그러자 수곽이 예배하고 일어나 손가락질하면서 대중을 돌아보고 말하였다.

"저 늙은이가 한바탕 패배해 박살났다."

그러고는 크게 한 번 할을 하고 대중으로 돌아갔다. 풍혈風穴이 마음속으로 그를 기이하게 여겼고, 이로 인해 벗이 되었다. 드디어 삼현三玄[12]의 요지를 남몰래 깨닫고는 이렇게 감탄하였다.

"임제의 용처가 이와 같았단 말인가?"

그래서 수곽이 바로 남원을 찾아뵙게 하였다.

풍혈이 혜옹에게 물었다.

"입문하려면 반드시 주인(主)를 알아봐야 합니다. 스님께서 확실하게 분별해 주십시오."

혜옹이 왼손으로 무릎을 한 번 문지르자, 풍혈이 바로 할을 하였다. 혜옹이 다시 오른손으로 무릎을 한 번 문지르자, 풍혈이 또 할을 하였다.

혜옹이 왼손을 들면서 말하였다.

---

11 혜옹惠顒(860~930) : 임제종 승려로 흥화 존장興化存獎의 법을 이었다. 여주汝州 보응원寶應院에 머물면서 종풍을 널리 선양하였다.

12 삼현三玄 : 임제 의현臨濟義玄이 수행자를 지도하는 방법으로 설한 교설로서 체중현體中玄·구중현句中玄·현중현玄中玄이다. 현玄은 심원한 불교의 이법理法을 뜻한다.

"이것은 일단 접어 두자."

또 오른손을 들면서 말하였다.

"이것은 또 어떻게 하겠는가?"

풍혈이 말하였다.

"눈이 멀었군."

혜옹이 주장자를 집어 들자 풍혈이 말하였다.

"뭐 하시려고요? 주장자를 빼앗아 노화상을 때릴 것이니, 말하지 않겠다는 소리는 하지 마십시오."

혜옹이 주장자를 던지며 말하였다.

"오늘 얼굴이 누런 절강성 놈에게 한바탕 바보 취급을 당했군."

풍혈이 말하였다.

"화상은 발우도 들지 못하면서 배고프지 않다고 거짓말하는 꼴이군요."

"자네 이곳에 온 적 있었나?"

"그게 무슨 말씀입니까?"

"좋게 좋게 물어보는 거다."

"그래도 그냥 넘겨서는 안 됩니다"

그리고 곧바로 예배하자 혜옹이 기뻐하면서 앉을 자리를 내주고 물었다.

"어떤 사람과 함께 노닐었는가?"

"수곽 시자와 함께 여름을 보냈습니다."

혜옹이 말하였다.

"작가作家를 직접 만났었구나."

풍혈이 여기에서 자기를 굽히고 제자의 무리로 들어가 조용히 가르침을 받들고, 나날이 지혜로운 깨우침을 들었다.

혜옹이 말하였다.

"너는 원력을 타고 장래에 큰 법을 짊어질 것이니, 이는 우연이 아니다."

그리고 물었다.

"너는 임제 대사께서 임종할 무렵에 하셨던 말씀을 들어 보았는가?"

"들었습니다."

"임제 대사께서 '나의 정법안장이 저런 눈먼 나귀에게서 사라질 줄 누가 알았으랴.' 하셨다. 그분은 평생 사자처럼 사람을 보자마자 죽였는데, 돌아가실 무렵에 이르러서는 왜 이렇게 무릎을 꿇고 꼬리를 내렸을까?"

"비밀한 부촉이 끝나면 완전했던 주인은 그 자리에서 사라집니다."

또 물었다.

"삼성三聖은 왜 또 아무 말을 하지 않았을까?"

"직접 계승하여 입실한 진짜 아들은 문밖에서 떠도는 사람들과 다릅니다."

혜옹의 명령을 받은 뒤로 스님의 법석은 천하에서 제일이라 학자들이 멀리에서 찾아왔다.

법좌에 올라 말씀하셨다.

"돌아가신 스승께서는 말씀하시길 '친절함을 얻고 싶다면 질문을 가지고 찾아와 묻지 말라.'고 하셨다. 알겠는가? 질문은 대답에 있고, 대답은 질문에 있다. 비록 이렇기는 하지만 때로는 질문이 대답에 있지 않고 대답이 질문에 있지 않다. 너희들이 만약 이리저리 궁리한다면 노승이 너희들의 발바닥 아래에 있는 꼴이다.

무릇 참학하는 이들의 안목은 모름지기 기연에 임하여 위대한 작용을 그 자리에서 드러내는 것이니, 작은 절개에 스스로를 구속하지 말라. 설사 말하기 전에 깨달았다 해도 여전히 이는 미혹에 갇혀 껍질 속에 머무는 것이고, 비록 언구 아래에서 정밀하게 통했다 해도 가는 길마다 미친 견해를 면치 못한다. 응당 이것은 이전에 남을 의지해 이해했던 것이니, 밝음과 어둠의 두 갈래 길을 그대들과 더불어 일시에 쓸어 버리리라. 그리하여 당장 낱낱의 사람마다 대지를 호령하는 사자가 되게 하리라. 대중들을 상대해 증거로 큰 소리로 한 번 포효를 하고 천 길 벼랑 위에 설 것이니, 누가 감히 눈을 똑바로 뜨고 노려볼 수 있겠는가? 노려본다면 당장에 그의 눈을 멀게 하리라."

물었다.

"옛 곡조는 음률이 없는데 어떻게 합창해야 화음이 맞겠습니까?"

"나무 닭이 한밤중에 울고, 풀로 엮은 개가 대낮에 짖는 것이다."

물었다.

"무엇이 부처입니까?"

"무엇이 부처가 아닌가?"

"현묘한 말씀을 깨닫지 못하겠으니, 스님께서 바로 가리켜 주십시오."

"집이 해문주海門洲에 있으니, 동쪽에서 돋은 해가 가장 먼저 비춘다."

스님이 송나라 개보開寶 6년(973)에 법상에 올라 게송을 읊었다.

도가 때를 만났으니 모름지기 만물을 제도해야지
먼 곳에서 찾아오고 사모하니 저절로 기세등등
이후에도 비슷한 심정을 품은 늙은이가 있어
날마다 향 연기에 밤바다 등불을 밝히리라

그러고는 가부좌를 한 채로 천화하셨다.

風穴延沼禪師。【嗣惠顒和尙。】餘抗[1]劉氏。小魁壘有英氣。於書無所不觀。遊講肆。玩法華玄義。脩止觀定慧。寓止華嚴。時僧守廓者。自顒公所來。華嚴陞座曰。若是臨濟德山。高亭大愚。鳥窠船子下兒孫。不用如何若何。便請單刀直入。廓出衆便喝。嚴亦喝。廓又喝。嚴亦喝。廓禮拜起。指以顧衆曰。者老漢一場敗缺。喝一喝歸衆。風穴心奇之。因結爲友。遂默悟三玄旨要。嘆曰臨濟用處如是耶。廓使更見南院。問曰入門須辨主。端的請師分。

顒左手拊膝一下。穴便喝。顒以右手拊膝一下。穴又喝。顒擧左手曰。遮箇即且置。又擧右手曰。遮箇又作麽生。穴曰瞎。顒拈柱杖。穴曰作什麽。奪却柱杖。打著老和尚。莫言不道。顒擲下柱杖曰。今日被黃面浙子鈍置一場。穴曰和尙大似持鉢不得許[2]道不飢。顒曰子曾到此間也無。穴曰是何言歟。顒曰好好借問。穴曰也不得放過。便禮拜。顒喜賜之坐。問所與游者何人。對曰與廓侍者過夏。顒曰親見作家來。穴於是俯就弟子之列。從容承稟。日聞智證。顒曰。汝乘願力。來荷大法。非偶然也。問曰汝聞臨濟將終時語不。曰聞之。顒曰臨濟曰。誰知吾正法眼藏。向者瞎驢邊滅却。渠平生如師子。見即殺人。及其將死。何故屈膝妥尾如此。對曰密付將終。全主即滅。又問三聖如何。亦無語乎。對曰親承入室之眞子。不同門外之遊人。顒頷之後。師法席。冠天下。學者。自遠而至。陞痤[3]曰。先師曰欲得親切。莫將問來問。會麽。問在答處。答在問處。雖然如是。有時問不在答處。答不在問處。汝若擬議。老僧在汝脚跟底。大凡叅學眼目。直須臨機大用現前。莫自拘於小節。設使言前薦得。猶是滯殼迷封。縱然句下精通。未免觸途狂見。應是從前依他作解。明昧兩歧。與汝一時掃却。直教箇箇如師子兒吒呀地。對衆證據。哮吼一聲。壁立千仞。誰敢正眼覷著。覷著即瞎却渠眼。問古曲無音韻。如何和得齊。師曰木雞啼子夜。芻狗吠天明。問如何是佛。師曰如何不是佛。曰未曉玄言。請師直指。師曰家住海門洲。扶桑最先照。師宋開寶六年。登座偈曰。

道在乘時須濟物。遠方來慕自騰騰。
他年有叟情相似。日日香烟夜夜燈。

加趺而化。

1) ㊀ '抗'은 '杭'인 듯하다. 2) ㊀ '許'는 '詐'인 듯하다. 3) ㊄ '痤'는 '座'와 통용된다.

○ 여주 보응 성념 화상【풍혈을 계승하였다.】

그는 내주萊州의 적狄씨이다. 어린 시절에 집을 버리고 남선사南禪寺에서 출가하였다. 사람 됨됨이가 간결하고 엄중하며 정밀한 식견을 가지고 있었으며, 오로지 두타행을 닦으면서 『법화경法華經』을 독송하였기에 총림에서 그를 경외하여 염법화念法華라 칭하였다.

풍혈에게 찾아갔을 때, 풍혈은 앙산仰山 대사가 '임제종이라는 한 종파가 풍혈에 이르러 멈출 것이다.'라고 예언했던 것을 늘 생각하며, 그런 일이 닥칠까 두려워하고 있었다. 그래서 오랫동안 눈여겨보며 법좌의 제자들 가운데 법도를 감당할 수 있는 자로 성념省念만 한 사람이 없다고 여겼다. 어느 날 법좌에 올라 말하였다.

"세존께서 푸른 연꽃 같은 눈으로 가섭을 돌아보셨다. 바로 이럴 때, 무엇을 말씀하신 것일까? 만약 '설하지 않고 설하셨다'고 말한다 해도 또한 옛 성인을 매몰시키는 짓이다."

말이 미처 끝나기도 전에 성념이 곧바로 내려와 가 버렸다.

시자가 다가가 물었다.

"염법화가 아무 말도 없이 가 버린 건 왜일까요?"

풍혈이 말하였다.

"그는 알았다."

다음 날 성념과 진眞 상좌가 함께 방장으로 찾아가자, 풍혈이 진 상좌에게 물었다.

"무엇이 세존께서 설하지 않고 설하신 것인가?"

"비둘기와 자고가 나무 꼭대기에서 우는군요."

풍혈이 말하였다.

"너는 어리석은 복덕이나 허다하게 지어서 어디다 쓰려는가?"

그러고는 성념을 돌아보며 말하였다.

"너는 어떠냐?"

"움직이는 모습에서 옛길을 드날리지, 고요한 틀에 떨어지지 않습니다."

풍혈이 진 상좌에게 말하였다.

"저런 말을 왜 살펴보지 않는가?"

또 어느 날 법좌에 올라 대중을 응시하자, 성념이 곧바로 내려와 가 버렸다. 그러자 풍혈도 곧 방장으로 돌아갔다. 이때부터 명성이 제방에 자자하였다.

어떤 스님이 밤에 방으로 들어오자 성념이 말하였다.

"누구냐?"

그 스님이 대꾸하지 않자 성념이 말하였다.

"너인 줄 알았다."

그 스님이 웃자 성념이 말하였다.

"다시는 다른 사람이라 하지 말라."

그리고 이 일로 게송을 지었다.

> 살금살금 땅을 밟으며 사람들이 알까 겁내지만
> 말과 웃음에 분명하니 다시는 의심하지 말라
> 똑똑한 자야, 지금 당장 얼른 집어 가라
> 날 밝고 닭을 잃어버리길 기다리지 말라

물었다.

"무엇이 불법의 큰 뜻입니까?"

"초나라 왕성 곁에 여수汝水가 동쪽으로 흐르느니라."

물었다.

"무엇이 조사께서 서쪽에서 오신 뜻입니까?"

"바람이 불고 햇살은 뜨겁구나."

상당하여 말하였다.

"제1구에서 깨달으면 부처와 조사의 스승이 되는 일을 감당하고, 제2구에서 깨달으면 인간과 하늘의 스승이 되는 일을 감당하고, 제3구에서 깨달으면 자기도 제대로 구제하지 못한다."

이때 어떤 스님이 물었다.

"모르겠습니다. 화상께서는 몇 번째 구절에서 깨달으셨습니까?"

"달 떨어진 삼경에 시장을 뚫고 지났다."

스님은 순화淳化 3년(992) 12월 4일에 남아 있는 스님들과 한 해를 보내며 이런 게송을 지었다.

> 내 나이 올해 예순일곱
> 늙고 병든 이들 서로 의지해 또 하루 보낸다
> 금년에 내년 일을 예언하나니
> 내년에는 금년의 오늘을 기억하리라

다음 해 12월 4일이 되자 법좌에 올라 대중과 이별하며 말하였다.

> 여러 자식들의 거짓말의 물결
> 항하 몇 개보다 더하네
> 관음이 미륵을 손가락질하니
> 문수도 어찌할 수 없구나

한참을 침묵하다 말하였다.

> 새하얀 은세계에 황금빛 몸이라
> 유정이건 무정이건 모두 하나의 진여로다
> 밝음과 어둠이 다 사라지면 무엇도 비추지 않나니
> 태양이 정오에 이른 뒤 완전한 몸 보여 주리라

오후가 되자 담담히 천화하였고, 다비를 하여 오색 사리를 얻어서는 탑을 세웠다.

汝州寶應省念和尙.【嗣風穴.】萊州狄氏. 幼時弃家得度於南禪寺. 爲人簡重有精識. 專脩頭陁行. 誦法華經. 叢林畏敬之. 目以爲念法華. 至風穴時. 穴每念大仰有識. 臨濟一宗. 至風而止. 懼當之. 熟視座下. 堪任法道. 無如念者. 一日陞座曰. 世尊以靑蓮目顧迦葉. 正當是時. 且道箇什麽. 若言不說而說. 又成埋沒先聖. 語未卒. 念便下去. 侍者進曰. 念法華無所言而去何也. 穴曰渠會也. 明日念與眞上座. 俱詣方丈. 穴問眞曰. 如何是世尊不說而說. 對曰鵓鴣樹頭鳴. 穴曰汝作許多癡福何用. 乃顧念曰. 如何. 對曰動容揚古路. 不墮悄然機. 穴謂眞曰. 何不看渠語. 又一日陞座. 顧視大衆. 念便下去. 穴即歸方丈. 自是聲名重諸方. 因僧夜入室. 念曰誰. 僧不對. 念曰識得汝也. 僧笑. 念曰更莫是別人麽. 因作偈曰.

輕輕踏地恐人知. 語笑分明更莫疑.

知者只今猛提取. 莫待天明失却雞.

問如何是佛法大意. 師曰楚王城畔. 汝水東流. 問如何是祖師西來意. 師曰風吹日炙. 上堂曰. 第[1]一句薦得. 堪與祖佛爲師. 第二句薦得. 堪與人天爲師. 第三句薦得. 自救不了. 時僧問. 未審和尙第幾句薦得. 曰月落三更穿市過. 師淳化三年十二月初四日. 留僧過歲作偈曰.

吾今年邁六十七. 老病相依且過日.

今年記取明年事. 明年記著今年日.

至明年十二月初四日. 陞座辭衆曰.

諸子謾波波. 過却幾恒河.

觀音指彌勒. 文殊不奈何.

良久曰.

白銀世界金色身. 情與無情共一眞.

明暗盡時都不照。日輪午後示全身。

至午後泊然而化。闍維得五色舍利建塔。

1) ⓦ '苐'는 '第'와 통용된다.

○ 분주 태자원 선소 화상【성념을 계승하였다.】

태원太原의 유兪씨이고, 그릇과 식견이 심오하였다. 겉치레가 적고 큰 지혜를 가졌으며, 모든 문자를 스승의 가르침 없이 자연스럽게 통달하였다. 열네 살 때 부모가 연이어 돌아가시자 외롭고 힘들며 세상사가 싫어져 머리를 깎았다. 구족계를 받고는 지팡이를 짚고 여러 지방을 노닐었는데, 이르는 곳마다 잠시만 머물고 관람하는 걸 좋아하지 않았다. 간혹 그가 어울리지 않는다고 꾸짖으면 선소善昭는 탄식하며 말하였다.

"그 무슨 못난 소리인가? 옛날부터 선배 대덕들께서 행각했던 것은 바로 성인의 마음을 통달하지 못한 걸 달려가 해결했던 것이지, 산수에 마음을 두었던 것이 아니었다."

선소가 제방을 역참하며 만나 뵌 노숙은 71명이었고, 그들 모두에게서 가풍을 오묘하게 증득하였다. 특히 조동종의 석문 철石門徹 선사와 논하기를 좋아하였는데, 그는 그 파에서 으뜸가는 기이한 자였다. 선소가 오위게五位偈를 지어 그에게 보여 주었다.

오위를 참구하여 반드시 알아야만 하니
털끝만큼 움직이자마자 곧바로 어긋나네
금강이 상자를 꿰뚫는 것 누가 깨달을까
오직 나타[13] 같은 자라야 제일가는 근기

13 나타那吒 : 북방 비사문천왕의 다섯 아들 가운데 맏아들이다. 얼굴이 셋, 팔이 여덟이라 한다. 나타태자那吒太子는 살은 깎아 어머니에게 돌리고, 뼈를 부수어 아버지에게 돌린 뒤에 본래의 몸을 나타내 큰 신통을 부리면서 부모를 위하여 설법했다고 한다.

눈을 들어 곧바로 삼계를 고요하게 하고
방울을 흔들어 다시 구천을 귀의하게 하네
바름 가운데서 묘하게 끼고 서로 뒤바뀌며 통하니
이리저리 궁리하면 시퍼런 서슬이 위엄을 잃으리라

철 선사는 손뼉을 치면서 훌륭하다고 칭찬하였다. 하지만 선소는 임제의 자손들은 기이한 구석이 따로 있는지 끝내 의심스러워 마지막으로 수산首山을 찾아가 물었다.

"백장이 돗자리를 말았던 뜻이 무엇입니까?"

"용이 소매를 털고 열자 온몸이 드러났다."

"스님의 뜻은 무엇입니까?"

"코끼리 왕이 가는 곳에는 여우의 자취가 사라진다."

선소가 여기에서 크게 깨달았다. 그가 예배하고 일어나서 말하였다.

"푸른 연못에 비친 만고의 변함없는 허공계 달님을 두 번 세 번 건져보고 흔들어 보다가 비로소 확실히 알았습니다."

이렇게 묻는 자가 있었다.

"어떤 도리를 보았기에 문득 그대 스스로 수긍하였는가?"

"바로 이곳이 내가 몸과 목숨을 놓아 버릴 곳이다."

그러고는 오랫동안 복종하며 부지런히 모시다가 이별하고 떠났다.

상당하자 어떤 스님이 물었다.

"어디가 학인이 힘을 쓸 곳입니까?"

"가주嘉州에서는 큰 코끼리를 때린다."

"어디가 학인이 몸을 바꿀 곳입니까?"

"섬부陝府에서는 무쇠 소를 씻긴다."

이 이야기는 선문禪門에서 자주 거론되는 의제이다.

"어디가 학인이 가까이할 곳입니까?"

"서하西河에서는 사자를 희롱한다."

또 말하였다.

"만약 이 세 구절을 이해한다면 곧 삼현三玄을 분별하게 된다. 이미 삼현을 분별했다 해도 다시 반드시 삼요三要[14]가 있다는 걸 알아야만 한다. 반드시 깨달아야 하는 것이지, 쉽게 여길 것이 아니다. 다시 게송 한 수를 들어 보라.

삼현과 삼요는 분별하기 어려운 일
뜻을 얻고 말은 잊어야 도가 쉽게 가까워지지
한 구절이 분명하게 만상을 갖추었으니
구월 구일에 국화가 새롭구나"

汾州太子院善昭和尙。【嗣省念。】太原俞氏。器識沈邃。少緣飾有大智。於一切文字不由師訓。自然通曉。年十四。父母相繼而亡。孤苦猒世相剃髮。受具杖策遊方。所至少留。不喜觀覽。或譏其不韻。昭嘆之曰。是何言之陋哉。從上先德行脚。正以聖心未通。驅馳決擇耳。不緣山水也。昭歷諸方。見老宿者。七十有一人。皆妙得其家風。尤喜論曺洞石門徹禪師者。盖其派之魁奇者。昭作五位偈示之曰。

五位叅尋切要知。纖毫纔動即差違。
金剛透匣誰能曉。唯有那吒第一機。
擧目便令三界靜。振鈴還使九天歸。
正中妙挾通回互。擬議鋒鋩失却威。

---

14 삼요三要 : 임제 의현이 수행자를 지도하는 방법으로 설한 것이다. 첫째는 분별 조작되지 않은 언어, 둘째는 있는 그대로 현요玄要에 들어감, 셋째는 언어를 떠남이다.

徹拊手稱善。然昭終疑臨濟兒孫。別有奇處。最後至首山。問百丈卷簟意旨如何。山曰龍袖拂開全體現。昭曰師意如何。曰象王行處絶狐蹤。昭於是大悟。拜起而曰。萬古碧潭空界月。再三撈攎始應知。有問者曰。見何道理。便爾自肯。曰正是我放身命處。服勤甚久辭去。上堂。僧問如何是學人著力處。師曰嘉州打大象。曰如何是學人轉身處。師曰。陜[1)]府灌鐵牛。曰如何是學人親切處。師曰西河弄師子。復曰若會得此三句語。即辨三玄。旣辨三玄。更須知有三要在。切須薦取。不是等閑。更聽一頌。

三玄三要事難分。得旨亡言道易親。

一句分明該萬像。重陽九日菊華新。

1) ㉾ ‘陜’은 ‘陝’인 듯하다.

○ 항주 영명사 연수 선사【덕소 국사[15]를 계승하였다.】

그는 여항餘杭의 왕王씨이다. 어린 나이에 마음으로 불법에 귀의하였고, 20세가 넘어서도 파나 마늘 등 누린내 나는 음식을 먹지 않았으며, 하루에 한 끼만 먹었다. 『법화경』을 지송하였는데 일곱 줄을 동시에 보아 겨우 60일 만에 그것을 모두 암송하였으며, 감동한 양 떼가 무릎을 꿇고 들었다. 28세에 화정진華亭鎭의 장수가 되었는데, 당시 오월吳越의 문목왕文穆王이 스님이 도를 사모한다는 것을 알고, 그의 뜻을 따라 출가를 허락하였다. 스님은 취암翠巖에게 예배하고 스승으로 모시고는 힘든 일을 도맡아 대중을 공양하면서 몸을 돌보지 않았다. 또한 비단옷을 입지 않고 음식의 맛을 따지지 않으면서 나물과 베옷으로 세월을 보냈다. 그러다 천태산天台山 천주봉天柱峰을 찾아가 90일 동안 선정을 익혔는데, 새들과 메추라기가 옷자락 속에다 둥지를 틀었다. 덕소 국사德韶國師께 찾아가자 한

15 덕소 국사(891~972) : 당말唐末 송초宋初의 스님으로 법명은 덕소德韶이다. 법안 문익法眼文益의 법을 이어받고 천태산天台山에 들어가 지자 대사智者大師의 도량 수십 곳을 부흥하였다.

번 보고는 그를 깊이 법기法器라 여겨 현묘한 종지를 비밀스럽게 전수하였다. 그리고 덧붙여 스님에게 일러두었다.

"그대는 원수元帥[16]와 인연이 있으니, 훗날 불사를 크게 일으킬 것이다. 내 눈으로 그걸 볼 수 없어 아쉽구나."

처음 설두산雪竇山에 주석하자 학자들이 사방에서 몰려들었다.

상당하여 말하였다.

"이곳 설두산은 쏜살같은 폭포가 천 심尋이라 좁쌀 하나 머물지 못하고, 기이한 절벽이 만 인仞이라 그대가 발 디딜 곳이 없다. 여러분은 어디를 향해 나아가겠는가?"

이때 어떤 스님이 물었다.

"설두의 외길은 어떻게 걸어야 합니까?"

스님이 대답하였다.

"한 걸음 한 걸음마다 성에가 엉기고, 한 마디 한 마디마다 바닥까지 얼어붙는다."

설두산에서 지었다.

외로운 원숭이 울음에 떨어지는 중암의 달
산야의 나그네 신음에 잦아드는 한밤의 등불
이런 풍경 이런 시간을 누가 마음에 들어 할까
흰 구름 깊은 곳에서 좌선하는 승려지

또 영명사永明寺로 이주하자 대중이 2천 명이나 되었다.

상당하자 어떤 스님이 물었다.

---

16 원수元帥 : 오월吳越의 충의왕忠懿王, 즉 전숙錢俶을 지칭한다. 연수 대사는 961년 오월 왕 전숙의 청을 받아들여 영명대도량永明大道場으로 옮기고 수많은 대중을 이끌고 교화하였다.

"무엇이 영명永明의 뜻입니까?"
"향을 더 피워라."
"스님께서 지시해 주셔서 감사합니다."
"주고받은 게 없어 무엇보다 기쁘구나."
그 스님이 예배하자 스님이 말하였다.
"산승의 게송 한 수를 들어 보게.

영명의 뜻을 알고 싶은가
문 앞에 있는 하나의 호수라네
해가 비추면 광명이 생기고
바람이 불면 물결이 일어나지"

그리고 스님은 곧바로 자리에서 내려왔다.
물었다.
"학인은 영명의 가풍을 모르겠습니다."
"알지 못하는 곳을 알도록 하라."
"알지 못하는 곳을 어떻게 압니까?"
"소의 자궁에서 코끼리 새끼가 태어나고, 푸른 바다에서 붉은 먼지가 일어난다."
물었다.
"일체 모든 법이 다 이 경에서 나왔다는데, 어떤 것이 이 경입니까?"
"긴 시간 독송하며 멈추지 않았더니 뜻도 엉터리이고 곡조도 엉터리구나."
"어떻게 수지합니까?"
"만약 수지하고 싶다면 반드시 눈으로 들어야만 한다."
"최후의 한 말씀을 부탁드립니다."

스님이 게송으로 말하였다.

허깨비 사람이 허깨비 술사에게 묻고
골짜기 메아리가 샘물 소리에게 답하네
나의 종지를 통달하고 싶은가
진흙 소가 물 위를 걷느니라

스님이 제도한 제자가 1,700명이었고, 또 천태산에 들어가 계戒를 준 사람이 대략 1만여 명이었다. 항상 칠중七衆[17]에게 보살계를 주었으며, 밤이면 귀신에게 음식을 보시하고 아침이면 여러 생명체들을 방생하였는데, 그 숫자는 이루 헤아릴 수 없을 정도였다. 하루에 여섯 차례씩 꽃을 흩뿌리며 행도行道[18]하였고, 힘이 남으면 『법화경』을 염송하였는데 그 횟수가 1만 3천 번에 달하였다. 『종경록宗鏡錄』 100권과 『만선동귀집萬善同歸集』[19] 6권을 지었고, 또 시·게송·부賦·영詠 등이 무려 천만 단어였으며, 해외까지 전파되었다. 고려高麗의 국왕이 스님의 가르침을 열람하고는 편지를 보내 제자의 예를 올리고, 스님께서 수용하시는 물품 일체를 올렸다. 아울러 승려 36명이 직접 스님의 인가를 받고 앞서거니 뒤서거니 본국으로 돌아가 각각 한 지방을 교화하였다.

스님은 개보開寶 8년(975)에 향을 사르고 가부좌로 앉아 천화하였다. 수명은 72세이고, 42회의 하안거를 나셨다. 태종太宗 황제가 수녕원壽寧院이라는 편액을 하사하였다.

17 칠중七衆 : 불제자를 일곱 부류로 나눈 것이다. 비구·비구니·식차마나·사미·사미니·우바새·우바이를 말한다.

18 행도行道 : 부처님 주위나 도량을 줄지어 천천히 걸으면서 경을 독송하거나 염불하는 것을 말한다. 연수 대사는 선정쌍수禪淨雙修를 주창하였기에 선종뿐 아니라 정토종에서도 제6조로 추앙받았다.

19 『만선동귀집萬善同歸集』 : 총 6권으로 편집된 것도 있고, 총 3권으로 편집된 것도 있다.

杭州永明寺延壽覺禪師。【嗣韶國師。】餘杭王氏。總角之歲。歸心佛乘。既冠不茹葷。日唯一食。持法華經。七行俱下。纔六旬悉能誦之。感群羊跪聽。年二十八。爲華亭鎮將。時吳越文穆王。知師慕道乃從其志。放令出家。禮翠巖爲師。執勞供衆。都忘身宰。衣不繒纊。食不中味。野蔬布襦。以遣朝夕。尋往天台山天柱峯。九旬習定。有鳥類尺鷃。巢于衣襵中。暨韶國師。一見而深器之。密授玄旨。仍謂師曰。汝與元師[1]有緣。他日大興佛事。惜吾不及見耳。初住雪竇山。學侶臻湊。上堂曰。雪竇遮裡。迅瀑千尋。不停纖粟。奇巖萬仞。無汝立足處。汝等諸人。向什麽處進步。時有僧問。雪竇一徑如何履踐。師曰步步寒華結。言言徹底氷。山中作。孤猿叫落中巖月。野客吟殘半夜燈。此景此時誰得意。白雲深處坐禪僧。又移住永明寺。衆盈二千。上堂。僧問如何是永明旨。師曰更添香著。僧曰謝師指示去也。師曰且喜無交涉。僧禮拜。師曰聽山僧一頌。

欲識永明旨。門前一湖水。

日照光明生。風來波浪起。

師便下痤。[2] 問學人不會永明家風。答不會處會取。問不會如何會。師曰牛胎生象子。碧海起紅塵。問一切諸法。皆從此經出。如何是此經。師曰長時轉不停。非義亦非聲。曰如何受持。師曰若欲受持者。應須用眼聽。曰願乞最後一言。師曰。化人問幻士。谷響答泉聲。欲達吾宗旨。泥牛水上行。師度弟子一千七百人。又入天台山。度戒約萬餘人。常與七衆。受菩薩戒。夜施鬼神食。朝放諸生類。不可稱筭。六時散花行道。餘力念法華經。一萬三千部。著宗鏡錄一百卷。萬善同歸集百[3]卷。又詩偈賦詠凡[4]萬言。播于海外。高麗國王。覽師言教。投書叙門弟子之禮。奉一切受用之物。并僧三十六人。親承印記。前後歸本國。各化一方。師開寶八年。焚香加趺而化。閱世七十有二。坐四十二夏。太宗皇帝賜額曰壽寧院。

1) ㉮ '師'는 '帥'인 듯하다. 2) ㉯ '痤'는 '座'와 통용된다. 3) ㉮ '百'은 '六'이나 '三'인 듯하다. 4) ㉮ '凡' 다음에 '千'이 결락된 듯하다. 『佛祖歷代通載』 권18(T49, 658b),

『景德傳燈錄』 권26(T51, 422a), 『五燈會元』 권10(X80, 211b) 등에 모두 '千'이 있다.

○ 지봉 대사【덕소 국사를 계승하였다.】

태어나면서부터 누린내와 비린내를 싫어하고 피부가 맑고 향기로웠다. 어린 나이에 출가하여 삼학三學을 꿰뚫어 통하고, 성품(性)과 모양(相)을 완전히 통달하였다. 꿈에 수미산須彌山에 올라가 세 부처님이 나란히 앉아 계신 것을 본 적이 있었는데, 첫 번째 분은 석가이고 다음 분은 미륵이어서 그분들 발아래 모두 예배하였으나 세 번째 부처님은 알 수 없어서 그저 우러러보기만 하였다. 이때 석가모니께서 그를 가리키면서 "이분이 미륵의 보처존補處尊이신 사자월불師子月佛이시다."라고 하였다. 스님은 그때서야 예배하였다. 꿈을 깬 뒤에 대장경을 뒤져 보니 꿈에서 본 것과 부합되었다.

국사를 찾아뵙고 손님과 주인의 뜻이 서로 계합해서 현묘한 기틀을 단박에 발현하였다. 어느 날 보현전普賢殿에 들어가 좌선하는데, 갑자기 어떤 신인神人이 앞에 나타나 무릎을 꿇었다. 스님이 물었다.

"당신은 누구십니까?"

"호계신護戒神입니다."

"저에게 미처 없애지 못한 지난날의 허물이 있을까 걱정입니다. 당신은 아십니까?"

"스님께서 무슨 죄가 있겠습니까? 오직 한 가지 허물이 있을 뿐입니다."

"무엇입니까?"

"발우를 씻은 물도 시주물인데 스님은 항상 쏟아 버리셨으니, 바람직한 바가 아닙니다."

말을 마치고는 사라졌다. 스님은 이때부터 발우 씻은 물을 모두 마셨다.【무릇 음식 찌꺼기를 버리거나 침·콧물·똥·오줌을 버릴 때에는 모두 손가락을 튀기면서 속으로 주문을 외우고 보시하는 마음을 일으킨 뒤에 그것을 버려야 한다.】 오월吳越

의 국왕이 대사의 도풍을 흠모해 초대하여 자의紫衣를 하사하고, 보각대사普覺大師라는 호를 내렸다.

상당하여 한참을 침묵하다가 말하였다.

"살펴보고, 살펴보라."

바로 자리에서 내려왔다.【상당하여 말하였다.】

"옛날의 대덕들은 법을 위해 행각하면서 노고를 마다하지 않으셨다. 설봉雪峰 화상 같은 분은 세 차례나 투자投子를 찾아가고 아홉 차례나 동산洞山을 오르면서 왔다 갔다 맴을 돌고도 들어갈 길을 찾을 수 없었다. 요즘 참학參學하는 그대들을 보면, 문턱에 들어서자마자 곧바로 이 노승더러 이끌어 주고 지시해 주기를 요구하면서 선禪을 말하고 도道를 말한다. 그대들이 아득한 궁극의 길로 나아가고자 한다면 이렇게 쉽게 여겨서는 안 된다. 게다가 이 일이란 것이 또한 스스로 시절인연이 있는 법인데, 조급하게 구한다고 어찌 얻어지겠는가? 깨달을 시절을 그대들이 알고 싶은가? 지금 각자 내려가 승당에 조용히 앉아 있어라. 앙가봉仰家峰이 고개를 끄덕이면 그때 노승이 그대들에게 말해 주겠다."

이때 어떤 스님이 대중 가운데서 나와 말하였다.

"앙가봉이 고개를 끄덕였습니다. 스님께서 말씀해 주십시오."

스님이 그를 부르며 말하였다.

"대중이여, 말해 봐라. 이 스님이 노승의 말을 알아들었는가, 노승의 말을 알아듣지 못했는가?"

그 스님이 예배하자 스님이 말하였다.

"오늘은 우연히 거울을 잃었다."

志逢大師。【嗣韶國師。】生惡葷血。膚體香潔。幼歲出家。通貫三學。了達性相。甞夢陞須彌山。覩三佛列坐。初釋迦。次彌勒。皆禮其足。唯不識第[1)]三佛。但仰視而已。時釋迦示之曰。此是彌勒補處師子月佛。師方禮拜。覺後因看大藏經。乃符所夢。叅國師。賔主相契。頓發玄機。一日入普賢殿中晏坐。倏有神人。跪膝于前。師問汝其誰乎。曰護戒神也。師曰吾患有宿愆來[2]殄。汝知之乎。曰師有何罪。唯一過耳。師曰何也。曰凡折鉢水亦施主物。師每常傾棄。非所宜也。言訖而隱。師自此洗鉢水盡喫之。【凡折退飮食及唏唾便利並宜鳴指默念與發施心而傾弃之。】吳越國王。嚮其道風。召賜紫號普覺大師。上堂良久曰。看看便下座。【上堂曰。】古德爲法行脚。不憚勤勞。如靈[3]峯和尙。三度到投子。九度上洞山。盤桓往返。尙求箇入路不得看。汝近世叅學人。纔跨門來。便要老僧接引指示。說禪說道。且汝欲造玄極之道。豈同等閑。而況此事。亦自有時節。躁求焉得。汝等要知悟時麼。如今各自下去。僧堂中靜坐。直待仰家峯點頭。老僧即爲汝分說。時有僧出衆曰。仰家峯點頭也。請師說。師召曰。大衆且道。此僧會老僧語。不會老僧語。僧禮拜。師曰今日偶然失鑒。

1) ㉯ '苐'는 '第'와 통용된다. 2) ㉰ '來'는 '未'인 듯하다. 3) ㉰ '靈'은 '雪'인 듯하다.

○ 월주 천의 의회 선사【설두[20]를 계승하였다.】

상당하여 말하였다.

"숲 사이 푸른 대나무와 길거리의 노란 국화가 주인과 동반자가 되어 서로 참구하고 함께 이 일을 이야기하고 있으니, 남방으로 여러 선지식을 순례하거나 동쪽으로 문수를 뵈러 갈 필요가 없다. 한순간에 눈앞에서 찾아내 취하면 행각하던 일이 끝난다."

또 말하였다.

20 설두雪竇(980~1052) : 송나라 스님으로 법명은 중현重顯이다. 수주隨州의 지문 광조智門光祚를 알현하고 깨달음을 얻어 법을 이었다. 동정洞庭의 취미봉翠微峰과 절강성 명주의 설두산雪竇山 자성사資聖寺에 머물면서 종풍을 선양하였다. 운문종雲門宗의 중흥조로 추앙받았다. 원오 극근圜悟克勤의 『碧巖錄』의 근간이 된 『頌古百則』의 저자로 유명하다.

"기러기가 긴 하늘을 날아가면 그림자가 차가운 강물에 잠기지만 강물은 그림자를 담아 둘 마음이 없고 기러기도 자취를 남길 뜻이 없다. 만약 이와 같을 수 있다면 비로소 이류異類 가운데로 가서 행하는 것을 이해하게 된다."

越州天衣義懷禪師。【嗣雪竇。】上堂云。林間翠竹。陌上黃花。主伴交叅。共談斯事。不用南詢諸友。東見文殊。一時向目前叅取。行脚事畢。又云鴈過長空。影沉寒水。水無沉影之心。鴈無遺蹤之意。若能如是。方解向異類中行。

○ 신라국 본여 선사【회양 화상을 계승하였다.】

新羅國本如禪師。【嗣讓和尙。】

○ 신라국 혜철·홍직 두 대사【건주 서당 지장[21] 선사를 계승하였다.】

新羅國慧徹洪直兩師。【嗣虔州西堂智藏禪師。】

○ 무염 선사【마곡산 보철 선사를 계승하였다.】

無染禪師。【嗣麻谷山寶徹禪師。】

○ 각체·현욱 두 대사【장경의 백암 회휘 선사를 계승하였다.】

覺體玄昱兩師。【嗣章敬百巖懷輝禪師。】

---

21 서당 지장西堂智藏(735~814) : 당나라 스님으로 마조 도일馬祖道一의 법을 이었다. 건주虔州 서당西堂에 주석하며 마조의 종풍을 선양하였다.

○ 도균【남전 보원 선사를 계승하였다.】

道均。【嗣南泉普願。】

○ 품일【항주 제안[22] 선사를 계승하였다.】

品日。【嗣杭州齊安。】

○ 가지 · 충훼[23] 두 대사【대매산 법상[24]을 계승하였다.】

迦智忠卉兩師。【嗣大梅山法常。】

○ 대모 화상【여산 법상[25]을 계승하였다.】

상당하여 말하였다.

"모든 부처님의 스승을 알고 싶다면 무명의 마음속에서 알아차려라. 상주하며 시들지 않는 성품을 알고 싶다면 온갖 나무들이 변화하는 곳에서 알아차려라."【혜철惠徹 선사부터 여기까지는 모두 달마의 9세손이다.】

大芧[1)]和尙。【嗣盧[2)]山法常。】 上堂。欲識諸佛師。向無明心內識取。欲識常住

---

22 제안齊安(?~842) : 당나라 스님으로 마조 도일馬祖道一에게 참구하여 그의 법을 이었다. 항주杭州 염관鹽官의 해창원海昌院에 주석하며 종풍을 선양하였다.

23 충훼忠卉 : 『景德傳燈錄』 권10(T51, 274a) · 『傳法正宗記』 권7(T51, 751c) 등에서는 모두 '신라국 충언 선사新羅國忠彥禪師'라 하였다.

24 법상法常(752~839) : 당나라 스님이다. 마조 도일의 회상에서 단박에 깨닫고는 한나라 때 매자 진梅子眞이 은거했던 대매산大梅山에서 30년을 살았는데, 염관 제안鹽官齊安 문하의 한 스님이 우연히 그를 찾아내 세상에 이름이 알려졌다.

25 여산 법상廬山法常 : 귀종 법상歸宗法常 또는 귀종 지상歸宗智常이라고도 한다.

不凋性。向萬木遷變處識取。【自惠徹至此。皆達磨九歲孫也。】

1) ㉰ '芧'는 '茅'인 듯하다.『景德傳燈錄』권10(T51, 281a)·『傳法正宗記』권7(T51, 751c) 등에도 모두 '신라 대모 화상新羅大茅和尙'이라 하였다. 2) ㉰ '盧'는 '廬'인 듯하다.

○ 언충【항주 천룡[26]을 계승하였다.】

彥忠。【嗣杭州天龍。】

○ 오관산 순지 화상【앙산을 계승하였다.】

五觀山順支和尙。【嗣仰山。】

○ 지리산 화상【임제를 계승하였다.】

智異山和尙。【嗣臨濟。】

○ 흠충·청허·행적·낭 등 네 분【석상산 경저를 계승하였다.】

欽忠淸虛行寂朗師等四公。【嗣石霜山慶諸。】

○ 금장 선사【동산 양개를 계승하였다.】

金藏禪師。【嗣洞山良价。】

26 항주 천룡杭州天龍 : 대매 법상大梅法常의 제자이다.

○ 청원【구봉 도건[27]을 계승하였다.】

淸院。【嗣九峯道虔。】

○ 정주 파초산 혜정【남탑 광용[28]을 계승하였다.】

郢洲芭蕉山慧情。【嗣南塔光湧。】

○ 와룡 화상【담주 운개산 지원[29]을 계승하였다.】

臥龍和尙。【嗣潭州雲蓋山志元。】

○ 서암·대령·박암 등 세 분【담주 곡산 장[30]을 계승하였다.】

瑞巖大嶺泊巖等三公。【嗣潭州谷山藏。】

○ 대무위 선사【문언 광진을 계승하였다.】

大無爲禪師。【嗣文偃匡眞。】

---

27 구봉 도건九峯道虔(?~921) : 석상 경저石霜慶諸의 법을 이어 균주筠州의 구봉九峰과 늑담泐潭 등에 주석하며 종풍을 선양하였다.

28 남탑 광용南塔光湧(850~938) : 앙산 혜적仰山慧寂에게 참학하여 심인을 얻고, 스승의 법좌를 계승하여 앙산仰山 남탑南塔에 주석하였다.

29 지원志元 : 석상 경저의 법을 이어 호남성 담주 운개산雲蓋山에 주석하며 교화하였다. 시호는 원정대사圓淨大師.

30 곡산 장谷山藏 : 석상 경저의 법을 이었다.

○ 경유·혜·주 세 분【홍주 운거 도응[31]을 계승하였다.】

慶猷慧住三公。【嗣洪州雲居道應。[1)]】

1) ㉮ '應'은 '膺'인 듯하다.

○ 혜운【백조산 지원 현교 대사를 계승하였다.】

惠雲。【嗣白兆山志員顯教大師。】

○ 설악 영광【달마 14세 항주 천룡 중기[32] 선사를 계승하였다.】

雪嶽令光。【嗣達磨十四世杭州天龍重機禪師。】

○ 영감 선사와 도봉산 혜거 국사【법안을 계승하였다.】

국사가 비로소 청정한 지혜의 방에서 기틀을 드러내자 본국의 왕이 사모하여 사신을 파견해 초청하였다. 드디어 고향 땅으로 돌아가자 고려의 국왕이 심결心訣을 배우고 예배하며 극진히 대우하였다. 어느 날 초청을 받아 왕궁으로 들어갔다. 상당하여 스님이 위봉루威鳳樓를 가리키며 대중에게 말하였다.

"위봉루가 여러 상좌들을 위해 다 거양하였다. 알겠는가? 혹시 알았다면 또 어떻게 알았으며, 만약 모르겠다고 말한다면 위봉루를 무엇 때문에 모르는가? 진중하라."

31 운거 도응雲居道膺(?~902) : 어려서 출가하여 취미 무학翠微無學에게 참학하고, 다시 동산 양개洞山良价에게 수학하여 대오하였다. 운거산雲居山에 머물면서 종풍을 선양하였다.

32 천룡 중기天龍重機 : 현사 사비玄沙師備 선사의 법제자로 항주 천룡사에 주석하며 종풍을 선양하였다.

靈鑑禪師。又道峯山惠炬國師。【嗣法眼。】國師始發機於淨慧之室。本國主思慕。遣使來請。遂廻故地。國主受心訣。禮待彌厚。一日請入王府。上堂。師指威鳳樓。示衆曰。威鳳樓爲諸尙座。擧揚了也。還會麽。儻若會得。且作麽生會。若道不會。威鳳樓作麽生不會。珍重。

신라국 본여 선사부터 이 혜거까지는 모두 신라국 사람이다. 또 연수장延壽章에 의거하면 신라국 사람으로서 조사의 지위를 계승한 자가 역시 많았음을 알 수 있다.

自新羅國本如禪師。至此惠炬。皆是新羅國人也。又據延壽章。羅國人紹祖位者。亦多可知矣。

○ 왕사 보제 존자【평산[33]을 계승하였다.】

스님의 휘는 혜근惠勤이고, 호는 나옹懶翁이며, 출가 전 이름은 원혜元惠이고, 거처하는 방을 강월헌江月軒이라 하였다. 영해寧海의 아牙씨이다. 어머니 정鄭씨가 황금색 매가 날아와 그 머리를 쪼다가 떨어뜨린 알이 품 안으로 들어오는 꿈을 꾸고는 임신하였다. 연우延祐 경신년(1320) 정월 15일에 태어났는데 골상이 기이하여 남달랐고, 자라서는 머리가 매우 영특해 곧바로 출가하기를 청하였으나 부모가 허락하지 않았다. 20세에 이웃의 친구가 죽는 것을 보고서 부모님에게 "죽으면 어디로 갑니까?" 하고 물었지만 다들 "그곳이 어딘지 모르겠다."고 하였다. 마음속으로 아파하

33 평산平山(1279~1361) : 원나라 임제종 스님으로 법명은 처림處林이다. 절강성 금화金華의 급암 종신及菴宗信에게 참구하여 법을 이었고, 후에 앙산仰山의 허곡 희릉虛谷希陵에게서 참학하였다. 황경皇慶 2년(1313)에 대자산大慈山 정혜사定慧寺에서 개당하였고, 지정至正 3년(1343)에 항주 정자사淨慈寺를 중흥하였다. 이 무렵 나옹 혜근懶翁惠勤이 참문하여 그의 법과 불자拂子를 받았다.

고 슬퍼하다가 결국 공덕산功德山 묘적암妙寂庵의 요연了然 선사께 찾아가 귀의하고 머리를 깎았다.

요연 스님이 물었다.

"그대는 무엇을 위해 머리를 깎았는가?"

"삼계를 벗어나 중생을 이롭게 하기 위해서입니다. 스님께서 가르쳐 주십시오."

"자네가 지금 여기까지 왔는데, 이것이 어떤 물건인가?"

"말할 수 있고 들을 수 있는 이것이 여기까지 왔을 뿐인데, 보고 싶어도 볼 수 있는 형체가 없고 찾고 싶어도 찾을 수 있는 물건이 없습니다. 모르겠습니다. 어떻게 닦아 나가야 합니까?"

요연 스님이 말하였다.

"나 역시 너처럼 아직도 그것을 모르겠다. 다른 스승을 찾아보는 것이 좋겠다."

그래서 인사하고 물러나 여러 산을 두루 다니다가 지정至正 4년(1344) 갑신에 회암사檜巖寺에 이르러 구석진 곳의 한 방에서 밤낮으로 앉아서 좌선하였다. 그때 일본의 석옹 화상石翁和尙이 어느 날 승당으로 내려와 선상을 치면서 말하였다.

"대중들이여, 들리는가?"

대중은 말이 없었다. 스님이 그에게 게송을 올렸다.

선불장에 가운데 앉아
또렷또렷 눈여겨 살펴보니
보고 듣는 것이 다른 물건 아니라
원래 이것이 옛 주인이었구나

그곳에서 4년을 부지런히 수행하다가 어느 날 아침에 홀연히 깨달음이 열렸다. 중국으로 가서 스승을 찾아보고 도를 물으려고 정해년(1347) 11월에 북쪽을 향해 출발하여 무자년(1348) 3월 3일에 대도大都 법원사法源寺에 당도하였고, 처음으로 서천의 지공 화상指空和尙을 뵙게 되었다.

지공이 물었다.

"그대는 어디서 왔는가?"

"고려에서 왔습니다."

"배로 왔는가, 신통으로 왔는가?"

"신통으로 왔습니다."

"신통을 나타내 보거라."

스님이 앞으로 다가가 합장하고 섰다.

지공이 또 물었다.

"그대가 고려에서 왔다면 동해 저쪽을 다 보고 왔는가?"

"보지 않았다면 어찌 여기까지 왔겠습니까?"

"집 열두 채를 가져왔는가?"

"가지고 왔습니다."

"누가 너에게 여기로 가 보라고 하던가?"

"저 스스로 왔습니다."

"무슨 일로 왔는가?"

"뒷사람들을 위해 왔습니다."

지공이 허락하고 대중과 함께 지내게 하였다.

어느 날 스님이 게송을 지어 올렸다.

> 산하대지는 눈앞의 허공 꽃
> 삼라만상도 역시 그렇지
> 자성이 원래 청정하단 걸 비로소 알고 보니
> 모든 티끌 모든 세계가 법왕의 몸이로다

지공이 말하였다.

"서천의 20명 등등의 사람과 동토의 72명 등등의 사람, 그런 걸출한 사람들이 지공의 여기에는 전혀 없다. 앞에는 사람이 없고, 뒤에는 장군이 없다. 지공이 세상에 나왔는데, 법왕은 또 어디 있는가?"

스님이 대답하였다.

법왕의 몸이여, 법왕의 몸이여
세 하늘의 주인이 되어 만백성을 이롭게 하네
천 개의 검을 홀로 들고서 부처와 조사를 베어 버리니
백양【지공의 방장 이름】이 모든 하늘을 두루 비춘다
내가 지금 이 소식을 알아차린 것도
오히려 저분께서 정혼精婚을 희롱한 것
정말 신기하구나, 정말 신기해
부상의 해와 달이 서천을 비추다니

지공이 말하였다.

"아버지도 개고, 어머니도 개고, 너 역시 개구나."

스님이 곧 예배하고 물러갔다.

또 평산 처림平山處林 선사를 찾아뵈었는데, 평산은 마침 승당에 있었다. 스님은 곧장 승당 안으로 들어가 동쪽 서쪽으로 내키는 대로 걸었다.

그러자 평산이 물었다.

"대덕은 어디서 왔는가?"

"대도에서 왔습니다."

"누구를 만나고 왔는가?"

"지공 화상을 뵙고 왔습니다."

"지공 화상은 날마다 무슨 일을 하던가?"

"지공 화상께서는 날마다 천 개의 검을 쓰십니다."

"지공 화상의 천 개의 검은 그만두고, 그대의 검 하나를 가져오라."

스님이 좌구로 평산을 때리자 평산이 선상에 거꾸러지면서 크게 외쳤다.

"이 도적놈이 나를 죽인다."

스님이 곧바로 부축해 일으키면서 말하였다.

"제 칼은 사람을 죽일 수 있고 살릴 수도 있습니다."

평산이 깔깔대며 크게 웃고는 곧 손을 잡고 방장으로 돌아가 차를 권하였다. 그곳에서 몇 달을 머물렀는데, 어느 날 평산이 손수 글을 적어 부촉하였다.

"삼한三韓의 혜근 수좌가 이 노승을 찾아왔는데, 그가 하는 말이나 토하는 기운을 살펴보니 바로 부처님이나 조사와 서로 합치하였다. 종안이 명백하고 견처가 고준하며, 말 속에 메아리가 있고 글귀마다 칼날을 감추었다. 그래서 설암雪菴[34]께서 전하신 급암及菴[35] 스승님의 법의 한 벌과 불자 하나를 부촉해 믿음을 표시한다."

그리고 게송을 지어 주었다.

불자와 법의를 부촉하노니
돌 속에서 꺼낸 티 없는 옥
계율의 근이 영원히 깨끗해 보리를 얻고
선정과 지혜의 광명을 모두 갖추었네

11년(1351) 신묘 2월 2일에 이별을 고하고 물러나, 또 고목 영枯木榮 화

34 설암雪菴(1215~1287) : 송나라 임제종 스님으로 법명은 조흠祖欽이고, 자는 설암雪巖 또는 설암雪菴이다. 무준 사범無準師範에게 참학하여 그의 법을 이었고, 용흥사龍興寺·도림사道林寺 등지에서 교화하다 함순咸淳 5년(1269) 앙산仰山에 주석하였다.

35 급암及菴 : 원나라 임제종 스님으로 법명은 종신宗信이다. 조흠에게 참학하여 법을 이었다.

상을 찾아갔다. 마주 앉아 한참을 침묵하다가 고목이 물었다.

"수좌는 좌선할 때 어떻게 마음을 쓰는지 모르겠군."

"쓸 마음이 없습니다."

"쓸 마음이 없다면 하루 종일 누가 이것을 가지고 왔다 갔다 하는가?"

스님이 눈을 치켜뜨고 그를 바라보니 고목이 말하였다.

"그것은 부모에게서 생겨난 눈이다. 부모에게서 태어나기 전에는 무엇으로 보았는가?"

스님이 크게 할을 한 번 하고는 말하였다.

"무슨 태어난 후와 태어나기 전을 말합니까?"

고목이 문득 손을 잡고 말하였다.

"고려가 바다 건너 있다고 누가 말했던가?"

스님은 소매를 털고 바로 나와 버렸다.

또 천암 장千巖長[36] 화상을 찾아갔는데, 그날이 마침 천여 명의 강호 제현들을 모아 시험을 통해 입실할 사람을 뽑는 날이었다. 스님이 게송을 올렸다.

> 두드리고 두드려 우렛소리 진동하니
> 온갖 귀머거리들 모두 귀가 열리네
> 어찌 영산의 법회뿐이겠는가
> 구담은 가신 일도 오신 일도 없다네

천암이 물었다.

---

36 천암 장千巖長(1284~1357) : 원나라 임제종 스님으로 법명은 원장元長이고, 자는 무명無明이다. 중봉中峰의 법을 이어 오랫동안 은둔하다가 오상烏傷 복룡산伏龍山 무명사無明寺에서 개당하였다. 태정泰定 4년(1327)에 황폐한 성수사聖壽寺를 재건하고 그곳에 주석하였다.

"대덕은 어느 곳에서 왔는가?"

"정자사淨慈寺에서 왔습니다."

"부모에게서 태어나기 전에 어느 곳에 있다가 왔는가?"

"오늘은【임신壬申】 4월 2일입니다."

천암이 말하였다.

"눈 밝은 사람은 속이기 어렵군."

다시 돌아가 지공을 찾아뵙자, 지공이 환영하여 방장으로 들게 하고 차를 권하였다. 드디어 법의 한 벌과 불자 하나와 범어로 쓴 편지 한 통을 주면서 부촉하였다.

> 백양에서 차 마시고 정안【지공의 방장 이름】에서는 과자
> 해마다 어둡지 않은 한결같은 약이네
> 동서를 살펴보고 또 남북까지 살핀
> 명안종사 법왕에게 천 개의 검을 주노라

스님이 답하였다.

> 스승께서 주신 차 받들어 마시고
> 일어나 바로 세 번 절을 올리네
> 그저 이럴 뿐인 참다운 소식은
> 옛날부터 지금까지 늘 이렇지

그곳에서 한 달을 머물다가 이별을 고하고 물러나 여러 해 동안 연대燕代의 산천을 두루 돌아보았다. 그 도행이 황제에게까지 알려져 을미년(1355) 가을에 성지를 받고 대도大都의 광제선사廣濟禪寺에 주석하였으며, 병신년(1356) 10월 15일에 개당법회를 열었다. 황제가 원사院使 야선첩목

아也先帖木兒를 파견해 금란가사와 폐백을 내렸고, 황태자 역시 금란가사와 상아 불자를 내렸다. 그날 모든 관리와 신료 및 선비와 서민들, 여러 산의 장로와 강호의 납자들이 모두 모였다. 스님은 가사를 받아 들고 중사中使에게 물었다.

"산하대지와 초목총림이 모조리 하나의 법왕의 몸입니다. 모르겠군요. 이것을 어디다 입혀야 합니까?"

중사가 대답하였다.

"모르겠습니다."

그러자 스님이 자기 어깨를 가리키며 말하였다.

"여기다 입히면 됩니다."

또 대중에게 물었다.

"맑고 공적하여 본래 한 물건도 없는데 찬란한 이것은 어디서 나왔습니까?"

대중이 대답이 없자 스님이 말하였다.

"구중궁궐의 금구에서 나왔습니다."

드디어 가사를 입고 향을 들어 황제를 위해 축원한 뒤에 다시 향을 들고 말하였다.

"이 한 조각 향을 서천 제108조 지공 대화상과 평산 화상께 받들어 올림으로써 법의 젖으로 길러 주신 은혜에 보답합니다."【어록을 보라.】

17년(1357) 정유년에 다시 지공을 뵙고 물었다.

"제자는 어디로 가야 합니까?"

지공이 말하였다.

"그대는 본국으로 돌아가라. '삼산양수三山兩水' 사이를 택해 살면 불법이 저절로 흥성할 것이다."

무술년(1358) 3월에 지공에게 이별의 절을 올리고 요양遼陽으로 돌아와 평양平壤과 동해東海 등지에서 근기를 따라 설법하였다. 경자년(1360) 가을에 오대산에 들어가 상두암象頭菴에서 지냈다. 신축년(1361) 겨울에 임금의 초대로 궁궐로 들어갔고, 심요心要를 설해 달라 청하자 스님이 자세히 설법한 뒤 게송 두 수를 지어 올렸다.【어록을 보라.】 임금이 감탄하며 "이름을 듣는 것이 직접 보는 것만 못하다." 하고는 만수가사滿繡袈裟와 수정불자水精拂子를 하사하였고, 공주 역시 마노불자瑪瑙拂子를 보시하였다. 태후가 직접 보시를 하사하면서 신광사神光寺에 머물기를 청하였다.

또 임금이 신해년(1371) 8월에 불러 금란가사와 안팎의 법복과 발우를 하사하고 왕사 대조계종사 선교도총섭 근수본지 중흥조풍 복국우세 보제존자王師大曹溪宗師禪教都摠攝勤修本智重興祖風福國祐世普濟尊者로 봉하였고, 태후 역시 금란가사를 올렸다. 그리고 송광사松廣寺가 동방의 제일가는 도량이라 생각해 그곳에 거처하도록 명령하여 재차 그 절로 가게 되었다. 스님은 다시 회암사로 돌아와 병진년(1376) 봄에 공사를 마치고 4월에 크게 낙성법회를 열었다. 임금은 구관具官 유지린柳之璘을 파견해 행향사行香使로 삼았으며, 서울과 지방의 사부대중이 구름과 바퀴살처럼 몰려들어 그 숫자를 알 수 없을 정도였다. 그러나 '회암사는 서울과 너무 가까워 사부대중의 왕래가 밤낮으로 끊이지 않으므로 혹 생업에 폐해를 줄 수도 있다.'는 대평臺評[37]을 당하였다. 그리하여 영원사營原寺로 이주하라는 임금의 명이 내려왔고, 출발을 재촉하였다. 스님은 마침 병이 있어 가마를 타고 삼문三門을 나왔는데, 남쪽에 있는 못가에 이르러 스스로 가마꾼을 시켜 돌아갔다가 열반문으로 나왔다. 대중이 모두 의심하면서 목 놓아 울부짖었다. 그러자 스님이 대중을 돌아보며 말하였다.

"노력하고, 또 노력하라. 나 때문에 중단하는 일이 없도록 하라. 내 걸음은 여흥驪興에서 멈출 것이다."

5월 2일에 한강漢江에 이르러 호송관護送官 탁첨卓詹에게 말하였다.

37 대평臺評 : 대간臺諫의 평론評論 또는 탄핵彈劾을 말한다.

"내가 지금 병이 극심합니다. 배를 타고 가기를 소원합니다."

물길을 거슬러 올라 7일 만에 여흥에 도착하자 탁첨에게 말하였다.

"내 병이 더욱 심해져 이곳을 지날 수 없으니, 신륵사에서 묵었다 갑시다."

5월 15일에 탁첨이 다시 급히 출발하라고 독려하였다. 그러자 스님이 말하였다.

"그것은 어렵지 않습니다. 나는 아주 떠날 것입니다."

이때 어떤 스님이 물었다.

"바로 이럴 때 어떻게 하시겠습니까?"

스님은 주먹을 세웠다.

또 물었다.

"사대가 각각 흩어지면 어디로 가십니까?"

스님은 주먹을 맞대어 가슴에 대고 말하였다.

"여기에 있을 뿐이다."

"거기에 있을 때는 어떻습니까?"

"따로 특별한 것이 없다."

"무엇이 특별한 것이 없다는 그 도리입니까?"

스님이 눈을 부릅뜨고 그를 쳐다보면서 말하였다.

"나와 네가 서로 바라볼 때 무슨 대단한 것이 있더냐?"

그러고는 대중에게 말하였다.

"너희들 모두 각자 자세히 살펴야 한다. 노승이 오늘 그대들을 위해 열반불사涅槃佛事를 마치리라."

진시辰時가 되자 고요히 서거하였다. 그 고을 사람들이 멀리서 오색구름이 산꼭대기를 덮는 것을 보았고, 또 스님이 타던 백마가 3일 전부터 풀을 먹으면서 머리를 숙이고 슬피 울었다. 화장을 마치자 머리뼈 다섯 조각과 치아 마흔 개가 모두 타지 않아 그것을 향수로 씻었다. 그때 구름도 없이 그 지역에 비가 내리자 그 사리가 부지기수로 나왔고, 사부대중이 재와 잔불을 헤치고 얻은 것 역시 그 수를 헤아릴 수 없었다. 당시 그 고을 사람들이 모두 산 위에서 신비한 빛이 환하게 빛나는 것을 보았고, 승려 달여達如는 꿈에 신룡神龍이 다비대를 빙빙 둘러싸고 있다가 다시 강으로 들어가는 것을 보았는데 그 모습이 말과 같았다. 문인들이 영골사리를 모시고 배로 회암사로 돌아가려 하였으나 오랜 가뭄으로 물이 얕은 것이 걱정이었다. 그러자 홀연히 비도 없이 물이 불어 오랫동안 묶여 있던 배들이 한꺼번에 물을 따라 내려갔으니, 신룡의 도움이었음을 알 수 있다. 이로 인해 탑을 세웠으니, 수명은 57세이고 법랍은 37세였다. 시호는 선각禪覺이다.

『치성광명경熾盛光明經』에서 세존께서 가섭 존자에게 다음과 같이 말씀하셨다.

"내가 멸도한 뒤, 나중의 오백 년에 나의 법이 신라新羅에서 시행될 것이며, 다섯 종류의 외도가 세상에 성행하며 감히 나의 법을 파괴할 것이다. 경신[38]에 한 비구가 태어나 대사문이 되고 대불사를 일으켜 모든 외도를 타파할 것이니, 그 이름은 보제 나옹普濟懶翁이고 그 모임은 공부선工夫選이니라. 가섭아, 마땅히 알라. 내가 바로 그 사람이니라. 그렇게 그 후로도 두세 차례 거듭 시행한 후에 나의 법이 영원히 멸할 것이니, 말겁末劫도 이미 끝나 사람의 수명이 10세가 될 때까지이니라. 다섯 종류의 외도란 무엇인가? 첫 번째는 보고 듣고 느끼고 아는 것을 마음으로 아는 외도이고, 두 번째는 무심한 자연을 도라 여기는 외도이고, 세 번째는 생각이 없는 하늘나라를 궁극으로 여기는 외도이고, 네 번째는 천마외도天魔外道이고, 다섯 번째는 마귀를 따르는 외도이다. 이와 같은 외도가 깨처럼 좁쌀처럼 많아 감히 나의 법을 파괴하면, 여래가 두 번 세 번 다시 찾아올 것이다."

---

38 경신庚申 : 나옹 화상이 경신년(1320) 1월 15일생이다.

또『변정경辨正經』에서 말씀하셨다.

"부처님께서 아난에게 말씀하셨다.

'너는 마땅히 알라. 정법正法이 유지되는 천 년 동안에는 선정이 견고하리라. 상법像法이 유지되는 천 년 동안에는 탑과 사찰이 견고하리라. 말법이 유지되는 만 년 동안에는 투쟁이 견고하고, 외도가 치성하리라. 음마외도婬魔外道는 입으로 음욕이나 희롱하고 교학은 전하지 않을 것이며, 속인의 복장을 하고 처자를 거느리며 생선과 고기를 먹을 것이며, 설법할 때는 슬프게 호소하면서 사람들을 속일 것이다. 무심외도無心外道는 항상 지각을 설하며 참된 승려들을 비방할 것이다. 무상외도無想外道는 발우를 펴지 않고 항상 그릇과 식탁을 사용할 것이다. 천마외도는 선각자들에게 예배하지 않고 계승한 바도 없이 설법하면서 아만만 높고 크리라. 순마외도順魔外道는 신령한 산의 혈맥과 기운과 유정과 돌을 훼손할 것이다. 이렇게 세상에서 큰 마귀를 공경하는 가장 못난 외도들이 깨처럼 좁쌀처럼 많아 온 천하가 크게 혼란스럽고, 음양이 조화롭지 못하며, 가뭄이 극심할 것이다. 마귀가 강성하고 법이 약해지며, 선한 사람은 적고 악한 사람은 많으며, 지혜로운 사람은 적고 어리석은 자는 많으며, 삿된 마귀와 외도의 지식을 가까이한 탓에 무간지옥에 떨어져 영원히 벗어날 기약이 없을 것이다.'

또 말씀하셨다.

'가섭아, 마땅히 알라. 나중의 오백 년에 마귀와 외도를 파멸시킬 것이니, 그가 바로 나이다. 두 번 세 번 거듭 찾아와 대비구가 되고 대불사를 지을 것이다. 부처의 말은 허망하지 않으니, 진실로 알고 의심하지 말라. 이 경을 으뜸으로 삼고, 이 게송을 우러르며, 이 경을 옮겨 적고 독송하는 비구는 삿된 도에 떨어지지 않고 속히 불도를 성취하리라.'

아난과 대중이 모두 크게 환희하면서 믿고 받아들여 받들어 행하였고, 부처님의 발에 예배하였다."

王師普濟尊者。【嗣平山。】師諱惠勤。號懶翁。舊名元惠。所居室曰江月軒。寧海牙氏。母鄭氏。夢見金色隼飛來。啄其頭墜卵入懷中。因而有娠。延[1]祐庚申正月十五日生。骨相異常。旣長。機神英邁。即求出家。父母不許。年至二十。見隣友亡問諸父老曰。死何之。皆曰所不知也。中心痛悼。遂投功德山妙寂庵了然禪師所祝髮。然師問汝爲何事剃髮。曰超出三界。利益衆生。請師開示。師曰汝今來此是何物耶。曰此能言能聽者能來耳。欲見無體可見。欲覓無物可覓。未審如何修進。師曰吾亦如汝。猶未之知。可往求之有餘師。於是辭退。遊歷諸山。至正十[2]四年甲申。到檜巖寺。宴處一室。晝夜長坐。時本石翁和尙。一日下僧堂。擊禪牀云。大衆還聞麽。衆無語。師呈偈曰。

選佛場中坐。惺惺著眼看。

見聞非他物。元是舊主人。

勤修四載。一旦忽開悟。欲往中國。尋師訪道。丁亥十一月。發足向北。戊子三月三日。行到大都法源寺。初叅西天指空和尙。空云汝從甚處來。曰高麗來。空云船來耶。神來耶。曰神通來。空云現神通看。師近前叉手而立。空又問汝從高麗來。東海那邊都見來也未。曰若不見。爭得到這裡。空云十二箇房子將來否。曰將得來。空云誰教你來。曰某甲自來。空云爲何事來。曰爲後人來。空然之。乃令隨衆。師一日作偈呈似。

山河大地眼前花。萬像森羅亦復然。

自性方知元淸淨。塵塵刹刹法王身。

空云西天二十等人。東土七十二等人。這一等人。指空這裡都無。前無人後無將。指空出世。法王也再那裡有。師答云。法王身法王身。三天爲主利群民。千劒單提斬佛祖。百陽【空方丈名】普遍照諸天。吾今識得這消息。猶是儂家弄精魂。也大奇也大奇。扶桑日月照西天。空云爺也是狗。娘也是狗。你亦是狗。師即禮拜而退。又叅平山處林禪師。山適在僧堂。師直入堂內。東西信步。山云大德從何方來。師云大都來。山云曾見甚麽人來。答見指空來。山云指空日用何事。答指空日用千釼。山云指空千釼且置。將汝一釼來。師以座具打山。山倒在禪床大叫云。這賊殺我。師便扶起云。吾釼能殺人。亦能活人。山呵呵大笑。即把手歸方丈請茶。留數月。一日手書囑云。三韓慧首座。來見老僧。看其出言吐氣。便與佛祖相合。宗眼明白。見處高峻。言中有響。句句藏鋒。玆以雪菴所傳及菴先師法衣一領拂子一枝。付囑表信。作偈曰。

拂子法衣令付囑。石中取出無瑕玉。

戒根永淨得菩提。禪定惠光皆具足。

十一年辛卯二月初二日辭退。又見枯木榮和尙。對座良久。木問首座坐禪不知如何用心。師云無心可用。木曰既無心可用。十二時中。誰將這箇去來。師擧目視之。木曰這箇是父母所生底眼。父母未生前。將甚麽看。師喝一喝云。說什麽生與未生。木便把手云。誰道高麗隔海。師拂袖便出。又叅千巖長和尙。是日適集江湖千餘人。試選入室。師偈呈曰。

擊擊雷音振。群聾盡豁開。

豈限靈山會。瞿曇無去來。

嵓問大德從甚處來。曰淨慈來。巖云父母未生前。從甚處來。曰今朝【壬申】四月初二日。巖云明眼人難瞞。還叅指空。空迎入方丈請茶。遂以法衣一領拂子一枝。并梵草信書一紙。付囑云。百陽喫茶正安【空方丈名】果。年年不昧一通槳。東西看見南北然。明宗法王給千釰。師答云。奉喫師茶了。起來即禮三。只這眞消息。從古至于今。因留一月辭退。遊歷燕代山川數載。道行聞于帝。乙未秋。奉聖旨。住大都廣濟禪寺。丙申十月十五日。設開堂法會。帝遣院使也先帖木兒。賜金襴袈裟并敞[3]帛。皇太子亦以金欄袈裟。象牙拂子賜之。是日千官僚佐及與士庶。諸山長老。江湖衲子俱會。師受袈裟拈起。問中使云。山河大地草木叢林。盡是一箇法王身。未審這箇向甚麽處被。中使云不會。師指肩云。向這裡披。又問大衆。湛然空寂。本無一物。璨兮爛兮。從何而出。大衆無對。師云九重宮金口中。乃披拈香祝聖罷。又拈香云。此一辦香。奉爲西天一百八祖指空大和尙。平山和尙。用酬法乳之恩陞座普說。【見語彔。】十七年丁酉。還見指空云。弟子當往何處。空云汝還本國。擇三山兩水間居之。則佛法自然興矣。伐伐[4]三月。禮辭指空。還於遼陽。平壤東海等處。[5] 隨機說法。至庚子秋。入臺山象頭菴居。辛丑年冬。上召入內。請說心要。師普說作二頌進呈。【見語彔。】上嘆曰。聞名不如見面。賜滿繡袈裟水精拂子。公主亦以瑪瑙拂子施之。太后親賜布施請住神光。又上召辛亥八月日。賜金襴袈裟。內外法服鉢盂。封爲王師。大曺溪宗師禪敎都捴攝勤修本智重興祖風福國祐世普濟尊者。太后亦獻金襴袈裟。謂松廣寺爲東方第一道場。乃命居之。再到此寺。師還到檜巖。丙辰春。修營已畢。四月大設落成會。上遣具官柳之璘。爲行香使。京外四衆。雲臻輻湊。莫知其數。會臺評以謂檜嵒密邇京邑。四衆徃還。晝夜絡繹。或至癈業。於是有旨。移住營原寺。逼迫上道。師適疾作輿出三門。至南池邊。自導輿者。還從涅槃門出。大衆咸疑。失聲號哭。師顧謂衆曰。努力努力。無以予故中輟也。吾行當止驪興耳。五月初二日。到漢江謂護送官卓詹曰。吾今病劇。願欲舟行。沂[6]流七日。方到驪興。語卓曰。吾疾益篤。不可過此。寓神勒寺。五月十五日卓又督行急。師曰是不難。吾當逝矣。時有僧問。正當伊麽時如何。師竪起拳頭。又問四大各離向什麽處去。師交拳當心云。只在這裡。問在這裡時如何。師云別無奇特。問如何是无奇特底道理。師瞪目視之曰。吾與你相見時。有甚麽奇特。乃告衆云。汝等諸人。各冝諦看。老僧今日爲汝等。作涅槃佛事畢矣。到辰時寂然而逝。郡人望見五彩雲盖山頂。又師所騎白馬。預前三日不喫草垂首悲泣。茶毗已訖。頭骨五片牙齒四十。皆不燒。以香水洗之。時無雲。雨其地。其舍利不知其數。四衆撥灰燼而得之者。亦不可勝數也。時郡人咸見山上。神光瑩徹。僧達如。夢見神龍。蟠繞焚臺。還入于江。其狀如馬。門人陪靈骨舍利。將舟還檜嵒。患旱久水淺。忽無雨而水漲。與久滯衆舡。一時順流而下。則神龍之助可知也。因建塔。壽五十七臘三十七。謚曰禪覺。熾盛光明經云。世尊告迦葉尊者曰。我滅度後。後五百歲。吾法乃行新羅。五種外道。盛[7]行於世。敢壞我法。庚申之間。有一比丘。作大沙門。作大佛事。破諸外道。號曰普濟懶翁。其會曰工夫選。迦葉當知。我身是也。以玆其後二三度。重行而後。我法永滅。末劫已盡。人壽十歲爲限也。五種外道者。苐[8]一見聞覺知識心外道。第二無心自然外道。第三無想天外道。第四天魔外道。第五順魔外道。如是外道。如麻似粟。敢壞我法。如來再三重來也。又辨正經云。佛告阿難。汝於當知。正法千歲。禪定堅固。像法千歲。塔寺堅固。末法一萬年。鬪諍堅固。外道熾盛。婬魔外道。口弄婬欲。不傳敎學。憂愁戲魔。俗服妻子。食噉魚肉。說時悲泣。誑惑人間。無心外道。常說知覺。誹訪眞僧。無想外道。不展盂鉢。常用盤床。天魔外道。不禮先覺。無嗣說法。我慢高大。順魔外道。常毁靈山。脉氣情石。如是世中。恭敬大魔。最下外道。如麻似粟。天下大亂。陰陽不調。旱氣甚重。魔强法弱。善人者少。惡人者多。智人者少。愚痴者多。親近邪魔外道知識。墮無間獄。永無出期。迦葉當知。後五百歲。破魔外道。我身是也。再三重來。作大比丘。作大佛事。佛說非虛。實知無疑。此經爲宗。此偈爲仰。此經書寫。讀誦比丘。不墮邪道。速成佛道。阿難大衆。皆大歡喜。信受奉行。作禮佛足。

---

1) ㉰ '莚'은 '延'인 듯하다. 2) ㉰ '十'은 잘못 첨가된 글자인 듯하다. 지정 14년은 갑신년甲申年이 아니라 갑오년甲午年이다. '至正四年'이라야 옳다. 3) ㉰ '敞'은 '幣'인 듯하다. 4) ㉰ '伐伐'은 '戊戌'인 듯하다. 5) ㉯ 저본의 우측 여백에 다음과 같은 문장이 있다. "송광이 찬하였다. '물의 기세는 겹겹이 감싸고, 산의 자태는 첩첩이 감추나니, 삼한과는 원래 짝할 수 없어라. 비교할 수 없는 오직 한 나라.'(松廣讃。水勢重重包。山容疊疊藏。三韓元不隻。一國更無雙。)" 6) ㉰ '沂'는 '泝'인 듯하다. 7) ㉯ '道盛' 두 글자가 저본에는 마멸되었다. 『韓國佛敎全書』 편찬자가 천리대학天理大學 소장본에 의거하여 보입하였다. 8) ㉯ '苐'는 '第'와 통용된다.

제4 산성품【6칙】

散聖品 第四【六則】

산성散聖[39]들 자비로 세상에 찾아와

흘리신 말씀 인간세계에 가득하구나.

散聖慈悲來世上。語言流落滿人間。

○ 유마 회상의 32보살

각자 불이법문不二法門을 이야기하고 문수文殊 차례가 되자 "저는 일체법에 대해 할 말도 없고 할 설명도 없습니다."라고 하였다. 문수가 드디어 유마維摩에게 묻자, 유마가 침묵하였다. 그러자 문수가 찬탄하였다.

"훌륭하십니다, 훌륭하십니다. 진실로 불이법문에 들어가셨군요."【『통요』 1권에 나온다.】

維摩會上三十二菩薩。各談不二法門至文殊云。我於一切法。無言無說。文殊乃問維摩。維摩默然。文殊讚言。善哉善哉。眞入不二法門。【出統要一卷。】

○ 명주 포대 화상

항상 사통팔달의 거리에 서 있자 어떤 스님이 물었다.

"화상은 여기서 뭘 하십니까?"

---

39 산성散聖 : 산간벽지 등에 숨어 살아 세상에 널리 알려지지는 않았으나 남몰래 그 공덕이 드러났던 성자들을 말한다.

스님이 말하였다.

“누가 온다기에.”

“왔습니다.”

스님이 드디어 품 안에서 귤 하나를 꺼내 건네주었다. 그 스님이 받으려 하자 스님이 손을 움츠리며 말하였다.

“너는 그 사람이 아니다.”

또 어떤 스님이 물었다.

“무엇이 조사께서 서쪽에서 오신 뜻입니까?”

스님이 베자루를 내려놓고는 합장하고 섰다.

그 스님이 말하였다.

“이것뿐입니까, 다시 다른 것이 있습니까?”

스님이 베자루를 집어 어깨에 걸치고 가 버렸다.

明州布袋和尙。常在通衢而立。僧問和尙在這裡作什麽。師云等个人來。曰來也。師遂於懷中。取一橘子度與。僧擬接。師縮手云。汝不是這个人。又僧問如何是西來意。師放布袋。叉手而立。僧云只此別更有在。師拈布袋。上肩而去。

○ 한산

대중 스님들이 연근을 구워 먹고 있는데, 한산寒山이 연근 다발로 한 스님의 등짝을 한 대 내리쳤다. 그 스님이 고개를 돌리자 한산이 연근 다발을 들어 올리면서 말하였다.

“이게 뭡니까?”

그 스님이 “이런 미친놈.” 하자, 한산이 곁에 있는 스님에게 말하였다.

“저 스님이 간장을 많이 쓴다고 당신이 말했잖아.”

寒山。因衆僧炙茄次。山將茄串。向僧背上。打一下。僧迴首。山呈起茄串云。是什麽。僧云這風顚漢。山向傍僧云。你道這僧費却多少鹽醬。

○ 습득

마당을 쓸고 있는데 주지가 물었다.

"너는 풍간豊干이 너를 주워 와 마당이나 쓸게 했기 때문에 이름이 습득拾得이 되었다. 너의 진짜 성과 이름은 무엇인가?"

습득이 빗자루를 내려놓고 합장하고 섰다. 주지가 재차 묻자, 습득이 빗자루를 집어 들더니 마당을 쓸면서 가 버렸다.

拾得。掃地次。寺主問。汝因豊干拾得汝掃地。名爲拾得。汝畢竟姓名什麽。拾得放下掃箒。叉手而立。主再問。拾得拈起掃箒。掃地而去。

○ 무착 화상

오대산을 찾아가자 문수가 환영하며 물었다.

"대덕은 어디서 오셨습니까?"

"남방에서 왔습니다."

"남방에서는 불법이 어떻게 유지되고 있습니까?"

"말법시대 비구들이라 계율을 지키는 자가 적습니다."

문수가 말하였다.

"대중은 얼마나 됩니까?"

"300 혹은 500명씩 모여 삽니다."

무착無着이 도리어 물었다.

"화상께서 계신 이곳은 불법이 어떻게 유지되고 있습니까?"

"범부와 성인이 함께 살고, 용과 뱀이 뒤섞여 지냅니다."

"대중은 얼마나 됩니까?"

문수가 말하였다.

"예전에도 삼삼이었고, 이후로도 삼삼일 겁니다."

무착이 이별을 고하고 물러나자 균제 동자均提童子가 전송을 나왔다.

무착이 물었다.

"조금 전에 화상께서 '예전에도 삼삼이었고 앞으로도 삼삼일 것이다.'라고 말씀하신 겁니까?"

그러자 동자가 "대덕이시여!" 하고 불렀다.

무착이 고개를 돌리자 동자가 말하였다.

"이것은 얼마나 됩니까?"【동산이 말하였다. "그 아비를 알고 싶다면 먼저 그 자식을 보라."】

無着和尙。往臺山。文殊迎問。大德何方而來。云南方。文殊云。南方佛法如何住持。云末法比丘。少奉戒律。殊云多少衆。云或三百。或五百。著却問。和尙此間如何住持。殊云凡聖同居。龍蛇混雜。着云多少衆。殊云前三三後三三。無着辭退。均提童子送出。著云適來和尙道。前三三後三三。子召云大德。着廻首。子云是多少。【洞山云。欲觀其父先觀其子。】

○ 무주 부대사

양나라 무제武帝가 경전 강의를 청하였다. 대사는 법좌에 오르자마자 자로 한 차례 내려치고는 곧바로 자리에서 내려왔다. 무제가 경악하자 지공誌公[40]이 물었다.

"폐하, 아시겠습니까?"

40 지공誌公(418~514) : 법명은 보지寶誌이다. 금릉 출신으로 어려서 출가하여 도림사道林寺에서 선정을 닦았다. 그 후 일정한 거처 없이 떠돌며 음식도 때를 가리지 않았고, 머리를 기르고 냄비를 손에 들고서 행각하는 기행奇行을 보였다. 502년경에 대승찬大乘讚 24수를 황제에게 바쳤고, 각종 이적을 보여 대중을 교화하였다.

"모르겠습니다."

"대사의 강의가 끝났습니다."【이상은『통요』제2권에 나온다.】

婺州傅大士。因梁武帝請講經。大士纔陞座。以尺拊按一下。便下座。帝愕然。誌公乃問。陛下會麽。云不會。公曰大士講經竟。【以上出統要第二卷。】

제5 유통품【2칙】

流通品 第五【二則】

만약 법을 전해 중생을 제도하지 않는다면
끝내 은혜에 보답하는 자라 할 수 없으리라.

若不傳法度衆生。畢竟無能報恩者。

○『종경록』에서 거론한 게송

고운 모래처럼 수없는 세월을 정수리로 받들고
온 삼천대천세계에서 자신이 평상과 좌구가 된다 해도
만약 법을 전해 중생을 제도하지 않는다면
단정컨대 그는 은혜에 보답하는 자라 할 수 없다.

宗鏡擧頌云。
假使頂戴塵沙劫。身爲牀座徧三千。
若不傳法度衆生。決定無能報恩者。

○ 또『성실론』을 거론하였다.

"부처님께서 안과 밖과 중간의 말씀을 설하고 나서는 곧 선정에 들어가셨다. 이때 오백 아라한이 각자 이 말씀을 해석하고는 부처님께서 선정에서 나온 후에 함께 물었다.

'세존이시여, 누가 부처님 뜻에 합당합니까?'

부처님께서 말씀하셨다.

'모두 나의 뜻이 아니다.'

또 부처님께 아뢰어 말하였다.

'이미 부처님 뜻에 합당하지 않다면 죄가 되지는 않겠습니까?'

부처님께서 말씀하셨다.

'비록 나의 뜻은 아니지만 각자 바른 이치를 생각한 것이므로 성스러운 가르침을 감당할 수 있으리라.'"[41]

又擧成實論云。佛說內外中間之言。遂即入定。時有五百羅漢。各釋此言。佛出定後。同問。世尊。誰當佛意。佛言並非我意。又白佛言。旣不當佛意。將得無罪。佛言雖非我意。各意[1]正理。堪爲聖教。

1) (역)『宗鏡錄』에는 '意'가 '順'으로 되어 있다.

『통록촬요』 제4권 끝

通錄撮要 第四卷 終[1]

1) (원) '通錄撮要第四卷終'은 저본에 후기後記 끝부분의 시주질施主秩 앞에 있다. 이것을『韓國佛教全書』편찬자가 이곳으로 옮겼다.

41 『宗鏡錄』 권2(T48, 423c).

후기

무릇 부처님과 조사는 그 공덕이 만세를 흐르면서 항상 존재하고, 그 도가 백겁을 관통하면서 오래도록 견고하다. 이를 말미암아 가이迦夷[42]에서 이교도의 학문을 제도하고, 도타운 바람을 일으켜 동쪽으로 불게 하셨다. 밀계密契가 전생에 잠시나마 그 바람을 쐬었던 인연이 있어 다행히 『조원통록』 등을 만나게 되었으나 문자가 너무 광대하고 이치가 너무 질펀하여 설령 능력이 있는 자라 해도 짊어지고 다니는 것을 감당할 수 없을 정도였다. 그래서 핵심을 뽑아내 4권으로 요약하였으니, 처음 발심한 이들이 쉽게 볼 수 있도록 하려는 것일 따름이다.

승조僧肇 법사가 말하였다.

"강산이 비록 멀다 해도 이치가 계합하면 이웃이요, 성인의 자취가 만 갈래나 그 도달점은 하나이다. 온갖 전적의 문장이 다르고 백가의 주장이 다르지만 진실로 그 뜻을 안다면 어찌 문장이 다르다고 미혹될 수 있겠는가."[43]

---

42 가이迦夷 : [S] Kāśi의 음역으로 부처님 당시 인도 16대국의 하나이다. 가시迦尸·가시伽尸·가시伽翅로 음역하기도 한다. 그 도성이 바라내波羅奈·바라날波羅捺·바라내사波羅奈斯·바라니사婆羅尼斯로 음역되는 [S] Bārāṇasī이니, 곧 지금의 바라나시([S] Vārānasī)이다. 부처님께서 처음으로 다섯 비구에게 법을 설하신 곳이기도 하다.

43 문장을 그대로 인용한 것이 아니라 『肇論』에 나오는 구절들을 하나로 합한 것이다. '강산이 비록 멀다 해도 이치가 계합하면 이웃이다.'라는 구절은 「答劉遺民書」에 나오고,

만약 환상의 성을 거치지 않고 보배가 있는 곳을 지름길로 올라가 장래에 큰 이익을 얻고자 한다면 이런 문장을 그가 버리겠는가. 그렇지만 지극한 이치는 허허롭고 아득하여 마음을 두기만 해도 이미 어긋난 것인데 하물며 이런 말에 있겠는가. 보여 주신 바와 점점 멀어질까 두려우니, 마음이 통하는 군자들이 이로써 문장 밖에서 만나게 되는 날이 있기를 기대할 뿐이다.

법은 스스로 널리 퍼지지 않나니, 널리 퍼지는 것은 사람들의 몫이다. 사람이 능력이 없다면 법이 어찌 스스로 널리 퍼지겠는가. 따라서 뜻을 같이하는 비구 경연敬衍·석련釋連·학심學心·영운玲芸·각희覺熙·담원淡元·도현道玄·학총學聰 등이 여러 인연을 두루 모으고 장인들을 모아서 이를 판각해 멀리까지 전한다.

부디 바라오니, 법계에 있거나 없는 사은四恩과 삼유三有[44]들이 이렇게 재물을 보시해 간행하고 인쇄한 공덕을 입어 함께 정토로 돌아가 함께 아미타부처님을 뵙고 함께 바다와 같은 과위를 증득해 함께 중생을 교화하게 하소서.

後記

夫佛祖。功流萬歲而常存。道通百刦而彌固。由是濟異學於迦夷。揚淳風以東扇。密契夙有暫熏其風。幸遇祖源通錄等。以文字浩博。理致瀚漫。假使力能者。不堪爲負行。撮出略錄四卷。欲令初機易見耳。肇師云。江山雖緬。理契即隣。聖迹萬端。其致爲一也。群籍殊文。百家異說。苟得其會。豈文殊之能惑哉。若要徑躋寶所不歷化城。致大饒益於將來。而於斯文其舍諸。

'성인의 자취가 만 갈래나 그 도달점은 하나이다.'라는 구절은 「般若無知論」에 나오고, '온갖 전적의 문장이……미혹될 수 있겠는가.'는 「物不遷論」에 나온다.

44 사은四恩과 삼유三有 : 사은四恩은 많은 은혜를 베푼 부모·스승·국왕·시주 등을 말하고, 삼유三有는 욕계 유정·색계 유정·무색계 유정을 말한다.

然至理虛玄。擬心已差。況乃有言。恐所示轉遠。庶通心君子有以相期於文外耳。

夫法不自弘。弘之在人。人若不能。法寧自弘。故其同志比丘敬衍釋連學心玲芸。覺熙淡元道玄學聰等。傍募衆緣。鳩工入梓。以傳諸遠。伏願四恩三有。法界存亡。蒙此施財。刊印功德。同歸淨土。同見彌陁。同證果海。同化衆生。

가정 8년(1529) 기축 월 일에 전라도 광양현의 백운산 만수암에서 개판하여 성불사에 보관한다.

서사한 이는 석처안釋處安.

주상 전하 만세를 장수하시고, 파원부원군坡原府院君도 장수하소서.

대시주는 전 단속사 주지이고 대선사며 계가 청정한 납자이신 지희智熙.
불사를 주관한 사람은 산인 숭묵崇默.
조연질 : 혜은惠訔, 공양주 학총學聰, 숙도[45] 찬조攢祖, 연판 석민釋敏과 신묵信默, 판화주 조희祖熙.
각수질 : 정오正悟, 장수명長壽命, 현묵玄默, 희세希世, 경전敬田, 인현印玄, 도식道識, 신숭信崇.

嘉靖八年。己丑月日。全羅道。光陽縣地。白雲山萬壽菴開板。藏置於成佛寺。
書寫。釋處安。
主上殿下壽萬歲。波[1)]原府院君。
大施主。前斷俗寺住持大禪師戒澄。衲智熙。
幹善。山人崇默。
助緣秩。惠訔。供養主。學聰。熟刀。攢祖。鍊板。釋敏。信默。板化主。祖熙。
刻手秩。正悟。長壽命。玄默。希世。敬田。印玄。道識。信崇。

1) ㊀ '波'는 '坡'인 듯하다.

45 숙도熟刀 : 칼질로 반찬 등을 만드는 소임을 말한다.

부록

附錄

[부록 1]

여산 우담[46] 화상 권수정업어록

盧山優曇和尙勸修淨業語錄

무상가풍無相家風

대승의 바른 가르침인 무상가풍을 이렇게 수용하니 곳곳에서 원만히 통하네.

게송으로 말하겠다.

大乘正敎無相家風。這般受用處處圓通。頌曰。

무상가풍은 예로부터 지금까지　　無相家風古到今
대승의 문하에서도 지음이 적지　　大乘門下少知音
역량을 갖춘 사람만 직접 증득해　　有力量人親薦取
당당하고 탕탕하게 끝내 티끌이 없네　　堂堂蕩蕩了無塵

무상가풍은 본래 현재 완성되어 있으니　　無相家風本現成
사람마다 마음자리에서 광명을 발하네　　人人心地發光明

46 여산 우담廬山優曇(?~1330) : 원나라 때 스님으로 법명은 보도普度이다. 동진東晉 때 여산廬山 혜원慧遠에서 시작된 백련사白蓮社 염불결사의 맥을 이어 정토왕생과 관련된 여러 연적의 말씀을 엮은 『蓮宗寶鑑』을 편찬하였고, 염불왕생을 적극 권장하였다.

자기의 신통 창고를 활짝 열어서 豁開自己神通藏
끝없이 사용하는 세간을 벗어난 사람 受用無窮出世人

무상가풍은 진실로 오묘하구나 無相家風實妙哉
의심덩어리 뭉개 버리니 의심할 필요도 없었네 疑團撈破不須猜
대원경지가 머리 위에서 환하게 비추기에 大圓鏡智當頭照
귀신의 얼굴도 천신의 머리도 감히 나타나지 못한다 鬼面神頭不敢來

염불수행 念佛修進

비로자나 청정한 법신이	毗盧淸淨身
납자의 더러운 두루마기를 걸쳤네	披却屎衲襖
번뇌가 사람을 찾아다닌 게 아니라	煩惱不尋人
사람 스스로 번뇌를 찾아다니는구나	人自尋煩惱
발심하여 염불하면 이미 수행하는 것	發心念佛早修行
여기저기 걸음마다 서방으로 가는 길이로다	頭頭步步西方道

발심發心

사바세계에서 뜻을 세워 아미타불을 염하는 순간이 娑婆發意念阿彌
정토세계에서 연꽃의 태가 물 밖으로 나오는 때 淨土蓮胞出水時
이미 그 꽃의 중심에는 성과 이름이 새겨져 있으니 已向花心標姓字
훗날 그곳으로 돌아가리란 것 의심의 여지가 없구나 他年歸去定無疑

정진 又精進

삼매를 정밀히 닦아 연꽃의 태를 기르면	精修三昧養蓮胎
차츰 마음 꽃을 깨워 다섯 꽃잎이 열리네	漸覺心花五葉開
곧장 공부가 완성되는 시절이 도래하면	直得功成時節至
웃음 머금고 그대를 기다리는 그를 보리라	看他含笑待君來

억상 又憶想

믿는 마음으로 염불하는 힘이 증가하면	信心念佛力增加
칠보 연못에서 깨달음의 꽃을 보리라	七寶池中見覺花
한 덩어리 하얀 눈처럼 태양보다 빛나리니	白雪一團光奪日
그곳이 바로 정확히 나의 집이로다	箇中端的是吾家

가행 又加行

몇 년을 고생고생 아미타불 염하였나　幾年辛苦念阿彌
정토에 연꽃 피어 그대가 오길 기다리네　淨土蓮開待汝歸
어느 날 문득 향기로운 바람 불어와 코에 진동하면　時覺香風來撲鼻
사바세계에 모습이 머물 시간 많이 남지 않았네　娑婆相住不多時

견도 又見道

삶과 죽음을 훌쩍 벗어나 서방으로 가는 길	出生離死西方路
범부를 초월해 성인으로 들어가는 해탈의 문	入聖超凡解脫門
발꿈치도 꿈쩍하지 않고 직접 도착했으니	未動脚頭親到了
남의 도움 없이 부처가 된다는 것 확실히 알겠네	乏知作佛不由人

성불 又成佛

경계가 멸하고 식정마저 잊으니 자취마저 없구나	境滅情忘跡也無
앞사람보다 빛나고 뒤에도 없는 진여를 드러낸다	光前絶後顯眞如
온몸에서 펼쳐지는 것이 바로 신통대광명이요	全身演出神通藏
산하대지와 천지건곤이 하나의 보배 구슬이로다	大地乾坤一寶珠

보시를 받아 잘못 사용하는 것 右受施非用

물 한 방울 소화시키기 힘든 게 시주의 재물	滴水難消信施財
코를 꿰는 향기로운 음식은 재앙의 중매쟁이	鉤頭香餌禍之媒
한 가문을 몽땅 묶어 모조리 침몰시키니	一門累及皆沉墜
만 길 구덩이 속에서 어떻게 벗어나려는지	萬丈坑中怎出來

탐욕스럽게 구하며 부끄러운 줄 모르는 것 右貪求无厭

청정하게 살며 구함이 없는 자가 바로 도인	淸淨無求是道人
생사는 걱정하지 않고 그저 가난 걱정뿐	不憂生死只憂貧
아등바등 욕심 부리는 짓 언제나 뉘우칠까	慳貪何日知慚愧
1장 6척 황금의 몸을 스스로 저버리는구나	辜負黃金丈六身

넘치는 공경을 받는 것 右濫膺恭敬

사람들이 찾아와 예배하고 선지식이라 부르면	人來禮拜稱知識
입에 가득 연꽃이 피나 배 속에는 뱀 한 마리	滿口蓮花一肚蛇
어찌 사람들을 속이고 스스로를 속인단 말인가	豈可瞞人自瞞了
괴롭구나, 불타의 가르침을 없애고 말았구나	苦哉屈了佛陁耶

정토에 태어나길 원하지 않는 것 右不生淨土

아 어쩌나, 채식을 하지만 가는 길이 틀렸으니	傷嗟食素路行訛
정토의 문 앞에서 스스로 놓치고 지나치네	淨土門頭自蹉過
만약 잘못인 줄 알고 수긍해 참회하길 구한다면	若肯知非求懺悔
저승에서 염라대왕을 만날 일을 면하게 해 주리라	免教地府見閻羅

가정 8년(1529) 기축 여름에 전라도 광양현의 백운산 만수암에서 개판하여 성불사에 보관한다.

아울러 축원합니다. 주상 전하 만세를 장수하시고, 파원부원군도 장수하소서.

불사를 주관한 사람은 노납 숭묵.

대시주 : 박옥석, 상장 김석동, 김수기, 김린, 김철산, 김세, 강오음동, 막덕, 강종석, 방신질덕, 방돌석, 김만동, 김윤형, 자근덕, 백숙문, 장숙동, 국덕, 별시위 김수재, 금돌이 양주, 김석손, 김은동, 호군 김순희, 김헌, 박선동, 김천년, 김린, 박수달, 김란동, 김원달, 김계손, 김돌금, 박희정, 월이, 세원, 귀금, 소숙문, 김초공, 김동원, 문산동, 문손, 문금, 박윤동, 문석숭, 이금금, 황씨수금, 박재, 허영손 양주, 공자평, 신마을동, 문암이, 조철손, 유경지, 주계손, 주근손, 박다물, 박망오지 양주, 서맹산, 덕룡, 윤감금, 신윤석, 김말치, 김환, 이섬, 정근, 윤동, 이귀손 양주, 애음덕, 김학동.

嘉靖八年己丑夏。全羅道。光陽地。白雲山。萬壽菴成刊。置板於成佛寺。

仍祝。主上殿下壽萬歲。坡原府完[1)]君壽命長。

幹善。老衲崇默。

大施主。朴玉石。上將金石仝。金水倛。金獜。金哲山。金世。姜吾音仝。莫德。姜從石。方臣叱德。方乭石。金万同。金允亨。者斤德。白叔文。張叔同。國德。別侍衛金秀才。金乭伊兩主。金石孫。金恩同。護軍金順希。金獻。朴善仝。金千年。金獜。朴秀達。金卯仝。金元達。金戒孫。金乭金。朴喜丁。月伊。世元。貴今。蘇淑文。金椒恭。金同願。文山同。文孫。文金。朴允同。文石崇。李今金。黃氏守今。朴才。許永孫兩主。孔自平。申馬乙同。文岩伊。曺哲孫。兪敬止。珠戒孫。珠仅孫。朴多勿。朴忘吾之兩主。徐孟山。德龍。尹甘金。申尹石。金悉致。金環。李蟾。鄭斤。尹同。李貴孫兩主。挨音德。金鶴仝。

1) ㉯ '完'은 '院'인 듯하다.

용서보권수지문[47]

龍舒普勸修持文

무릇 스승과 벗으로부터 가르침을 받거나 은혜로운 땅으로 이끌어 주거나 교류하면서 예의를 갖춰 맞아 주면 언제나 "정토에 왕생하소서." 하는 말로 그에게 보답하리라. 나아가 혹은 밥 한 그릇 차 한 잔의 은혜를 베풀거나 혹은 따뜻한 말 한마디를 건네고 자리 하나를 권하며 대접하더라도, 나아가 나를 섬기며 노동하는 일꾼들과 나의 처소에서 힘쓰고 있는 모든 사람들에 이르기까지 모두 이렇게 말함으로써 고통의 바다에서 벗어나게 하리라. 이뿐만 아니라 알건 알지 못하건 안면이 있건 안면이 없건 모든 사람들을 항상 이렇게 교화하여 함께 정토에 태어나게 하겠다고 마음먹으리라.

또한 이뿐만이 아니다. 석가모니부처님께서 세상에 계실 때 교화하기 힘든 나라가 하나 있었다. 그러자 부처님께서는 "목련과 인연이 있다." 하시면서 그곳으로 가서 그들을 교화하게 하셨다. 그러자 그 나라 사람들이 모두 그를 따라서 교화되었다. 어떤 사람이 부처님께 목련과 어떤 인연이 있냐고 묻자, 부처님께서 말씀하셨다.

"아주 오랜 옛날 목련이 나무꾼이었는데 산에서 한 무리의 벌 떼를 놀라게 한 일이 있었다. 그때 목련은 '내가 도를 얻은 후에 이 벌 떼를 모조리 제도하리라.' 하고 착한 말을 하였다. 지금 이 성 사람들이 바로 당시의 벌 떼였다. 목련이 이런 착한 말을 했기 때문에 인연이 있게 된 것이다."

이를 말미암아 살펴보면, 모든 사람뿐만 아니라 일체 날아다니는 새들

---

47 남송 소흥紹興 30년(1160)에 용서龍舒 사람 왕일휴王日休(?~1173)가 편찬한『龍舒淨土文』에서 발췌한 것이다.『龍舒淨土文』권3(T47, 261b).

과 달리는 짐승들, 나아가 날아다니는 곤충과 기어 다니는 벌레들에게까지도 마땅히 정토행을 닦도록 권해야 한다. 무릇 형상을 볼 수 있는 것을 내가 보게 되었다면, 항상 그들을 위해 아미타불을 염하면서 여러 차례 소리 내어 부르고, 착한 서원을 일으켜 "너희들 모두 극락세계에 태어나길 바란다. 내가 도를 얻은 후에 너희들을 모두 제도하리라."고 말하리라. 형상을 볼 수 있는 것뿐만 아니라 이와 같이 그 형상을 볼 수 없는 자들에게까지도 나는 또한 이렇게 염하고 이렇게 말하리라.

이와 같이 한다면 나의 착한 생각은 깊이 성숙할 것이며, 일체중생과 모두 인연이 있게 될 것이다. 그러면 나는 상품상생上品上生할 것이 분명하고, 훗날 교화하고 제도할 때 기쁘게 따르지 않는 자가 없을 것이다.

凡受師友之訓誨。恩地之提挈。交遊之禮遇。悉皆告以淨土。而爲之報。以至與一切人。或有一飯一茶之恩。或一言一坐之接。下至僕隸有事我之勞。凡吾受用處一切致力者。皆以此告之。使脫離苦海。非唯此耳。凡一切知與不知。識與不識。皆欲以是化之。使共生淨土。又非唯此耳。釋迦佛在世時。有一國難化。佛言。與目連有緣。使往化之。其國人皆從化。人問佛云。與目連有何因緣。佛言。往昔世目連。嘗爲樵人。於山間驚起一群蜂子。目連乃發善言云。我得道後。盡度此蜂子。今此一城人者。乃當時蜂子也。目連發此善言。故爲有緣。由此觀之。非徒於一切人。當勸修淨土一切飛禽走獸。下至蜎飛蠕動之類。凡有形相可見者。吾因見之。皆當爲念阿彌陀佛。數聲。發善願云。願汝等盡生極樂世界。我得道後。盡度汝等。非徒於有形相可見者。如是其形相不可見者。吾亦當作是念。作是言。如此則吾善念甚熟。於一切衆生。皆爲有緣。吾上品上生必矣。他時化度無不樂從者也。

옛 성현께서 게송으로 말하였다.

> 자주자주 조사선을 거량하고
> 모든 부처님의 가르침을 살피며
> 그 여가에 아미타불을 염하여
> 정토에 왕생하기를 소원하라

지금 밀계密契가 편집한 것을 살펴보니【편집한 것은 『세존행적世尊行迹』·『통록通錄』·『원인론原人論』·「한산시寒山詩」·「재계문齋戒文」·「효순문孝順文」·「살계문殺戒文」·「발원문發願文」·「염불작법念佛作法」·「미타십상찬彌陀十相讚」·「투사례投師禮」·「십육관송十六觀頌」·『결의집決疑集』 등 13질이다.】 권교와 실교, 돈교와 점교를 간략히 갖추어 게송의 뜻에 조금은 합당하기에 잠시 유포할 만하다. 이는 부처님께서 오백 아라한에게 늘어놓는 설명을 허락하면서 "비록 나의 뜻은 아니지만 각자 바른 이치를 생각한 것이므로 성스러운 가르침을 감당할 수 있다."[48]라고 하신 것과 같다. 이 말로써 발문을 삼을 따름이다.

지리산 노인 벽송당.[49]【지엄 스님의 말씀은 출간된 것이 드물다.】

古聖頌曰。數擧祖師禪。累看諸佛教。餘暇念彌陀。求生於淨土。今觀密契所集。【集者世尊行迹。通錄。原人論。寒山詩。齋戒文。孝順文。殺戒文。發願文。念佛作法。彌陀十相讚。投師禮。十六觀頌。決疑集。等十三秩也。】略具權實頓漸。稍得頌意。乍可流布。如佛許五百羅漢所陳。雖非我意。各意正理。堪爲聖教。是

48 『宗鏡錄』에서 인용한 것이다. 앞의 제4권「流通品」에도 소개된 내용이다.

49 벽송당碧松堂(1464~1534) : 법명은 지엄智儼 또는 지엄智嚴, 호는 야로埜老 또는 야로野老이며, 벽송은 당호이다. 계룡산鷄龍山 와초암臥草庵의 조계祖溪에게 출가하여 벽계 정심碧溪正心의 법을 이었다. 제자에 부용 영관芙蓉靈觀과 휴옹 일선休翁一禪 등이 있다.

而跋之耳。

智異山老。碧松堂。【嚴師之言句。希有出刊。】

[부록 2]

『한국불교전서』 편찬자 기記

『조원통록』의 「벽송당 발문」에 나오는 주에서 "편집한 것은 『세존행적』·『통록』·『원인론』·「한산시」·「재계문」·「효순문」·「살계문」·「발원문」·「염불작법」·「미타십상찬」·「투사례」·「십육관송」·『결의집』 등 13질이다."라고 하였다. 이 가운데 『세존행적』(고려 운묵雲默 편찬)과 『조원통록』(송나라 공신拱辰 편찬)은 모두 『촬요』의 본문이기 때문에 이 『한국불교전서』에 수록하였다. 하지만 『원인론』(당나라 종밀宗密 편찬)과 『결의집』(원나라 지철智徹 찬술)은 모두 한국 찬술이 아니고 또한 『촬요』의 본문도 아니다. 따라서 편찬자가 수록하지 않았다. 그 나머지 문헌 즉 「한산시」·「재계문」·「효순문」·「살계문」·「발원문」·「염불작법」·「미타십상찬」·「투사례」·「십육관송」 등 9질은 편찬자의 이름이 분명하지 않지만 모두 민영규閔泳珪가 소장한 단간본斷簡本(『고려불적집일高麗佛籍集佚』, 동국대학교출판부 간행)에 있다. 따라서 편찬자가 이를 수집해 『통록』의 부록으로 삼았다.

(編者記)

祖源通錄之碧松堂跋文來註云。「集者世尊行迹 · 通錄 · 原人論 · 寒山詩 · 齋戒文.孝順文 · 殺戒文 · 發願文 · 念佛作法 · 彌陀十相讃 · 投師禮 · 十六觀頌 · 决疑集等十三秩也。」此中。世尊行迹(高麗雲默撰)並祖源通錄(宋拱辰編)。皆是撮要本故。收錄於此全書。然原人論(唐宗密撰)。决疑集(元智徹述)。皆非韓國撰述。亦非撮要本。故編者不錄。餘他文獻則。寒山詩 · 齋戒文 · 孝順文 · 殺戒文 · 發願文 · 念佛作法 · 彌陀十相讃 · 投師禮 · 十六觀頌。等九秩。編纂者名不明。然皆在閔泳珪所藏斷簡本。(高麗佛籍集佚。東國大學校。出版部發行。) 故編者收之爲通錄之附錄。

효순문

孝順文

『법원주림法苑珠林』「충효편忠孝篇」

술의부述意部【서명사西明寺 사문 도세道世가 찬술하였고 100권이다. 이 글은 제49권에 나온다.】

나는 "효성孝誠하고 충경忠敬하면 그 고귀함이 동암董黯의 현명함보다 뛰어나고, 존친尊親을 배반하고 업신여기면 그 죄가 왕기王寄의 반역보다 더하다."[50]고 들었다. 그러므로 목상木像이 살아 계신 어머니는 아니었지만 거기에 공양하자 그 메아리가 천년에 넘쳐흘렀고,[51] 범부가 성승聖僧이 아니었지만 그를 공경하자 그 빛이 만대를 넘어갔다. 마음을 기울여

50 『漢書』에 고사가 나온다. 동암董黯의 자는 효치孝治이고 회계會稽 구장勾章 사람이다. 어려서 아버지가 돌아가시고 홀어머니를 모시고 살았는데 효성을 다했기에 그의 어머니는 풍채가 좋고 항상 화색이 넘쳤다. 그 이웃집에 왕기王寄라는 부자가 살았는데, 그의 어머니는 항상 수척하였다. 어느 날 왕기의 어머니가 동암의 어머니에게 '해가 갈수록 집이 더 가난해지는데 도대체 뭘 먹기에 항상 그리 퉁퉁하고 화색이 넘칩니까?' 하고 묻자 동암의 어머니가 '내 아들은 효순하여 잘못하는 법이 없답니다. 마음에 근심이 없으니, 이렇게 살이 찌고 항상 즐겁답니다.'라고 하였다. 그리고 왕기의 어머니에게 '집도 부자고 맛있는 음식이 넘치는데 왜 그리 수척합니까?' 하고 물었다. 그러자 왕기의 어머니가 '내 아들은 불효자라 항상 못된 짓만 해 나를 이리 걱정하게 하는군요. 그래서 수척한 겁니다.'라고 하였다. 왕기가 이 말을 듣고는 앙심을 품어 동암이 없을 때 동암의 어머니에게 폭행을 가하였다. 사실을 알게 된 동암은 어머니의 장례를 치른 뒤에 왕기의 목을 잘라 어머니 묘에 바치고는 자신을 포박해 관가로 찾아갔다. 하지만 관가에서 사실을 파악하고는 그를 사면했다. 『孝德傳』에 따르면 동암은 나중에 관직이 중랑中郎에 이르렀다고 하였다. 『盂蘭盆經疏孝衡鈔』(X21, 538a).

51 나무로 어머니의 상을 만들고 공양했던 정란丁蘭의 고사를 말한다. 뒤에 소개되어 있다.

받들면 끝없는 복을 얻는 것이 당연한 이치이니, 어찌 교만한 마음을 일으켜 도리어 업신여길 수 있겠는가. 이로써 자신을 바로 세우고 도를 행하여 후세에 이름을 떨치게 되니, 죽을 때까지 효도를 다하는 것은 진실로 나라를 바로 세우는 아름다운 행이다. 따라서 자로子路가 공자孔子를 보고 했던 말이 생각난다.

"유由(자로의 이름)가 양친을 모시던 시절에 항상 명아주와 콩잎을 먹으면서도 양친을 위해서는 100리 밖에서 쌀을 지고 왔습니다. 양친이 돌아가신 뒤에 남쪽으로 초나라에서 노닐고부터는 따르는 수레가 100대에 만종鍾[52]의 곡식을 쌓아 두고서 자리를 포개 앉고 솥을 늘어놓고서 음식을 먹습니다. 하지만 소원은 명아주와 콩잎을 먹으면서 부모님을 위해 쌀을 지는 것인데 다시는 그럴 수가 없군요."[53]

늘 이 말에 감탄하나니, 살아 계시건 돌아가셨건 부모님의 은혜를 어떻게 갚을 수 있으리오. 강과 바다보다 깊은 부모님의 사랑에 효도는 물방울이나 티끌과 같으니, 영원히 사모하며 길게 불러 보지만 그 애통함이 심장과 머리를 꿰뚫는다.

세속에서는 이 몸을 낳아 젖을 먹여 길러 주신 한 생애의 은혜도 오히려 갚기가 어렵다고들 말하는데, 하물며 큰 자비로 널리 적셔 주신 여래의 은혜이겠는가. 똑같이 외아들처럼 여겨 삼도三塗를 없애고 사생四生을 벗어나게 하여 길이 팔고八苦와 이별하고 영원히 삼승三乘의 수레를 타게 하셨도다. 고요히 생각해 보면 그 은혜의 무게가 어찌 범속凡俗과 같겠는가. 속으로 심장이 뭉그러져 불타는 것 같고, 이치에 대한 정이 간절하여 그 아픔이 칼로 찌르는 것보다 심하구나. 오랜 겁을 거치며 우러러 공경하고 길이 맛있는 음식을 올린다 해도 또한 잠깐 동안 베푸신 은혜도 갚

52 종鍾 : 용량의 단위이다. 6곡斛 4두斗, 혹은 8곡, 혹은 10곡을 1종이라 한다.
53 『孔子家語』 권2.

을 수 없으리라. 그러므로 『열반경』에서 말하였다.[54]

부처님께서 평등하신 대자비로
중생을 외아들처럼 염려하시건만
중생들은 그 구제하심을 알지 못하고
여래와 법과 승을 도리어 비방하네

述意部【西明寺沙門道世撰百卷。此文出第四十九卷。】

竊聞孝誠忠敬。高邁董黯之賢。反慢尊親。罪過王寄之逆。是以木非親母。供則響溢千齡。凡非聖僧。敬則光逾萬代。理應傾心頂戴。獲福無邊。何得起慢高心。反生輕侮也。所以立身行道。揚名於後代。終身盡孝。寔建國之美。故念子路見於孔丘曰。由事二親之時。常食藜藿之食。爲親負米百里之外。親沒之後。南游於楚。從車百乘。積粟萬鍾。累茵而坐。列鼎而食。猶願食藜藿之食爲親負米。不可復得。每感斯言。雖存若亡。父母之恩。云何可報。慈深河海。孝若涓塵。永慕長號。痛貫心首。俗稱乳哺生我肉身。一世之恩。尙復難報。況復如來。大悲普洽。等同一子。拔除三塗。得離四生。長辭八苦。永御三乘。靜思恩重。豈同凡俗。內心崩潰。如焚如灼。情切於理。痛甚刀割。歷劫瞻敬。長薦珍羞。亦未能報。須臾之恩。故涅槃經云。佛有一味大慈悲。愍念衆生如一子。衆生不知佛能救。毁謗如來及法僧。

---

54 『大般涅槃經』 권38(T12, 590a).

인증부引證部

『말라왕경末羅王經』에서 말하였다.

"어떤 사람이 세존께 여쭈었다.

'어떤 것을 부모의 힘이라 합니까?'

부처님께서 말씀하셨다.

'부모님으로부터 몸을 받고 젖을 먹여 길러 주신 은혜를 말한다. 혹 땅에서부터 위로 28천天에 이르기까지 보배를 쌓아 그것을 모조리 사람들에게 보시한다 해도 부모님을 공양하는 것만 못하니, 이것이 부모의 힘이니라.'"[55]

또 말씀하셨다.

"어떤 사람이 아버지를 왼쪽 어깨에 얹고 어머니를 오른쪽 어깨에 얹고서 천만 년 동안 의복·음식·평상·침구·병을 치료하는 의사와 약을 공급하고, 부모님이 어깨 위에서 대소변을 보게 한다 해도 그 은혜는 오히려 갚을 수 없느니라. 부모님께서 무거운 은혜를 베풀어 길러 주셨던 시절을 알아 앞으로 보호하면서 시절을 놓치지 말고 공양하고 효순해야 하느니라."[56]

또 『지옥경地獄經』에서 말하였다.

"제자가 그 스승이나 부모의 허물을 말한다면, 설령 그 스승에게 그런 사실이 있다 하더라도 그 제자는 목숨을 마친 뒤에 반드시 지옥에 들어가 그 혓바닥이 뜯어 먹힐 것이다. 만약 좋은 음식과 맛있는 과일 등을 얻었는데 부모님이나 스승에게 드리지도 않고 자기가 먼저 먹었다면 아귀 세계에 떨어질 것이며, 나중에 사람으로 태어나더라도 빈궁할 것이다. 만약

55 『佛說末羅王經』(T14, 791a).

56 『增一阿含經』 권11(T2, 601a).

사람이 독을 품고 스승과 어른을 대했다면 쇠말뚝지옥에 들어갈 것이며, 나중에 독사로 태어날 것이다. 부모나 스승의 말씀을 나쁜 마음으로 받아들였다면 구리를 녹인 물이 가득한 지옥에 들어갈 것이며, 나중에 사람으로 태어나더라도 말을 더듬을 것이다."

또 "몸은 하나에 머리는 네 개이고 온몸이 동시에 태워질 것이며, 그 지옥에서 항상 혓바닥이 뜯어 먹힐 것이다……."[57]라고 하셨다.

부처님께서 "현세의 아버지와 어머니가 바로 석가와 미륵이니, 만약 그분들을 공양할 수 있다면 뭐 하러 따로 공덕을 짓겠는가?"라고 하셨다. 나아가 "살아 계실 때 뜻에 흡족하게 해 드리며 부족함이 없었다면 돌아가신 뒤에 굳이 추모하고 기억할 필요도 없나니, 그대가 만약 이와 같이 마음을 쓴다면 하늘과 땅, 용과 신들이 그대를 도우리라." 하셨다.

전傳에서 말하였다.

"옛날에 삼주三州 사람들 가운데 일찍이 아버지를 여읜 자들이 자식이 하나도 없는 노인을 함께 아버지처럼 여기며 지성으로 받들고 효도하자 천신이 돕는 감응이 나타났고, 오군五郡 사람들 가운데 그 어머니를 잃은 자들이 자식이 하나도 없는 노파를 함께 어머니로 여기며 마음을 다해 끝까지 효도하자 임금께서 상과 관직을 내린 일이 있었다."

아, 다른 사람을 부모로 여겨 그들을 받들어도 그 증험이 이와 같았는데, 어찌 하물며 자기를 낳아 준 부모님이겠는가? 받들어 순응하며 효도하고 봉양한다면 그 복이 훨씬 더하다고 말하겠다. 또 대나무를 끌어안고 울자 눈밭에서 죽순이 솟고,[58] 얼음을 두드리며 울자 물 위로 잉어가 솟구친 일이 있었으니,[59] 역시 효성이 지극했던 것이다.

---

57 『法苑珠林』에서는 이를 『敬師經』의 말씀이라 하였다.

58 삼국시대 오吳의 효자 맹종孟宗이 어느 겨울철에 자기 어머니가 죽순을 먹고 싶어 하자 대밭에 들어가 슬피 탄식하였다. 그러자 갑자기 죽순이 솟았다는 고사가 있다. 『三國志』 권48 「孟浩傳」

또『육도집경六度集經』에서 말하였다.

“옛날에 보살이 학鶴이었을 때 새끼 셋을 낳았는데, 당시 그 나라에 큰 가뭄이 들어 먹일 것이 없었다. 그러자 스스로 겨드랑이 밑의 살을 찢어 새끼들의 생명을 이어 갔다. 새끼 세 마리가 의심하며 말하였다.

‘이 고기의 냄새와 맛은 어머니 몸의 체취와 전혀 다르지 않다. 혹시나 우리 어머니가 자신의 살을 우리에게 먹인 게 아닐까?’

새끼 세 마리는 가슴 아파하면서 어쩌지 못할 슬픈 감정에 휩싸였다. 그래서 ‘차라리 우리가 죽을지언정 어머니의 몸을 상하게 하지는 않으리라.’ 하고는 입을 닫고 음식을 받아먹지 않았다. 어미는 새끼들이 먹지 않는 것을 보자 더욱 먹으라고 권하였다. 이를 지켜본 천신天神이 찬탄하였다.

‘어머니의 자비와 지혜가 비유하기도 어렵고, 그 자식들의 효도는 참으로 드문 일이구나.’

그래서 모든 천신들이 도왔기에 원하면 곧 마음대로 되었다고 한다.

부처님께서 여러 비구들에게 말씀하셨다.

‘비구들아, 그 어미 학이 바로 나이고, 세 마리 새끼는 바로 사리불과 목건련과 아난이니라.’”[60]

또『잡보장경雜寶藏經』에서 말하였다.

“아주 오랜 옛날에 설산雪山에 앵무새 한 마리가 있었는데, 그 부모가 모두 장님이었다. 앵무새는 항상 맛있는 과일이 생기면 먼저 부모에게 드렸다. 당시에 어떤 농부가 처음 곡식을 심을 때 이렇게 서원하였다.

‘지금 심는 이 곡식은 반드시 중생들과 함께 나눠 먹으리라.’

---

59 서진西晉 때 왕상王祥이라는 효자가 있었는데, 그의 계모繼母가 한겨울에 생선을 먹고 싶다고 하였다. 왕상이 꽁꽁 얼어붙은 강가에 나가 옷을 벗고서 얼음을 깨고 들어가 고기를 잡으려고 했는데, 갑자기 얼음이 저절로 깨지면서 잉어 두 마리가 튀어나왔다고 한다.『晉書』 권33.

60『六度集經』 권3(T3, 13).

그 앵무새는 농부가 앞서 보시하려는 마음을 가졌던 것을 알고 항상 그 곡식을 가져다 부모에게 공양하였다. 농부는 밭에 나갔다가 벌레와 새들이 곡식의 이삭을 잘라 먹은 자리가 있는 것을 보고는 성질을 내며 괴로워하더니 곧바로 그물을 설치하였다. 그래서 그 앵무새가 잡혔다.

앵무새가 그 농부에게 말하였다.

'농부님이 앞서 보시하겠다는 좋은 마음을 보이셨기에 감히 찾아와 가져갔던 것인데, 왜 지금은 그물을 쳐서 저를 잡습니까?'

농부가 물었다.

'누구를 위해 이 곡식을 가져갔느냐?'

앵무새가 대답하였다.

'눈먼 부모가 계십니다. 이것으로 그분들을 봉양하길 소원합니다.'

농부가 말하였다.

'지금부터 언제든 이것을 가져가도 좋다. 조금도 의심하거나 어려워하지 말라.'

짐승도 오히려 이렇게 부모에게 효도하고 봉양하는데, 하물며 사람이겠는가.

부처님께서 비구들에게 말씀하셨다.

'옛날의 그 앵무새가 바로 지금의 나이고, 농부는 사리불이며, 눈먼 부모는 바로 지금 나의 부모님이신 정반왕과 마야부인이시다.[61] 옛날에 부모님께 효도하고 봉양한 덕분에 지금 이렇게 부처가 되었느니라.'"【또 바라나국의 태자 수사제須闍提였던 시절, 가이국 장자의 아들 섬睒이었던 시절, 또 바라나국 장자의 자식 자동녀慈童女였던 시절에 부모님께 효도하고 순종했던 일들은 문장이 번다하여 기록하지 않는다.】

게송으로 말하였다.

---

61 『雜寶藏經』 권1(T4, 449a).

조정에 들어가면 임금을 보필하고
뜻을 굳건히 하고 충성을 다하라
집에서 살 때는 부모님을 섬기고
정성을 다해 공경하고 끝까지 효도하라
하물며 부처님의 크나큰 은혜일까
끝없는 중생들을 널리 구제하셨으니
그 은혜와 공덕에 보답하려면
어찌 몸소 정성을 다하지 않을 수 있으랴

引證部

如末羅王經云。人問世尊。何等爲父母力。佛言謂受父母身體。乳哺育養之恩。或從地積珍寶。上至二十八天。悉以施人。不如供養父母。是爲父母力。若復有人。以父著左肩上。以母著右肩上。至千萬歲。衣被飯食。牀榻臥具。病瘦醫藥。即於肩上。放屎尿。猶不能得報恩。當知。父母恩重。施育之時。將護不失時節。供養孝順。又地獄經云。爲人弟子。說師僧父母過者。設師有實。命終必入地獄。噉其舌根。若得好食美菓等。不與父母師僧。先自食噉。墮餓鬼中。後生爲人貧窮。若人含毒。向師長。入鐵杙地獄。後生毒蛇。中若惡心學父母師長語。入融銅地獄。後生爲人謇吃。又云一身四頭。身體俱燋。於彼獄處。常敢[1]舌根。【云云】佛云現世爺娘。便是釋迦彌勒。若能供養得他。何耶別作功德。乃至云在生甘旨無虧。死後不須追憶。君能如是用心。天地龍神佑翼。傳曰昔有三州之人。早失其父者。以一無子老人。共爲父。至誠奉孝。現感天神之祐。五郡之人。喪其母者。以一無子老婆。共爲母。盡心終孝。現蒙國君之賞職。噫。以他人假爲父母而事之。其驗也若此。奚況於己受生父母。承順孝養。其福可勝言哉。又有抱竹而泣。雪裏笋生。敲氷而哭。水上魚踊。亦孝誠之至也。六度集經云。昔者菩薩。身爲鶴鳥。生子有三。時國大旱。無以食之。自裂腋下肉。以濟其命。三子疑曰。斯肉氣味與母身氣。相似無異。得無吾母。以身肉。飼吾等乎。三子愴然。有悲猛之情。又曰寧殞吾命。不損母體也。於是閉口不食。母覩不食。而更索焉。天神歎曰。母慈慧難喩。子孝希有也。諸天祐之。願即從心。佛告諸比丘。鶴母者。吾身是也。三子者。舍利弗目連阿難是也。又雜寶藏經云。昔過去久遠。雪山之中有一鸚鵡。父母都盲。常取好菓。先奉父母。當於尒時。有一田主。初種穀時而作願言。所種之穀。要與衆生。而共噉食。時鸚鵡子。以彼田主。先有施心。常取其穀。以供父母。田主行穀。見有蟲鳥。揃穀穗處。瞋恚懊惱。便設羅網。捕得鸚鵡。尒時語田主言。田主先有好心布施。故敢來取。如何今者。而見網捕。田主問言。取穀爲誰。鸚鵡答言。有肯[2]父母。願以奉之。田主語言。自今以後。常於此取。勿生疑難。畜生尙尒。孝養父母。豈況於人。佛告比丘。昔鸚鵡者。今我身是。時田主者。舍利弗是。盲父母者。今我父母淨飯王摩耶夫人是。由昔孝養。今得成佛。【又波羅奈國須闍提太子時。迦夷國長者爲睒子時。又波羅奈國爲長者子慈童女時。孝順父母之事。文繁不錄。】頌曰。入朝輔王。立志存忠。居家事親。敬誠孝終。況佛大恩。普濟無窮。酬恩報德。豈墮虔躬。

1) ㉰ '敢'은 '噉'인 듯하다. 2) ㉰ '肯'은 '盲'인 듯하다.

감응연感應緣【간략히 열두 가지 증험만 인용하였다.】

아버지를 끝까지 섬겼던 순舜에게 나타난 감응
자식까지 포기하고 어머니를 봉양했던 곽거郭巨에게 나타난 감응
어머니를 목상으로 조각해 공양했던 정란丁蘭에게 나타난 감응
자신을 팔아 아버지 장사를 지냈던 동영董永에게 나타난 감응
어머니께 드릴 물을 긷다가 죽은 강시姜詩에게 나타난 감응
어머니를 안고 슬프게 통곡했던 오나라 함충咸沖에게 나타난 감응
효행의 감응으로 병이 치료되었던 왕허지王虛之
어머니의 늙음이 안타까워 울었던 백유伯兪
아버지의 죄를 대신해 죽은 석사石奢
시어머니를 효성으로 봉양했던 며느리에게 나타난 감응
아버지 시신을 찾기 위해 물에 몸을 던졌던 웅雄에게 나타난 감응
묘소에서 정성을 다했던 왕천석王千石에게 나타난 감응

感應緣【略引一十二驗。】

舜子有事父之感。郭巨有養母之感。
丁蘭有刻木之感。董永有自賣之感。
姜詩有取水之感。吳沖有哀慟之感。
王虛之有疾愈之感。伯兪有泣孃之感。
石奢有代死之感。孝婦有養姑之感。
雄和有投水之感。王千石有墳墓之感。

순舜의 아버지[62]가 시력을 잃었는데, 처음에는 대수롭지 않았다. 나중

62 순舜의 아버지 : 순임금의 아버지 이름은 고수瞽瞍이다. 실제로 맹인이었다는 설도 있

에는 후처의 말에 따라 순에게 우물을 파게 한 일[63]이 있게 되었다. 순의 아버지는 집이 몹시도 가난해 시장에서 살았다. 순의 아버지가 밤에 누워서 잠을 자다가 이런 꿈을 꾸었다. 봉황새 한 마리가 자신을 닭이라고 하면서 입에 쌀을 물고 와서 그에게 먹여 주고는 말하였다.

"이 닭이 자손이 되겠습니다."

그러나 그는 보기에 봉황이었다. 황제黃帝의 꿈풀이 책에서 이것을 "자손 가운데 반드시 귀인貴人이 있을 것이다."라고 풀이하였으니, 순을 점지한 말이었다.

순이 해마다 벼를 사들였는데 곡식 속에 돈이 들어 있었다. 순은 이에 사흘 밤낮을 하늘을 우러러 자신의 잘못이라 고하였다. 이로 인해 항상 시장 사람들에게 이 이야기를 듣게 되었는데, 그 소리가 마치 한 사람이 하는 소리 같았다. 순이 아버지에게 다가가 그 눈을 핥자 아버지의 눈이 갑자기 열려 순을 보게 되었고, 시장 사람들을 감동시켰으니, 대성大聖의 지극한 효도로 정신이 밝아졌던 것이다.

舜父有目失。始時微微。至後妻之言。舜有井穴之。舜父在家貧厄。邑市而居。舜父夜臥。夢見一鳳皇。自名爲鷄。口銜米以哺已言。鷄爲子孫。視之是鳳皇。黃帝夢書言之。此子孫當有貴者。舜占猶也。比年糴稻。穀中有錢。舜也乃三日三夜。仰天自告過。因至是聽。常與市者。聲故一人。舜前[1)]之。目霍然開見舜。感傷市人。大聖至孝道所神明矣。

1) ㉮ '前' 뒤에 어떤 판본에는 '舐'가 있다.

또 곽거郭巨는 하내河內의 온溫 사람이다. 매우 부자였는데 아버지가 돌

고, 사리 판단을 할 줄 모른다는 의미에서 '맹인(瞽瞍)'이라 불렀다는 설도 있다.

63 순에게 우물을~한 일 : 고수와 후처 그리고 후처의 아들인 상象이 모의하여 순에게 우물을 파도록 시키고는 위에서 흙을 덮어 순을 죽이려 했었다.『史記』「五帝本紀」

아가시자 재산 2천만 냥을 두 아우에게 나누어 준 뒤 홀로 어머니를 맡아 공양하였다. 자기가 살던 집 근처에 아무도 살지 않는 흉가가 하나 있었다. 다들 거기서 살라고 추천하였는데 아무 탈도 없었다. 아내가 아들을 낳자 그는 아이를 기르면 어머니 봉양에 방해될까 염려하여 아내에게 아이를 포대기에 싸게 하고는 땅을 파고 묻어 버리려 하였다. 그러다 땅 속에서 황금 가마솥을 얻게 되었는데, 그 황금 가마솥 위에 "효자 곽거에게 내린다."는 쇠로 된 증서가 있었다.

又郭巨。河内溫人。甚富父沒。分財二千萬。爲兩分弟已。獨取母供養。住自比隣有凶宅。無人居者。共推與居無患。妻生男。慮養之則妨供養。乃令妻抱兒已。掘地欲埋之。於土中得一釜黃金。金上有鐵券。曰賜孝子郭巨。

정란丁蘭은 하내河內의 야왕野王 사람이다. 15세에 어머니를 잃자 나무로 어머니의 상을 조각해 살아 계신 것처럼 섬기며 공양하였다. 정란의 아내가 밤에 불로 어머니 얼굴을 태워 어머니 얼굴에 상처가 생겼다. 이틀이 지나자 아내의 머리털이 저절로 빠졌는데 마치 칼로 깎은 것 같았다. 그때서야 그녀는 사과하였다. 정란은 어머니 조각상을 큰길로 옮기고는 아내에게 복종하며 3년 동안 엎드려 절을 하게 하였다. 어느 날 밤에 갑자기 비바람이 몰아치자 어머니 조각상은 스스로 돌아왔다. 이웃 사람이 물건을 빌리러 왔을 때, 어머니의 얼굴이 부드러우면 빌려주고 부드럽지 않으면 빌려주지 않았다.【정집鄭緝의 『효자전孝子傳』에서는 이렇게 말하였다. "정란의 아내가 잘못하여 어머니 얼굴을 태우고는 곧 꿈에 어머니가 아파하는 것을 보았다. 뭔가를 부탁하는 사람이 있으면 아내는 허락할지 말지를 먼저 어머니에게 물어보았다. 그러자 이웃 사람이 '말라 버린 나무토막이 뭘 알겠는가.' 하고는 칼로 나무를 찍어 버렸다. 그러자 어머니 조각상이 피를 흘렸다. 정란이 돌아와 슬피 울면서 상복을 입고 장례를 치렀다. 정위廷尉가 나무 조각상으로 인해 죽었다. 선제宣帝가 정란을 가상히 여겨 태중대부

太中大夫의 벼슬을 주었다.”】

又丁蘭。河內野王人也。年十五喪母刻木作母。事之供養如生。蘭妻夜火灼母面。母面發瘡。經二日。妻頭髮自落。如刀鋸截。然後謝過。蘭移母大道。使妻從服。三年拜伏。一夜忽如風雨。而母自還。隣人所假借。母顏和即與。不和則不與。【鄭絹[1]之孝子傳曰。蘭妻誤燒母面。即夢見母痛。人有求索。許不先白母。隣人曰。枯木何知。遂用刀斫木。母流血。蘭還悲號。造服行喪。廷尉以木感死。宣帝嘉之。拜太中大夫者也。】

1) 역 ‘絹’은 ‘緝’인 듯하다.

또 동영董永이라는 사람은 어려서 어머니를 잃고는 아버지와 함께 살았다. 이에 온 힘을 다해 농사를 지으면서 사슴 수레에 아버지를 태우고 자신은 그 뒤를 따라다녔다. 그러다 아버지가 돌아가시자 자신을 부잣집에 팔아서 그 돈으로 장례를 치렀다. 그는 길에서 한 여인을 만났는데, 그녀가 그를 불러 “당신의 아내가 되고 싶습니다.”라고 하였다. 그래서 그녀와 함께 그 부잣집으로 가자 부자가 말하였다.

“이 여자는 누군가?”

“제 아내입니다. 제가 빚 갚는 걸 돕고자 합니다.”

“네가 베 300필을 짜면 너희를 놓아주리라.”

그녀는 열흘 만에 베를 다 짜고 문을 나서면서 동영에게 말하였다.

“저는 천녀天女입니다. 하느님이 저더러 당신이 빚을 갚도록 도우라 하셨습니다.”

말을 마치고는 홀연히 어디론가 사라졌다.【이상의 네 가지 증험은 유향劉向의 『효자전』에 나온다.】

又董永者。少偏孤。與父居。乃肆力田畝。鹿車載父自隨。父終。自賣於富公。以供喪事。道逢一女。呼與語云。願爲君妻。遂俱至富公。富公曰。女爲誰。答曰永妻。欲助償債。公曰汝織三百匹遣汝。一旬乃畢。女出門。謂永曰。我天女也。天令我助予償人債耳。語畢。忽然不知所在。【右此四驗。出劉向孝子傳。】

강시姜詩의 자字는 사유士游이고, 광한廣漢의 낙雒 사람이다. 그의 어머니가 강물 마시기를 좋아하여 아들이 항상 물을 길어 왔는데, 그러다 그만 빠져 죽었다. 그의 아내는 몹시 애통하였지만 어머니가 알까 걱정되어 멀리 공부하러 떠났다고 속였다. 그러고는 해마다 옷을 지어 강물에 던져 주었다. 얼마 뒤 그 집 곁에서 샘물이 솟아났는데 그 맛이 강물처럼 달콤했으며, 또 잉어도 한 쌍 나왔다.【이 한 가지 증험은 『동관한기東觀漢記』에 나온다.】

姜詩。字士游。廣漢雒人。母好飮江水。兒常取水。溺死。婦痛惜。恐母知。詌云行學。歲歲作衣。投于江中。俄而泉涌出於舍側。味如江水甘美。且出鯉魚一雙。【右此一驗。出東觀漢記。】

오나라 중서랑中書郎 함충咸沖은 효성이 지극했는데, 어머니 왕王씨가 시력을 잃게 되었다. 어느 날 함충이 잠시 밖에 나가면서 여종에게 어머니에게 식사를 올리라고 명하였다. 그러자 여종이 굼벵이를 잡아서 삶아 먹였고, 왕씨는 매우 맛있게 먹으면서 그것이 무엇인지는 몰랐다. 아들이 돌아오자 어머니가 말하였다.

"네가 나간 뒤에 여종이 나에게 음식을 주었는데 너무도 맛있고 달콤하더라. 그런데 생선도 아니고, 고기도 아니었다. 네가 한번 물어보거라."

그러고 나서 여종에게 물어보자 여종이 사실 그게 굼벵이였음을 실토하였다. 함충이 어머니를 안고 통곡하자 어머니의 눈이 갑자기 밝아졌다.【이 한 가지 증험은 『조태지괴祖台志怪』에 나온다.】

吳中書郞咸沖。至孝。母王氏失明。沖蹔行。勑婢爲母作食。乃取蠐螬蟲。蒸食之。王氏甚以爲美。不知是何物。兒還。王氏語曰。汝行後婢進吾一食。甚甘美極。然非魚非肉。汝試問之。旣而問婢。婢伏實是蠐螬。沖抱母慟哭。母目霍然開明。【右此一驗。出祖台志怪。】

왕허지王虛之는 여릉廬陵의 서창西昌 사람이다. 13세에 어머니를 잃고 30세에 아버지를 잃었다. 그러자 20년 동안 소금과 식초를 입에 대지 않았다. 그가 병이 들어 누워 있는데 홀연히 어떤 사람이 찾아와 문병하며 말하였다.

"그대 병은 곧 나을 것이다."

그러고는 조금 있다가 사라졌다. 또 그가 사는 집에서 한밤중에 광명이 빛났고 뜰의 귤나무에 겨울인데도 귤이 세 개나 열렸다. 병이 과연 곧 나았고, 다들 지극한 효성의 감응이라고들 하였다.【이 한 가지 증험은 영궁永躬의 『효자전』에 나온다.】

王虛之。廬陵西昌人。年十三喪母。三十喪父。二十年監酢不入口。病著牀忽有一人來。問病謂之曰。君病尋差。俄而不見。又所住屋。夜有光。庭中橘樹。隆冬三實。病果尋愈。咸以至孝所感。【右此一驗。出永躬之孝子傳。】

한백유韓伯兪가 잘못을 저질러 어머니가 매를 때리자 그가 울었다.

어머니가 물었다.

"그전에는 울지 않더니 오늘은 왜 우느냐?"

그는 대답하였다.

"전에는 제가 매를 맞으면 항상 아팠습니다. 하지만 오늘은 어머니의 기력이 쇠해 아프지를 않습니다. 그래서 눈물이 납니다."

韓伯兪。有過。其母笞之。泣。母曰他日未嘗泣。今何泣也。對曰他日兪得笞常痛。今母力衰。不能使痛。是以泣也。

또 석사石奢는 초나라 사람이다. 그 부모를 효도로 섬겼고, 소왕昭王 때에 영윤令尹이 되었다. 길을 가다가 어떤 살인자를 보았는데 추격해서 잡고 보니 바로 그의 아버지였다. 석사는 아버지를 풀어 주고 돌아와 스스로 감옥에 갇히고는 사람을 시켜 왕에게 아뢰었다.

"아버지를 법대로 처리한다면 불효不孝이고, 법을 무시하고 죄를 방조한다면 불충不忠입니다. 죽음으로 아버지의 죄를 대신하길 청합니다."

결국 스스로 자기 목을 찔렀다.【이상 두 가지 증험은 『설원록說苑錄』에 나온다.】

又石奢。楚人。事親孝。昭王時爲令尹。行道遙見有殺人者。追之乃其父也。奢縱父而還自繫獄。使人言於王曰。夫以父立政不孝。廢法縱罪不忠。請死贖父。遂因自刎。【右此二驗出說苑錄。】

『한서漢書』에 수록된 이야기이다. 동해東海의 어느 효부孝婦가 시어머니를 너무도 지극히 모셨는데, 어느 날 시어머니가 말하였다.

"우리 며느리가 나를 봉양하느라 너무 고생이 많구나. 나는 이미 늙었다. 어찌 남은 세월이 아까워 저 젊은 것을 오랫동안 묶어 두겠는가?"

결국 그는 목을 매어 자살하였다. 그러자 그의 딸이 관가에 고발하였다.

"올케가 저의 어머니를 죽였습니다."

관에서 그녀를 잡아 포박하고는 지독하게 고문하고 혹독하게 다스렸다. 효부는 혹독한 고통을 견디지 못해 범행 사실을 스스로 인정하고 말았다. 당시 옥리獄吏로 있던 우공于公이 말하였다.

"이 사람은 효부입니다. 시어머니를 10여 년이나 봉양하면서 그 효성이 사방에 소문이 난 사람입니다. 절대로 죽이지 않았습니다."

하지만 태수太守는 이 말을 듣지 않았다. 우공이 소송을 제기했지만 승소하지 못하자 그 소송 문건을 끌어안고는 관청 입구에서 통곡하고 떠나갔다. 그 후로 고을에 3년이나 모진 가뭄이 들었다. 다음 태수가 부임하여 재앙의 원인을 찾자 우공이 말하였다.

"효부를 죽여서는 안 되는데 앞서 태수가 그녀를 억울하게 죽였습니다. 재앙의 원인이 여기에 있습니다."

태수는 즉시 직접 효부의 무덤에 제사를 지냈다. 그러자 돌아오기도 전에 큰비가 내렸다.

『장로전長老傳』에서 말하였다.

"효부의 이름은 청青이었다. 청은 죽을 무렵에 수레에 열 길 크기의 대나무 장대를 싣고 다섯 개의 깃발을 달고는 대중 앞에서 맹세하였다.

'청에게 만약 죄가 있다면, 죽였을 때 내 피가 이 장대를 따라 아래로 흘러내릴 것입니다. 하지만 청이 죽으면 피는 분명 거슬러 흐를 것입니다.'

형을 집행하고 나자 푸른빛과 누런빛을 띤 그의 피가 깃발을 따라 대나무 꼭대기까지 거슬러 올라갔다가 다시 깃발을 따라 내려왔다고 한다."

漢書載。東海孝婦。養姑甚謹。姑曰婦養我勤苦。我已老。何惜餘年。久累年少。遂自縊死。其女告官云。婦殺我母。官收繫之。栲掠治毒。孝婦不堪楚毒。自誣伏之。時于公。爲獄吏曰。此婦。養姑十餘年。以孝聞徹。必不殺也。太守不聽。于公爭不得理。抱其獄辭。哭於府□去。自後郡中。枯旱三年。後太守至。思求其所咎。于公曰。孝婦不當死。前太守枉殺之。咎當在此。太守即時。身祭孝婦之墓。未返而大雨焉。長老傳云。孝婦名用青。青將死。車載十丈竹竿。以懸五幡。立誓於衆曰。青若有罪。願殺血當順下。青若在死。血當逆流。旣行刑已。其血青黃。緣幡竹而上極摽。又緣幡而下云尒。

부선符先으로 뽑혔던 니화泥和에게는 웅雄이라는 딸이 있었다. 니화는 영건永建 원년(126)에 현의 공조功曹가 되었는데, 현장縣長인 조사趙祉가 니화를 파견해 파군巴郡 태수를 찾아뵙고 예를 올리게 하였다. 그러나 10월에 성단城湍에서 배를 타고 가다가 물에 빠져 죽었는데, 시체를 찾을 수가 없었다. 웅은 애통하게 울부짖으며 목숨마저 돌보지 않았다. 그는 아우인 현賢과 남편에게 명령하였다.

"아버지 시체를 열심히 찾아보세요. 만약 찾지 못한다면 제가 직접 물에 들어가 찾겠습니다."

그때 웅의 나이는 27세였고, 다섯 살짜리 아들 공貢과 세 살짜리 아들 세貰가 있었다. 그녀는 또 비단 향낭香囊 하나에 금과 진주로 된 반지를 하나씩 넣어 어린 두 아들에게 주었는데, 애끓는 울음소리가 입에서 끊어지지 않았으므로 일가 친족들이 내심 걱정하였다.

12월 15일이 되어도 아버지 시체를 찾지 못하자 웅은 작은 배를 타고 나가 아버지가 빠져 죽은 곳에서 몇 번 곡을 하더니 스스로 물속으로 몸을 던져 소용돌이치는 급류에 휘말려 가라앉았다. 그가 아우의 꿈에 나타나 말하였다.

"21일에 아버지와 함께 나가겠다."

그날이 되자 꿈에서 말한 것처럼 아버지를 붙들고 함께 떠올라 물에서 나왔다. 현장이 이를 보고하자 군의 태수 소등蕭登이 상서尙書께 받들어 올리고, 호조戶曹 연掾을 파견해 웅을 위해서 비를 세우고 또 그 형상을 그려 그 지극한 효성을 알게 하였다.【이상 두 가지 증험은 『수신기搜神記』에 나온다.】

揵爲符先泥和。其女者。名雄。泥和至永建元年。爲縣功曹。縣長趙祉。遣泥和。拜撽謁巴郡太守。以十月。乘船於城湍。墮水死。屍喪不得。雄哀慟號咷。命不圖存。告弟賢及夫命。勤覓父屍。若求不得。吾欲自沉覓之。時雄年二十七。有子男。貢年五歲。貰三歲。又爲作繡香囊。一枚盛金珠環。預嬰二子。哀號之聲。不絕於口。昆族私憂。至十二月十五日。父喪未得。雄乘小般。於父墮處。哭數聲竟。自投水中。旋流沒底。見夢告弟。至二十一日。與父俱出。投期如夢。與父相持。並浮出江。縣長表言。郡太守蕭登。承上尙書。遣戶曹掾。爲雄立碑。圖像其形。令知誌孝。【右二驗。出搜神記。】

당나라 자주 자사慈州刺史인 대원大原 왕천석王千石은 성품이 본래부터 어질고 효성스러웠으며, 침착하고 조심스러워 사람들의 칭찬을 받았으며, 더군다나 내전內典에 정통하여 믿는 마음으로 행을 단련했다. 정관貞觀 6년(632)에 아버지가 돌아가시어 상을 치를 때에는 그 예가 지나쳐 하루 한 끼만 먹고 항상 재계하였기에 몸이 상해 해골이 서 있는 것 같았다. 묘지 왼쪽에 여막廬幕을 짓고 흙을 져다 봉분을 만들었다. 밤마다 항상 불경을 외우면서 새벽까지 자지 않았다. 그러자 항상 경쇠를 치는 소리가 들렸는데 유난히 맑고 청아했으며, 아울러 기이한 향기가 풍겨 몇 리 밖까지 퍼졌다. 이 이야기를 들은 승려와 속인들치고 놀라며 기이하게 여기지 않는 자가 없었다.【이 한 가지 증험은 『명보습유冥報拾遺』에 나온다.】

唐慈州刺史大原王千石。性自仁孝。以沈謹見稱。尤精內典。信心練行。貞觀六年。父憂居喪過禮。一食長齋。柴毀骨立。廬於墓左。負土成墳。夜中常誦佛經。霄分不寢。每聞擊磬之聲。非常淸徹。兼有異香。延及數里。道俗聞者。莫不驚異。【右一驗。出冥報拾遺。】

「불효편不孝篇」

술의부述意部

무릇 충성을 세우고 효도를 세우면 이로써 그 이름을 후대에 드날리고, 반역을 행하고 어긋난 짓을 하면 이로써 미래에 고통스러운 과보를 받는다. 이렇게 효도하면 올라가고 반역하면 내려가니, 선과 악은 호胡와 월越처럼 간격이 아득한 것이다. 따라서 대자대비하신 부처님께서는 아사세왕의 흉악한 반역을 가엾이 여기고 선한 일을 묻던 나운羅雲을 칭찬하셨으니, 장차 불효의 지독한 불길이 꺼질 방도가 없게 되고 악한 반역의 짙은 어둠이 밝아질 기약이 없게 될까 걱정스러웠기 때문이다. 비유하자면 중죄를 지어 감옥에 갇힌 죄수가 온갖 고통을 골고루 받는 것과 같다. 긴 칼을 끌어안고, 큰 형틀에 꿰이고, 무쇠 집게를 두르고, 쇠사슬을 짊어진 채 그 몸을 때리면 짓무른 상처에서 더러운 고름이 줄줄 흐르고, 사방 가득 해골이 즐비하며 악취가 온통 진동을 한다. 이런 상황에 처하게 되면 인자한 아버지가 보고 싶어 아무리 간절하게 정성을 다한다 해도 뵙기가 어렵다.

述意部

夫以立忠立孝。所以揚名於後代。行逆行乖。所以受報於來苦。孝逆昇沉。善惡胡越。故大慈。愍闍王之凶勃。譽羅雲之善徵。將恐不孝毒火。無由而滅。惡逆重闇。開了未期。譬如牢獄重囚。具縈衆苦。抱長枷。穿大械。帶金鉗。負鐵鏁。捶撲其軀。膿瘡穢爛。周徧形骸。臭惡纏匝。而欲以此狀。求見慈父。懇誠難覩也。

감응연感應緣【이와 같이 오역죄[64]를 저지르고 삼보에 나쁜 마음을 품어 현생에서 재앙을 만났던 사례가 수도 없이 많아 여러 책에 모두 수록되어 있는데, 이제 불효하여 현세에 과보를 받았던 증험을 두 가지만 간략히 서술한다.】

주나라 왕언위王彦偉
시어머니를 잘못 모신 수나라 며느리

感應緣【如是五逆及惡。心向三寶。現遭殃咎者无量。並散在諸篇。今略述二不孝現報之驗也。】

周王彦偉。隋婦養姑。

주나라 때 성은 왕王씨에 자字가 언위彦偉인 하남河南 사람이 있었다. 그는 품성이 흉악해 사냥하기를 좋아하였다. 부모는 지극한 사랑으로 외아들을 키우면서 악인들과 어울려 놀지 말라고 항상 타이르고, 또한 사냥도 허락하지 않았으니, 혹 몸과 목숨이 손상되어 후손을 잇지 못하면 어쩌나 염려했기 때문이다. 하지만 언위는 아버지의 타이름도 따르지 않고 항상 사냥하던 버릇을 중지하지 않았으며, 아울러 악인들을 좇아다니며 늘 못된 짓을 저질렀다. 부모는 그가 악행을 중지하지 않는 것을 보고 벌로 매를 50대 때렸고, 그는 몸에 상처가 생겨 밖에 나가지 못하게 되었다. 이 일로 부모를 원망한 그는 부모가 잠든 틈을 노려 몰래 흙 포대로 부모의 입을 틀어막고 그 위에 눌러 앉아 호흡이 통하지 못하게 하였으니, 아

64 오역죄五逆罪 : 무간지옥에 떨어질 다섯 가지 극악한 죄를 말한다. 소승에서는 살부殺父·살모殺母·살아라한殺阿羅漢·파화합승破和合僧·출불신혈出佛身血을 오역죄라 한다. 대승에서는 탑塔·사寺·경經·상像을 파괴하고 삼보의 재물을 약탈하는 것, 삼승법三乘法을 비방하고 성교聖教를 업신여기는 것, 스님들을 욕하고 부리는 것, 소승의 오역죄를 범하는 것, 인과의 도리를 믿지 않고 십불선업을 저지르는 것을 오역죄라 한다.

무런 상처도 남기지 않고 죽게 하여 부모가 죽더라도 자신을 의심하지 않게 하려는 의도였다. 그런데 갑자기 어떤 귀신이 방에 들어와 온 집 안을 뒤흔들어 어른이고 아이고 모조리 깨어나 언위를 침상 앞으로 넘어뜨렸다.

언위는 곧 위를 향해 드러눕게 되었고, 흙 포대는 이미 언위의 배 위에 있었다. 부모가 소생하여 정신을 차리고는 아들 배 위의 흙 포대를 잡아당겼지만 몸에서 떨어지지를 않았다. 언위는 또 귀신이 흙 포대 위에서 누르는 것을 보았고, 너무도 괴로워 거의 죽게 되자 살려 달라고 부르짖었다. 온 집 안의 어른, 아이들과 이웃 사람들까지 힘을 합해 흙 포대를 잡아당겼지만 끝내 옮길 수가 없었다. 언위는 소리도 내지 못한 채 그저 손으로 머리를 조아리며 합장하고 죽었다.

周時有人。姓王。字彦偉。河南人。爲性兇惡。好游獵。父母孤養。憐愛極重。每諫不許。共惡人交游。復祈[1)]不听[2)]射獵。恐損身命。不存係嗣。偉不從父訓。常獵不止。兼逐惡人。常爲僶過。父母旣見不止兇行。罰杖五十。身瘡不得出。以恨父母。伺夜眼之後。密以土袋。壓父母口。加身坐上。望氣不出。意令遣死。無有瘡瘢。將爲卒亡。不猜己身。忽見有鬼。來入堂內。震動家內。大小並覺。翻偉牀前。偉便仰臥。土袋已在偉腹。父母蘇覺。遂挽兒腹上土袋。不能去身。偉復見鬼壓土袋上。極困垂死。唱叫救命。合家大小。及以隣人。併力挽之。必竟不移。偉聲不出。但[3)]得以手叩頭。合掌而卒。

1) ㉯ '祈'는 글자 형태가 '祚'와 비슷하다. 2) ㉯ '听'은 '聽'을 잘못 쓴 글자이다. 아래도 마찬가지다. 3) ㉯ '但'이 저본에는 '伹'로 쓰인 경우가 많다. 이제 저본의 글자를 '但'으로 고친다.

수나라 대업大業 연중에 하남河南 사람인 어떤 며느리가 시어머니를 봉양하며 불효하였다. 시어머니는 두 눈이 멀었고, 며느리는 지렁이로 국을 끓여 시어머니를 먹였다. 시어머니는 그 맛이 이상해 몰래 한 토막을 숨겨 두었다가 그것을 아들에게 보였다. 아들이 그것을 보고는 며느리를 송치하려고 현으로 향했는데, 도착하기도 전에 비와 천둥이 진동하더니 그 며느리가 사라졌다. 그리고 잠시 후 며느리가 공중에서 떨어졌는데, 몸통과 옷은 여전했지만 그 머리가 흰 개의 머리로 바뀌어 있었다. 예전처럼 말을 하기에 그 까닭을 묻자 이렇게 대답하였다.

"시어머니께 불효했기 때문에 천신天神이 벌을 주었습니다."

남편은 그대로 관청으로 송치하였고, 그녀는 때때로 시장에서 걸식하다가 나중에는 어디로 갔는지 모른다.【이 한 가지 증험은『명보기冥報記』에 나온다.】

隋大業中。河南人婦女。養姑不孝。姑兩目盲。婦以蚯蚓爲羹。以食之。姑怪其味。竊藏一臠。留以示兒。兒還見之。欲送婦向縣。未及而雨雷震。失其婦。俄而婦從空落。身衣如故。而易其頭。爲白狗頭。言語不異。問其故。答云以不孝姑。爲天神所罰。夫以送官。時乞食於市。後不知所在。【右一驗。出冥報記。】

살생을 경계하는 글

옛말에 효가 백행百行의 첫째이고 인이 오상五常[65]의 으뜸이라 하였다. 무릇 인과 효란 선으로 나아가는 근본이니, 삼황三皇과 오제五帝의 도가 이를 넘어서지 않고 공자와 맹자가 성인과 현인이란 이름을 얻은 것 역시 이 때문일 뿐이다. 외교에서 오상이라 칭하는 것을 내교에서는 오계라 하니, 명칭은 다르지만 뜻은 동일하다. 따라서 인왕人王과 법왕法王의 도가 모두 인의仁義를 넘지 않음을 알 수 있다. 이런 까닭에 초목에게까지 교화가 미치고 곤충에게까지 은택이 미쳤다. 탕湯은 그물에서 세 면을 제거했고[66] 공자는 낚시를 하고 그물을 쓰지 않았으니, 모두 살생을 금지하려던 점차였다. 조간자趙簡子[67]는 떼로 잡는 것을 용납하지 않았기 때문에 그물을 치지 않았고, 양고기 등을 먹지 않고 물고기를 바치는 자를 선하게 여기지 않았으니, 모두 살생을 경계한 것이었다.

운봉 화상雲峯和尙께서는 말씀하셨다.

"부모에게 효도하고 순종하려 한다면 천생千生의 부모를 추억해 차마 중생들의 고기를 먹을 수가 없다. 만약 화신으로 찾아온 보살이 아니라면 그들은 곧 전생의 부모이거나 친척이다. 무엇 때문인가? 『능엄경』에서 말하였다.

'사람이 양을 먹으면 양은 죽어 사람이 되고 사람은 죽어 양이 되어 다

---

65 오상五常 : 인륜의 상도인 인仁·의義·예禮·지智·신信을 말한다.

66 탕湯은 그물에서~면을 제거했고 : 관대하고 후덕함을 비유할 때 쓰는 말이다. 상商의 탕왕湯王이 밖에 나갔다가 어떤 사람이 그물을 사면四面으로 쳐 놓고서 천지 사방의 금수들이 모두 자기 그물로 들어오라고 축원하는 것을 보고는, 그 그물의 세 면을 터 버리고 "왼쪽으로 갈 놈은 왼쪽으로 가고, 오른쪽으로 갈 놈은 오른쪽으로 가고, 내 명을 따르지 않는 놈만 이 그물로 들어오라."고 축원하였다는 고사가 전한다. 『呂氏春秋』 권10 「異用」.

67 조간자趙簡子 : 춘추시대 진晉의 권신權臣 조앙趙鞅을 지칭한다. 간簡은 시호이다.

른 중생들을 잡아먹는다. 또한 이와 같이 죽었다가 다시 태어나고 죽었다가 다시 태어나면서 서로서로를 잡아먹고, 미래가 다하도록 악업으로 함께 태어난다. 나아가 네가 나의 생명을 빼앗았으니 내가 다시 너에게 빚을 갚고, 네가 나의 마음을 사랑했으니 내가 너의 몸을 어여삐 여기면서 이런 인연으로 백천 겁이 경과하도록 항상 결박에 얽혀 지내게 되는 것이다.'[68]"

誡殺生文

古云孝爲百行之初。仁乃五常之首。夫仁孝者。乃詣善之本。三皇五帝之道不踰於此。孔孟之得聖賢名。亦由此而已矣。外敎稱五常。內敎名五戒。名異義同。故知人王法王之道。俱不越仁義也。所以化被草木。澤及昆虫。湯網去三面。孔子釣而不網。皆止殺之漸。趙簡子不受鳩故。網羅不施。羊續不食。魚而獻者不至善。皆戒殺也。雲峯和尙云。要爲孝順父母者。追憶千生之父母。不忍食衆生之肉。若非菩薩化身來。便是前生親眷屬。何以故。楞嚴云。以人食羊。羊死爲人。人死爲羊。食餘衆生。亦復如是。死死生生。互來相噉。惡業俱生。窮未來際。乃至汝負我命。我還汝債。汝愛我心。我憐汝色。以是因緣。經百千劫。常在纏縛。

68 『首楞嚴經』 권4(T19, 120b).

포대 화상 계살송布袋和尚誡殺頌

세상 사는 사람들 너무도 어리석어	人生在世大無知
날마다 아침마다 흡사 바보 같으니	日日朝朝恰似癡
중생들 신체의 살을 저미고 잘라	臠割衆生身體肉
제 얼굴에 기름기만 더하려 하네	自家面上要添肥
세 치의 목구멍은 원래 바닥이 없으니	喉嚨三寸元無底
어느 해 어느 날에나 가득 찰 때 있을까	何年何日有滿時
아침나절 한 끼 먹었으면 흡족하다 생각해야지	朝湌一頓連心飽
먹고 나선 우물쭈물하다가 또 배고프다 하네	喫了逡巡又却飢
칼에 몸이 잘리는 그들의 고통은 말하지 않고	不道割他身上痛
이 고기 기름기가 적다고 불평만 늘어놓으니	更嫌這肉少肥脂
너희에게 황금 천만 냥을 준다고 한들	與汝黃金千萬兩
누가 기꺼이 칼로 자신을 찌를 수 있을까	誰肯將刀自割之
지옥의 혹독한 고통을 사람들 믿지 않지만	地獄苦辛人不信
그대 목숨이 다하는 날에 비로소 알게 되리니	待君命盡始方知
날아다니는 새와 잡다한 짐승뿐만 아니라	不但飛禽并雜類
모든 존재가 바로 나의 부모이자 아들	他家摠是父娘兒
세상 사람들이여 부디 이 게송을 보고	奉勸世人觀此頌
자비로 살생하지 마소, 그게 가장 좋다네	慈悲不殺最便宜

자수 심[69] 화상 게송 慈受深和尙云

은혜를 입었으면 생각 생각 갚아라	有恩念念報
그렇게 갚으면 천도에 합하리라	報則合天道
원한을 맺었으면 생각 생각 풀어라	有寃念念解
그렇게 풀어 버리면 번뇌가 사라지리라	解則無煩惱
이 한 몸은 뜬구름과 같고	一身類浮雲
한평생은 새의 여정과 같지만	百年同過鳥
만약 원한으로 원한을 갚는다면	若以寃報寃
만겁토록 끝날 기약이 없느니라	萬劫无由了
세상에 살생이 많아지면	世上多殺生
결국 도병겁[70]이 있게 되리니	遂有刀兵劫
목숨을 빚졌으면 그대 몸을 죽이고	負命殺汝身
재물을 빚졌으면 그대 집을 태우리라	欠財焚汝宅
그대의 처자식이 흩어지는 것은	離散汝妻子
다른 이의 둥지와 굴을 파괴했기 때문	曾破他巢穴
인과응보는 그림자나 메아리 같나니	影響各相似
귀를 씻고 부처님 말씀을 들어 보게나	洗耳听佛說
부처님께서는 진실한 말씀으로	佛以眞實口
설법하셨기에 한 점 오류도 없나니	說法无處謬
인간과 하늘이 항상 수지 독송하면	人天常誦持

---

69 자수 심慈受深(1077~1132) : 송나라 운문종 스님으로 법명은 회심懷深이다. 14세에 출가하여 장로 숭신長蘆崇信에게 참학하고 그의 법을 이었다. 선화宣和 3년(1121) 5월 23일 대상국사大相國寺에서 개당하였다. 저술로 『慈受深和尙廣錄』 4권이 있다.

70 도병겁刀兵劫 : 주겁住劫 20증감겁의 감겁減劫마다 나타나는 소삼재小三災의 하나이다. 사람의 수명이 점점 줄어들어 10세가 될 때 참혹한 전쟁이 일어나 인류가 몰살하는 도병겁이 있게 된다.

용과 신들이 알고 보호하고 돕느니라	龍神知護祐
음식을 베풀고 생명을 살려 주면	施食放生命
결정코 보답으로 장수할 것이며	決定報長壽
비구와 비구니에게 술을 권하면	過酒與僧尼
후세에 반드시 손이 없으리라	後世必无手
재가자들은 견문이 성숙했더라도	在家見聞熟
고기 먹는 걸 합당하다 여기니	意謂合食肉
개미 한 마리도 차마 죽여서는 안 되는데	一蟻不忍殺
어찌 하물며 육축을 삶아 죽이는가	何況烹六畜
부디 그대여, 푸른 눈동자를 뜨고	願君靑眼開
저 누런 책들을 한번 읽어 보시게	試將黃卷讀
반드시 지견의 향기를 맡아	要聞知見香
기름 낀 그대 배 속에 스미게 하라	熏汝腥羶腹
인간세계 관가의 법에는	人間官法中
축생을 죽여도 죄가 없기에	畜生殺无罪
아침에는 삶고 저녁에는 자르면서	朝烹與暮割
좋구나 하고 뉘우칠 줄 모른다	恬然不知悔
세상 법으로야 처벌받지 않지만	世法雖不理
원한의 빚이 어느 때에나 끝날까	寃債何時已
보지 못했는가, 저 수안공이	不見遂安公
다섯 마리 개에게 핍박당해 죽었던 것을[71]	五犬逼而死
선과 악이 그대 마음에서 생기니	善惡生汝心

71 저 수안공이~죽었던 것을 : 교주交州 도독都督이었던 수안공遂安公 이수李壽는 사냥을 좋아하여 매를 길렀는데, 개를 잡아서 매들의 먹이로 주고는 하였다. 이 공이 병이 들자 다섯 마리 개가 찾아와 목숨을 달라고 협박했다 한다. 『法苑珠林』 권64(T53, 773a).

그대 마음을 얼른 삼가야만 하네 汝心宜早戢
거위가 삶기면서 사람들에게 말하였고 鵝烹語告人
개가 죽어서도 혼백은 여전히 울었지 狗死魂猶泣
꾸짖고 타이르는 말 너무도 분명하건만 警誡甚分明
어리석은 귀에는 끝내 들어가지 않으니 愚耳終不入
고통의 열매가 하루아침에 익어 苦菓一朝熟
그대의 후회가 소용없을까 걱정이네 恐君悔不及
누런 개들 사람만 보면 반겨 黃犬見人喜
부르기도 전에 먼저 꼬리를 흔들고 未喚先掉尾
긴 세월 그대의 집을 보호하면서 長年護汝家
깊은 밤에도 감히 잠을 자지 않았네 深夜不敢睡
하나 죄도 없이 갑자기 삶아 버리니 无罪忽見烹
이게 과연 도리에 맞는 짓일까 此理恐未是
개들의 공을 세밀히 추론해 보면 細推犬有功
의리 없는 인간들 짓에 탄식하리라 却歎人无義
살기를 좋아하고 죽기를 싫어하는 마음 好生惡死心
사람이나 짐승이나 차이가 없나니 人畜无差別
칼과 몽둥이가 눈앞에 보이기만 해도 刀砧纔現前
근심과 고통이 설명할 수 없을 정도이지 愁苦不容說
메추라기의 시가 자못 애절하고 鶉詩頗哀鳴
소가 올리는 절이 너무도 참혹하건만 牛拜彌慘切
아 어쩌나 사람들 깨닫지를 못하고 嗟吁人不悟
다들 죽음의 구렁텅이로 걸어가네 一至身殞滅
하증은 만전어치를 먹어 치우고[72] 何曾食萬錢

72 하증은 만전어치를 먹어 치우고 : 진晉의 하증何曾은 왕보다도 사치스러운 생활을 하

안자는 표주박 하나로 물을 마셨으며[73]	顏子飮一瓢
현자의 마음은 늘 도를 생각하고	賢者心念道
어리석은 자의 뜻은 푸줏간에 있지	愚人志在庖
현자와 어리석은 자는 가는 곳이 다르니	賢愚趣不同
어찌 구름과 진흙의 아득함 정도일까	何啻雲泥遙
가축을 기르는 것도 복이 되지 못하니	豢養恐非福
대낮에 보듯 분명하게 믿어야 옳으리라	可信如昭昭
세간의 어떤 부류 사람들은	世間一等人
여러 귀신들을 아첨하며 섬기면서	諂事諸神鬼
생명을 죽임으로써 복을 부르려 하지만	殺命欲邀福
저 거룩한 하늘에 그런 도리는 없다네	皇天无此理
대추나무를 심으면 벼가 나지 않고	種棘不生禾
몸이 구부정하면 그림자가 곧기 어렵지	身曲影難直
공자께서도 경계하신 말씀이 있으니	孔子有箴誡
금석처럼 굳게 믿어야 옳으리라	可信如金石
사람이 한평생 복으로 여겼던 것이	人生平爲福
그 뒤에는 도리어 해가 되나니	有餘返爲害
장주가 홀로 이 이치에 밝아	莊周獨理明
탐욕스러운 자들을 꾸짖을 수 있었지	可作貪者戒
부자들은 고기 먹기를 좋아하고	富漢喜食肉

면서 끼니마다 만전萬錢의 값이 나가는 음식상을 받곤 했는데도 먹을 것이 없다면서 젓가락을 대지 않았다는 고사가 전한다. 『晉書』 권33 「何曾列傳」.

73 안자는 표주박~물을 마셨으며 : 안자顏子는 공자의 제자 안연顏淵을 말한다. 공자가 "어질구나, 회여. 한 그릇의 밥과 한 표주박의 물로 누항陋巷에 사는 것을 다른 사람들은 견뎌 내지 못하는데, 회는 그 즐거움을 바꾸지 않는구나. 어질구나, 회여."라며 칭찬하였다. 『論語』 「雍也」.

가난한 자는 다들 채소를 먹지만	貧家多喫菜
채식과 육식을 비교해 보면	喫菜比食肉
도리어 죽은 뒤에 빚은 없다네	且無身後債
장수를 기원하는 생일날이 되면	祝壽作生日
친지와 벗들이 서로 축하하면서	親朋互相慶
한 가닥 향도 사르기 전에	未燒一爐香
온갖 생명부터 죽이고 보네	且殺百箇命
노비와 일꾼까지 흥청망청 먹고 마시면서	奴僕各醉飽
어지러운 춤과 노래를 구경하고 들으니	歌舞亂觀听
이와 같이 하고도 장수하길 바라는	如此望長年
그대를 위해 모든 성인께 참회하노라	爲汝懺諸聖

한산시寒山詩

고기 먹는 자들에게 한마디 해야겠네	寄語食肉輩
고기 먹을 때 잠시의 주저함도 없구나	食時无逗留
금생은 과거에 심은 것	今生過去種
미래는 오늘 닦는 것	未來今日修
그저 오늘의 즐거움만 취하고	祇取今日美
내생의 우환은 걱정하지 않으니	不慮來生憂
늙은 쥐가 밥통에 들어간 것처럼	老鼠入飰瓮
배는 부르지만 나오기 어렵겠군	雖飽難出頭
전생에도 그리 어리석더니	生前大愚痴
오늘 깨달으려 하지도 않네	不爲今日悟
오늘 이렇게 가난한 것은	今日如許貧
모두 이것이 전생의 결과	總是前生做
오늘 또다시 닦지 않는다면	今日又不修
내생에도 역시나 옛날 그대로	來生還如古
양쪽 언덕 어디에도 배가 없으니	兩岸各無船
아득한 물결 건네주기 어렵구나	渺渺難濟渡
내 입은 항상 채소를 먹는데	我口常喫菜
네 배는 항상 고기로 채우니	你腹常飽肉
내 보기에 너는 항아리처럼 비대하고	看你肥如瓠
너는 나를 대처럼 수척하다 비웃겠지	笑我瘦如竹
나는 수척하지만 원수진 일은 없는데	我瘦且無寃
너는 비대하지만 복되지 않을까 걱정이네	汝肥恐非福
이런 말 비록 귀에 거슬리겠지만	斯言雖逆耳
부탁이니 그대여, 찬찬히 읽어 보게나	請君徐徐讀

『원각초圓覺抄』에서 "천 개의 불탑을 세우는 것이 한 목숨을 살리는 것만 못하다."[74]고 하였다. 무엇 때문인가? 말하자면 소·양·돼지·개·거위·오리도 몽둥이와 칼날 아래에서는 슬피 울면서 살기를 바라고, 물고기·자라·새우·게·조개도 끓는 물과 불길 속에서는 몸을 뒤트니 그 고통을 어찌 말로 할 수 있겠는가. 먹는 사람이야 맛있다고 말하지만 죽는 자는 너무도 고통스럽다. 끓는 물과 불길과 칼과 톱에 살점이 떨어져 나가고 피가 줄줄 흐르니 그 고통이 이보다 심할 수는 없다. 사람이 나무나 돌이 아닌데 어찌 마음이 흔들리지 않을 수 있겠는가. 나아가 저 뱀도 구슬을 물어 오고 황새가 팔찌로 변해 은혜에 보답하였으며, 지렁이도 몸을 구부려 새끼를 보호하니, 어떻게든 살고 싶어 하고 죽기를 싫어하며 혹독한 고통을 두려워하고 혈육과 자손을 사랑하는 마음은 사람과 전혀 차이가 없다. 무릇 살생하려는 자는 먼저 자신부터 관찰해야 하리라. 자신을 이미 죽일 수 없다면, 만물의 생명이라고 어찌 다르겠는가. 고인께서 말씀하셨다.

비늘·껍데기·날개·털 달린 모든 중생들
본성은 그대와 원래 다름이 없나니
다만 전생에 지은 업이 달라서
결국 금생에 머리와 뿔로 달라진 것
칼을 갈고 불을 피워 삶으려 할 때
입으로 말할 수 없어 눈길로 호소하네
죽이지 않는 것을 대방생이라 하나니
곧장 성불에 이르고 원수가 없어지리라

74 宗密, 『圓覺經略疏鈔』 권1(X9, 822b).

圓覺抄云。造千箇佛圖。不如活一生命。何故。謂牛羊猪犬鵝鴨。哀鳴於梃刃之下。尙欲求生。魚鱉蝦蟹蚌蛤。宛轉於湯火之中。痛何可言。食者云美。殺者極苦。湯火刀鋸。血肉淋漓。於其苦痛。莫甚於斯。人非木石。寧不動心。至如虵含珠。雀化環。以報恩。蟮曲身而護子。貪生惡死。怖畏痛楚。愛戀血屬之心。與人無別也。凡欲殺生者。先作自身觀。身旣不可殺。物命無兩般。古云。

鱗甲羽毛諸等類。本性與你元無二。只爲前生作用殊。遂使今身頭角異。磨刀灼火欲烹時。口不能言眼還覷。不殺名爲大放生。直至成佛無寃對。

『이록기異錄記』에서 말하였다.

"당의 전 진사進士 최도기崔道紀는 사람 됨됨이가 광폭하고 졸렬하며 노장老莊을 이야기하길 좋아하였다. 급제한 후에 장강과 회수 사이를 노닐다가 술에 진탕 취해 객관에 누웠는데, 물을 긷다가 두레박을 따라서 물고기 한 마리가 올라오게 되었다. 시종이 이를 이상하게 여겨 보고하자 도기가 기뻐하면서 말하였다.

'생선이 숙취를 해소하니 얼른 삶아라.'

먹고 나서 한참 지나자 누런 옷을 입은 어떤 사자가 하늘에서 내려와 뜰 한가운데 서서 '도기, 도기.' 하고 연달아 불렀다. 사자는 그를 체포하고는 하늘의 명임을 선포하고 나서 말하였다.

'하급 선비에 보잘것없는 백성인 최도기가 감히 용의 아들을 죽였다. 관직이 재상에 이르러야 합당하고, 수명이 70세에 이르러야 합당하나 오늘 이 모든 것을 철회한다.'

말을 마치고는 하늘로 올라갔다. 그날 밤에 도기는 갑자기 죽었다.【당시 나이 35세였다.】"

게송으로 말하겠다.

어쩌나, 최도기
술김에 용 새끼를 잡아먹었네
하늘의 법망은 실로 물샐 틈도 없어라
손가락 튕길 사이에 메아리처럼 돌아왔지
검푸른 머리카락 젊은 나이에
곧바로 황천의 귀신이 되었으니
가엾구나, 그대 공자의 가르침 배우고도
자산의 뜻[75]은 품은 적이 없었구려

異錄記云。唐前進士崔道紀。爲人狂卒。喜談莊老。及弟[1)]後。遊江淮間。遇酒醉甚。臥于客館中。汲水有一魚。隨桶而上。僕者異之以告。道紀乃喜曰。魚美能醒酒。可速烹之。旣食良久。有黃衣使者。自天而下。立於庭中。連呼道紀道紀。使者執捉宣勅罷曰。催道紀下士小民。敢殺龍子。官合至宰相。壽合至七十。今日並除。言訖昇天而去。夜道紀暴卒。【時年三十五】頌曰。嗟乎崔道紀。酒狂啖龍子。天網信不漏。響應若彈指。旣失黑頭相。便作黃泉鬼。怜君學仲尼。曾無子產志。

1) ㉮ '弟'는 '第'인 듯하다.

『변정록辨正錄』에서 말하였다.

"어떤 사람이 양을 좇아 절로 달려오자, 비구가 가리켜 주고는 양을 죽여서 구워 먹었다. 비구는 그 양을 먹고 나서 피부 아래가 온통 뜸을 뜬 것처럼 아파 달려가다가 배가 찔려 죽었다."

『경률이상론經律異相論』에서 말하였다.

75 자산의 뜻 : 자산子產은 춘추시대 정鄭나라의 명재상 공손교公孫僑를 말한다. 누가 자산에게 살아 있는 물고기를 선물하자 자산은 그 물고기를 연못지기에게 주면서 못에 풀어 주라 하였다.

"어떤 나무꾼이 산에 들어갔다가 폭설과 극도의 추위를 만났는데 어떤 곰이 사람의 마음을 알기라도 하듯 그를 인도해 굴로 들어갔다. 눈이 그쳐 나무꾼이 산을 내려오다가 사냥꾼을 만났다. 나무꾼이 사냥꾼에게 곰이 있는 굴을 손짓하는 순간 즉시 팔이 떨어져 버렸다."

게송으로 말하겠다.

인과는 메아리나 그림자와 같아
털끝만큼도 오차가 없나니
양을 구워 먹은 승려는 배가 찔려 죽고
곰을 가리킨 나무꾼은 팔이 떨어졌지
얼굴은 짐승이라도 어진 마음 품었건만
사람의 얼굴로 악독한 마음 품었으니
하늘과 땅이 끝내 용서하지 않아
선 자리에 몸이 사그라져 버렸네

辨正錄云。有人逐羊奔寺。比丘遂指示之。乃殺以炙啖。比丘食已。炙遍於皮下。走穿腹而卒。經律異相論云。有樵夫入山。值大雪極寒。有熊似知人意。遂引入窟。至雪霽樵夫下山。見獵人。乃指其窟。即時臂落。偈曰。
因果如影響。毫髮無差錯。啖炙僧腸穿。指熊樵臂落。獸面心有仁。人面心有惡。天地終不容。立見身消爍。

자손이 번성하기를 원한다면 방생하라

유중관兪仲寬의『계살생문戒殺生文』에서 말하였다.

"주나라 예학사預學士가 장어를 삶다가 몸을 위로 구부리고서 머리와 꼬리로 탕 속에서 버티는 놈을 보고는 꺼내서 배를 갈라 보니 새끼들이 있었다."

이에 자식을 사랑하는 정은 사람과 다름이 없다는 것을 알아 사람들이 죽이려는 것을 내가 구해 줄 수 있다면 그 덕을 어찌 작다 하리오. 따라서 후학들에게 부디 권하니, 만약 내 자손이 흥성하기를 바란다면 살생하는 사람을 볼 때마다 반드시 놓아주도록 청하라. 세상 사람들을 살펴보면, 부귀와 영화를 누리면서 모든 인연이 뜻대로 되고 만사가 남보다 낫지만 유독 자손이 없어 온갖 방법을 다 동원해도 끝내 얻을 수 없는 경우가 있다. 또 혹 자손이 있더라도 병이 많고 명이 짧으며 생기는 권속마다 모두 원수들이 모이는 꼴이라 세세생생 뜻대로 되지 않으며, 병이 들어 하늘로 갈 때는 한을 품고 죽는 자들이 있으니, 가련하고 우습구나. 후사의 흥성과 쇠망을 알지 못해 이런 응보가 있게 되었음이 너무도 분명하다. 공자께서 "천지의 큰 덕을 생生이라 한다."[76] 하였으니, 내가 천지의 큰 덕을 확대하여 만물까지 미치게 한다면 천지가 이를 이유로 나에게 보답하는 것이 또 얼마나 많겠는가.

한양보漢揚寶가 노란 공작 한 마리가 땅에 떨어져 땅강아지와 개미들에게 곤욕을 치르는 것을 보고는 집어다 상자에 담고 노란 꽃을 먹였다. 그렇게 100여 일이 지나자 깃털이 자라 날아가 버렸다. 그날 밤에 노란 옷을 입은 동자가 한양보에게 절을 올리면서 말하였다.

"저는 왕모王母의 사자입니다. 그대의 어질고 사랑스러운 보살핌은 너

---

76 『周易』「繫辭傳」.

무도 진실하였습니다. 살려 주신 은혜에 감사드리며 백옥 팔찌 네 개를 받들어 올립니다. 그대의 자손들은 이 팔찌처럼 지조와 행실이 맑고 깨끗해 삼공三公의 지위에 오를 것입니다. 그 뒤로 한양보는 진震을 낳고, 진은 병秉을 낳고, 병은 사賜를 낳고, 사는 표彪를 낳았는데, 4대가 모두 관직이 대위大尉에 이르러 덕업을 서로 계승하였다. 노란 공작 한 마리를 살려 주고도 그 보답으로 자손이 이렇게 되었는데, 하물며 많은 생명을 살려 주는 것이겠는가.

求嗣放生

俞仲寬戒殺生文云。周預學士。煮鱔。見有鞠身向上。而以首尾就湯者。出剖之腹中有子。乃知愛子之情。與人無別。而人將殺之。吾能救焉。其爲德豈小哉。故奉勸後進。若欲吾之子孫興盛。常見殺生人。須請放之。嘗見世人。富貴顯榮。諸緣稱意。萬事過人。而獨无子。百計經求。終莫能得。又或有子孫。多病短命。所得眷屬。皆是寃會。世世生生。受不如意。至有致疾而夭者。抱恨喪身。可怜可笑。曾不知嗣續盛衰。自有報應昭然。孔子曰。天地之大德曰生。吾能推廣天地之大德。以及物。則天地之所以報我者。宜如何哉。漢揚寶見一黃雀墮地。爲螻蟻所困。撮置箱中。食以黃花百餘日。羽毛成飛去。其夜有黃衣童。向寶拜曰。我王母使者。君仁愛見極實。感惠濟白環四枚奉謝。令君子孫操行潔白。位登三公。當如此環。後寶生震。震生秉。秉生賜。賜生彪。四世皆官至大尉。德業相繼。夫放一黃雀。而報及子孫如此。況多者乎。

질병이 치유되기를 원한다면 방생하라

학사 유역劉易이 왕옥산王屋山에서 살 때 목격한 일이다. 큰 벌 한 마리가 거미줄에 걸리자 거미가 그것을 잡다가 벌에 쏘여 땅에 떨어졌는데, 잠깐 사이에 배가 부풀어 터지려고 하였다. 거미는 천천히 풀밭으로 들어가 토란 줄기를 물어뜯더니 미미하게 갈라지자 상처를 물어뜯은 그 자리에 문질렀다. 그러고 한참 지나자 배가 점점 가라앉았고 예전처럼 걸음이 가벼워졌다. 만물이 살고 싶어서 스스로 그 상처를 치료하는 것이 이와 같으니, 사람들이 죽이려는 것을 내가 구해 줄 수 있다면 그 덕을 어찌 작다 하리오. 따라서 후학들에게 부디 권하니, 만약 질병이 낫기를 바란다면 항상 방생에다 뜻을 두어라. 세상 사람들을 살펴보면, 약간만 아파도 신음이 터져 나오고 미치도록 아파하며 스스로 감당할 수 없어 의사를 찾아가 방도를 물으면서 날마다 건강하고 편안해지기를 바라며, 급기야 생명을 죽여 특별한 음식을 만들어 병든 몸을 보양하면서 그 생명체가 죽임을 당할 때의 고통이 어떤지는 조금도 생각지 않는다. 자기는 병이 들면 편안해지기를 바라고 다른 생명은 죽건 말건 불쌍히 여기지 않으니, 어진 자라면 진실로 이렇게 하겠는가. 만약 생명을 죽여 병구완에 쓰는 돈을 조금만 떼어 생명을 살려 주는 용도로 쓸 수 있다면 자연히 모든 성현들께서 옹호해 병이 줄어들고 고뇌가 줄어들 것이다. 전傳에서 "죽은 자는 다시 살릴 수 없다." 하였다. 내가 죽으면 다시 살아날 수 없듯이 만물도 죽으면 다시 살아날 수 없다는 것을 알아 평등한 마음으로 사랑하고 보호한다면 그 복된 과보가 또 얼마나 많겠는가.

두비감杜祕監의 처 풍馮씨가 자라 여덟 마리로 음식을 만들려고 했는데, 여종이 차마 그럴 수 없어 못에다 풀어 주었다. 그러자 분노한 풍씨가 수백 대를 때렸다. 기절해 거의 죽어 가던 여종이 동산에 드러누워 있다가 한밤중에 다시 정신을 차리고 보니, 자라 떼가 못에서 진흙을 지고 나와 상처에 발라 주고 있었다. 그러자 쓰라린 통증이 단박에 가셨다. 이른 아침에 이 사실을 고하자 풍씨가 믿지 못해 그녀가 누워 있던 자리를 살펴보았는데, 사방에 자라 발자국이 수두룩하였다. 그래서 자라를 먹는 것을 금하게 되었다. 자라 여덟 마리를 풀어 주고도 그 보응이 이와 같았는데, 하물며 많은 생명을 살려 주는 것이겠는가. 게송으로 말하겠다.

전생에 고기를 많이 먹은 탓에
금생에 과보로 병들어 고생하니
온몸 가득히 침과 뜸을 놓고
아침부터 저녁까지 신음하는구나
의사가 기술이 아무리 좋다 한들
숙세의 업을 어찌 없앨 수 있으랴
부디 그대여, 빌고 참회하라
간절한 마음으로 부처님 말씀 들어라
아미타불이 바로 대의왕이시라
병들어도 걱정 없는데 따로 방도를 찾네
그저 일심으로 오로지 염불할 수만 있다면
육근과 사대가 저절로 맑고 상쾌해지리라

疾病放生

士劉易。居王屋山。見一大蜂。罣子蛛網搏之。爲蜂所螫墜地。俄頃腹脹欲裂。徐行入草。齧芋梗微破。以瘡就齧處磨之。良久腹漸消。輕躁如故。物之愛生。自治其疾如此。而人將殺之。吾能救焉。其爲德豈少哉。故奉勸後進。若欲疾病痊除。常當留意放生。嘗見世人。小有疾恙。呻吟痛切。已不能堪。求醫問卜。日望康安。及殺生命。別製異饌。以養病軀。略不念物之被殺。其痛如何。在己則疾病求安。在物則殺害不恤。仁者固如是乎。若能少移殺命養病之資。以爲救放生命之用。自然諸聖擁護。少病少惱。傳曰死者不可復生。吾能知我之死。不可復生。物之死亦不可復生。等心愛護。其爲福報。宜如何哉。杜秘監妻馮氏。以八鱉。付解製食。婢不忍。縱之池。馮怒捶數百。悶絶將死。臥在園中。半夜復甦。見群鱉。自池中負泥來。塗傷處。痛楚頓息。詰旦以告。馮猶未信。視臥處。四傍鱉迹甚多。遂戒食鱉。夫放八鱉。而報應如此。況多者乎。頌曰。

前世食肉多。今報疾病苦。針艾遍支體。呻吟徹朝暮。良醫雖有術。夙業豈能去。願君祈懺麽。刳心听佛語。彌陁便是大醫王。有病無勞別覔方。但得一心專念佛。六根四大自清凉。

장수하기를 원한다면 방생하라

또 유중관의 『계살생문』에서 말하였다.

"양주楊住 제형提形이 육왕산育王山을 유람하다가 부인 10여 명이 종이를 들고 뜰아래 서 있는 꿈을 꾸었는데, 뭔가 하소연할 것이 있는 것 같았다. 잠에서 깨어 부엌을 둘러보다가 대합 30여 마리를 발견하고는 풀어 주었다."

만물이 살고 싶어 하는 것이 이와 같으니, 사람들이 죽이려는 것을 내가 구해 줄 수 있다면 그 덕을 어찌 작다 하리오. 따라서 후학들에게 부디 권하니, 만약 수명이 길어지기를 바란다면 항상 방생에다 뜻을 두어라. 세상 사람들을 살펴보면, 그저 자기를 위해 갖가지 일들을 잘 치를 목적으로 중생들의 온갖 생명을 죽여 맛있는 음식을 요란하게 차리고는, 친지와 손님들을 초대해 노래하고 춤추고 마시고 즐기면서 기쁨과 행복으로 여긴다. 만약 이를 돌려 방생에다 쓴다면 자연히 복이 늘고 수명이 늘며 온갖 선들이 아름답게 장식하리라. 맹자께서도 "생生은 내가 바라는 바이다."[77] 하였으니, 내가 원하는 바로써 널리 미루어 짐작해 만물이 모두 자기가 원하는 바대로 하게 한다면 그 복된 과보가 또 얼마나 많겠는가.

오월吳越의 전왕錢王 시절 연수 선사延壽禪師는 원래 전당錢塘 북곽北郭의 세무전稅務專 관리였다. 그는 물고기와 새우를 파는 것을 보면 항상 그것을 사다가 풀어 주었다. 그러다 가산이 파탄나자 결국 관가의 돈을 훔쳐 방생하는 데 사용하였다. 이 일이 발각되자 왕은 진노하여 감옥에 처넣고 사형을 판결하였다. 하지만 그는 형을 집행하러 시장으로 나아가는데도 태연히 만족스러운 표정이었다. 그가 두려워하지 않는다는 소문을 들은 왕은 그를 석방해 승려가 되게 하고, 연수延壽라는 이름을 하사하였

77 『孟子』「告子」상.

다. 스님은 비단옷을 입지 않았고 음식에 맛을 내지 않았으며, 채식과 베옷으로 평생을 보냈다. 밤이면 귀신들에게 음식을 보시하고 낮에는 온갖 생명들을 살려 주었으니, 그 숫자는 계산할 수도 없을 정도이다. 하루에 여섯 차례 꽃을 뿌리면서 행도行道[78]하였고, 힘이 남으면 『법화경』을 염송하였는데 감동한 양 떼가 무릎을 꿇고 그 소리를 들었다고 한다. 매일 백여덟 가지 일을 과업으로 삼아 정진함으로써 서방정토행을 닦았고, 제도한 제자가 1,700명이었다. 『종경록』과 『만선동귀집』 등 수백 권을 저술하였으며, 또 시·게송·부賦·영詠 등이 무려 수만 단어였으며, 해외에까지 전파되었다. 고려의 국왕이 스님의 가르침을 열람하고는 제자로서 예를 올렸고, 승려 36명을 파견하였다. 그들은 직접 스님의 인가를 받고 앞서거니 뒤서거니 본국으로 돌아가 각각 한 지방을 교화하였다. 스님은 앉아서 천화하셨다. 탑에 모시고 한참 세월이 흐른 뒤에 어떤 스님이 매일 탑을 돌면서 예배하였다. 사람들이 그 까닭을 묻자 그 스님이 대답하였다.

"저는 무주撫州의 승려입니다. 병으로 음부陰府에 갔다가 명이 아직 다하지 않았다 하여 방면되어 돌아오던 길에 전각 모서리에 어떤 인물상이 한 폭 걸려 있는 것을 보았는데, 염라대왕이 머리를 조아려 그곳에 예배하고 있었습니다. 제가 그 까닭을 묻자 저를 담당하던 관리가 말하였습니다.

'이분은 항주 영명사의 연수 선사이시다. 무릇 사람이 죽으면 다들 이곳을 거쳐 가야 한다. 하지만 오직 이 한 분만은 이곳으로 오지 않으셨고, 이미 서방의 극락세계에서 상품상생하셨다. 시왕十王께서 그분을 공경한 까닭에 화상을 모시고 공양하는 것이다.'

제가 그 말을 듣고 특별히 발심하여 이곳을 찾아와 탑을 돌며 예배하

---

78 행도行道 : 부처님 주위나 도량을 줄지어 천천히 걸으면서 경을 독송하거나 염불하는 것을 말한다. 연수 대사는 선정쌍수禪淨雙修를 주창하였기에 선종뿐 아니라 정토종에서도 제6조로 추앙받았다.

는 것입니다."

이것으로 살펴볼 때, 방생하여 서방정토행을 닦는 자는 명부와 인간 세계에서 모두 존중받는다는 것을 알 수 있다. 관가의 돈을 사용해 방생해도 그 과보가 이와 같았는데, 하물며 자기의 돈을 사용하여 방생하는 경우이겠는가.

祝壽放生

又俞仲寬戒殺生文云。楊住提形。游育王山。夢十數婦女。執紙庭下。若有所訴者。既覺。視行庖。得蛤三十餘枚放之。物之愛生如此。而人將殺之。吾能救焉。其爲德豈小哉。故奉勸後進。若欲壽數延永。常當留意放生。甞見世人。只因自爲喜度種種之事。殺他衆生種種之命。精製食味。讌請親賓。歌舞飮宴。以爲懽樂。若能返此。用爲放生。則自然增福增壽。萬善莊嚴。孟子曰。生我所欲也。吾能推廣我之所欲。使物皆得其所欲。則其爲福報。宜如何哉。吳越錢王時。壽禪師。初爲錢塘北郭稅務專知官。見賣魚蝦。常買救放。以至破家後。遂盜官錢。爲放生用。事發王怒付獄。以大辟論。赴市就刑。怡然自得。王聞其不怖。釋之度爲僧。賜名延壽。師衣不繒纊。食不重味。蔬食布衣。以遣朝夕。夜施鬼神食。晝放諸生命。不可稱筭。六時散花行道。餘力念法華經。感群羊跪听。日果一百八事。精進以修西方。度弟子一千七百人。著宗鏡錄。萬善同歸集等數百卷。又詩偈賦詠凡數萬言。播于海外。高麗國王。覽師言敎。致弟子之禮。送僧三十六人。親承印記。前後歸本國。各化一方。師坐化。入塔久矣。有僧每日遶塔禮拜。人問其故。僧答我撫州僧。因病至陰府。命未盡放還次。見殿角有人畵像一軸。閻王頂禮。我問其故。主吏云。此杭州永明寺壽禪師。凡人死者。皆經此處。唯此一人。不來此處。已於西方極樂世界。上品上生。十王敬其人。故畵於此供養。我聞之。故特發心。來此遶塔作禮。以此觀之。放生修西方者。爲冥與人間皆所重也。夫用官錢放生。而其報如此。況自己錢乎。

『금광명경金光明經』에서 말하였다.

"우리 석가모니께서 옛날 유수 장자流水長者의 아들이던 시절에 말라 버린 연못의 물고기들이 햇볕에 드러나 이리저리 뒹굴며 죽어 가는 것을 보고는 물을 져다가 못에 넣어 주고 먹이를 흩뿌려 굶주림을 면하게 하였으며, 일곱 여래의 명호를 암송하고 십이인연법을 연설해 주었다. 그 만 마리 물고기는 같은 날 생명이 다해 도리천에 만 명의 천자天子로 화생하였다."[79]

또 『금광명경』에서 말하였다.

"옛날에 어느 국왕의 아들이 있었는데, 이름이 마하살타였다. 그가 동산을 유람하다가 호랑이 한 마리를 보았는데, 해산한 지 7일에 일곱 마리 새끼가 에워싸고 있었고 굶주림에 바짝 말라 그 목숨이 다해 가고 있었다. 왕자는 중생을 이롭게 하려고 굶주린 호랑이 앞에 드러누워 호랑이의 굶주림을 해결해 주려 하였다. 하지만 수척한 호랑이는 힘이 없어 그를 잡아먹지도 못했다. 왕자는 곧 마른 대나무로 목을 찔러 피를 흘리고 높은 산꼭대기에서 호랑이 앞으로 뛰어내렸다. 호랑이는 곧 먼저 그 몸의 피를 핥아 먹은 다음에 그의 살점을 먹어 치웠다. 그때 천지가 진동하였고, 이 인연으로 정각의 성취가 앞당겨지게 되었다. 부처님께서 아난에게 '그 왕자가 바로 나이니, 자비로운 마음을 쌓은 까닭에 지금 성불하게 된 것이다.'라고 말씀하셨다."[80]

뒤에 오는 대덕들이 여래의 옷을 입고 여래의 아들을 칭하면서 만물에게 자비를 일으킨다면 그들이 미래에 어떻게 되겠는가? 비록 몸을 버려 생명들을 구하는 고행을 실천하지는 못하더라도 재물을 풀어 생명들을 구하는 선한 인연만큼은 맺기를 바란다. 한 지방을 이끄는 우두머리가 되

---

79 『金光明經』 권4 「流水長者子品」(T16, 352c).

80 『金光明經』 권4 「捨身品」(T16, 354b).

어 사부대중 모두가 함께 이와 같이 닦는다면 위로는 여래의 가르침을 저버리지 않고, 아래로는 중생의 귀의를 저버리지 않으리라. 게송으로 말하겠다.

> 초록빛 강물 푸른 산에서 새롭게 살아가도록
> 너를 풀어 주니 돌아가 천연의 진실을 즐겨라
> 이 기회에 죄 없는 죽음을 면하게 되었으니
> 살려 준 그 사람 만겁에 잊어버리기 어렵구나

金剛[1]明經云。我迦文。昔作流水長者子時。見枯池魚爲日所曝。宛轉將死。負水入池。散食濟飢。誦七如來號。說十二因緣法。其十千魚。同日命終。生忉利天。化爲十千天子。明經又云。昔有國王子。名摩訶薩埵。游戱園林。見有一虎。方產七日。七子圍繞。飢餓羸瘦。其命將絕。王子爲利衆生。故臥餓虎前。欲濟虎飢。虎瘦無力。不能取食。王子即以乾竹。刺頸出血。於高山上。投身虎前。虎即先舐身血。次噉身肉。其時天地盡動。以是因緣。早成正覺。佛告阿難。王子者。我身是也。由積慈心。今得成佛。後來大德。著如來衣。稱如來子。爲物興慈。其當如何。雖未能捨身救命之苦行。且願結捨財救命之善緣。爲一方之導首。卒四衆以咸修如是。則上不負如來之敎法。下不負衆生之歸依。頌曰。

綠水青山活計新。放伊歸去樂天眞。這回得免無辜死。萬劫難忘放底人。

1) ㉮ '剛'은 '光'인 듯하다.

경에서 말하였다.

"장수하는 복을 받고 싶다면 두 가지 인을 심으면 되니, 첫째는 살생하지 않고 살생할 마음을 일으키지 않는 것이다. 그러면 일체중생이 공포심을 일으키지 않아 모두 그 은택을 입을 것이며, 그가 세상 끝까지 수명을 누리게 할 것이다. 따라서 나는 영원히 원수가 없을 것이다. 둘째는 음식을 베풀어라. 음식을 베푸는 법은 그 공덕이 헤아릴 수 없을 정도이니, 저 유명 세계로부터 날아다니고 달리는 짐승들에 이르기까지 서로 잡아먹는 고통을 면하게 하고, 내 것이라며 인색하게 구는 마음을 타파한다."

經云。欲求長壽福報。有二種因。一者不殺。不起殺心。一切衆生。不生恐怖。咸被恩澤。使彼得終世之壽。故我永無寃讎。二者施食。施食之法。功不可量。始於幽冥。終及飛走。免彼相食之苦。破我慳悋之心。

『시식획오복보경施食獲五福報經』에서 말하였다.

"음식을 베풀면 다섯 가지 공덕이 있게 되니, 말하자면 생명(命)·육체(色)·힘(力)·편안함(安)·언변(辯) 등을 베풀어 주는 것이 된다. 왜 생명을 베풀어 주는 것이라 하는가? 사람이 음식을 먹지 못한 채 7일이 지나면 목숨이 끊어지니, 지혜로운 자가 음식을 베풀어 준다면 곧 생명을 주는 것이 된다. 생명을 보시한 그 사람은 세세생생 장수하고 재물과 부귀가 한량없을 것이다. 왜 육체를 베풀어 주는 것이라 하는가? 사람이 음식을 먹지 못하면 안색이 초췌하니, 지혜로운 자가 음식을 베풀어 준다면 곧 육체를 주는 것이 된다. 육체를 보시한 그 사람은 세세생생 단정하게 태어나 보는 사람마다 환희할 것이다. 왜 힘을 베풀어 주는 것이라 하는가? 사람이 음식을 먹지 못하면 몸이 야위고 의지가 약해지니, 지혜로운 자가 음식을 베풀어 준다면 곧 힘을 주는 것이 된다. 힘을 보시한 그 사람은 세세생생 힘이 넘치고 끝내 사그라지는 법이 없으리라. 왜 편안함을 베풀어 주는 것이라 하는가? 사람이 음식을 먹지 못하면 마음에 근심이 많아지고 몸이 위태로워지니, 지혜로운 자가 음식을 베풀어 준다면 곧 편안함을 주는 것이 된다. 편안함을 안겨 준 그 사람은 세세생생 안온하여 재앙과 환란을 만나지 않게 되리라. 왜 언변을 베풀어 주는 것이라 하는가? 사람이 음식을 먹지 못하면 말을 할 수 없게 되니, 지혜로운 자가 음식을 베풀어 준다면 곧 언변을 틔워 주는 것이 된다. 언변을 틔워 준 그 사람은 세세생생 통달하여 사람들이 그의 말을 법으로 여길 것이다. 이것이 음식을 보시한 과보로 얻는 다섯 가지 복이니라."

施食獲五福報經云。施食有五功德。謂施命色力安辯等。何謂施命。人不得食。七日壽終。智者能施則爲施命。其施命者。世世長壽。財富無量。何謂施安。[1] 人不得食。顏色顦顇。智者能施則爲施色。其施色者。世世端正。人見歡喜。何謂施力。人不得食。身羸意弱。智者能施則爲施力。其施力者。世世多力。終無耗滅。何謂施安。人不得食。心愁身危。智者能施則爲施安。其施安者。世世安隱。不遇災患。何謂施辯。人不得食。因不能言。智者能施則爲施辯。其施辯者。世世通達。人採法言。是謂五福食之報也。

1) ㉮ '安'은 '色'인 듯하다.

대시주 김물금 양주, 유은손 양주, 장우동, 김안세, 김수인, 김수제, 강혁, 윤함, 김암, 김간 양주, 명길, 이금고, 김만자 양주, 진문, 족장, 정인륜, 정인준, 정지질동, 손개질동, 채용석, 배천량, 김손, 유익심, 김춘산, 김암회, 장진손, 황원산.

大施主。金勿金兩主。劉銀孫兩主。張禹仝。金安世。金守仁。金守濟。姜赫。尹含。金岩。金看兩主。命吉。李今孤。金晩子兩主。眞文。族莊。鄭仁崙。鄭仁峻。鄭枝叱同。孫介叱同。蔡龍石。裵淺良。金孫。柳益深。金春山。金岩廻。張進孫。黃元山。

염불작법
念佛作法

개계開啓[81]는 평상시처럼 한다. 그런 다음에【다시 분향하고 예배한 뒤에 대중이 각자 호궤합장하고 축원한다.】

한 줄기 향을 사르오니 구름을 뚫고 올라가
황상의 억만 년 대계 길이 융성하게 하옵고
태자와 모든 신료들 수명이 더욱 늘어나며
만백성이 요임금 세상을 함께 즐기게 하소서【1배】

계청【삼보를 초청한다.】

오늘 이 도량의 보이고 보이지 않는 대중들이 삼신三身과 사지四智[82]가 원만하고 밝으며 십호十號를 구족하신 세존과, 팔장八藏과 오승五乘[83]의 미묘하고 한결같이 참된 가르침과, 자비가 뛰어나고 지혜가 뛰어나신 보살님과, 유학과 무학의 응진應眞[84]과, 온 법계에 가득한 용과 하늘들, 온

---

81 개계開啓 : 법회法會의 시작을 알리는 것이다. 계건啓建 또는 개백開白이라고도 한다.

82 삼신三身과 사지四智 : 부처님이 갖추신 공덕신과 지혜를 말한다. 법신法身·보신報身·화신化身을 삼신이라 하고, 성소작지成所作智·묘관찰지妙觀察智·평등성지平等性智·대원경지大圓鏡智를 사지라 한다.

83 팔장八藏과 오승五乘 : 부처님의 가르침을 여덟 가지와 다섯 가지로 분류한 것이다. 태화장胎化藏·중음장中陰藏·마하연방등장摩訶衍方等藏·계율장戒律藏·십주보살장十住菩薩藏·잡장雜藏·금강장金剛藏·불장佛藏을 팔장이라 한다. 오승에는 여러 가지가 있는데, 대표적으로 인승人乘·천승天乘·성문승聲聞乘·연각승緣覺乘·보살승菩薩乘을 오승이라 한다.

84 유학과 무학의 응진應眞 : 배울 것이 남아 있는 단계를 유학有學이라 하고, 더 이상 배울 것이 없는 아라한阿羅漢을 무학無學이라 한다. 응진應眞은 아라한의 의역이다.

허공계의 현성들께 우러러 청하옵니다. 엎드려 바라오니, 자비로운 서원을 버리지 마시고 살펴 주시는 마음을 부디 드리우소서.

오늘【낮이나 밤】 정토도량을 건립하고 모든 생명들에게 돌아갈 곳을 보이고자 이렇게 수승한 법회를 마련하여 간절한 정성을 드러냅니다. 대개【아무개】 등은【'아무개'라는 글자에서 각자 이름을 말하기 바란다. 아래에서도 모두 이에 준하라.】 삼계에 몸을 받아 돌고 돌면서 어찌 육도를 벗어난 적이 있겠습니까. 하나의 신령함이 형질을 타고 표류하면서 사생四生[85]을 벗어난 적이 없었으며, 인간세계에서는 팔고八苦[86]가 교대로 들볶고 천상에서는 오쇠五衰[87]가 함께 괴롭히니, 대자대비하신 아버지가 아니시면 누가 참된 해탈의 문을 열겠습니까.

구품의 참된 귀의처를 닦고 싶다면 반드시 수많은 생애에 지은 악업을 참회해야만 합니다. 하지만 원만하고 밝으며 오묘한 본체는 본래 일심일 뿐이건만 허망하고 부질없이 살아오면서 망령되게 온갖 죄를 지었습니다. 죄는 망령되게 일어난 것일 뿐이니 나쁜 인연을 따라 이루어진 것이며, 허망은 진실로 없앨 수 있으니 선한 생각으로 인해 소멸하게 됩니다. 부디 바라오니, 동업 대중이여, 각자 다른 생각과 반연들을 거두고 한 사람도 빠짐없이 고통의 윤회를 벗어나 함께 극락국토에 태어납시다.

이제 석가모니부처님께서 남기신 가르침인 예참법문에 의지하여 성현들을 초청하오니, 부디 이 자리로 내려와 주소서.

---

85 사생四生 : 모든 생명체를 태어나는 방식에 따라 태생胎生·난생卵生·습생濕生·화생化生의 네 가지로 분류한 것이다.

86 팔고八苦 : 인간이 필연적으로 겪는 여덟 가지 고통이다. 생고生苦·노고老苦·병고病苦·사고死苦·애별리고哀別離苦·원증회고怨憎會苦·구부득고求不得苦·오음성고五陰盛苦를 팔고라 한다.

87 오쇠五衰 : 복락이 수승한 천인도 죽을 때가 되면 복락이 쇠퇴하는 다섯 가지 현상이 나타난다. 머리에 쓴 화관花冠이 시들고, 옷에 때가 타고, 겨드랑이에 땀이 나고, 몸에서 악취가 풍기고, 자기 자리가 즐겁지가 않게 된다.

귀의하옵고, 영산에서 입멸하지 않고 학수鶴樹[88]에 항상 계시는 천백억 화신의 석가모니부처님을 일심으로 받들어 청하옵니다.【대중이 합장한다.】 간절히 원하오니, 자비를 베푸시어 이 도량에 강림해 저희의 예배를 받으소서.【아래에서도 모두 이에 준하라.】

귀의하옵고, 그 광명 널리 비추고 그 수명을 헤아릴 수 없으며 사십팔원을 세우신 아미타부처님을 일심으로 받들어 청하옵니다.

귀의하옵고, 마지막 생으로 도솔천에 태어나고 용화수 아래에서 세 차례 법회를 가지기 위해 미래에 하생하실 미륵부처님을 일심으로 받들어 청하옵니다.

귀의하옵고, 오대산의 성주이고 과거 일곱 부처님의 스승이신 대성 문수사리보살을 일심으로 받들어 청하옵니다.

귀의하옵고, 여래의 큰아들이고 법계에서 원력의 왕이신 대성 보현보살을 일심으로 받들어 청하옵니다.

귀의하옵고, 넓은 방편문을 나타내 보이고 원력이 크고 깊으신 대성 관세음보살을 일심으로 받들어 청하옵니다.

귀의하옵고, 염불삼매로 중생을 거두고 교화하시는 대성 대세지보살을 일심으로 받들어 청하옵니다.

귀의하옵고, 보리가 높고 넓으며 큰 지혜가 편안하고 깊으신, 청정한 바다처럼 수많은 보살들을 일심으로 받들어 청하옵니다.

귀의하옵고, 시방 온 허공계의 일체 모든 부처님을 일심으로 받들어 청하옵니다.【1배】

귀의하옵고, 시방 온 허공계의 일체 존귀한 법을 일심으로 받들어 청하옵니다.【1배】

---

88 학수鶴樹 : 부처님 열반처인 구시나가라에 있던 사라쌍수沙羅雙樹를 말한다. 부처님께서 반열반하시자 때아닌 하얀 꽃이 피었다고도 하고, 무성하던 잎이 지고 하얗게 말라 죽었다고 한다. 그 하얀 색깔을 학에 빗대어 학수 또는 학림鶴林이라 한다.

귀의하옵고, 시방 온 허공계의 일체 현성들을 일심으로 받들어 청하옵니다.【1배】

거듭 시방 온 허공계의 일체 삼보와 한량없는 현성들을 일심으로 받들어 청하옵니다.

오늘 이 도량의 보이고 보이지 않는 대중들이여, 이미 삼보를 초청하였으니 진실한 마음으로 정성을 다해 쌓아 두었던 허물을 활짝 드러내고 예배로 참회하길 소원하십시오.

【아무개】 등은 지극한 마음으로 서방정토 극락세계의 일체 삼보께 귀의합니다.【1배】

지극한 마음으로 서방정토 극락세계의 일체 불보께 귀의합니다.【1배】

지극한 마음으로 서방정토 극락세계의 일체 법보께 귀의합니다.【1배】

지극한 마음으로 서방정토 극락세계의 일체 승보께 귀의합니다.【1배】

서방의 모든 삼보께
저희와 모든 중생이
지극한 마음으로 귀의하고 예배하오니
부디 안락국에 왕생하게 하소서【1배】

거듭 이와 같은 서방정토 극락세계의 일체 삼보와 한량없는 성현께 귀의합니다.【1배】

다음은 널리 부처님을 초청하면서 부처님께 뜻을 진술하는 게송이다.

백억으로 분신하신 옛 부처님이시여
5천여 권의 패다라[89] 법보시여
보살과 조사, 하늘과 용의 대중이시여

시주의 집을 찾아 주시는 수많은 성현이시여
각기 장애가 없는 대비의 마음을 베푸시어
참회법을 닦는 저희를 증명해 주소서【1배】

아미타불의 몸은 황금의 빛깔
아름다운 상호 비교할 자가 없네
수미산을 다섯이나 포갠 듯 둥글게 말린 백호
사방의 큰 바다처럼 맑고 깨끗한 짙푸른 눈동자
그 광명에서 화현하신 부처님은 수억
화현한 보살대중 역시 끝이 없나니
마흔여덟 가지 서원으로 중생을 제도하사
구품 연화대로 모두 피안에 오르게 하시네
이렇게 부처님을 예배하고 찬탄한 공덕으로
법계의 모든 유정들을 장엄하오니
임종할 때 빠짐없이 서방에 왕생하여
함께 아미타불 뵙고 불도를 이루게 하소서
【1배. 다음에 염불한다.】

나무 서방정토 극락세계의 크고 우람한 부처님 몸 상호가 끝이 없고, 금빛 광명으로 법계를 두루 비추시며, 사십팔원으로 중생을 제도하신 분, 설명할 수 없고 또 설명할 수 없으며 어떤 말로도 설명할 수 없는 항하 모래알 같은 부처님 세계의 먼지 숫자, 벼처럼 삼대처럼 대처럼 갈대처럼 한량이 없는 극한의 숫자, 360만억 11만 9,500분의 이름이 같고 호가 같

89 패다라貝多羅 : Ⓢ pattra의 음역으로, 인도에서 종이 대신 글자를 쓰는 데 사용하던 나뭇잎이다. 불교경전을 일컫는 말로 쓰인다.

은 우리들의 스승 금색여래, 그 정수리의 모습을 보인 일이 없는 아미타부처님께 귀의합니다.【정수리에 육계가 솟은 모습, 머리카락이 질푸른 유리 같은 모습, 미간에 하얀 털이 난 모습, 눈썹이 수려하고 버들처럼 드리운 모습, 눈매가 맑고 깨끗한 모습, 귀로 모든 소리를 듣는 모습, 코가 오뚝하고 둥글며 곧은 모습, 혀가 큰 법라法螺 같은 모습, 피부색이 순금 빛깔인 모습을 갖추신 아미타부처님께 귀의합니다.】

나무 문수보살
나무 보현보살
나무 관세음보살
나무 대세지보살
나무 연화제장보살
나무 금강제장보살
나무 미륵보살
나무 지장보살
나무 청정대해중보살마하살

원하옵건대, 법계의 모든 중생이 아미타부처님의 큰 원력의 바다에 함께 들어가게 하소서.【"나무 서방정토 극락세계의"부터 "큰 원력의 바다에 함께 들어가게 하소서."에 이르는 과정에서 협주로 명기한 아홉 가지 상호를 각각 100번씩 칭념稱念한 다음에 마지막으로 본문에 표기된 하나의 상호를 칭해 열 가지 상호를 모두 칭하는 것을 천념千念이라 한다. 지니는 염주는 100개짜리여도 괜찮다.】

서방정토 극락세계의 36만억 11만 9,500분의 이름이 같고 호가 같은 대자대비하신 아미타부처님께 귀의합니다.

念佛作法

開啓如常。次後【更焚香禮拜后。大衆各各胡跪合掌祝白。】

焚香一炷透雲烟。上祝皇圖萬億年。

太子諸僚增睿筭。萬民同樂古堯天。【一拜】

啓請【三寶】

今日道場。幽顯大衆。仰啓三身四智圓明十號之尊。八藏五乘。微妙一眞之敎。悲增智增之菩薩。有學無學之應眞。遍法界之龍天。盡虛空之賢聖。伏冀不捨慈悲之願。惟垂照鑑之心。今【日夜】建淨土道場。示群生歸向。陳斯勝會。露以丹誠。盖以【ㅿ甲】等。【某甲字。請各自稱名。後皆例此。】三界受身循環。豈離於六道。一靈乘質漂流。未出於四生。人間八苦交煎。天上五衰共惱。不有大慈悲父。孰開眞解脫門。欲修九品之眞歸。須懺多生之惡業。而況圓明妙體。本唯一心。虛幻浮生。妄爲衆罪。罪唯妄起。隨惡緣而乃成。妄以眞除。因善念而得滅。幸望同業大衆。各收異念攀緣。盡出苦輪。同生樂國。今依釋迦遺敎禮懺法門。召請聖賢。願垂感降。

南無一心奉請。靈山不滅。鶴樹常存。千百億化身。釋迦牟尼佛。【衆和】惟願慈悲。降臨道場。受我頂禮。【下皆例此。】

南無一心奉請。光明普照。壽命難思。四十八願。阿彌陁佛。

南無一心奉請。一生兜率。三會龍華。當來下生。彌勒尊佛。

南無一心奉請。五峯聖主。七祖佛師。大聖文殊師利菩薩。

南無一心奉請。如來長子。法界願王。大聖普賢菩薩。

南無一心奉請。普門示現。願力弘深。大聖觀世音菩薩。

南無一心奉請。念佛三昧。攝化衆生。大聖大勢至菩薩。

南無一心奉請。菩提高廣。大智安深。淸淨大海衆菩薩。

南無一心奉請。十方盡虛空界。一切諸佛。【一拜】

南無一心奉請。十方盡虛空界。一切尊法。【一拜】

南無一心奉請。十方盡虛空界。一切賢聖。【一拜】

又復一心奉請。十方盡虛空界。一切三寶無量賢聖。

今日道場。幽顯大衆。已請三寶。虔瀝丹誠。披露積愆。願求禮懺。【某甲】等

志心歸投。西方淨土極樂世界。一切三寶。【一拜】

志心歸命。西方淨土極樂世界。一切佛寶。【一拜】

志心歸命。西方淨土極樂世界。一切法寶。【一拜】

志心歸命。西方淨土極樂世界。一切僧寶。【一拜】

西方諸三寶。我等與衆生。

志心歸命禮。願生安樂國。【一拜】

又復歸依如是西方淨土極樂世界。一切三寶無量賢聖。【一拜】

次普請佛。白佛陳意偈。

百億分身古佛陁。五千餘卷貝多羅。

菩薩祖師天龍衆。萬聖千賢赴施家。

各賜無碍大悲心。與我證明修悔法。【一拜】

阿彌陀佛眞金色。相好端嚴無等倫。

白毫宛轉五須彌。紺目澄淸四大海。

光中化佛無數億。化菩薩衆亦無邊。

四十八願度衆生。九品咸令登彼岸。

以此禮讃佛功德。莊嚴法界諸有情。

臨終悉願徃西方。共覩彌陁成佛道。【一拜。后念佛云云。】

南無西方極樂世界。佛身長廣。相好無邊。金色光明。徧照法界。四十八願。度脫衆生。不可說不可說轉。不可說。恒河沙佛刹微塵數。稻麻竹葦。無恨[1]極數。三百六十萬億一十一萬九千五百。同名同號。我等導師。金色如來。無見頂上相。南無阿彌陁佛。【頂上肉髻相。髮紺琉璃相。眉間白毫相。眉秀垂楊相。眼目淸淨相。耳聞諸聲相。鼻高圓直相。舌大法螺相。身色眞金相。南無阿彌陀佛。】

南無文殊菩薩。

南無普賢菩薩。

南無觀世音菩薩。

南無大勢至菩薩。

南無蓮花提掌菩薩。

南無金剛提掌菩薩。

南無彌勒菩薩。

南無地藏菩薩。

南無淸淨大海衆菩薩摩訶薩。

願共法界諸衆生。同入彌陁大願海。【自南无西方極樂世界。至大願海。下九相各百念。后加稱一相。十相皆稱謂之千念。持數珠百枚亦得也。】南無西方淨土極樂世界。三十六萬億一十一萬九千五百。同名同號。大慈大悲。阿彌陁佛。

---

1) ㉳ '恨'은 '限'인 듯하다.

대자보살 찬불참회회향발원 전게大慈菩薩讚佛懺悔回向發願全偈

시방 삼세 부처님 가운데	十方三世佛
아미타부처님 제일이시네	阿彌陁苐[1]一
구품으로 중생들 제도하시고	九品度衆生
위엄과 공덕이 끝이 없어라【1배】	威德無窮極【一拜】
제가 이제 크게 귀의하옵고	我今大歸依
삼업으로 지은 죄 참회하며	懺悔三業罪
제가 가진 모든 복덕과 선행을	凡有諸福善
지극한 마음으로 회향합니다【1배】	至心用廻向【一拜】
원하오니, 함께 염불하는 사람들	願同念佛人
한 사람도 빠짐없이 극락국에 태어나	盡生極樂國
부처님 모시면서 생사를 끝내고	侍佛了生死
부처님처럼 일체중생 제도하게 하소서【1배】	如佛度一切【一拜】
원하오니, 이러한 공덕이	願以此功德
일체중생에게 두루 미치어	普及於一切
저희와 중생 모두	我等與衆生
극락국에 태어나	當生極樂國
함께 무량수부처님을 뵙고	同見無量壽
모두 불도를 이루게 하소서【1배】	皆共成佛道【一拜】

1) (원) '苐'는 '第'와 통용된다.

다 함께 회향하고 축원하는 게송 摠回向祝願偈

이렇게 부처님께 예배하고 칭념한 공덕으로 以此禮念佛功德

노고를 마다하지 않으신 부모님의 공덕에 보답하오니 報答父母劬勞德

살아 계신 분이라면 복락과 수명이 한량없이 늘어나고 存者福樂壽無窮

돌아가신 분이라면 고해를 벗어나 안양국에 태어나소서 亡者離苦生安養

사은과 삼유[90]의 심식을 가진 모든 생명들 四恩三有諸含識

삼도와 팔난[91]에서 고통 받는 중생들 三途八難苦衆生

함께 잘못을 뉘우치고 허물을 씻어 버려 俱蒙悔過洗瑕疵

모두 윤회를 벗어나 정토에 태어나소서 盡出輪廻生淨土

90 사은과 삼유 : 삼계의 모든 중생을 뜻한다. 지중한 은혜를 베푼 부모·스승·국왕·시주를 사은四恩이라 하고, 욕계 유정·색계 유정·무색계 유정을 삼유三有라 한다.

91 삼도와 팔난 : 삼도三途는 심한 고통을 받는 세계인 지옥·아귀·축생을 말한다. 삼악도三惡道 또는 삼악취三惡趣라고도 한다. 팔난八難은 불법을 만나기 어려운 여덟 가지 장애이다. 지옥에 태어나는 것, 축생으로 태어나는 것, 아귀로 태어나는 것, 장수천長壽天에 태어나는 것, 울단월鬱單越에 태어나는 것, 농아나 맹인으로 태어나는 것, 부처님 이전에 태어나는 것, 부처님 이후에 태어나는 것을 팔난이라 한다.

발원

오늘 이 도량의 동업 대중이 다 함께 지극한 정성으로 오체투지하고 삼가 사은과 삼유의 법계 중생을 위해 지극한 마음으로 회향하옵니다. 오늘 이후부터 도량에 앉는 그날까지 일체 죄장이 모두 청정해지고, 일체 번뇌가 모두 제거되고, 일체 공덕이 모두 원만해져 소원대로 서방정토에 왕생하게 하소서. 그리하여 보리와 행원을 모조리 성취하고, 복덕과 지혜의 자량을 모조리 구족하며, 사무량심과 육바라밀이 항상 앞에 나타나고, 사무애지[92]와 육신통력이 뜻대로 자재하며, 수능엄삼매에 머물러 금강신을 얻게 하소서. 그리고 다시 본래의 서원을 버리지 않고 돌아와 중생을 제도하여 함께 정토에 태어나 모두 불도를 이루게 하소서.【1배】

發願

今日道場。同業大衆。相與志誠。五體投地。奉爲四恩三有。法界衆生。志心廻向。從今已去。至坐道場。一切罪障。皆得淸淨。一切煩惱。皆得斷除。一切功德。皆得圓滿。隨願往生。西方淨土。菩提行願。皆悉成就。福惠資粮。皆悉具足。四無量心。六波羅密。常得現前。四無㝵智六神通力。如意自在。住首楞嚴三昧。得金剛身。不捨本誓。還度衆生。同生淨土。皆成佛道。【一拜】

---

92 사무애지四無㝵智 : 사무애변四無礙辯 · 사무애해四無礙解라고도 한다. 온갖 교법에 통달하여 장애가 없는 법무애法無礙, 온갖 교법의 요의要義를 알아 장애가 없는 의무애義無礙, 온갖 표현을 알아 장애가 없는 사무애辭無礙, 상대가 듣기 좋아하는 방식으로 설명하는 데 장애가 없는 요설무애樂說無礙를 사무애지라 한다.

발원문

오늘【낮 또는 밤】 아무개 등이 이렇게 예배하고 염불한 공덕을 입어 세세생생 중국의 선량하고 믿음을 가진 집안에 태어나게 하시고, 어린 나이에 출가해 지혜로운 스승을 가까이 모시고 먼저 눈길 부딪치는 곳에 도가 있음을 깨닫게 하소서. 그런 다음에 가사 아래에서 항상 청정한 인행을 닦고, 덕행으로 이끄는 가운데 자비의 주인을 영원히 받들게 하소서. 종지의 바람이 더욱 거세게 불고 계행의 달이 찬란한 빛을 더해 용과 천신들이 수호하여 보내는 세월이 안락하고 태평하게 하시며, 널리 정토를 권하여 함께 아미타부처님의 큰 원력의 바다에 들어가게 하소서.【1배】

又發願文

今。【日夜】某等。蒙此禮念佛功德。世世生生。出處中國善信家。童眞出家。親近明師。先取目擊道存。然後袈裟之下。常修淸淨之因。引德之中。永荷慈悲之主。宗風益振。戒月增揮。龍天守護。過年安泰。普勸淨土。同入彌陀大願海。【一拜】

천태 원 법사 발원문天台圓法師發願文

제 생명 다하도록 다른 생각 하지 않고	願我盡生無別念
아미타부처님만 오로지 따르리다	阿彌陁佛獨相隨
마음 마음 항상 옥호광명에 묶어 두고	心心常繫玉毫光
생각 생각 황금빛 모습 떠나지 않으리다	念念不移金色相
제가 만약 중생의 살을 다시 먹거나	我如再食众生肉
술 마시고 음행하는 중죄를 짓는다면	飮酒行婬作重非
지금 이 몸 그대로 아비지옥에 떨어져	現身生陷大阿鼻
만겁토록 구리물과 벌건 쇠구슬 삼키리다	萬劫洋銅呑熱鐵
원하오니, 저의 임종에 병고가 없게 하시고	願我臨終無疾苦
갈 때를 미리 알아 허둥대지 않게 하시며	預知時至不昏迷
선근과 지혜로운 생각이 더욱 밝아지고	善根惠念轉增明
업을 빚진 원수와 마귀 모두 사라지게 하소서	業債寃魔咸寂滅
기이한 향기 천상의 음악 허공 가득 퍼지고	異香天樂盈空至
보배 전각 황금 누대가 생각에 응해 나타나며	寶殿金臺應念來
한량없는 광명을 가지신 부처님을 직접 뵙고	親覩如來無量光
일체 성현들이 함께 맞이하며 인도하게 하소서	一切聖賢同接引
손가락 튕길 사이에 이미 안락국에 올라	彈指已登安樂國
곧바로 묘법을 듣고 무생법인 깨달으며	即聞妙法悟無生
끝없는 불국토를 두루 돌아다니면서	游歷無邊佛土中
공양하고 직접 모시며 수기를 받게 하소서	供養親承蒙授記
이 몸을 나눠 항하사 세계에 두루 이르러	分身徧至河沙界
먼지처럼 수없는 겁에 중생들 제도하며	歷微塵劫度衆生
서원을 세워 오탁[93]의 사바세계로 들어가서	誓入娑婆五濁中
미혹한 중생들 널리 교화해 정각을 이루게 하소서	普化群迷成正覺

중생들의 업이 다하고 허공마저 다해도 衆生業盡虛空盡
저의 소원은 끝내 변함이 없을 것이며 我願終當不動移
나아가 지금 이 몸이 미래가 다하도록 乃至今身極未來
생각 생각 원만히 닦으며 중단하지 않으리라 念念圓修無間斷
더불어 삼업으로 온갖 선행을 닦아 仍將三業修行善
허공의 끝없는 법계로 회향하리니 回施虛空法界中
사은과 삼유, 친구와 원수들이여 四恩三有衆寃親
고통의 윤회를 벗어나 정토에 왕생하소서 同脫苦輪生淨土

93 오탁五濁 : 사바세계娑婆世界에 존재하는 다섯 가지 악한 현상이다. 겁탁劫濁·번뇌탁煩惱濁·중생탁衆生濁·견탁見濁·명탁命濁이 오탁이다.

미타십상찬彌陀十相讚

극락세계 우리들의 스승이신 금색여래, 정수리의 모습을 보인 일이 없으신 대자대비 아미타부처님께 일심으로 머리 조아려 예배합니다.

사람마다 정수리에 푸른 봉우리 있으니
교만이 없는 마음 열심히 닦을 필요 있을까
아 사람과 천신들 공연히 눈을 부릅뜨네
연꽃 위에 올라탄들 찾을 수가 있을까
원하오니 저와 모든 중생이 함께
아미타불 큰 서원의 바다에 들어가게 하소서【1배】

극락세계 우리들의 스승이신 금색여래, 정수리에 육계가 솟으신 대자대비 아미타부처님께 일심으로 머리 조아려 예배합니다.

정수리에 신비한 붉은 구슬 한 알
동쪽 봉우리로 아침 해가 솟아오른 듯
한눈에 볼 수 없는 태양 온 천지가 밝으면
이때부터 집집마다 잠은 정말 달콤하지
원하오니 저와 모든 중생이 함께
아미타불 큰 서원의 바다에 들어가게 하소서

극락세계 우리들의 스승이신 금색여래, 유리처럼 짙푸른 머리카락을 가지신 대자대비 아미타부처님께 일심으로 머리 조아려 예배합니다.

유리에 물든 듯 감청색 머리카락

어지럽지 않고 소라처럼 촘촘히 말렸네
고운 모래만큼 수많은 겁에 선을 닦았기에
과보로 얻은 단정하고 엄숙한 백복의 형상
원하오니 저와 모든 중생이 함께
아미타불 큰 서원의 바다에 들어가게 하소서

극락세계 우리들의 스승이신 금색여래, 미간에 하얀 털이 나신 대자대비 아미타부처님께 일심으로 머리 조아려 예배합니다.

미간에 돌돌 말린 하얀 털이 산뜻하네
고요한 밤 가을 하늘에 둥그런 달님인가
원하오니, 시원한 저 광명 나에게 닿아
뜨거운 번민의 언덕 속 어둠과 먼지 털어 주소서
원하오니 저와 모든 중생이 함께
아미타불 큰 서원의 바다에 들어가게 하소서

극락세계 우리들의 스승이신 금색여래, 수려한 눈썹이 버들처럼 늘어진 대자대비 아미타부처님께 일심으로 머리 조아려 예배합니다.

가는 눈썹 처음에는 푸른 버들잎인가 싶다가
저녁 하늘에 막 떠오른 달님 같아 또 놀라네
오왕[94]의 붓이 제아무리 솜씨를 부린다 해도

94 오왕吳王 : 오吳는 오도현吳道玄, 왕王은 왕유王維를 지칭한다. 두 사람 모두 당나라의 유명한 화가이다. 오도현의 자는 도자道子이고, 현종 때의 화가로 특히 불화佛畵에 뛰어났으며, 화성畵聖으로 추앙받는다. 왕유의 자는 마힐摩詰이고, 시화에 모두 뛰어나 남화南畵의 비조鼻祖로 추앙받는다.

그리려야 원래 그릴 수가 없는 것이지
원하오니 저와 모든 중생이 함께
아미타불 큰 서원의 바다에 들어가게 하소서

극락세계 우리들의 스승이신 금색여래, 눈동자가 맑고 깨끗하신 대자대비 아미타부처님께 일심으로 머리 조아려 예배합니다.

바람 그친 가을날의 강물 같으신 눈빛
뜨건 감으시건 어떤 모습이든 아름답네
갓난아기처럼 바라보는 은혜 아버지보다 더하건만
아버지를 버리는 중생들 그분을 알아보지 못하네
원하오니 저와 모든 중생이 함께
아미타불 큰 서원의 바다에 들어가게 하소서

극락세계 우리들의 스승이신 금색여래, 귀로 모든 소리를 들으시는 대자대비 아미타부처님께 일심으로 머리 조아려 예배합니다.

모든 음성을 좇아 크건 작건 다 들으시는 귀
골짜기 메아리가 소리를 전하듯 모두 감응하시네
일상에서 닦는 반주삼매[95]는 괜히 묻지도 말라
임종에 열 번만 칭념해도 오히려 모두 들으시니
원하오니 저와 모든 중생이 함께

---

95 반주삼매(般舟) : 7일이나 혹은 90일 등으로 일정한 기간을 정해 신身·구口·의意 삼업三業을 청정히 하고 일상에서 오로지 염불하면 부처님이 눈앞에 나타나는 삼매를 얻는다. 이를 반주삼매라 한다.

아미타불 큰 서원의 바다에 들어가게 하소서

극락세계 우리들의 스승이신 금색여래, 코가 오뚝하고 둥글며 곧으신 대자대비 아미타부처님께 일심으로 머리 조아려 예배합니다.

오뚝하고 반듯한 콧날에 도톰한 콧구멍
모양으로만 파악한다면 바른 관찰이 아니지
그저 깊은 마음의 향을 한 자루 잡기만 하면
형체에 그림자가 따르듯 자비로운 얼굴을 뵈리라
원하오니 저와 모든 중생이 함께
아미타불 큰 서원의 바다에 들어가게 하소서

극락세계 우리들의 스승이신 금색여래, 혀가 큰 법라 같으신 대자대비 아미타부처님께 일심으로 머리 조아려 예배합니다.

넓고 길어 얼굴을 뒤덮는 혀의 모양
삼아승기 겁에 설법했지만 부질없는 말 없었네
그 원만한 음성을 중생들이 부류에 따라 이해하니
붉은 하얀 꽃가지마다 똑같은 봄의 풍경
원하오니 저와 모든 중생이 함께
아미타불 큰 서원의 바다에 들어가게 하소서

극락세계 우리들의 스승이신 금색여래, 피부색이 황금빛이신 대자대비 아미타부처님께 일심으로 머리 조아려 예배합니다.

아름다운 상호 빠짐없이 갖춘 이분이 큰 영웅

염부단[96] 같은 피부색에 자금색 얼굴
빛을 뿜으며 손을 뻗어 정수리를 만져 주시니
팔공덕수 흐르는 연못[97]에서 얼른 뵙기 소원입니다
원하오니 저와 모든 중생이 함께
아미타불 큰 서원의 바다에 들어가게 하소서

큰 자심의 큰 원력과 큰 성인의 큰 자심을 갖추신 문수사리보살마하살께 일심으로 머리 조아려 예배합니다.

오직 원하오니, 자비심을 버리지 마시고 머리 조아리는 저희 예배를 받아 주소서. 저희의 죄의 뿌리를 뽑아 주시고, 저희의 소원하는 마음을 채워 주소서.

큰 비심의 큰 원력과 큰 성인의 큰 비심을 갖추신 보현보살마하살께 일심으로 머리 조아려 예배합니다.

오직 원하오니, 자비심을 버리지 마시고 머리 조아리는 저희 예배를 받아 주소서. 저희의 죄의 뿌리를 뽑아 주시고, 저희의 소원하는 마음을 채워 주소서.

소리를 듣고 고통에서 건져 주시는 대자대비 관세음보살마하살께 일심으로 머리 조아려 예배합니다.

오직 원하오니, 자비심을 버리지 마시고 머리 조아리는 저희 예배를 받아 주소서. 저희의 죄의 뿌리를 뽑아 주시고, 저희의 소원하는 마음을 채워 주소서.

---

96 염부단閻浮檀 : Ⓢ jāmbūnada의 음역이다. '염부'는 나무 이름이고, '단'은 강·바다라는 뜻이다. 염부나무 아래로 흐르는 강물을 뜻한다.

97 팔공덕수 흐르는 연못 : 정토의 연못을 말한다. 팔공덕수(八德)는 깨끗하고, 청량하고, 달고, 부드럽고, 윤택하고, 마시면 편안하고, 기갈 등 모든 근심이 사라지고, 몸이 건강해지는 여덟 가지 공덕을 갖춘 물이라는 뜻이다.

위신력이 용맹하신 대자대비 대세지보살마하살께 일심으로 머리 조아려 예배합니다.

오직 원하오니, 자비심을 버리지 마시고 머리 조아리는 저희 예배를 받아 주소서. 저희의 죄의 뿌리를 뽑아 주시고, 저희의 소원하는 마음을 채워 주소서.

彌陀十相讚

一心頂禮極樂世界。我等導師。金色如來。無見頂上相。大慈大悲。阿彌陁佛。

人人頂上有青岑。何更勤修無慢心。

嗟爾人天空擧目。雖乘花上可能尋。

願我普共諸衆生。同入彌陁大願海。【一拜】

一心頂禮。極[1]世界。我等導師。金色如來。頂上肉髻相。大慈大悲。阿彌陁佛。

頂上神珠一顆紅。猶如初日上東峯。

大陽溢目乾坤曉。自是家家睡正濃。

願我普共諸衆生。同入彌陁大願海。

一心頂禮。極樂世界。我等導師。金色如來。髮紺瑠璃相。大慈大悲。阿彌陁佛。

髮染瑠璃色紺青。螺文不亂細相縈。

歷塵沙劫因修善。果得端嚴百福形。

願我普共諸衆生。同入彌陁大願海。

一心頂禮。極樂世界。我等導師。金色如來。眉間白毫相。大慈大悲。阿彌陁佛。

眉間宛轉白毫新。夜靜秋空月一輪。

願被淸凉光觸我。熱忙堆裏破昏塵。

願我普共諸衆生。同入彌陁大願海。

一心頂禮。極樂世界。我等導師。金色如來。眉秀垂楊相。大慈大悲。阿彌陁佛。

眉細初疑柳葉靑。又驚新月暮天生。

假饒騁巧吳王筆。畵也元來畵不成。

願我普共諸衆生。同入彌陁大願海。

一心頂禮。極樂世界。我等導師。金色如來。眼目淸淨相。大慈大悲。阿彌陁佛。

目若秋江風去時。或開或閉揔相宜。

觀如赤子恩逾父。捨父衆生不識伊。

願我普共諸衆生。同入彌陁大願海。

一心頂禮。極樂世界。我等導師。金色如來。耳聞諸聲相。大慈大悲。阿彌陁佛。

耳逐諸音巨細聽。感通如谷響傳聲。

般舟日用空休問。尙有臨終十念成。

願我普共諸衆生。同入彌陁大願海。

一心頂禮。極樂世界。我等導師。金色如來。鼻高圓直相。大慈大悲。阿彌陁佛。

鼻高脩直垂雙瓜。若以色求非正觀。

但把深心香一炷。隨如形影奉慈顔。

願我普共諸衆生。同入彌陁大願海。

一心頂禮。極樂世界。我等導師。金色如來。舌大法螺相。大慈大悲。阿彌陁佛。

舌相廣長覆面門。三祗語不開虛誑。

衆生隨類解圓音。紅白枝枝春一樣。

願我普共諸衆生。同入彌陁大願海。

一心頂禮。極樂世界。我等導師。金色如來。身色眞金相。大慈大悲。阿彌陁佛。

相備端嚴是大雄。閻浮檀色紫金容。

放光垂手來摩頂。八德池中願早逢。

願我普共諸衆生。同入彌陁大願海。

一心頂禮。大慈大願。大聖大慈。文殊師利菩薩摩訶薩。

唯願不捨慈悲。受我頂禮。拔我罪根。滿我願心。

一心頂禮。大悲大願。大聖大慈。[2] 普賢菩薩摩訶薩。

惟願不捨慈悲。受我頂禮。拔我罪根。滿我願心。

一心頂禮。聞聲濟苦。大慈大悲。觀世音菩薩摩訶薩。

唯願不捨慈悲。受我頂禮。拔我罪根。滿我願心。

一心頂禮。威神勇猛。大慈大悲。大勢至菩薩摩訶薩。

唯願不捨慈悲。受我頂禮。拔我罪根。滿我願心。

---

1) ㉯ '極' 다음에 '樂'이 결락된 듯하다. 2) ㉰ 문맥으로 보아 '慈'는 '悲'인 듯하다.

제불찬諸佛讚

모든 바다 맑고 맑아 번뇌가 이미 공하고	衆海澄澄漏已空
코끼리 왕 가는 곳에 여우 자취 끊겼도다	象王行處絶狐蹤
한자리에 모인 장엄한 분들 눈에 가득하여라	一會儼然森在目
원하오니 저 성인들 가운데 태어나게 하소서	願當生彼聖流中

삼보찬三寶讚

큰 성인이신 모든 부처님	諸佛大聖尊
인간과 하늘의 큰 스승들	人天大導師
열반의 길을 열어 보이시니	開示涅槃路
제가 이제 공경히 예배합니다	故我今敬禮
나무 상주시방불	南無常住十方佛
상주하는 법성의 바다	常住法性海
맑고 깨끗한 수다라	清淨修多羅
생사의 흐름을 끊어 주시니	截斷生死流
제가 이제 공경히 예배합니다	故我今敬禮
나무 상주시방법	南無常住十方法
큰 지위의 모든 보살님	大地諸菩薩
집착이 없는 네 사문[98]	無著四沙門
부처님을 도와 참된 교화 펴시니	助佛揚眞化
제가 이제 공경히 예배합니다	故我今敬禮
나무 상주시방승	南無常住十方僧

98 집착이 없는 네 사문 : 사향사과四向四果의 성문聲聞들을 뜻한다.

팔부[99]를 찬탄하다 贊八部

방편으로 큰 서원을 일으키고	權乘發弘願
위덕은 생각으로 헤아리기 어렵네	威德難思議
부처님이 세상에 계시던 시절에	當於佛世時
악을 멸하고 선한 일들 일으켰고	滅惡興善事
바른 법륜을 보호하고 도와	護佑正法輪
상법과 말법까지 흐르게 하였네	流轉於像季

99 팔부八部 : 사천왕에게 부속된 여덟 부류의 하위 신들로서 모두 불법을 호지護持하는 신장들이다. 지국천持國天에는 건달바와 비사사, 증장천增長天에는 구반다와 폐례다, 광목천廣目天에는 나가와 부단나, 다문천多聞天에는 야차와 나찰이 소속되어 있다.

돌아가신 분들에게 도움이 되길 희망하며 希冥資

영가여, 아득해 뒤쫓기 어렵구나	先靈邈難追
아, 그리운 마음만 끝이 없어라	嗟嗟情罔極
삼보시여, 대자대비하신 힘으로	三寶大悲力
저들이 모두 해탈하게 하소서	悉皆得解脫
오직 원하오니, 불쌍히 여기사	惟願垂哀憫
속히 무상정각을 성취하게 하소서	速成無上覺

의상 화상 투사례義湘和尙投師禮

화장세계의 노사나부처님	花藏世界盧舍那
바다처럼 모인 보살들이 함께 에워싸네	海會菩薩共圍遶
제가 이제 지극한 마음으로 귀의하고 예배하오니	我今志心歸命禮
부디 중생들과 함께 항상 가까이 모시게 하소서	願共衆生恒親近

시방 삼세의 모든 여래	十方三世諸如來
각각 보살들이 함께 에워싸네	各有菩薩共圍遶
제가 이제 지극한 마음으로 귀의하고 예배하오니	我今志心歸命禮
삼세의 스승과 친지들이 항상 안락하게 하소서	三世師親常安樂

중생들이 지은 악업을 없애리라 맹세하신	誓滅衆生所造惡
위대한 보왕 서른다섯 부처님	三十五佛大寶王
제가 이제 지극한 마음으로 귀의하고 예배하오니	我今志心歸命禮
일체 업장을 남김없이 참회하게 하소서	一切業障盡懺悔

가르침 베푼 스승이신 현겁의 천불	賢劫千佛敎授師
위대한 성존이신 쉰다섯 부처님	五十三佛大聖尊
제가 이제 지극한 마음으로 귀의하고 예배하오니	我今志心歸命禮
온갖 마귀 항복하고 정각을 이루게 하소서	降伏魔群成正覺

영산의 교주 석가모니부처님	靈山敎主釋迦尊
모든 대보살과 아라한들	諸大菩薩阿羅漢
제가 이제 지극한 마음으로 귀의하고 예배하오니	我今志心歸命禮
용맹하게 정진하며 부지런히 수도하게 하소서	勇猛精進勤修道

만월세계의 약사여래부처님　　滿月世界藥師尊
두 분의 대보살이 함께 에워싸네　　兩大菩薩共圍遶
제가 이제 지극한 마음으로 귀의하고 예배하오니　　我今志心歸命禮
열두 가지 훌륭한 서원이 모두 동등하게 하소서　　十二上願皆同等

극락세계의 아미타부처님　　極樂世界阿彌陁
관자재보살 등이 함께 에워싸네　　觀自在等共圍遶
제가 이제 지극한 마음으로 귀의하고 예배하오니　　我今志心歸命禮
돌아가신 저의 부모님 그 언덕에 이르게 하소서　　願我先亡到彼岸

현재 도솔천에서 모임의 수장이고　　現住兜卒[1]天首會
미래에 하생하실 미륵부처님　　當來下生彌勒尊
제가 이제 지극한 마음으로 귀의하고 예배하오니　　我今志心歸命禮
용화세계 세 차례 법회에서 만나 뵙길 소원합니다　　龍華三會願相逢

『대방광불화엄경』　　大方廣佛華嚴經
삼세 모든 부처님의 위대한 법의 창고　　三世諸佛大法藏
제가 이제 지극한 마음으로 귀의하고 예배하오니　　我今志心歸命禮
오묘한 법문을 원만히 통달해 깨닫게 하소서　　圓通覺悟妙法門

『대승묘법연화경』　　大乘妙法蓮花經
삼승을 모아 일승으로 돌아간 순금의 보배　　會三歸一純金寶
제가 이제 지극한 마음으로 귀의하고 예배하오니　　我今志心歸命禮
화택을 멀리 벗어나 보배 있는 곳에 오르게 하소서　　遠離火宅登寶所

위없는 법왕인 『원각경』　　無上法王圓覺經

열두 보살께서 차례로 질문하셨네	十二菩薩次第問
제가 이제 지극한 마음으로 귀의하고 예배하오니	我今志心歸命禮
위대한 법왕을 원만히 통달해 깨닫게 하소서	圓通覺悟大法王
『금강반야바라밀경』	金剛般若波羅蜜
처음도 중간도 마지막도 훌륭한 최상승의 법문	三善法門最上乘
제가 이제 지극한 마음으로 귀의하고 예배하오니	我今志心歸命禮
부디 훼손되지 않는 금강의 몸을 얻게 하소서	願得金剛不毀身
소원을 들어주는 준제대비주	隨求准提大悲呪
보배의 누각인 불정존승다라니경	佛頂尊勝寶樓閣
제가 이제 지극한 마음으로 귀의하고 예배하오니	我今志心歸命禮
부디 깊고 깊은 비밀한 뜻 지니게 하소서	願持甚深秘密意
『대승기신론』과 『석론』[100]	大乘起信并釋論
마명보살이 먼저 노래하고 용수보살이 화답했네[101]	馬鳴首唱龍樹和
제가 이제 지극한 마음으로 귀의하고 예배하오니	我今志心歸命禮
부디 불이법문 마하연에 들어가게 하소서	願入不二摩訶衍
사십 종류의 문수와 보현	文殊普賢四十類
인간 또는 인간이 아닌 보살 대중께	同生異生菩薩衆
제가 이제 지극한 마음으로 귀의하고 예배하오니	我今志心歸命禮

100 『석론釋論』: 『大品般若經』의 주석서 『摩訶般若波羅蜜經釋論』을 말한다. 『大智度論』·『大論』이라고도 한다.

101 마명보살이 먼저~용수보살이 화답했네 : 『大乘起信論』은 마명보살이 지었고, 『大智度論』은 용수보살이 지었다.

널리 유정들 제도하며 싫증 내는 일 없게 하소서	廣度有情無疲厭
개골산에 상주하는 담무갈보살[102]과	常住皆骨曇無竭
일만 이천 명의 보살 대중께	一萬二千菩薩衆
제가 이제 지극한 마음으로 귀의하고 예배하오니	我今志心歸命禮
부디 제가 반야의 함선에 속히 오르게 하소서	願我速乘般若舡
이미 정각을 이루었기에 여래라 하고	已成正覺名如來
크신 자비 나타냈기에 관자재라 하네	而現大悲觀自在
제가 이제 지극한 마음으로 귀의하고 예배하오니	我今志心歸命禮
입으로 직접 수기하시고 바른 법문 일러 주소서	口親授記正法門
환희원에서 지장 대사	歡喜園中地藏師
직접 부처님의 수기를 받고 중생을 교화하시네	親授佛記化群生
제가 이제 지극한 마음으로 귀의하고 예배하오니	我今志心歸命禮
부디 죄의 뿌리를 없애 악도를 벗어나게 하소서	願滅罪根離惡道
문수사리와 덕운 비구 등	文殊師利德雲等
오십오위의 선지식[103]께	五十五位善知識

102 개골산에 상주하는 담무갈보살 : 개골산은 금강산을 지칭하고, 담무갈은 Ⓢ Dharmodgata의 음역으로 법기法起 · 법기法基 · 법희法喜 · 보기寶基 · 법상法尙 · 법용法勇 등으로 의역된다. 『大方廣佛華嚴經』 권29 「菩薩住處品」에서 "사대해에 보살들이 머무는 곳이 있으니 그 이름이 지달枳怛이다. 과거에도 여러 보살이 항상 그곳에 머물렀으며, 그곳에는 현재 담무갈이라는 보살님이 1만 2천 명의 보살을 권속으로 거느리고 항상 그들에게 설법하신다.(四大海中有菩薩住處。名枳怛。過去諸菩薩常於中住。彼現有菩薩。名曇無竭。有萬二千菩薩眷屬。常爲說法。)"고 하였다. 우리나라에는 예전부터 『華嚴經』에서 말한 지달이 곧 금강산이라는 믿음이 전해져, 금강산에 담무갈보살 즉 법기보살이 상주하면서 항상 마하반야를 설한다고 여겼다.

제가 이제 지극한 마음으로 귀의하고 예배하오니	我今志心歸命禮
가장 먼저 문수사리 선지식을 만나게 하소서	初遇文殊善知識
대대로 등불을 전하신 모든 조사와	歷代傳燈諸祖師
나아가 천하의 노화상들께	及與天下老和尙
제가 이제 지극한 마음으로 귀의하고 예배하오니	我今志心歸命禮
한 생각 벗어나지 않고 이 일을 끝내게 하소서	不越一念了此事
일체 성문과 연각 등	一切聲聞緣覺等
사향사과의 현성 대중께	四向四果賢聖衆
제가 이제 지극한 마음으로 귀의하고 예배하오니	我今志心歸命禮
복덕과 지혜 구족하고 부지런히 수도하게 하소서	福智具足勤修道
원만한 세계의 진실한 법장	圓滿世界眞法藏
삼종세간[104]의 모든 삼보께	三種世間摠三寶
제가 이제 지극한 마음으로 귀의하고 예배하오니	我今志心歸命禮
부디 중생들과 함께 가까이 모시고 예배하게 하소서	願共衆生親近禮
도리천궁의 제석천	忉利天宮帝釋尊
원만한 덕으로 장엄한 상호를 갖추신 몸	滿德莊嚴相好身
제가 이제 지극한 마음으로 귀의하고 예배하오니	我今志心歸命禮
원력을 굴려 정각을 이루도록 저를 도와주소서	助我願輪成正覺

---

103 오십오위의 선지식 : 『華嚴經』「入法界品」에 등장하는 선지식들을 말한다.

104 삼종세간三種世間 : 유정들이 의지해 살아가는 국토를 기세간器世間이라 하고, 부처님을 제외한 일체중생을 중생세간衆生世間이라 하고, 모든 부처님을 지정각세간智正覺世間이라 한다. 이를 합해 삼종세간이라 한다.

토지와 가람의 모든 선신들　土地伽藍諸善神
나아가 천룡팔부 대중께　及與天龍八部衆
제가 이제 지극한 마음으로 귀의하고 예배하오니　我今志心歸命禮
원력을 굴려 정각을 이루도록 저를 도와주소서　助我願輪成正覺

원하오니 저에게 목숨이 다하는 날이 오면　願我臨欲命終時
일체 모든 장애들 남김없이 제거하고　盡除一切諸障碍
면전에서 저 아미타부처님을 직접 뵙고　面見彼佛阿彌陁
곧바로 안락국토에 왕생하게 하소서　即得往生安樂刹

1) 역 '卒'은 '率'인 듯하다.

아미타불찬阿彌陀佛贊

극락세계 보배 연못 가운데는	極樂世界寶池中
수레바퀴만 한 구품의 연꽃	九品蓮花如車輪
1장 6척의 황금빛 아미타불 그곳에 서서	彌陀丈六金軀立
왼손을 가슴에 얹고 오른손을 내미시네	左手當胸右手垂
초록빛 비단옷 위에 붉은 가사 걸치고	綠羅衣上紅袈裟
황금빛 얼굴 미간에는 백옥 같은 털	金面眉間白玉毫
왼쪽에는 관세음보살 오른쪽엔 대세지	左右觀音大勢至
곁에 서서 장엄하게 진리를 관하시네	侍立莊嚴審諦觀

경[105]에 의거해 각각 송한 서방정토 십육관

제1 일몰관日沒觀
마음의 바다 아득하여 물이 하늘에 닿으니
백천 가지 삼매가 자연히 이루어지네
지는 태양이 북처럼 매달린 걸 관찰해 보라
한 생각에 바야흐로 안락의 성에 오르리라

제2 수상관水想觀
선정의 물 드넓어 사해와 같고
미미한 물결 일지 않고 물까지 맑으면
잠깐 사이에 곧바로 유리의 연못이 되어
들쭉날쭉한 궁전이 거꾸로 비치리라

제3 지상관地想觀
구릉이 없어 손바닥처럼 평평한 대지
큰 황금 당간이 있어 아래에서 떠받치네
한량없는 층층 누대는 모두 칠보
훗날 뉘와 함께 오를지 모르겠구나

제4 수상관樹想觀
늘어선 칠보의 나무 미풍에 울려
무상·고·공을 자세히도 설하네
한번 듣기만 하면 불퇴전위에 오르니

105 경 : 『觀無量壽佛經』을 말한다.

많은 겁에 힘들여 수행할 필요도 없지

제5 지상관池想觀
마니주의 열네 가지에서 솟아난 물
황금 도랑으로 나뉘어 연못으로 들어가네
꽃 틈에서 설법하는 소리 애잔하고 우아하며
마니주에서 나온 광채가 새로 변하니 기이하구나

제6 누상관樓想觀
백 가지 보배로 만들어진 누대가 백억 층
모든 하늘나라 음악이 누각에 가득하네
스스로 울리고 또 공중에 매달린 악기들
모두 삼보에 귀의하고 늘 생각하라 설하네

제7 화좌관花座觀
큰 보배 연꽃이 특별한 땅에 피었으니
백천 가지 영락이 황금대에 걸렸네
사람마다 스스로 붙잡고 오를 자격이 있건만
끝내 고개 돌리지 않으니 그 뜻이 가련하구나

제8 상상관像想觀
연못 위에 연꽃이 차례로 피어나니
자금색 광명 덩어리 우뚝우뚝 서 있네
반드시 생각 생각에 항상 관찰해야지만
왕생하여 여래로부터 훌륭하다 칭찬받으리

제9 법신상관法身想觀

온 허공에 가득한 자마금색 형상
바다처럼 맑고 깨끗한 짙푸른 눈동자
구름 같은 몸 한량없음을 의심하지 말라
원래 한마음을 벗어나지 않나니

제10 관음상관觀音想觀

최초에 세운 자비의 원력 묵을수록 새로워라
십계에 모습을 드리워 고통 받는 중생 제도하시네
거꾸로 가는 길이건 바로 가는 길이건 마음은 태연자약
과위를 생각하고 인행을 실천하는 데 뭐가 방해되리오

제11 세지상관勢至想觀

정수리 위에는 화관에다 보배 병을 이고
청련화 같은 푸른 눈동자에 자금색 형상
경행할 때마다 삼천대천세계가 진동하고
무명에 취한 나그네를 깨울 수 있다네

제12 보법지관普法知觀

밤낮으로 항상 정토의 인연을 닦으면
홀연히 세 성인이 문 앞에 서 계시리
은근히 찬탄하고 정수리를 쓰다듬어 주시면
눈 깜빡할 사이 보배 연꽃에 앉아 있게 되리라

제13 잡상관雜想觀

몸을 나눠 화현한 부처님들이 몇 백만일까

크고 작은 황금빛 몸들 엄숙하게 앉아 있네
누대도 옥이요 숲도 옥이요 전각들은 보배
올라서면 신선의 음악이 하늘보다 낫구나

제14 상품왕생관上品往生觀
몇 년이나 정진했을까 지혜가 넉넉하네
오늘은 길 떠날 생각에 너무도 상쾌해라
부처님이 찾아오시고 천신들 음악 연주하며
관음보살이 직접 자금대를 가지고 오셨네

제15 중품왕생관中品往生觀
계율 지키고 재계하면 이것이 큰 인행
홀연히 화불들의 정성 어린 말씀 들리면
금모래 깔린 연못가의 푸른 연꽃 위에서
훌륭한 여러 성현들과 벗이 되리라

제16 하품왕생관下品往生觀
지혜가 깊은 사람을 매우 부러워만 해도
지옥에서 곧바로 마음을 돌릴 수 있으니
비록 많은 겁 동안 연꽃 궁전 속에 머물러야 하지만
관음이 법을 설하시는 음성을 직접 들을 수 있다네

세존께서 『십육관경十六觀經』[106]에서 말씀하셨다.

---

106 『십육관경十六觀經』: 『觀無量壽佛經』을 말한다. 경문을 그대로 인용한 것이 아니라 내용을 요약한 것이다.

"상품의 3위는 다음과 같다. 8만 가지 계행을 지키고 참선하여 견성한 후에 육념六念[107]을 수행하면 극락세계 연꽃에 왕생한다. 하루가 지난 후에 못에서 그 연꽃이 피며, 몸의 피부색은 순수한 황금색을 띤다. 하지만 아미타불을 생각하지 않으면 다만 인간세계의 과보를 받을 뿐이다. 중품의 3위는 다음과 같다. 틈틈이 계행을 굳게 지키고 추악한 탐진치가 전혀 없으며 합장하고서 서쪽을 향해 안정된 마음이 산란하지 않으면 서방 극락세계에 있는 연꽃에 왕생한다. 그 연꽃은 7일이 지난 후에 단박에 피어나며, 보배로운 몸은 황금색에 생로병사가 영원히 없게 된다. 하품의 3위는 다음과 같다. 살생과 오역죄와 십악十惡[108] 등 갖가지 악업으로 끝없는 죄를 지었더라도 매일 이른 아침에 아미타불을 열 번만 칭념하면 극락세계 연꽃에 왕생한다. 그 연꽃은 49일이 지난 후에 비로소 피어나고, 몸은 자금색이며, 관세음보살과 대세지보살이 그에게 오묘한 법을 설해 준다. 그 소리를 듣고 크게 깨달아 여섯 가지 신통이 자재하고, 옷과 음식이 생각만 하면 앞에 나타난다."

西方淨土十六觀依經各頌

第[1)]一日沒觀

心海茫茫水接天。百千三昧自然成。

請觀落日如懸鼓。一念方登安樂城。

第二水想觀

定水汪洋似四溟。微瀾不起水更清。

---

107 육념六念 : 염불念佛·염법念法·염승念僧·염계念戒·염시念施·염천念天을 육념이라 한다.

108 십악十惡 : 몸과 입과 생각으로 저지르는 열 가지 죄악, 즉 살생殺生·투도偸盜·사음邪婬·망어妄語·기어綺語·악구惡口·양설兩舌·탐욕貪欲·진에瞋恚·사견邪見을 십악이라 한다.

須臾便作瑠璃池。宮殿叅差倒瀉明。

第三地想觀

地平如掌沒丘陵。大有金幢自下承。

無限樓臺皆七寶。不知他日與誰登。

第四樹想觀

七寶行樹響微風。說盡無常與苦空。

若也一聞登不退。不須多劫更修功。

第五池想觀

水出摩尼十四支。金渠分注八[2)]華池。

花間演法聲哀雅。生自珠光彩羽奇。

第六樓想觀

百寶樓臺百億重。諸天妓樂滿樓中。

自鳴又有懸空樂。皆說三歸念念功。

第七花座觀

大寶蓮花特地開。百千瓔珞掛金臺。

人人自有登攀分。終不廻頭意可哀。

第八像想觀

池上蓮花次第開。紫金光聚立嵬嵬。

要須念念常觀察。佇聽如來讚善哉。

第九法身想觀

紫麽金像滿虛空。紺目澄淸與海同。

莫訝身雲無限量。由來不出一心中。

第十觀音想觀

最初悲願舊彌新。十界垂形濟苦倫。

逆順途中心自若。何防戴果又行因。

第十一勢至想觀

頂上花冠戴寶瓶。靑蓮紺目紫金形。

經行震動三千界。能使無明醉客醒。

第十二普法知觀

晝夜常修淨土緣。忽然三聖立門前。

慇懃讃歎兼摩頂。頃刻能令坐寶蓮。

第十三新[3]想觀

分身化佛幾千千。大小金軀坐儼然。

王樓瓊林并寶殿。到頭仙樂勝諸天。

第十四上品往生觀

幾年精進智恢恢。今日行懷甚快哉。

佛自來迎天奏樂。觀音親執紫金臺。

第十五中品往生觀

持戒齋戒是大因。忽聞化佛語諄諄。

金沙池畔靑蓮上。聊與諸賢結友親。

第十六下品往生觀

甚羨麁人智慧深。能於地獄便廻心。

縱經多劫留宮內。親聽觀音法說音。

世尊十六觀經云。上品三位。八萬戒行叅禪見性而後。修行六念。往生蓮花。一日過後。池中蓮開。身眞金色之矣。又莫想阿彌陁佛。則但受人間之果報而已也。中品三位。大小之間。堅持戒行。麁貪嗔痴全無。合掌面西。定心不亂。往生西方極樂國內蓮花之中。七日過後。頓開蓮花。寶身金色。生老病死永絕也。下品三位。殺生五逆十惡。種種惡業。造罪無邊。每日晨朝。十念阿彌陁佛。往生蓮花。七七日後。方開蓮花。身紫金色。觀音勢至。爲說妙法。聞聲大悟。六通自在。衣食隨念現前。

---

1) ㉯ '苐'는 '第'와 통용된다. 아래에서도 마찬가지다. 2) ㉰ '八'은 '入'인 듯하다.
3) ㉰ '新'은 '雜'인 듯하다.

항주 영명 연수 선사께서 깨닫지 못한 사람은 정토를 가볍게 여기지 말라고 경계하다

누가 이렇게 묻는다고 하자.

"견성하여 도를 깨닫기만 하면 곧바로 생사를 초월하는데, 저 부처님을 늘 생각하며 그 세계에 태어나기를 바랄 필요가 뭐가 있겠습니까?"

그러면 이렇게 대답하겠다.

"참된 수행자라면 응당 자신을 자세히 살펴야만 합니다. 사람이 물을 마시면 시원한지 따뜻한지 스스로 아는 것처럼, 이제 귀감에 비춰 수많은 의혹들을 물리치십시오. 여러분, 자신의 이해와 실천을 관찰해 보십시오. 저 마명보살이나 용수보살처럼 성품을 보고 도를 깨달아 여래의 수기를 받고 조사의 계위를 이었습니까? 저 천태 지자 대사처럼 걸림 없는 변재를 얻고 법화삼매를 증득하였습니까? 저 혜충 국사처럼 종지와 설법에 모두 통달하고 이해와 실천을 겸하여 닦았습니까? 이런 여러 대사大士들께서도 모두 분명하게 가르침을 내려 왕생往生을 깊이 권장하셨습니다. 아마도 이것이 스스로를 이롭게 하고 타인을 이롭게 하는 것이기 때문이리니, 어찌 그분들이 남을 기만하고 스스로를 기만했겠습니까. 하물며 대웅大雄께서도 찬탄하시고 금구金口[109]로 간곡히 일러 주시지 않았습니까? 옛 성현들을 희구하며 따르고 부처님의 가르침을 공경히 받드는 것은 절대로 잘못이 아닙니다. 아울러『왕생전往生傳』에 수록된 고금의 고사들 사적이 현저하여 한둘이 아니니, 부지런히 읽어서 이로써 스스로 비춰 보고 알아야 마땅합니다.

또 스스로 헤아려 보아야만 합니다. 목숨이 다하려 할 때, 삶과 죽음에서 떠나고 머물기를 진정 자유자재로 할 수 있겠습니까? 무시이래로 쌓

109 금구金口 : 부처님의 입, 즉 부처님이 직접 일러 주신 가르침을 뜻한다.

아 온 악업의 두꺼운 장애가 진정 눈앞에 나타나지 않겠습니까? 이 하나의 보신報身이 진정 윤회를 벗어났습니까? 삼악도와 다른 부류들의 세계로 다니며 나타나고 사라지기를 자유자재로 하면서 진정 고뇌가 없을 수 있겠습니까? 천상과 인간을 비롯한 시방세계에 의도대로 기탁하면서 진정 막히고 걸리는 일이 없겠습니까? 만약 분명히 그럴 것이라고 스스로 확신한다면 이보다 훌륭한 게 어디 있겠습니까? 하지만 아직 그렇지 못하다면 한때의 교만한 자신감으로 도리어 영겁의 윤회에 빠지는 결과를 초래해서는 안 됩니다. 훌륭한 이익을 스스로 잃어버리고 장차 다시 누구를 탓하겠습니까? 아, 애통하군요. 아무리 탄식한들 이보다 더하겠습니까?"

고덕古德께서 "유위有爲가 비록 거짓이기는 하지만 그것을 버리면 공덕의 행(功行)을 성취하지 못하고, 무위無爲가 비록 진실이기는 하지만 그것을 추구하면 성스러운 과보(聖果)를 성취하기 어렵다. 찰나刹那에 도를 깨달았더라도 반드시 장구한 세월에 갈고닦아야만 하며, 일심一心을 단박 깨달았더라도 반드시 만행萬行을 원만히 닦는 방편을 빌려야 한다."고 말씀하셨으니, 진실하도다, 이 말씀이여. 지금은 말세라 아득히 떠도는 무리들이 배움은 적고 의심만 많아 제 생각을 함부로 늘어놓으면서 스스로를 기만하고 남을 기만하니, 이른바 가련한 자들이 삼대처럼 좁쌀처럼 수두룩하다고 하겠다.

여러 경에서 각각 게송 하나씩을 뽑아 제시하겠다.

> 일행삼매一行三昧로 왕생할 문을 찾아
> 홀로 한적한 곳에서 어지러운 생각 버리고
> 마음 모아 전념하면 아미타불 뵙는다고
> 『문수반야경』에서 이와 같이 말씀하셨네

누군가 단정히 앉아 똑바로 서쪽을 향해
90일 동안 항상 부처님을 생각하면
능히 삼매를 성취해 부처님 앞에 태어난다고
『문수반야경』에서 이와 같이 말씀하셨네

열흘 낮 열흘 밤 동안 재계齋戒하면서
비단 깃발 일산을 걸고 향과 등불 밝히고서
항상 생각하길 중단하지 않으면 왕생한다고
『무량수경』에서 이와 같이 말씀하셨네

열흘 밤 열흘 낮 동안 여섯 때에
오체투지로 예배하고 칭념하길 중단하지 않으면
현재에서 저 부처님 뵙고 곧바로 왕생한다고
『고음왕경』에서 이와 같이 말씀하셨네

누군가 저 아미타부처님의 명호를 듣고
하루 내지 이틀 동안 줄곧 생각하여
생각이 집중되면 앞에 나타나시고 곧 왕생한다고
『반주경』에서 이와 같이 말씀하셨네

밤낮으로 하루 동안 부처님 명호를 부르며
간절하게 정진하여 단절되지 않게 하라고
여기저기 서로 권하면 함께 왕생한다고
『대자경』에서 이와 같이 말씀하셨네

대승에 머무르는 자가 청정한 마음으로

저 무량수부처님을 열 번을 생각하면
임종할 때 꿈에 부처님 뵙고 반드시 왕생한다고
『대보적경』에서 이와 같이 말씀하셨네

오역죄를 지은 탓에 지옥의 불길이 나타났더라도
선지식을 만나 용맹한 마음 일으키고
부처님을 열 번 칭념하면 곧 왕생한다고
『십육관경』에서 이와 같이 말씀하셨네

임종 무렵 관하거나 칭념할 수 없더라도
뜻을 내어 부처님이 계신 줄만 안다 해도
이런 사람 호흡 끊어지면 곧 왕생한다고
『대법고경』에서 이와 같이 말씀하셨네

염불하면서 의혹을 일으키는 사람은
의심의 성에 오백 년 동안 머물게 되지만
그래도 천궁보다 훌륭해 떨어지는 일 없다고
『미타대경』에서 이와 같이 말씀하셨네

누구라도 산란한 마음으로
나무불 하고 한 번만 부르면
모두 이미 불도를 이룬 것이라고
『법화경』에서 이와 같이 말씀하셨네

『능엄경楞嚴經』에서 말하였다.
"대세지보살과 52보살이 부처님께 아뢰었다.

'저는 과거 인지因地에서 염불하는 마음으로 무생인無生忍에 들어갔고, 지금 이 세계에서도 염불하는 사람을 거두어 정토로 돌아가고 있습니다. 부처님께서 원만하게 통달할 방법을 물으신다면, 저는 선택의 여지 없이 여섯 감관을 모두 거두어 청정한 생각을 계속 이어 가 삼마지를 얻는 것이 제일이라 생각합니다.'"[110]

杭州永明壽禪師戒無證悟人勿輕淨土

設問曰。但見性悟道。便超生死。何須繫念彼佛。求生他方。答曰眞修行人。應自審察。如人飮水。冷暖自知。今存龜鑑。以破多惑。諸仁者。當觀自己行解。見性悟道。授如來記。紹祖師位。能如馬鳴龍樹否。得無碍辯才。證法華三昧。能如天台智者否。宗說皆通。行解兼修。能如忠國師否。此諸大士。皆明垂言敎。深勸往生。蓋是自利利他。豈肯悞人自悞。況大雄讚歎。金口丁寧。希從昔賢。恭禀佛勑。乞不謬悞也。仍往生傳所載。古今高士事迹。顯著非一。宜勤觀覽。以自照知。又當自度。臨命終時。生死去住。乞得自在否。自無始來。惡業重障。乞不現前不。此一報身。乞脫輪廻否。三塗惡道。異類中行。出沒自由。定無苦惱否。天上人間十方世界。隨意寄託。定無滯碍否。若也了了。自信得及。何善如之。若其未也。莫以一時貢高。却致永劫沉淪。自失善利。將復尤誰。嗚呼哀哉。何嗟及矣。

古德云。有爲雖僞。弃之則功行不成。無爲雖眞。趣之則聖果難尅。刹那悟道。要須長劫煉磨。頓悟一心。必假圓修萬行。誠哉是言也。今則末世。悠悠之徒。學寡疑多。妄肆臆說。自悞悞人。所謂可憐愍者。如麻似粟。於諸經中。各撮出一偈示之。

一行三昧求生門。獨處空閑捨亂意。

係心專念見彌陁。文殊般若如是說。

110 『首楞嚴經』 권5(T19, 128a).

若人端坐正西向。九十日中常念佛。

能成三昧生佛前。文殊般若如是說。

十日十夜求齋戒。懸繒幡盖然香燈。

繫念不斷得徃生。無量壽經如是說。

十日十夜六時中。五體禮念不斷絕。

現見彼佛即徃生。鼓音王經如是說。

若人聞彼阿彌陁。一日持念至二日。

繫念現前即徃生。般若[1]經中如是說。

晝夜一日稱佛名。慇懃精進不斷絕。

展轉相勸同徃生。大慈經中如是說。

住大乘者淸淨心。十念念彼無量壽。

臨終夢佛定徃生。大寶積經如是說。

五逆地獄衆火現。値善知識發猛心。

十念稱佛即徃生。十六觀經如是說。

臨終不能觀及念。但能生意知有佛。

此人氣絶即徃生。大法鼓經如是說。

若人念佛生疑惑。住在疑城五百年。

猶勝天宮無退墜。彌陁大經如是說。

若人散亂心。一稱南無佛。

皆已成佛道。法華經如是說。

楞嚴云。大勢至菩薩。與五十二菩薩。而白佛言。我本因地。以念佛心。入無生忍。今於此界。攝念佛人。歸於淨土。佛問圓通。我無選擇。都攝六根。淨念相繼。得三摩地。斯爲第一。

---

1) ㉮ '若'은 '舟'인 듯하다.

연수 조사 사료찬

[1]
선은 있지만 정토가 없으면
열에 아홉은 길을 어긋나니
음의 경계가 홀연히 앞에 나타나면
그것을 따라가는 것을 면치 못하리라

[2]
선은 없지만 정토가 있으면
만 사람이 함께 갈 수 있나니
아미타부처님을 뵙기만 한다면
깨닫지 못할까를 어찌 근심하랴

[3]
선도 없고 정토도 없으면
철상지옥과 동주지옥에 가니
만 겁이 흐르고 천 번을 태어난들
믿고 의지할 만한 사람이 없으리라

[4]
선도 있고 정토도 있으며
뿔 달린 호랑이와 같으니
현세에서는 인간의 스승이 되고
내생에서는 부처와 조사가 되리라

그렇다면 저 세간의 명리를 구하는 자는 문무 양쪽을 겸비해야 하나니, 속히 용호방에 오르는 데 어떤 인연이 필수적이지 않겠는가? 부처가 되려는 자는 이사를 겸하여 닦아야 하나니, 구품의 연화대에 오르는 데 어떤 인연이 필수적이지 않겠는가?

延壽祖師四料讃

有禪無淨土。十人九差路。

陰境忽現前。未免隨他去。【一】

無禪有淨土。萬人同得去。

但得見彌陁。何愁不開悟。【二】

無禪無淨土。鐵床并銅柱

萬劫與千生。無可人依怙。【三】

有禪有淨土。猶如戴角虎。

現世爲人師。來生作佛祖。【四】

然則如世名利者。文武兩兼。何因不必。速登龍虎榜。作佛者。理事兼修。何緣不必。速登九品臺。

용서[111]의 복혜설

사람은 복덕과 지혜를 겸하여 닦지 않으면 안 된다. 지혜만 닦고 복덕을 닦지 않으면 명료하나 곤궁하고, 복덕만 닦고 지혜를 닦지 않으면 부귀하나 어리석고, 복덕과 지혜를 겸하여 닦으면 부귀하면서 명료하고, 두 가지 모두 닦지 않으면 어리석으면서 곤궁하다. 부처님께서는 복덕과 지혜를 겸하여 닦으셨기 때문에 양족존兩足尊이라 일컫는다. 게송으로 말하겠다.

복덕만 닦고 지혜를 닦지 않으면
코끼리 몸에다 영락을 걸친 꼴
지혜만 닦고 복덕을 닦지 않으면
아라한이 되어도 공양물이 적으리라
복덕과 지혜를 겸하여 닦고
게다가 아미타부처님을 염하면
구품의 연꽃 속에서 태어나리니
그게 제일임을 의심해 뭣 하리오
비록 복덕과 지혜를 닦는다 해도
아미타부처님을 염할 줄 모르면
아라한도 되지 못할뿐더러
윤회가 끝날 날이 없으리라

이것은 작은 것을 얻고 만족하면서 원력의 마음을 갖지 않기 때문이다.

---

111 용서龍舒 : 남송 소흥紹興 30년(1160)에 『龍舒淨土文』을 편찬한 왕일휴王日休(?~1173)를 지칭한다.

어찌 하물며 보살이 원력의 마음을 갖지 않을 수 있겠는가.

『누탄경樓炭經』에서는 "보살·연각·성문과 이 육도는 범부와 성인이 함께 살아가는 곳이며, 보살은 이런 모든 세계에서 항상 신통력을 얻는다. 하지만 무색계천無色界天을 보면 선정의 마음을 좋아하고 집착하기 때문에 자기도 모르는 사이에 수명이 다하면 욕계로 떨어져 새나 짐승의 몸을 받는다."고 하였다. 『대지옥경大地獄經』에서는 "오직 정토를 닦아야만 곧바로 초월하게 된다."고 하였다. 또 게다가 『묘승정경妙勝定經』에서는 "부처님께서 세상을 떠나신 후 100년에는 10만 명이 출가하여 9만 명이 도를 얻고, 200년에는 10만 명이 출가하여 만 명이 도를 얻고, 나아가 500년에는 10만 명이 출가하여 한 사람만 도를 얻는다."고 하였다. 또 『월장경月藏經』에서는 "나의 말법시대에는 수억의 중생이 행을 일으켜 도를 닦지만 얻는 자는 한 사람도 없을 것이다. 오직 정토라는 하나의 문만이 통하여 들어갈 수 있는 길이니, 염불하여 왕생하길 바라면 만에 하나도 빠뜨리지 않으리라."고 하였다. 이에 의거해 관찰해 보면 요즘 시대에 참선하여 도를 얻겠다는 자들의 허실을 알 수 있으리라.

이상의 여러 가지 글들이 모두 여러 부처님과 보살들의 말씀인데, 우리 불자들은 왜 믿지 않는 것일까? 부처님 말씀을 믿지 않는다면 누구 말을 믿을 수 있단 말인가. 마땅히 부처님 말씀을 진실하게 믿어야만 하리라. 신하 된 자는 반드시 왕의 말을 믿어야 하고, 아들인 자는 반드시 아버지의 가르침을 믿어야 한다. 만약 그들이 믿지 않는다면 어찌 충신이나 효자라 할 수 있겠는가. 만약 사부대중이 부처님을 스승으로 모신다 하면서 부처님 말씀을 믿지 않는다면, 그들은 불자가 아니라 바로 마귀의 백성이다.

물었다.

"왜 여러 경론에서 아미타불의 국토를 유독 칭찬하는 것인가?"

답하였다.

"항하 모래알처럼 수많은 여래 가운데 아미타불이 제일이고, 시방의 고운 먼지처럼 수많은 불국토 가운데 극락세계가 바로 돌아갈 곳이니, 주인이 수승하고 원력이 강성하며 인연이 깊고 자비가 진중하기 때문이다. 인연은 때가 되면 만나고 감응의 길은 서로 통하는 법이기에 범부라도 마음으로 오로지 서방을 생각하면 참된 부처님 몸이 단정코 염부제로 강림하게 된다. 이는 섭공葉公이 용을 그리자 용이 나타나고,[112] 자진子晉이 봉황을 부르자 봉황이 날아왔던 것[113]과 같다. 대체로 범부와 성인이 서로 통하는 것은 간절한 정성이 은밀히 통하기 때문이다.

따라서 옛날에 효曉 법사께서 말씀하셨다.

'하늘나라에 태어나고 싶으면 반드시 십선十善을 갖추고 아울러 선정을 닦아야만 한다. 하지만 나에게는 하나의 선도 없고 또 선정의 힘도 없으니, 그곳에 태어날 가망이 없다. 인간세계에 다시 태어나고 싶으면 모름지기 오계를 지켜야 한다. 하지만 나에게는 하나의 계행도 없으니, 그곳에 태어날 가망이 없다. 그러니 그저 극락세계에 태어나길 소원해 아미타 대성인 앞으로 조금씩 다가갈 뿐이다.'"

어떤 사람이 물었다.

"왜 인간이나 하늘나라에 태어나는 것은 어렵고 극락세계에 태어나는 것은 쉬운가?"

답하였다.

---

112 섭공葉公이 용을~용이 나타나고 : 한나라 유향劉向이 지은 『新書』「雜事」에 나오는 고사이다. 초나라 섭공 자고葉公子高가 용을 좋아해 손 닿는 곳마다 용 그림을 새겼는데, 진짜 용이 소문을 듣고 그 집에 내려오자 섭공이 혼비백산하여 도망쳤다는 설화가 있다.

113 자진子晉이 봉황을~날아왔던 것 : 자진은 주나라 영왕靈王의 태자 진晉이다. 도가道家의 고사에 "주나라 영왕의 태자 진이 칠월 칠석에 흰 학을 타고 피리를 불며 구산緱山의 마루에 머물러 있다가 손을 들어 사람들에게 인사를 하고 떠났다."라고 하였다. 『後漢書』 권82 「方術列傳」 상 〈王喬〉.

"인간이나 하늘나라에 태어나는 것은 바로 자신의 힘으로 가는 것이다. 비유하자면 앉은뱅이가 자기 힘으로 먼 길을 가는 것과 같으니, 하루에 몇 리도 가지 못한다. 하지만 극락에 태어나는 것은 바로 부처님의 힘을 빌리는 것이다. 비유하자면 배를 타는 것과 같으니, 바람결을 따라 출발하면 하루에 천만 리도 갈 수 있다.

또 용서龍舒 왕거사王居士가 말하였다.

'쇳덩이 돌덩이가 비록 무겁다지만 배의 힘을 의지하면 강과 시내를 건널 수 있고, 바늘 하나가 비록 가볍다지만 배의 힘을 의지하지 않으면 강을 건널 수 없다. 사람이 중죄를 지었더라도 부처님의 힘을 의지하면 반드시 정토에 태어나고, 죄업이 가볍더라도 부처님의 힘을 의지하지 않으면 왕생할 수 없다. 따라서 태백太白과 자첨子瞻 모두 왕생을 권하는 게송을 지었고,[114] 낙천樂天과 자후子厚[115] 모두 왕생을 발원하는 글을 지었던 것이다. 우담발화가 한 번 피는 일 몇 겁 만인지 모르겠고, 눈먼 거북이 떠다니던 나무의 구멍을 만나는 일 어찌 천생千生 만이겠는가. 얻는 이익은 너무도 많지만 들여야 할 공은 극히 적다.'

우리가 다행히 사람 가운데서 뽑혔으니, 함께 아미타 세계로 들어가자."

龍舒福惠說

人不可不兼修福慧。修慧不修福。明了而窮困。修福不修慧。富貴而愚痴。福慧若兼修。富貴而明了。二者皆不修。愚痴而窮困。佛以福慧兼修。故謂之兩足尊。偈云。

---

114 태백太白과 자첨子瞻~게송을 지었고 : 태백은 이백李白의 자字이고, 자첨은 소식蘇軾의 자이다.

115 낙천樂天과 자후子厚 : 낙천은 백거이白居易의 자이고, 자후는 유종원柳宗元의 자이다.

修福不修慧。象身掛瓔珞。

修慧不修福。羅漢應供薄。

兼修福與慧。又復念阿彌。

九品蓮花裏。第一更何疑。

雖修福與慧。不知念阿彌。

未得阿羅漢。輪廻無了時。

此得小爲足。不有願心故。何況菩薩。豈不有願心。

樓炭經云。菩薩緣覺聲聞。并此六趣。凡聖同居。菩薩等得神通力。見無色界天。樂著定心。不覺命盡。墮欲界中。受禽獸形。大地獄經云。唯修淨土。直得超去。又況妙勝定經云。佛去世後。一百年時。十萬人出家。九萬人得道。二百年時。十萬人出家。一萬人得道。乃至五百年時。十萬人出家。一人得道。又月藏經云。我末法中。億億衆生。起行修道。未有一得者。唯淨土一門。可通入路。念佛求生。萬不漏一。以此觀之。今時叅禪得道者。虛實可知矣。如上等文。皆是諸佛菩薩語。我等佛子。云何不信。不信佛語。何言可信。應須諦信佛語。如爲臣者。必信王言。若爲子者。必信父訓。若其不信。豈得名爲。忠臣孝子。若四衆等。以佛爲師。不信佛語。便非佛子。乃是魔民。

問何故諸經論。偏讃彌陁佛國耶。答恒河沙數衆如來。彌陁第一。十方微塵諸佛刹。極樂是歸。主勝願强。緣深悲重故。因緣際會。感應道交。凡心全想於西方。眞身定降於閻浮。其猶葉公畵龍而龍現。子晉吹鳳而鳳來。盖凡聖以交通。由志誠冥會。是故昔曉法師云。欲生天趣。須具十善。兼修禪定。吾無一善。又無定力。生彼絶望。欲生人趣。要持五戒。吾無一戒。生彼絶望。但願欲生極樂世界。漸近彌陁大聖之前。或問何故生人天難。生極樂易耶。答生人天者。猶是自力。比如躃者。自行遠路。一日不過數里。生極樂。乃借佛力。比如乘舟。因風而去。一日能行千萬里。又龍舒王居士云。鐵石雖重。賴舟力則江河可度。一針雖輕。不賴舟力則不得度江。人有重罪。仗佛力則必生淨土。罪業雖輕。不仗佛力。則不得往生。故太白子瞻。共說勸生之偈。樂天子厚。同述願往之文。優曇花之一開。不知幾劫。浮木孔之相值。何啻千生。獲利尤多用功克鮮。我等幸得出人中。同入彌陁。

예념문

물었다.

"『십육관경十六觀經』에서 '재계하고 서쪽을 향해 편안히 앉아 고요히 사유하면서 눈을 감건 눈을 뜨건 아미타부처님을 생각하고 관찰하면 입으로 칭념하는 것보다 낫다.'고 하였는데, 너는 왜 큰 소리로 염불해 관하는 마음을 어지럽히는가?"

답하였다.

"『정토섭수경소淨土攝受經疏』에서 '마음으로 염하는 것은 심오하지만 어렵고, 입으로 염하는 것은 천박하지만 쉽다.'고 하였다. 따라서 『대집경大集經』에서 큰 소리로 염불하는 것에 열 가지 공덕이 있다고 설명하였으니, 첫째는 졸음을 물리칠 수 있는 것이고, 둘째는 천마天魔가 놀라고 두려워하는 것이고, 셋째는 소리가 시방에 가득 퍼지는 것이고, 넷째는 삼악도에서 고통이 쉬는 것이고, 다섯째는 바깥의 소리가 들어오지 못하는 것이고, 여섯째는 염불하는 마음이 산란해지지 않는 것이고, 일곱째는 용맹하게 정진하는 것이고, 여덟째는 모든 부처님께서 기뻐하시는 것이고, 아홉째는 삼매가 앞에 나타나는 것이고, 열째는 정토에 왕생하는 것이다.

또 『칭찬소稱讚疏』에서 말하였다.

'어떻게 입으로 염송하고 마음으로 생각하면 바로 서방정토에 왕생하게 되는가? 마음으로 부처님의 경계를 반연하면서 항상 기억해 잊지 않고, 입으로 부처님의 명호를 부르면서 분명하고 산란하지 않아야 한다. 이와 같이 마음과 입이 안팎으로 상응한 상태에서 아미타불阿彌陀佛이라는 구절을 한 번만 칭념하면 80억 겁 동안 태어나고 죽으면서 지었던 죄를 소멸할 수 있고, 80억 겁 동안 쌓아야 할 훌륭한 공덕을 성취할 수 있다. 한 번만 칭념해도 이런데 하물며 열 번, 백 번, 천 번, 만 번이겠는가. 이와 같이 하루, 한 달, 일 년, 일생 동안 가건 멈추건 앉건 눕건 밤낮으로 부지런히 정진한다면 어떤 죄가 소멸하지 않을 것이며, 어떤 공덕이 증장하지 않을 것이며, 어떤 인因이 극락국에 태어나지 못하게 할 것이며, 어떤 연緣이 아미타불을 뵙지 못하게 하겠는가? 비유하면 어린아이가 두려운 것이 있으면 큰 소리로 그 부모를 부르는 것과 같다. 자비로운 부모는 자식이 부르는 소리를 들으면 만사를 제치고 급히 달려와 구해 주고 보호해 준다.

지금 시대는 오탁악세라서 중생들이 항상 생로병사와 삼악도의 극심한 고통에 시달리고 있다. 이를 깨닫고 나서 곧 공포심을 일으키고 진실한 마음으로 소리 높여 저 부처님의 명호를 칭념하면서 구해 주고 보살펴 주기를 바라면, 저 부처님은 천이통天耳通이 있기 때문에 반드시 멀리서도 듣고, 천안통天眼通이 있기 때문에 반드시 멀리서도 보고, 타심통他心通이 있기 때문에 반드시 멀리서도 아신다. 부처님의 자비로움은 인간세계 부모들의 어리석은 사랑과는 달라 모래알 같은 중생들을 외아들처럼 평등하게 보기에 반드시 직접 찾아와 자비를 베풀어 이끌어 주신다. 무슨 까닭인가? 진실로 저 부처님은 원력이 깊고 무거워 항상 광명光明과 명호名號로 중생을 거두어 교화하기 때문이다. 우리 불자들은 이제 이미 부처님의 본원本願과 상응하였다. 이치가 반드시 이와 같으니, 의심하는 생각을 내지 말아야 한다. 지극한 마음으로 한 번 칭념하거나 열 번을 칭념하고 하루 내지 7일간 한다면 부처님의 원력을 힘입어 모두 왕생하게 될 것이다.'"

禮念文

問十六觀經云。齋戒向西。安坐淨慮。閉目開目。觀想彌陀。勝於口念。汝何故高聲念佛。亂於觀心耶。淨土攝受經疏云。心念則深而難。口念則淺而易。故大集經說。高聲念佛。有十種功德。一能排睡眠。二天魔驚怖。三聲徧十方。四三塗息苦。五外聲不入。六念心不散。七勇猛精進。八諸佛歡喜。

九三昧現前。十往生淨土。又稱讚䟽云。如何口念心思。即得往生。西方淨土。心則緣佛境界。憶持不忘。口則稱佛名號。分明不亂。如是心口內外相應。若念一句阿彌陁佛。能滅八十億劫生死之罪。成就八十億劫殊勝功德。一句尙尒。何况十句百句千句萬句。如是一日一月一年一生。行住坐臥晝夜精勤。何罪垢而不消亡。何功德而不增長。何因不生極樂國。何緣不見彌陁佛。譬如嬰兒。或有所怖。發聲號呼。喚其父母。父母慈悲。聞子喚聲。諸事且置。急來救護。今時五濁惡世。衆生常被生老病死三途極苦之所逼切。旣覺知已。即生驚怖。以眞實心。高聲稱念。彼佛名號。以求救護。彼佛有天耳通。必定遠聞。有天眼通。必定遠見。有他心通。必定遠知。佛之慈悲。不同人間痴愛父母。等視沙衆。猶如一子。決定親來。垂慈接引。所以然者。良以彼佛。願力深重。常以光明名號。攝化衆生。我等佛子。今旣與佛本願相應。理必如是。勿生疑慮。以志誠心。一念十念。一日七日。承佛願力。皆得往生。

세속에서 숭상할 바는 어짊(仁)·의로움(義)·예의(禮)·지혜(智)·믿음(信)이고, 모든 생명체들이 바탕으로 삼을 바는 살생하지 않고 도둑질하지 않고 음행하지 않고 거짓말하지 않고 술을 마시지 않는 것이다. 비록 도인과 속인으로 서로 반대되지만 점교漸敎에서 보면 통한다. 따라서 어짊을 일으킨 자는 살생하지 않고, 의로움을 받드는 자는 도둑질하지 않으며, 예의를 공경하는 자는 음행하지 않고, 믿음을 말하는 자는 거짓말하지 않으며, 지혜를 본받는 자는 술을 마시지 않는다. 이것은 대체로 일시적으로 인도해 교화하는 것이지 근본을 닦는 가르침은 아니니, 근본을 닦는 가르침이란 바로 정법正法을 말한다. 집안의 가르침이 그 길을 넓히는 것은 반드시 원인(因)에서 비롯되니, 원인이란 살생·도둑질·음행·거짓말·음주를 하지 않는 것이다. 이것은 곧 실다운 법의 자리에서 사안을 가리켜 곧바로 말한 것이다. 따라서 가식적인 표현을 쓰지 않고 이름에 의탁해 뜻을 나타내었다.

이렇게 원인을 닦으면 결과를 기대하지 않아도 결과가 증득되고, 행복을 부러워하지 않아도 행복이 밝게 드러난다. 그렇지 않고 만약 가까운 것을 소홀히 하고 먼 것을 바라보거나 작은 것을 버리고 큰 것을 지키려 든다면 돌아갈 곳이 없게 될 것이다. 따라서 살생하지 않는 인행을 수지하면 저절로 결과인 인의仁義를 증득하게 된다는 것을 알아야 한다. 그렇다는 것을 어떻게 알 수 있는가? 지금 보면 계를 받들어 살생하지 않으면 어짊을 구하지 않아도 어짊이 드러나고, 계를 지켜 도둑질하지 않으면 의로움을 기뻐하지 않아도 의로움이 펴지며, 계를 보호해 음행하지 않으면 예의를 구하지 않아도 예의가 확립되고, 계를 준수해 거짓말하지 않으면 믿음을 원하지 않아도 믿음이 고양되며, 계를 받아 술을 버리면 지혜를 행하지 않아도 지혜가 밝아진다. 이러한 사실은 가히 그물을 펼칠 때 벼리를 잡음으로써 만 개의 그물눈이 활짝 펼쳐진 것이고, 베틀을 움직일 때 북을 잘 놀림으로써 추위와 더위를 면하게 된 것이라 하겠다. 다시 어떤 공功을 여기에 더해야 하고, 어떤 덕德이 이를 등질 수 있겠는가? 만약 이것을 닦지 않고 욕망의 대상에 미혹하여 그저 일신의 영달과 명성에 골몰하고 제자백가諸子百家에다 애를 쓰면서 밤새도록 몸과 마음을 고달프게 하고 훤한 대낮에 봉사나 귀머거리 노릇을 한다면 길을 어긋나 어찌나 멀리 갔는지 아득하여 도저히 미칠 수 없는 자라 하겠다. 그 근본을 얻으면 욕심이 없어 이러쿵저러쿵 말이 없으니, 비로소 알겠구나. 배를 삼킬 만큼 큰 고기는 도랑에 알을 낳지 않나니, 붕새와 곤계가 어찌 작은 메추라기의 숲에서 날겠는가?

서명사西明寺 사문 도세道世가 발문을 쓰다.

夫世俗所尙仁義禮智信也。含識所資不殺盜婬妄酒也。雖道俗相乖。漸敎通也。故發於仁者則不殺。奉於義者則不盜。敬於禮者則不婬。說於信者則不妄。師於智者則不酒。斯蓋接化於一時。非即修本之教。修本教者。是謂正法。內訓弘道。必始于因。因者殺盜婬妄酒也。此則在於實法。指事直言。故不假飾詞。託名現意。如斯而修因。不期果而果證。不羨樂而樂彰。若略近而望遠。棄小而保大。則無所歸趣矣。故知受持不殺之因。自證乎仁義之果。所以知其然。今見奉戒不殺。不求仁而仁著。持戒不盜。不欣義而義敷。守戒不婬。不祈禮而禮立。遵戒不妄。不慕信而信揚。受戒捨酒。不行智而智明。如斯之實。可謂振網持綱。萬目開張。振機馭寓。以離寒暑。復何功可以加之。何德可以背之。若不是修。昧於所欲。徒役慮於形名。勞心乎百氏。倦形神於宵夜。喪耳目於良晨。何乖道之遠。逝而不及者乎。得其本則無欲而不辯矣。始知呑舟之魚。不產溝洫之水。鵬鵾之鳥。豈翔尺鷃之林也。

西明寺沙門。道世跋。[1) 2)]

---

1) ㉯ 이 발문 앞에 「釋迦如來行迹頌序」 2편(이미 『韓國佛敎全書』 제6책 pp.484~485에 수록되어 있다)과 『釋迦如來行蹟頌撮要』(이미 『韓國佛敎全書』 제7책 pp.759~766

에 수록되어 있다)가 있다. 이를『韓國佛敎全書』편찬자가 삭제하고 수록하였다.
2) ㉯ 이 아래에 실담자室曇字 35자가 있으나『韓國佛敎全書』편찬자가 삭제하였다.

불설팔관재계 비밀구생정토심요
佛說八關齋戒秘密求生淨土心要

팔관재계八關齋戒

강북의 승려 원혁圓奕 편집

첫째, 살생해서는 안 된다. 둘째, 도둑질해서는 안 된다. 셋째, 음욕을 부려서는 안 된다. 넷째, 거짓말을 해서는 안 된다. 다섯째, 술을 마셔서는 안 된다. 여섯째, 높고 넓은 큰 평상에 앉아서는 안 된다. 일곱째, 춤·노래·연주를 고의로 가서 보고 듣거나 향수를 뿌린 옷을 착용해서는 안 된다. 여덟째, 정오가 넘으면 음식을 먹어서는 안 된다. 이 여덟 가지 계를 오늘 아침부터 다음 날 아침까지 하루 낮 하루 밤 동안 범해서는 안 된다. 재계하는 날에는 말끔히 목욕하고 깨끗한 새 옷을 입고서 먼저 정법계진언【옴 람 일곱 번】을 송하고, 다음에는 정삼업진언【세 번】을 송하고, 다음에는 천수진언【세 번】을 송하여 도량을 엄숙하고 청정하게 한다. 그런 다음에 삼보에 귀의하고【세 번】, 그다음에 회시게【세 번】를 송한다.

모든 부처님과 바른 법과 보살님과 스님들께
보리에 이르는 그날까지 제가 귀의하오니
저는 계율과 모든 선근을 지킴으로써
유정을 위한 까닭에 성불하길 소원합니다
사람도 베풀 수 있고 선도 베풀 수 있고
획득한 일체 공덕을 다 베풀 수 있나니

마치 허깨비나 꿈속의 경계와 같아
삼륜의 본체 공하고 모두 청정합니다

회시게를 송하고 나서는 조용히 좌선하건 경을 독송하건 주문을 외우건 염불하건 사무를 보건 뜻대로 한다. 재계하는 날짜는 아래 문장에 낱낱이 실려 있으니 법에 따라 수지하라.

八關齋戒

江北僧。圓奕集。

一不得殺生。二不得偸盜。三不得婬慾。四不得妄語。五不得飮酒。六不得坐高廣大床。七不得歌舞妓樂故往觀聽及着香熏衣服。八不得過午食。其八戒者。從今淸旦。至明淸旦。一日一夜。不得犯此。其齋之日。澡浴塵垢。著新淨衣。先誦淨法界眞言。【唵覽七遍】次誦淨三業。【三遍】次誦千手五。【三遍】嚴淨道場。然後歸依三寶。【三遍】次廻施偈。【三遍】諸佛正法菩薩僧。直至菩提我歸依。我以持戒諸善根。爲有情故願成佛。能或施人或施善。所獲一切諸功德。猶如幻化似夢境。三輪體空悉淸淨。廻施已。或靜坐。或誦經。或持呪。或念佛。或作務隨意。齋戒日期。具載下文。依法受持。

재일에 치목齒木과 조두澡豆[116]를 사용하는 이익을 밝힌 부분

『기귀전寄歸傳』[117]에서 “치목을 씹으면 다섯 가지 이익이 있다. 첫째, 황열黃熱[118]을 없애 주고, 둘째, 백태(涎癊)를 없애 준다. 셋째, 입 냄새를 없애 준다. 넷째, 치아를 튼튼하게 한다. 다섯째, 눈이 밝고 맑아진다.”고 하였다. 『대위의청문경大威儀請問經』에서 “옛날에 비구가 100일 동안 재계하였지만 겨우 하루치 복밖에 얻지 못했으니, 하루만 조두와 물로 양치질했기 때문이다.”라고 하였다. 또 『살바다론薩婆多論』에서 “연제 비구는 60년 동안 재계를 지키면서 빠뜨린 적이 없지만 오직 하루만 조두 가루 등을 사용하고 재계하였다. 만약 그것도 하지 않았다면 전혀 재계하지 않은 게 되었을 것이다.”라고 하였다. 조두는 쥐엄나무 우린 물로 손을 씻고 양치질하면 곧 조두에 해당한다. 입을 헹군 뒤에는 다음 날 날이 밝기 전까지는 일체 잡다한 과일이나 형체가 있는 음식물을 어떤 것도 입에 넣어서는 안 된다. 만약 너무 배가 고프고 목이 마르거나 여행 중이거나 일을 하거나 병이 있을 때에는 마시는 종류의 과일 음료를 허락하고, 혹 설탕을 물처럼 묽게 타서 복용하기도 하는데 그런 것은 재계를 범한 게 아니다. 세간에는 어리석게 가르치는 자들이 있으니, 자기 입으로 재계를 지킨다고 말하면서 오후에 과자나 차 등이 있으면 태연하게 마시고 씹으면서 “재계를 범하지 않았다.”고 말하고, 또 “과일 등은 불로 요리한 음식이 아니다.”라고 말한다. 너무나 가소롭다 하겠으니, 그것도 곧기라는 것을 알아야 하리라.

---

116 치목齒木과 조두澡豆 : 치목은 식사 후 이를 닦을 때 쓰는 나뭇가지, 조두는 목욕할 때 쓰는 녹두·팥·콩 등의 가루, 또는 목욕 자체를 뜻한다.

117 『기귀전寄歸傳』: 『南海寄歸內法傳』의 약칭이다. 당나라 의정義淨이 인도를 비롯한 남해의 여러 나라를 순례하면서 보고 들은 것들을 기록한 견문록이다.

118 황열黃熱 : 황열 바이러스의 감염에 의해 일어나는 악성 전염병이다. 모기가 매개가 된다. 오한, 고열, 두통, 요통과 더불어 혈액이 섞인 흑색의 구토와 황달 등이 나타난다.

齋用齒木澡豆利益部

寄歸傳云。爵齒木五種利益。一除黃熱。二除涎癊。三去口臭氣。四堅固牙齒。五眼目明淨。大威儀請問經云。昔比丘。百日持齋。只得一日福。以一日用澡豆水漱口故。又薩婆多論云。蓮提比丘。六十歲持齋戒不闕。唯一日用澡豆末等成齋。若不爾者。皆不成齋。澡豆者。用皀角水。淨手漱口。即當澡豆也。灌漱之後。直至來日。天未明時。一切雜果。有形之物。並不得入口中。若飢渴行路作務及病時。許飮種果將。[1] 或石蜜澄淸如水。服之無犯。世有愚敎者。自謂持齋。午後遇果子茶湯之類。飮噉自若。言非犯齋。更云果苽。非烟火之食。甚爲可笑。穀氣可知矣。

1) ㉮ '將'은 '漿'인 듯하다.

회명부會名部와 공능부功能部 두 부를 섞어서 드러내다【『법원주림法苑珠林』 100권은 서명사 사문 도세가 편찬한 것이다. 이 아래의 계문은 제87, 88, 89권 세 권에 모두 나온다.】

회명부에서 말하였다.

"물었다.

'여러 경론에서 무엇을 팔관재八關齋라 하고 또 관계關戒라 하였는가?'

답하였다.

'앞에서 말한 여덟 가지가 바로 여덟 가지 악을 차단하여 어떤 허물도 일으키지 않는 것이다. 때아닐 때는 먹지 않는 것이 재齋이다. 재는 다스린다(齊)는 뜻이다. 이를테면 육정六情을 금지하고 육진六塵에 물들지 않으며, 모든 악을 일제히 끊고 온갖 선을 모두 닦는 것이다. 따라서 재라 한다. 또 재는 정오 이후에 먹지 않는 것을 일컫는 말이고, 계戒는 잘못을 막고 악을 그친다는 것이 그 뜻이다.'"

『지도론智度論』에서 말하였다.

"물었다.

'오계五戒를 지키는 것과 하루 동안 팔재계를 지키는 것 가운데 어느 것이 더 수승한가?'

답하였다.

'다만 오계는 죽을 때까지 지키는 것이고, 팔재계는 하루 동안 지키는 차이가 있을 뿐이다. 또 오계는 항상 지키는 것이므로 지키는 시간은 기나 계목이 적고, 하루 동안 지키는 팔재계는 지키는 시간은 짧지만 계목이 많은 차이가 있다. 만약 대승의 마음이 없다면 비록 죽을 때까지 지킨다 해도 대승의 마음을 가지고 하루 동안 재계하느니만 못하다.'"

물었다.

"어떤 날이 하루 동안 재계하는 날인가?"

답하자면, 『교주응화도敎主應化圖』에서는 "성인께서 태에 의탁하신 날과 나아가 성도하고 열반하신 날이다.【세존께서는 주나라 소왕昭王 계축년 7월 15일에 태에 의탁하셨고, 다음 해 갑인년 4월 8일에 탄생하였고, 임신년 2월 8일에 출가하셨고, 주나라 목왕穆王 3년 계미 3월 8일에 성도하셨고, 나아가 임신년 2월 15일에 화신이 길이 떠나셨다.】"라고 하였다. 혹은 팔왕일八王日 등은 재계를 지키는 날로서 부모와 처자를 위해 재계를 지키고 방생하며 1문[119]을 보시하는 날이라 한다. 혹 이날 경을 독송하거나 공양하거나 도량을 세우면 평상시보다 억 배나 수승하고, 이날 불선업을 하나라도 지으면 그 죄악 역시 억 배나 늘어난다고 한다. 이처럼 길상한 날에 재계를 지키지 않는다면 선신이 모두 보호하지 않을 것이며 악귀가 나날이 침범할 것이다. 또 삼장재三長齋란 정월 5일, 9월 초하루와 보름이다. 팔왕재일八王齋日은 입춘立春·춘분春分·입하立夏·하지夏至·입추立秋·추분秋分·입동立冬·동지冬至이니, 『제위경提謂經』에 나온다. 매월 육재일六齋日은 8일·14일·15일·23일·29일·30일이니, 『사천왕경四天王經』에 나온다.

물었다.

"왜 이런 날에 재계를 지키고 계를 받는가?"

답하자면, 경에서 이렇게 말하였다.

"이날은 모든 악한 귀신들이 사람들을 뒤쫓아 사람의 목숨을 빼앗으려는 날로서 질병과 흉화로 사람들을 불길하게 한다. 이런 까닭에 겁초劫初의 성인께서 사람들에게 재계를 지키면서 선을 닦고 복을 다스리게 함으로써 흉화를 피하게 하신 것이다. 그 당시의 재법齋法은 팔계八戒를 받지 않고 단지 하루 동안 먹지 않는 것으로 재를 삼았다. 뒤에 부처님께서 세간에 나오셔서 비로소 하루 낮 하루 밤 동안 팔계를 지키도록 하셨으니, 이 공덕은 장차 사람을 열반의 즐거움에 이르게 한다."

---

119 문文 : 수량의 단위이다.

또『사천왕경四天王經』에서 말하였다.

"모든 하늘이 재일에 사람들의 선악을 살핀다. 사천왕은 항상 매월 8일에 사자使者를 아래로 파견해 천하를 순찰하면서 황제·왕·신하·백성·용·귀신을 비롯해 날아다니고 기어 다니는 벌레들까지 샅샅이 감찰하게 한다. 14일에는 태자太子를 아래로 파견하고, 15일에는 사천왕이 직접 내려오고, 23일에는 사자를 다시 내려보내고, 29일에는 태자를 다시 내려보내고, 30일에는 사천왕이 다시 직접 내려온다. 사천왕이 내려오는 날에는 해와 달과 5성과 28수에 있는 모든 하늘이 무리 지어 함께 내려와 중생들을 꼼꼼히 살피고 길흉을 시행한다. 그래서 만약 삼보에 귀의하여 재계를 수지하고, 수식관을 열심히 닦고, 선정에 들고 경을 완미하며, 눈멀어 캄캄한 자들을 깨우쳐 교화하고, 부모에게 효순하고, 삼존을 받들어 모시고, 사등심四等心[120]을 실천하고, 중생을 자비로 기르는 자가 있으면 사천왕이 올라가 천신에게 보고한다. 그러면 제석帝釋과 그를 보좌하는 서른두 명이 한바탕 크게 기뻐한다. 또한 제석은 그들의 수명을 늘려 주도록 명령하고, 여러 선신들을 파견해 그의 몸을 보호하게 한다. 만약 한 가지 계를 지키면 다섯 신이 그를 보호하게 하고, 다섯 가지 계를 지키는 자면 스물다섯 신이 문을 지켜 흉악한 질병과 온갖 삿된 일들과 음모가 소멸하고, 밤에 악몽을 꾸는 일이 없게 하고, 관리나 도적이나 수재나 화재 등의 변괴가 끝내 침해하지 못하게 한다. 재앙을 물리치고 변괴를 소멸하는 것은 오계와 육재六齋뿐이다. 그는 목숨이 끝나면 천상의 칠보궁전에 왕생하여 소원대로 되지 않는 일이 없을 것이다."

『정토경』에서 말하였다.[121]

"팔왕일은 여덟 절기(八節日)이다. 말하자면 천왕天王이 상주하는 문서

120 사등심四等心 : 사무량심四無量心이라고도 한다. 자慈·비悲·희喜·사捨를 말한다.
121 아래는 법림法琳이 편찬한『辯正論』에서 인용하였다.

는 일 년에 여덟 차례 나온다. 따라서 '팔왕八王'이라 한다. 이날이 가장 바쁘니, 절기가 끝나고 일이 끝나면 과업을 조사하고 확정 지어 천제天帝에게 보고하는 것을 말한다. 서른두 신하, 사방을 진압하는 장군, 명을 담당하는 관리, 기록을 담당하는 관리, 염라대왕의 관리, 신명 등은 듣고 관찰한 죄와 복을 자세히 기록해 귀하고 천함을 따지지 않고 한 달에 여섯 차례 올린다. 이것이 육재일이다. 일 년에 세 차례 반복되는 것이 곧 삼장재월三長齋月이다. 사람마다 왼쪽 오른쪽 어깨 위에 좌우계左右契가 있으니, 왼쪽 신은 남자이고 오른쪽 신은 여자이다. 남자 신은 선을 기록하고 여자 신은 악을 기록해 하루 동안의 잘잘못을 한밤중에 하늘에 보고한다. 죄와 복을 교정하려면 각자 애를 써야 하는데, 죄와 복의 과보가 털끝만큼도 오차가 없다는 것을 어찌 알겠는가. 그래서 여래께서 큰 자비로 그들의 고통을 없애 주려고 재계를 지키라 권하여 그들로 하여금 행복을 얻게 한 것이다."

『정법염처경正法念處經』에서 말하였다.

"만약 재계를 지키는 사람이 많으면 모든 하늘이 늘어나 위엄스러운 광명을 구족하고 아수라는 감소하며, 악한 용은 힘을 잃고 선한 용은 힘을 얻으며, 바람과 비가 계절에 맞게 순조롭고 사계절이 화창하며, 단비가 때맞춰 내리고 백곡이 풍성하게 익으며, 백성들이 안락하고 전쟁이 그치며 전염병이 유행하지 않는다. 나아가 말법에 이르러 사람들이 재계를 지키지 않으면 모든 하늘이 감소하고 아수라가 흥성하며, 선한 용이 힘을 잃고 악한 용이 힘을 얻는다. 그러면 서리와 우박이 내리고 때아닌 폭풍과 폭우가 쏟아지며, 오곡이 익지를 않고 전염병이 앞다퉈 일어나며, 백성이 기근에 시달려 서로를 죽이고 해치게 된다."

이는 유가에서 '내 마음이 바르면 천지의 마음 역시 바르고, 내 기운이 순조로우면 천지의 기운 역시 순조롭다.'고 한 것과 같으니, 그 문장은 비록 다르지만 그 귀결점은 같은 것이다. 따라서 『육왕경育王經』에서 말하였다.

"왕이 나라 안의 모든 백성은 십선을 행하고 오계를 지키며 한 달에 육일을 재계하고 일 년에 세 달은 길게 재계하도록 명하여 소나 말이나 개나 돼지들까지도 모두 재계하는데, 하물며 승려가 지키지 않아서야 되겠는가?"

『인왕호국경仁王護國經』에서 부처님께서 바사닉왕波斯匿王에게 말씀하셨다.

"내가 멸도한 후 사부의 제자가 각자 살못된 빕을 민들고 부처의 가르침과 함께 횡행하여 온갖 허물을 저지를 것입니다. 그런 잘못된 법과 잘못된 계율로 인해 정법이 쇠퇴하고 백성은 바른 행을 실천하지 않을 것이며, 온갖 악이 점점 증가하고 그들의 수명은 나날이 감소할 것이며, 더 이상 효자란 없고 육친六親이 화합하지 못할 것이며, 하늘과 용이 도와주지 않고 악귀와 악룡들이 날마다 들이닥쳐 해칠 것이며, 재앙과 변괴가 이어져 재앙이 사방에 횡행할 것입니다. 그리하여 다음 생에는 지옥이나 축생이나 아귀 세계로 떨어질 것이며, 사람으로 태어난다 해도 빈궁하고 하천하며 육근이 온전치 못할 것입니다.

대왕이여, 미래 세상에서는 모든 백성과 나의 제자들이 재계 지키는 것을 믿지 않고 멋대로 경전을 만들어 낼 것입니다. 마땅히 알아야 하니, 그때가 되면 불법은 오래가지 못할 것입니다. 나쁜 비구들이 명예와 이익을 얻기 위해 나의 법에 의지하지 않고 멋대로 제도와 법을 만들 것이며, 부처의 계율에 의지하지 않을 것입니다. 그렇게 법을 파괴하고 나라를 파괴한 인연으로 그 과보를 자신이 받을 것이니, 이는 불법의 잘못이 아닙니다. 하늘과 용이 버리고 떠나며 다섯 가지 혼탁함이 점점 더 증가할 것이니, 만약 이를 자세히 설명한다면 겁이 다해도 온전히 설명하지 못할 것입니다."

여덟 번째 계인 정오가 지나서 음식을 먹지 않는다는 것은 무엇인가?

『비라삼매경毗羅三昧經』에서 부처님께서 법혜法慧에게 말씀하셨다.

"식사법에 네 가지가 있다. 아침에 일어나자마자 먹는 것은 모든 하늘들의 식사법이고, 정오에 먹는 것은 삼세 모든 부처님의 식사법이고, 해질 무렵에 먹는 것은 축생들의 식사법이고, 해가 지고 나서 먹는 것은 귀신들의 식사법이다."

부처님께서 제정하신 법식은 육취六趣의 원인을 끊어 삼세의 부처님과 같아지게 하는 것이다. 따라서 삼계를 초월하고자 한다면 반드시 육취에 태어날 원인을 끊어야 한다.

『살바다론』에서 말하였다.

"해가 뜰 때부터 정오까지 그 밝음이 점점 왕성해지는 시간을 '중中'이라 한다. 그 후 밝음이 차츰 사라지는 시간을 '비시非時'라 한다."

또 『사분율四分律』에서 말하였다.

"정오가 지난 후부터 다음 날 환하게 밝기 전까지를 '비시'라 한다. 만약 비시에 음식을 먹는다면 한 입 한 입 먹을 때마다 죄를 범하는 것이 된다. 따라서 음식을 받아먹으려면 반드시 정오 전에 해야 한다. 만약 하늘이 맑아 태양이 또렷한 날이면 해가 하늘 한복판에 있는지 관찰하고, 짙게 구름이 드리운 날에는 반드시 조심해야만 한다."

『니초尼鈔』에서는 "출가한 사람은 마땅히 하늘나라 식사법을 따라야 한다."고 하였고, 『지도론』에서는 "모든 부처님께서 수명이 다하시도록 하루 낮 하루 밤 동안에 정오가 지나면 잡수시지 않으셨던 것처럼 똑같이 하라.【앞의 일곱 가지 계에 대한 문장도 모두 이와 같다. 번거로울까 싶어 기록하지 않는다. 지혜로운 자라면 이를 헤아려 마땅히 모든 부처님을 따라야지 귀신이나 축생을 따르지는 말라.】"고 하였다.

그러므로 여래께서는 처음에는 비구들에게 하루에 한 끼만 먹도록 법식을 제정하셨다. 그 후에 라후라羅睺羅가 너무 어린 나이에 출가하여 배가 고파 우는 일이 발생하자 부처님께서 울음을 그치게 하려고 또 아침에 죽을 먹도록 허락하신 것이다. 후세 비구들이 이것을 보고 근거로 삼아 아침에 죽을 먹고 정오에 밥을 먹는 것을 변함없는 법식으로 삼게 된 것이다. 따라서 아침에 죽을 먹는 것은 잘못임을 알아야 한다. 오랜 옛날에 두타행을 실천하던 분들께서도 정오에 한 끼만 먹는 것을 으뜸가는 행으로 삼고 쌍림雙林의 나무 아래에서 하룻밤 주무셨으니, 삼가 재차 의론하지 말라. 『박물지博物志』에서 "잡다한 식사는 온갖 질병과 요사스러운 일들의 씨앗이 된다. 먹는 게 적을수록 마음은 더욱 밝아지고, 먹는 게 많을수록 몸은 더욱 축난다."고 하였다. 위의 글들을 잘 파악하면 승가에서는 정오에 한 끼만 먹는 것이 변함없는 법식이다. 내가 보기에 요즘은 팔왕일 등에 재계를 지킨다는 자들이 정오를 기다렸다가 음식을 먹는데, 이래도 되는 것일까? 이 글들에서는 모두 "하루 낮 하루 밤 동안"이라 했지 "낮의 반과 밤의 반 동안"이라 하지 않았다. 또 "야간野干도 마음으로 십선十善을 생각하며 일주일 동안 음식을 먹지 않자 도솔천에 태어나게 되었다."고 하였다.

會名功能兩部互顯【法苑珠林百卷。西明寺沙門道世撰。此下戒文。第八十七八九。三卷中。皆出也。】

會名部云。問諸經論中。何名八關齋亦名關戒也。答前八。是關閉八惡。不起諸過。不非時食者。是齋。齋者齊也。謂禁止六情。不染六塵。齊斷諸惡。具修衆善。故名齋也。又齋者。過中不食爲名。戒者防非止惡爲義也。智度論問曰五戒一日戒。何者爲勝。答但五戒終身持。八戒一日持。又五戒常持。時多而戒少。一日戒。時少而戒多。若無大心。雖復終身持。不如有大心一日戒。問何等一日戒耶。敎主應化圖云。聖人託胎。乃至成道涅槃之日。【世尊周昭癸丑年七月十五日託胎。明年甲寅四月初八日誕生。壬申二月初八日出家。周穆王第三年癸未三月八日成道。乃至壬申二月十五日化身長往。】或八王等。持齋之日。爲於父母與妻子。持齋放生。施一文。或誦經供佛建道場。勝比常日十千萬。此日作一不善業。罪惡亦增十千萬。如此吉祥日。若不持齋戒。善神都不護。惡鬼日來侵。又三長齋者。正月五日。九月初一日。與十五日也。八王齋日者。立春春分立夏夏至立秋秋分立冬冬至。出提謂經。每月六齋者。初八日十四十五二十三二十九三十日。出四天王經。問何故此等日持齋受戒耶。經曰是日諸惡鬼神。逐人欲奪人命。疾病凶襄。[1] 令人不吉。是以劫初聖人。教人持齋。脩善治福。以避凶襄。[2] 是時齋法。不受八戒。眞以一日不食爲齋。後佛出世。始敎一日一夜。是功德。將人至涅槃樂。又四天王經云。諸天齋日。伺人善惡。四天王常以月八日。遣使者下。案行天下。伺察帝王臣民龍鬼蜎飛蠕動之類。十四日遣太子下。十五日四王自下。二十三日使者復下。二十九日太子復下。三十日四王復自下。四王下者。日月五星二十八宿。其中諸天。僉然俱下。勤伺衆生。施行吉凶。若有歸向三寶。守齋持戒。精進數息。禪定翫經。開化盲瞑。孝順父母。奉事三尊。行四等心。慈育衆生者。四王上啓天。帝釋及輔臣三十二人。僉然俱喜。釋勅增益壽筭。遣諸善神。營護其身。若持一戒。令五神護之。五戒具持者。令二十五神。營護門戶。凶疫衆邪陰謀消滅。夜無惡夢。縣官盜賊水火災變。終而不害。攘禍滅怪。五戒六齋耳。臨其命終。往生天上。七寶宮殿。無願不得。淨土經云。八王者。八節日也。言天王所奏文書。一歲八出。故稱八王。此日最急。言歲終事畢。考課結定。上言天帝。三十二臣四鎭司命司錄。閻羅所司。神明聽察。疏記罪福。不問尊卑。一月六奏。六齋日是。一歲三覆。即三長齋月也。人人左右肩上有左右契。左神男。右神女。男神疏善。女神疏惡。先前一日。夜半上天。校定罪福。各自求功。爭知罪福。毛髮不差。如來大悲。爲拔彼苦。勸修齋戒。令其得樂。正法念處經云。若人持齋者多。諸天增足威光。修羅減少。惡龍無力。善龍有力。風雨順時。四時和暢。甘雨時降。百穀豊稔。人民安樂。兵戈戢息。疫疾不行。乃至末法。人不持齋。諸天減少。阿修羅盛。善龍無力。惡龍有力。則降霜雹。非時暴風疾雨。五穀不登。疾疫競起。人民飢饉。互相殘害。如儒家所謂吾之心正。則天地之心亦正。吾之氣順。則天地之氣亦順。其文雖殊。其致一也。故育王經云。王令國中人民悉行十善。持五戒。月六齋。年三長齋。牛馬犬猪皆齋。況僧可不持乎。仁王護國經云。佛告波斯匿王。我滅度後。四部弟子。各作非法。橫與佛教。作諸過咎。非法非律。正法衰薄。民無正行。諸惡漸增。其壽日減。無復孝子。六親不和。天龍不祐。惡鬼惡龍。日來侵害。灾怪相繼。爲禍縱橫。當墮地獄。傍生餓鬼。若得爲人。貧窮下賤。諸根不具。大王。未來世中。一切人民。與我弟子。不信持齋。橫立記籍。當知爾時佛法不久。而惡比丘爲求名利。不依我法。橫立制法。不依佛戒。自作破法破國因緣。身自受之。非佛法咎。天龍捨去。五濁轉增。若具說者。窮劫不盡。苐[3]八過中不食者。毗羅三昧經云。佛告法慧菩薩。食有四種。早起諸天食。日中三世佛食。日西畜生食。日暮鬼神食。佛制斷六趣因。令同三世佛。故以欲超三界。必斷六因。薩波多論云。從旦至中。其明轉盛。名之爲時中。後明沒名爲非時。又四分律云。從日中後。乃至明相未出。名爲非時。若於非時受食。食咽咽犯墮。故知受食。必在中前。若天日晴朗。當觀日中。如陰雲時。應須急護。尼鈔云。出家之人。應作天食。智度論云。如諸佛盡壽。一日一夜。不過中食。【前縱等七文。皆如此。恐繁不錄。智者思之。肯敎諸佛。不從鬼畜。】是故如來。初制比丘一日一食。後羅睺羅。幼少出家。飢而啼之。佛爲止啼。且許朝粥。後世比丘。見此開門。朝粥中食。以爲恒式。故知朝粥非矣。上古頭陁。上行日中一食。雙林樹下一宿。愼勿再意。博物志云。雜食者。百疾妖邪之所種。食逾小心逾明。食逾多身逾捐。看取上文。僧家日中一食恒法。竊觀近世。八王等日持齋者。待中已食。可乎。此文皆云一日一夜。不云半日半夜。又云野干心念十善七日不食。得生兜率天。

1) ㊇ '襄'은 '衰'인 듯하다. 이 대목은 『大智度論』 권13(T25, 160a)과 『法苑珠林』 권88(T53, 932a)에서 인용하였는데, 두 곳 모두 '疾病凶衰令人不吉'이라 하였다. 2) ㊇ '襄'은 '衰'인 듯하다. 3) ㊊ '苐'는 '第'와 통용된다.

인증부

『건타국왕경揵陀國王經』에서 말하였다.

"두 사람이 함께 재계를 지켰는데, 한 사람은 법을 지켜 천상에 태어났다가 다시 인간으로 태어나 국왕이 되었고, 한 사람은 재계를 어기고 밤에 음식을 먹어 죽은 뒤에 죗값을 받고 죄가 다한 뒤에는 오백생 동안 소로 태어났다."

또 『잡비유경雜譬喩經』에서 말하였다.

"어느 소 장수가 부처님의 가르침에 따라 재계를 지켰는데, 집으로 돌아가자 아내가 '나는 아침 내내 당신을 기다리느라 아직 밥도 먹지 못했다.'고 하면서 억지로 남편에게 밥을 권해 그가 재계를 지키려던 뜻을 포기하고 말았다. 그럼에도 불구하고 그는 일곱 번 천상에 태어났다가 일곱 번 인간으로 태어나게 되었다."

『호정경護淨經』에서 말하였다.

"하루 동안 재계를 지키면 60만 년 동안 먹을 넉넉한 양식을 얻게 되고, 하루 동안 재계를 지키지 않으면 역시 60만 년 동안 아귀 세계에 떨어지게 되니, 신자들의 보시는 소화시키기 어렵기 때문이다. 만약 단월이 재를 베풀어 스님들을 공양한다면 재계를 지키는 자는 먹어도 되지만, 재계를 지키지 않는 자는 차라리 쇠구슬을 삼킬지언정 그 음식을 먹어서는 안 된다. 쇠구슬을 삼키는 것은 잠깐이지만, 재계를 지키지 않고 보시를 받아먹으면 오랜 세월 동안 큰 고통을 받아야만 한다."

사리불이 부처님께 여쭈었다.

"내세에 때아닌 때에 음식을 권하는 자와 먹는 자는 어떤 죄를 얻습니까? 그렇게 보시한 단월은 어떤 복을 얻습니까?"

부처님께서 말씀하셨다.

"때가 아니라면 음식을 준 자나 먹는 자나 모두 파계한 사람이고, 또한 도둑질을 한 사람이다. 비구가 먹기는 했지만 시주에게는 아무런 이익이 없다. 따라서 밥 한 덩어리, 반찬 한 움큼, 소금 한 조각, 식초 한 방울을 받았더라도 모두 죽으면 창자가 타 버리는 지옥에 떨어져 벌건 쇠구슬을 삼키게 될 것이다. 그 지옥에서 나오면 돼지나 개로 태어나 온갖 더러운 것들을 먹게 될 것이며, 또 흉악한 새로 태어나 사람들이 그 소리를 괴상하게 여길 것이며, 다시 인간으로 태어나더라도 빈궁하고 하천하여 사람들에게 버림받고 미움을 받아 좋아하는 자가 아무도 없을 것이다."

『한산집寒山集』에서 말하였다.

부잣집 주인 갑자기 죽어 버리면
앞다퉈 머리 디밀고 슬피 울면서
승가에 공양하고 축원문 읽지만
귀신의 복록은 텅텅 비어 있고
복전이 될 만한 자 한 명도 없으니
부질없이 떼거지 중들에게 밥만 먹였네

이를 말미암아 살펴보건대, 단월은 참다운 스님을 만나기가 어렵고 스님들 역시 공양을 받기가 어려운 것이다.

『범망경梵網經』에서 부처님이 모든 보살에게 경계하며 말씀하셨다.

"이렇게 발원하라.

'차라리 이 몸을 맹렬한 불길이 활활 타오르는 깊은 불구덩이에 던질지언정, 백천겁이 흐른다 해도 끝내 〈여인 등과 부정한 짓을 하지 말라〉 하신 삼세 모든 부처님의 금계를 범하지 않겠습니다.'

또 이렇게 발원하라.

'차라리 벌건 쇠로 온몸을 칭칭 감을지언정, 백천겁이 흐른다 해도 끝내 감히 파계한 몸으로 단월이 신심으로 베푸는 의복을 받지 않겠습니다.'

또 이렇게 발원하라.

'차라리 이 입으로 벌건 쇠구슬을 삼킬지언정, 백천겁이 흐른다 해도 끝내 감히 파계한 입으로 단월이 신심으로 베푸는 음식을 먹지 않겠습니다.'

또 이렇게 발원하라.

'차라리 이 몸을 벌건 가마솥에 던질지언정, 백천겁이 흐른다 해도 끝내 감히 파계한 몸으로 단월이 신심으로 베푸는 방사를 받지 않겠습니다.'

또 이렇게 발원하라.

'차라리 쇠망치로 이 몸을 부숴 버려 가루를 만들지언정, 백천겁이 흐른다 해도 끝내 감히 파계한 몸으로 단월이 신심으로 공경히 올리는 예배를 받지 않겠습니다.'

왜냐하면 이런 인연이 수행자를 지옥에 떨어뜨릴 수 있기 때문이니라."

『능엄경』에서 말하였다.

"만약 가라앉는 마음 가운데 대승을 비방하였거나 부처님의 금계를 훼손하였거나 거짓말로 법을 설하였거나 허황되게 신자들의 보시를 탐냈거나 외람되게 공경을 받은 일이 있다면 다시 시방의 아비지옥에 태어나리라."[122]

여기에 대해 계환[123] 스님이 말하였다.

"그곳의 겁이 파괴된다 해도 다시 시방의 아비지옥에 들어가게 되어 벗어날 기약이 없다. 법을 비방하고 계율을 훼손해 수없이 많은 사람을 삿된 견해에 떨어뜨렸기 때문이다."[124]

『월등삼매경月燈三昧經』에서 말하였다.

---

122 『首楞嚴經』 권8(T19, 143c).

123 계환戒環 : 송나라 온릉溫陵 개원련사開元蓮寺에 주석했던 스님이다. 『妙法蓮華經要解』 20권과 『首楞嚴經要解』 10권을 지었다.

124 『首楞嚴經要解』(X11, 859b).

비록 색의 수명과 다문을 갖췄다 해도
계율과 지혜가 없다면 그는 짐승과 같고
비록 비천하게 살아가며 견문이 좁다 해도
청정한 계율을 지킨다면 그가 수승한 대사

또 『지도론』에서 "이 계를 버린다면 비록 산에 살면서 약을 복용하고 풀만 먹는다 해도 새나 짐승과 다를 바가 없다. 만약 계를 잘 지킨다면 그 향기가 시방에 풍기고 명성이 멀리까지 퍼져 천하 모든 사람들이 사랑하고 공경할 것이며, 원하는 바를 모두 이룰 것이다."라고 하였으니, 『법화경』에서 "그 명칭이 크고 넓은 문이라서 능히 한량없는 중생을 제도할 수 있다."고 한 것과 같다.

물었다.

"지옥은 어디에 있고, 어떤 사람이 남을 제도하는가?"

사마온공司馬溫公[125]이 말하였다.

분노는 맹렬한 불길과 같고
욕심은 날카로운 칼날과 같으며
밤새도록 아침까지 늘어지는 근심 걱정
이를 이름하여 아비지옥이라 한다네
안회처럼 누추하게 살아도 편안하고
맹가처럼 항상 호연지기를 기르며[126]

125 사마온공司馬溫公(1019~1086) : 송나라의 명상 사마광司馬光을 말한다. 태사온국공太師溫國公을 증직贈職받았으므로 사마온공司馬溫公이라 칭한다. 『資治通鑑』의 편찬자로 유명하다.

126 맹가처럼 항상 호연지기를 기르며 : 『孟子』「公孫丑」 상에서 "나는 나의 호연지기浩然之氣를 잘 기른다. …… 호연지기의 속성은 지극히 크고 지극히 강한 것이다. 따라서 곧은 것을 가지고 꾸준히 길러 가면서 해치는 일이 없게 하면 장차 천지 사이에

부귀영화 떠도는 구름처럼 여기면
이를 이름하여 극락국토라 한다네
효성과 우애를 다하면 신명과 통하고
충성과 신의 지키면 변방 나라도 행하며
선을 쌓으면 미래에 온갖 상서 찾아오니
이를 이름하여 인과를 짓는 것이라 한다네
그 말씀은 대대로 스승이 되고
그 행동은 온 천하의 법도가 되어
오랜 세월 흘러도 가릴 수가 없으면
이를 이름하여 파괴되지 않는 몸이라 한다네
어짊이란 사람들의 편안한 집
의로움이란 사람들의 바른 길
정성을 다해 오래오래 실천하면
이를 이름하여 광명장이라 한다네
도덕으로 자신을 닦고
공덕을 만물에게 끼치면
현인이 되고 대성인이 되나니
이를 이름하여 불보살이라 한다네

이런 까닭에 혜원 법사[127]는 죽을 때까지 때아닌 때에는 미음도 마시지

가득 차게 될 것이다."라고 하였다.

127 혜원 법사慧遠法師 : 여산 혜원廬山慧遠(335~417) 법사를 말한다. 동진 때 스님으로 도안 법사道安法師의 제자이다. 373년 부비苻丕가 양양襄陽을 공격해 도안을 데려가자 제자들과 함께 여산에 은거해 동림사東林寺를 창건하였다. 『阿毘曇心論』·『三法度論』을 다시 번역하고, 『十誦律』을 번역하는 데 크게 공헌하여 계율의 확립에 앞장섰다. 또한 도속이 함께 어울려 정토행을 닦은 백련사白蓮社를 결성한 것으로 유명하다.

않았고, 영도 법사는 재난을 당해서도 정오가 지나면 음식을 먹지 않았으며,[128] 천태 지자 대사는 때아닌 때에 음식을 먹는 자를 만나면 함께 머물지도 않았고, 청량 국사는 정오가 지나면 음식을 입에 대지 않았으며, 고승 오은晤恩[129]은 오후에 이웃의 승려가 그릇을 부딪치는 소리를 듣고 크게 통곡했으니, 어찌 미래의 고통을 깊이 헤아려 자비가 타인에게까지 미친 것이 아니겠는가. 이는 모두 선덕들의 아름다운 모범이니 후대의 현자들은 마땅히 가슴에 품고 높이 우러러야 할 것이야.

引證部

揵陁國王經云。有二人共持齋戒。一人守法生天。後生人中爲國王。一人犯齋夜食。命終受罪。罪畢作牛腹五百世。又雜譬喩經云。有賣牛人。佛敎持齋。及歸婦言。我朝相待未飯。强勸夫飯。壞其齋意。雖爾七返生天。七生人間。護淨經云。一日持齋。得六十萬世餘粮。一日不持齋者。亦六十萬世墮餓鬼中。以信施難消故。若檀越。設齋供僧。持齋者得食。不持齋者。寧呑鐵丸。不食此飯。呑鐵丸須臾耳。無齋食施。久受大苦。舍利弗而白佛言。來世非時勸者食者。得何等罪。其本檀越。得何等福。佛言非時與者食者。俱是破戒人。亦犯盜人。比丘雖食。而施主無益。故受一團一撮片鹽片醋。皆死墮燋腸地獄。呑鐵丸。從地獄出。生猪狗中。食諸不淨。又生惡鳥。人

128 영도 법사는~먹지 않았으며 : 영도永道 법사는 송나라 스님으로 휘종徽宗 때 좌가左街에 봉해져 향적원香積院에 머물렀다. 도사 임영소林靈素의 주청에 따라 휘종이 승려들의 복식을 도사들의 복장으로 바꾸고 덕사德士라 칭하라 명하자 이에 반하는 상소를 올렸다. 진노한 휘종이 영도를 환속시키고 유배를 보냈는데, 영도는 유배지에서도 계율을 어기지 않고 정오가 지나면 밥을 먹지 않았다. 후에 휘종이 다시 그를 불러 복직시켰다. 『佛祖統紀』 권54(T49, 471b).

129 오은晤恩 : 송나라 때 스님으로 자는 수기修己이며 항주杭州 자광원慈光院에 주석하였다. 계율을 엄정하게 지켜 의복과 재물을 축적하지 않고 하루에 한 끼만 먹었으며, 저녁에 몰래 서여탕薯蕷湯을 마시는 학인이 있자 즉시 쫓아냈다. 『宋高僧傳』 권7(T50, 751).

怪其聲。更生人中。貧窮下賤。人所弃惡。無可愛者。寒山集云。財主忽然死。爭共當頭哭。供僧讀文疏。空是鬼神祿。福田一箇無。虛設一群禿。由此觀之。檀越得僧難。僧亦受供難。梵網經。佛誡諸菩薩云。作是願言。寧以此身。投於熾然猛火深坑。經百千劫。終不毁犯三世諸佛禁戒。與女人等而行不淨。復作是願。寧以熱鐵。周匝纒身。經百千劫。終不敢以破戒之身。受信心檀越衣服。復作是願。寧以此口呑熱鐵丸。經百千劫。終不敢以破戒之口。食信心檀越飮食。復作是願。寧以此身。投熱鐵鑊。經百千劫。終不敢以破戒之身。受信心檀越房舍。復作是願寧以鐵鎚。打碎此身。令如微塵。經百千劫。終不敢以破戒之身。受信心檀越恭敬禮拜。何故以是因緣。能令行者墮地獄。楞嚴云。若沉心中。有謗大乘。毁佛禁戒。誑妄說法。虛貪信施。濫應恭敬。更生十方阿鼻獄。環師云。此劫雖壞。更入十方阿鼻。無有出期。以謗法毁戒。令無窮人墮邪見故。月燈三昧經云。雖有色壽及多聞。若無戒智猶禽獸。雖處卑下少聞見。能持淨戒名勝士。又智度論云。若棄此戒。雖復山居服藥食草。與禽獸無異。若能持戒。香聞十方名聲遠布。天下人愛敬。所願皆得。如法華所謂。名稱普門。能度無量衆生也。問何處有獄。何人度他耶。司馬溫公云。

忿怒如烈火。利欲如銛鋒。

終朝長戚戚。是名阿鼻獄。

顏回安陋巷。孟軻養浩然。

富貴如浮雲。是名極樂國。

孝悌通神明。忠信行蠻貊。[1)]

積善來百祥。是名作因果。

言爲百代師。行爲天下法。

久久不可掩。是名不壞身。

仁人之安宅。義人之正路。

行之誠且久。是名光明藏。

道德修一身。功德被萬物。

爲賢爲大聖。是名佛菩薩。

以故遠法師至死。尙不飮非時漿。道法師遇難。亦不過中食。天台智者。不遇非時食者同止。淸凉國師。舌不過午饍。晤恩高僧。午後聞隣僧動食器聲。則慟然大哭。豈非深畏來苦。悲及他人。此並先德嘉模。後賢應懷景仰。

---

1) ㉮ '貌'은 '貊'인 듯하다.

술의부

대저 삼계에는 편안함이 없는 것이 불난 집과 같으며, 괴로움을 없애 주고 즐거움을 주려면 반드시 계戒를 숭상해야 한다. 경에서 이를 여러 가지로 비유하였지만 우선 몇 가지만 서술하겠다. 먼 길을 갈 수 있으므로 다리에 비유하였고, 일체를 수승하게 유지하므로 대지大地에 비유하였고, 만물을 자라게 하므로 때맞춰 내리는 비에 비유하였고, 온갖 병을 잘 치료하므로 좋은 의사에 비유하였고, 배고픔과 목마름을 가셔 주므로 감로甘露에 비유하였고, 물에 빠지지 않게 건네주므로 교량橋梁에 비유하였고, 큰 바다를 운행하여 건너므로 뗏목에 비유하였고, 짙은 어둠을 비추어 없애므로 등불에 비유하였고, 잘못을 막고 악을 그치게 하므로 계율을 선행에 비유하였고, 해탈로 나아가 돌아가려면 끝내 시라尸羅[130]의 힘을 빌려야 하고, 법신을 장식하므로 영락瓔珞에 비유하였으니, 이와 같은 비유가 또한 한량이 없다. 어찌 이를 공경하지 않겠는가. 뜻을 더욱 굳건히 하여 받들어 지켜야 할 것이다. 발 없이 가려고 하고, 날개 없이 날려고 하고, 배 없이 건너려 한다면 이것은 불가능한 일이다. 청정한 계율이 없으면서 오묘한 과위를 얻으려 하는 것 역시 마찬가지다.

『지도론』에서 말하였다.

지독한 질병에 걸렸을 때
계가 훌륭한 약초가 되고
큰 공포에 휩싸였을 때
계가 수호자가 되며
죽음의 어둠 속에서

130 시라尸羅 : Ⓢ śīla의 음역이다. 계율戒律 · 율律로 번역하기도 한다.

계가 밝은 등불이 되며
세 곳 악한 세계에서
계가 다리가 되며
다섯 가지 공포[131]의 바다에서
계가 큰 배가 된다[132]

『화엄경』에서 말하였다.

"사람이 집을 지으려면 먼저 그 기초를 정비하는 것과 같다. 보살 역시 마찬가지니 만행을 닦고자 한다면 먼저 시라를 청정히 하라."

또 『살바다론』에서 말하였다.

"처음 계를 받은 사람도 부처님과 평등하다. 그러므로 계의 공덕은 낱낱이 다 설명할 수가 없다."

따라서 『열반경』에서는 "불성佛性을 보고 큰 열반을 증득하고 싶다면 반드시 깊은 마음으로 청정한 계율을 닦고 지켜라. 만일 청정한 계율을 깨뜨리면 이는 악마의 권속이지 나의 제자가 아니다."라고 하였다. 우러러 사모할 수 있는 자가 있다면 삼취정계三聚淨戒[133]·십무진계十無盡戒[134]·이십사계二十四戒[135]와 이백오십계二百五十戒·오백계五百戒[136] 등 출가 재가의 모

131 다섯 가지 공포(五怖) : 진리를 체득하지 못한 이에게 나타날 수 있는 다섯 종류의 공포이다. 오외五畏라고도 하며, 불활외不活畏·악명외惡名畏·사외死畏·악도외惡道畏·대중위덕외大衆威德畏를 말한다.

132 『大智度論』 권13(T25, 153c).

133 삼취정계三聚淨戒 : 대승 보살의 계법戒法으로 섭률의계攝律儀戒·섭선법계攝善法戒·섭중생계攝衆生戒를 말한다. 대승·소승의 모든 계법이 이 가운데 다 포섭되므로 섭攝이라 하고, 그 계법이 본래 청정하므로 정淨이라 한다.

134 십무진계十無盡戒 : 십중금계十重禁戒라고도 하며, 대승 보살이 지키는 열 가지 계율이다. 무진無盡은 계를 지키려는 마음이 다함이 없으므로 계도 다함이 없음을 말한다.

135 이십사계二十四戒 : 방등삼매方等三昧를 닦을 때 수지하는 계율이다.

136 이백오십계二百五十戒·오백계五百戒 : 비구들의 구족계와 비구니들의 구족계를 말한다.

든 계율을 따르고 받아라. 이 모두를 원만히 보호할 수 있다면 그가 참된 불자이니, 불성의 문을 열어 열반의 길로 들어가리라.

따라서 조사께서 "천 리 길도 한 걸음부터"라 하였다. 첫걸음인 오계五戒도 지키지 못하는데 하물며 3천 가지 위의와 8만 가지 세밀한 행동이겠는가. 재齋는 만 가지 선의 주인이고 계戒는 100가지 행의 문이니, 대승이건 소승이건 제도로 갖춰야 하고 도인이건 속인이건 함께 준수해야 한다. 아, 요즘에는 재계를 가볍게 여기고 헐뜯으면서 자칭 대승이라 하는 자들이 있다. 억지로 맛있는 술과 음식을 가져와 재계를 지키는 사람에게 권하니, 위로는 부처님의 광명을 장애하는 짓이요, 아래로는 사람들의 공덕을 파괴하는 짓이다. 이와 같은 일단의 부류들은 영원히 삼악도에 떨어지리라. 설령 크게 통달하고 크게 꿰뚫어 도를 이야기하고 선을 이야기한다 해도 입만 열면 도깨비가 목구멍을 핥고 걸음만 나서면 귀신이 발자국을 쓸어버릴 것이니, 구족九族이 하늘에 태어나길 기대한다고 말하지 말라. 자식 하나 출가하면 구족이 하늘에 태어난다더니, 잘못에 연루되어 양친부터 먼저 지옥에 들어가리라.

옛날에 어떤 출가인이 유배되어 가던 길에 날이 점점 어두워졌는데, 홀연히 어떤 두 사람이 과거 그의 어머니를 압송하는 것을 보게 되었다. 그래서 어머니에게 어떻게 된 일이냐고 물었지만 어머니는 대답을 못 하였다. 그래서 압송하던 두 사람에게 묻자 그들이 말하였다.

"이 아주머니에게 출가한 아들이 있는데, 잘못된 법문을 하고 재계를 파괴하였다. 그래서 먼저 그의 어머니부터 잡아다 지옥으로 들여보내 죄를 받게 하려는 것이다."

따라서 도안 법사道安法師[137]는 삼가 여러 제자들과 이별하면서 이런 유

137 도안 법사道安法師(314~385) : 중국 불교의 개척자 중 한 사람이다. 상산常山 부류扶柳 사람으로 12세에 출가하였다. 매우 총명하였으나 용모가 추하였다고 한다. 불도징佛圖澄을 스승으로 섬기고, 법제法濟·지담支曇 등에게 수학하였으며, 이후 혜원慧遠

훈을 남겼다.

"무릇 출가하여 도를 닦는다는 것은 지극히 무겁고 지극히 어려운 일이니, 스스로 가볍게 여기거나 스스로 쉽게 여겨서는 안 된다. 왜 무겁다고 말하는가? 도道를 어깨에 메고 덕德을 차고서 인仁을 두르고 의義를 짊어지고는 청정한 계를 받들어 지키며 죽은 뒤에야 그만두기 때문이다. 왜 어렵다고 말하는가? 세속을 완전히 벗어나고 친지의 사랑을 영원히 끊고서 망정을 돌이키고 성품을 바꾸어 세상 사람들과는 같지 않기 때문이다. 사람들이 할 수 없는 것을 행하고 사람들이 잘라 버릴 수 없는 것을 잘라 버리고서 고통을 참아 내고 모욕을 수용하면서 몸과 목숨마저 버리기 때문에 힘든 일을 해내는 자(難者)라 하고, 도인道人이라 부르는 것이다. 도인이란 어진 사람이니, 행동했다 하면 반드시 따라 할 만해야 하고, 말했다 하면 반드시 법식이 될 수 있어야 한다. 가사를 입고 출가했으면 법칙에 따라 행동하면서 탐하지 말고 다투지 말고 모함하지 말고 숨기지 말며, 높고 원대한 가르침을 배우고 물으면서 현묘한 침묵에 뜻을 두어야 한다. 이것을 일컬어 삼존三尊의 지위에 동참하는 것이라 하니, 나가면 현인賢人이 되고 들어오면 성인聖人이 되어 그 정혼精魂을 말끔히 씻어 버리는 것이다. 그래야 군왕이 그 보답을 바라지 않고 부모가 그의 힘을 바라지 않으면서 온 천하 사람이 그의 가르침에 귀의하지 않는 자가 없게 되는 것이다."

또 설봉雪峯[138] 조사께서 말씀하셨다.

"아사리를 선계善戒라고 부르니, 몸과 마음을 가지런히 정돈하여 산란

등 400명을 거느리고 양양襄陽에서 전도하였다. 진왕秦王 부견符堅이 그의 학덕을 사모하여, 군대로 양양을 포위하고 장안長安으로 데려갔다.

138 설봉雪峯(822~908) : 당나라 스님으로 법명은 의존義存이다. 부용 영훈芙蓉靈訓에게 출가하여 동산 양개洞山良价와 덕산 선감德山宣鑑에게 참학하였고, 사형 암두 전활巖頭全豁의 가르침으로 대오하였다. 이후 복주의 상골봉象骨峰에 주석하며 종풍을 선양하였다.

하지 않게 한다는 것이다. 여래의 계법에 의지해 환희하며 받들어 행하는 것을 법희식法喜食이라 하고, 몸과 마음을 깨끗이 다스려 안팎이 맑고 고요한 것을 선열식禪悅食이라 한다. 삼학을 부지런히 닦고 육바라밀을 실천하는 자를 아사리라 부르니, 곧 모범이 되는 스승이란 뜻이다. 만약 이렇게 할 수 있다면 그것이 곧 은혜에 보답하는 것이고 중생을 구제해 주는 것이니, 세상 사람이 모두 공경할 뿐만 아니라 나아가 귀신들까지도 그의 도덕을 흠모할 것이다."

옛날 주석에서 "태수의 부인이 아사리들이 공양하는 것을 보았는데, 모두 좌우에서 귀신들이 잡아당겨 땅에서 떨어져서 걸어갔다."고 하였다. 또 『전등록傳燈錄』에서 "개산 안開山安 선사가 선정에 들어 두 스님을 보았는데, 먼저 불법을 이야기할 때는 하늘과 용들이 공손히 듣고 나중에 세상사를 이야기하자 귀신들이 흔적을 지워 버렸다."고 하였다. 선과 악이 이렇게 너무도 분명한데, 어찌 거친 행동을 하겠는가.

述意部

夫三界無安。猶如火宅。拔苦與樂。必須崇戒。經喩多種。且述三五。能涉遠路。喩之脚足。勝持一切。喩之大地。生長萬物。喩之時雨。善療衆病。喩之良藥。能消飢渴。喩之甘露。接濟沉溺。喩之橋梁。運度大海。喩之浮囊。照除昏暗。喩之燈光。防非止惡。喩之戒善。歸趣解脫。終籍尸羅。莊飾法身。喩之瓔珞。如是之喩。亦有無量。豈不敬之。勵意奉持也。如無足欲行。無翔欲飛。無舡欲濟。是不可得。若無淨戒。欲得妙果。亦復如是。又智度論云。

大惡病中。戒爲良藥。

大怖畏中。戒爲守護。

死暗冥中。戒爲明燈。

三惡道中。戒爲橋梁。

五怖海中。戒爲大舡。

華嚴云。如人欲成家宅。先整其基。菩薩亦爾。欲脩萬行。先淨尸羅。又薩波多論云。初受戒人。與佛齊等。是故戒之功德。不可具陳。故涅槃經云。欲見佛性。證大涅槃。必須深心。修持淨戒。若壞淨戒。是魔眷屬。非我弟子。有能仰慕者。從受三聚淨戒。十無盡戒。二十四戒。在家出家。所有諸戒。如二百五十戒。五百戒等。悉能圓護。是眞佛子。開佛性門。入涅槃道。故祖師云。欲行千里。一步爲初。五戒是初步。尙不能持。況三千威儀。八萬細行。齋爲萬善之主。戒乃百行之門。大小具制。道俗同遵。噫。今有輕毀齋戒。自稱大乘者。强將美酒食。勸與持齋人。上障佛之光明。下破人之功德。如斯一類。永墮三塗。假使大通大徹。談道談禪。開口則魍魎舐咽。行步則鬼神掃跡。莫言九族望生天。一子出家九族生天。帶累二親先入獄。昔有出家人。爲商中途漸晩。忽見二人押得他母過去。當問母如何。母氏不答。推二押人云。此婦有子出家。玷汚法門。破齋戒。先追它母。入獄受罪。故道安法師。敬謝諸弟子云。夫出家爲道。至重至難。不可自輕自易。所謂重者。荷道佩德。縈仁負義。奉持淨戒。死而有幾。[1] 所謂難者。絶世離俗。永割親愛。廻情易性。不同於衆。行人所不能行。割人所不能割。忍苦受辱。捐棄軀命。謂之難者。名曰道人。道人者仁也。行必可履。言必可式。被服出家。動爲法則。不貪不諍。不讒不匿。學問高遠。志存玄默。是爲名稱。忝位三尊。出賢入聖。滌除精魂。故得君王不望其報。父母不望其力。普天之人。莫不歸指。又雪峯祖師道。闍梨號曰善戒。齊整身心。不令散亂。依如來戒法。歡喜奉行。謂之法喜食。淨齊身心。內外澄寂。謂之禪悅食。勤三學。行六度。名爲闍梨。即軌範師也。若能如是。則報恩援濟。不唯世人咸恭敬。亦乃鬼神欽道德。昔注太守夫人見闍梨齋時。皆是左右鬼神接去。離地而行。又傳燈錄云。開山安禪師。定中見二僧。先談佛法。天龍拱聽。後談世諦。鬼神掃跡。善惡昭昭。豈爲麤行耶。

1) ㉮ '幾'는 '已'인 듯하다.

우열부

지계持戒에 네 가지가 있다. 혹시 괴로운 일을 피하고 모든 재난에서 벗어날 목적이라면 이를 못난 사람의 지계라 한다. 만약 세간의 복락을 얻기 위해 금계를 굳게 지킨다면 이는 보통 사람의 지계라 한다. 만약 모든 법이 덧없음을 깨달아 고통을 벗어난 무위無爲와 항상 즐거운 열반을 얻을 목적이라면 이를 훌륭한 사람의 지계라 한다. 만약 중생을 가엾이 여겨 오로지 불도를 구하면서 모든 법을 분명히 깨닫고 실상을 깊이 관찰하여 악도를 두려워하지 않고 수승한 즐거움을 현세에 초래한다면 이를 최고로 훌륭한 사람의 지계라 한다.

『증일아함경增一阿含經』에서 말하였다.

"위없는 복을 구하고자 하는 자는 이 계를 지켜야 한다. 1방·2방 내지 천자나 전륜성왕의 지위를 구하고자 하는 자도 역시 그 소원을 이룰 것이며, 성문이나 연각이나 불승을 구하는 자들도 모두 그 소원을 성취할 것이다. 내가 지금 성불한 것도 그 오계와 십선과 팔재계를 말미암은 것이니, 이루지 못할 소원이 없다. 그 도를 성취하고 싶다면 마땅히 이를 배워야 한다."

정법正法이 유포되는 까닭은 그 귀함을 존귀한 경에 두기 때문이고, 복전福田이 더욱 늘어나는 까닭은 그 공이 재계齋戒에서 비롯되기 때문이다. 따라서 한 끼 식사를 거르면 그 복이 이어져 양식이 남아돌고, 한 푼의 밑천을 베풀면 그 과보가 천신의 과보를 초월한다. 그러므로 복전은 소중히 여겨야 옳고 재물을 쌓는 것은 가벼이 여겨야 옳으니, 함께 무차회無遮會를 베풀면 다 함께 한량없는 복을 부를 것이다.

優劣部

持戒有四。或避苦役。求離諸難。是爲下人持戒。若爲世間福樂。堅持禁戒。

是爲中人持戒。若爲諸法無常。欲求離苦無爲。常樂涅槃。是爲上人持戒。若爲憐愍衆生。專求佛道。了知諸法。深觀實相。不畏惡道。現招勝樂。是爲上上人持戒。增一阿含經云。欲求無上福者。當持此戒。欲求一方二方。乃至天子轉輪聖王位者。亦獲其願。欲求聲聞緣覺佛乘者。悉成其願。吾今成佛。由其五戒十善八齋。無願不獲。欲成其道。當作是學。正法所以流布。貴在尊經。福田所以增長。功由齋戒。故捨一餐供。福紹餘粮。施一錢之資。果超天報。所以福田可重。財累可輕。共樹無遮之會。等招無限之福也。

찾아보기

ㄱ

ㄴ

ㄷ

ㅂ

ㅅ

ㅇ

ㅈ

ㅊ

ㅌ

한글본 **한국불교전서**

조·선·출·간·본

조선 1 작법귀감
백파 긍선 | 김두재 옮김 | 신국판 | 336쪽 | 18,000원

조선 2 정토보서
백암 성총 | 김종진 옮김 | 4X6판 | 224쪽 | 12,000원

조선 3 백암정토찬
백암 성총 | 김종진 옮김 | 4X6판 | 156쪽 | 9,000원

조선 4 일본표해록
풍계 현정 | 김상현 옮김 | 4X6판 | 180쪽 | 10,000원

조선 5 기암집
기암 법견 | 이상현 옮김 | 신국판 | 320쪽 | 18,000원

조선 6 운봉선사심성론
운봉 대지 | 이종수 옮김 | 4X6판 | 200쪽 | 12,000원

조선 7 추파집 · 추파수간
추파 홍유 | 하혜정 옮김 | 신국판 | 340쪽 | 20,000원

조선 8 침굉집
침굉 현변 | 이상현 옮김 | 신국판 | 300쪽 | 17,000원

조선 9 염불보권문
명연 | 정우영 · 김종진 옮김 | 신국판 | 224쪽 | 13,000원

조선 10 천지명양수륙재의범음산보집
해동사문 지환 | 김두재 옮김 | 신국판 | 636쪽 | 28,000원

조선 11 삼봉집
화악 지탁 | 김재희 옮김 | 신국판 | 260쪽 | 15,000원

조선 12 선문수경
백파 긍선 | 신규탁 옮김 | 신국판 | 180쪽 | 12,000원

조선 13 선문사변만어
초의 의순 | 김영욱 옮김 | 4X6판 | 192쪽 | 11,000원

조선 14 부휴당대사집
부휴 선수 | 이상현 옮김 | 신국판 | 376쪽 | 22,000원

조선 15 무경집
무경 자수 | 김재희 옮김 | 신국판 | 516쪽 | 26,000원

조선 16 무경실중어록
무경 자수 | 성재헌 옮김 | 신국판 | 340쪽 | 20,000원

조선 17 불조진심선격초
무경 자수 | 성재헌 옮김 | 신국판 | 168쪽 | 11,000원

조선 18 선학입문
김대현 | 성재헌 옮김 | 신국판 | 240쪽 | 14,000원

조선 19 사명당대사집
사명 유정 | 이상현 옮김 | 신국판 | 508쪽 | 26,000원

조선 20 송운대사분충서난록
신유한 엮음 | 이상현 옮김 | 신국판 | 324쪽 | 20,000원

조선 21 의룡집
의룡 체훈 | 김석군 옮김 | 신국판 | 296쪽 | 17,000원

조선 22 응운공여대사유망록
응운 공여 | 이대형 옮김 | 신국판 | 350쪽 | 20,000원

조선 23 사경지험기
백암 성총 | 성재헌 옮김 | 신국판 | 248쪽 | 15,000원

조선 24 무용당유고
무용 수연 | 이상현 옮김 | 신국판 | 292쪽 | 17,000원

조선 25 설담집
설담 자우 | 윤찬호 옮김 | 신국판 | 200쪽 | 13,000원

조선 26 동사열전
범해 각안 | 김두재 옮김 | 신국판 | 652쪽 | 30,000원

조선 27 청허당집
청허 휴정 | 이상현 옮김 | 신국판 | 964쪽 | 47,000원

조선 28 대각등계집
백곡 처능 | 임재완 옮김 | 신국판 | 408쪽 | 23,000원

조선 29 반야바라밀다심경략소연주기회편
석실 명안 엮음 | 강찬국 옮김 | 신국판 | 296쪽 | 17,000원

조선 30 허정집
허정 법종 | 성재헌 옮김 | 신국판 | 488쪽 | 25,000원

조선 31 호은집
호은 유기 | 김종진 옮김 | 신국판 | 264쪽 | 16,000원

조선 32 월성집
월성 비은 | 이대형 옮김 | 4X6판 | 172쪽 | 11,000원

조선 33 아암유집
아암 혜장 | 김두재 옮김 | 신국판 | 208쪽 | 13,000원

조선 34 경허집
경허 성우 | 이상하 옮김 | 신국판 | 572쪽 | 28,000원

조선 35 송계대선사문집 · 상월대사시집
송계 나식·상월 새봉 | 김종진·박재금 옮김 | 신국판 | 440쪽 | 24,000원

조선 36 선문오종강요 · 환성시집
환성 지안 | 성재헌 옮김 | 신국판 | 296쪽 | 17,000원

조선 37 역산집
영허 선영 | 공근식 옮김 | 신국판 | 368쪽 | 22,000원

조선 38 함허당득통화상어록
득통 기화 | 박해당 옮김 | 신국판 | 300쪽 | 18,000원

조선 39 가산고
월하 계오 | 성재헌 옮김 | 신국판 | 446쪽 | 24,000원

조선 40 선원제전집도서과평
설암 추붕 | 이정희 옮김 | 신국판 | 338쪽 | 20,000원

조선 41 함홍당집
함홍 치능 | 성재헌 옮김 | 신국판 | 348쪽 | 21,000원

조선 42 백암집
백암 성총 | 유호선 옮김 | 신국판 | 544쪽 | 27,000원

조선 43 동계집
동계 경일 | 김승호 옮김 | 신국판 | 380쪽 | 22,000원

조선 44 용암당유고 · 괄허집
용암 체조·괄허 취여 | 김종진 옮김 | 신국판 | 404쪽 | 23,000원

조선 45 운곡집 · 허백집
운곡 충휘·허백 명조 | 김재희·김두재 옮김 | 신국판 | 514쪽 | 26,000원

조선 46 용담집 · 극암집
용담 조관·극암 사성 | 성재헌·이대형 옮김 | 신국판 | 520쪽 | 26,000원

조선 47 경암집
경암 응윤 | 김재희 옮김 | 신국판 | 300쪽 | 18,000원

조선 48 석문상의초 외
벽암 각성 외 | 김두재 옮김 | 신국판 | 338쪽 | 20,000원

조선 49 월파집 · 해붕집
월파 태율·해붕 전령 | 이상현·김두재 옮김 | 신국판 | 562쪽 | 28,000원

조선 50 몽암대사문집
몽암 기영 | 이상현 옮김 | 신국판 | 348쪽 | 21,000원

조선 51 징월대사시집
징월 정훈 | 김재희 옮김 | 신국판 | 272쪽 | 16,000원

신 · 라 · 출 · 간 · 본

신라 1 인왕경소
원측 | 백진순 옮김 | 신국판 | 800쪽 | 35,000원

신라 2 범망경술기
승장 | 한명숙 옮김 | 신국판 | 620쪽 | 28,000원

신라 3 대승기신론내의약탐기
태현 | 박인석 옮김 | 신국판 | 248쪽 | 15,000원

신라 4 해심밀경소 제1 서품
원측 | 백진순 옮김 | 신국판 | 448쪽 | 24,000원

신라 5 해심밀경소 제2 승의제상품
원측 | 백진순 옮김 | 신국판 | 508쪽 | 26,000원

신라 6 해심밀경소 제3 심의식상품 제4 일체법상품
원측 | 백진순 옮김 | 신국판 | 332쪽 | 20,000원

신라 12 무량수경연의술문찬
경흥 | 한명숙 옮김 | 신국판 | 800쪽 | 35,000원

신라 13 범망경보살계본사기 상권
원효 | 한명숙 옮김 | 신국판 | 272쪽 | 17,000원

신라 14 화엄일승성불묘의
견등 | 김천학 옮김 | 신국판 | 264쪽 | 15,000원

신라 15 범망경고적기
태현 | 한명숙 옮김 | 신국판 | 612쪽 | 28,000원

신라 16 금강삼매경론
원효 | 김호귀 옮김 | 신국판 | 666쪽 | 32,000원

신라 17 대승기신론소기회본
원효 | 은정희 옮김 | 신국판 | 536쪽 | 27,000원

신라 18 미륵상생경종요 외
원효 | 성재헌 외 옮김 | 신국판 | 420쪽 | 22,000원

신라 19 대혜도경종요 외
원효 | 성재헌 외 옮김 | 신국판 | 256쪽 | 15,000원

신라 20 열반종요
원효 | 이평래 옮김 | 신국판 | 272쪽 | 16,000원

신라 21 이장의
원효 | 안성두 옮김 | 신국판 | 256쪽 | 15,000원

신라 22 본업경소 하권 외
원효 | 최원섭 · 이정희 옮김 | 신국판 | 368쪽 | 22,000원

신라 23 중변분별론소 제3권 외
원효 | 박인성 외 옮김 | 신국판 | 288쪽 | 17,000원

신라 24 지범요기조람집
원효 · 진원 | 한명숙 옮김 | 신국판 | 310쪽 | 19,000원

신라 25 집일 금광명경소
원효 | 한명숙 옮김 | 신국판 | 636쪽 | 31,000원

고 · 려 · 출 · 간 · 본

고려 1 일승법계도원통기
균여 | 최연식 옮김 | 신국판 | 216쪽 | 12,000원

고려 2 원감국사집
충지 | 이상현 옮김 | 신국판 | 480쪽 | 25,000원

고려 3 자비도량참법집해
조구 | 성재헌 옮김 | 신국판 | 696쪽 | 30,000원

고려 4 천태사교의
제관 | 최기표 옮김 | 4X6판 | 168쪽 | 10,000원

고려 5 대각국사집
의천 | 이상현 옮김 | 신국판 | 752쪽 | 32,000원

고려 6 법계도기총수록
저자 미상 | 해주 옮김 | 신국판 | 628쪽 | 30,000원

고려 7 보제존자삼종가
고봉 법장 | 하혜정 옮김 | 4X6판 | 216쪽 | 12,000원

고려 8 석가여래행적송 · 천태말학운묵화상경책
운묵 무기 | 김성옥 · 박인석 옮김 | 신국판 | 424쪽 | 24,000원

고려 9 법화영험전
요원 | 오지연 옮김 | 신국판 | 264쪽 | 17,000원

고려 10 남명천화상송증도가사실
□련 | 성재헌 옮김 | 신국판 | 418쪽 | 23,000원

고려 11 백운화상어록
백운 경한 | 조영미 옮김 | 신국판 | 348쪽 | 21,000원

※ 한글본 한국불교전서는 계속 출간됩니다.

엮은이 미상

『통록촬요』는 중국 송대의 승려 공신拱辰이 찬술한 『조원통록祖源通錄』의 내용을 촬요撮要한 문헌이다. 그런데 『통록촬요』에는 촬요자에 대한 뚜렷한 언급이 없으므로, 이에 대해서는 현재 몇 가지 이견이 존재한다. 우선 『통록촬요』 4권의 「후기」(1529)에 나오는 조선의 승려 '숭묵崇默'이 이 문헌을 촬요하고 개판했다는 견해가 있다. 다음으로 중국에서 『대장일람大藏一覽』을 편찬했던 우바새優婆塞 진실陳實이 『통록촬요』를 촬요하였고, 그 책이 우리나라에 전래된 뒤 문헌의 구조와 내용에 몇 가지 변형을 가하여 새롭게 간행한 사람이 '숭묵'이라고 보는 견해도 있다.

옮긴이 성재헌

동국대학교 불교학과를 졸업하고 동국역경원에서 근무하였으며, 현재 한국불교전서 번역위원으로 활동하고 있다. 조계종 간행 『부처님의 생애』, 『청소년불교입문』의 집필위원으로 참여하였다. 저서로 『커피와 달마』, 『붓다를 만난 사람들』, 『육바라밀』 등이 있고, 역주서로 『자비도량참법집해』, 『선학입문』, 『무경실중어록』, 『허정집』, 『사경지험기』, 『선문오종강요』, 『가산고』 등이 있다.

증의

황금연(동국대학교 불교학술원 일반연구원)